MOYEN ÂGE EUROPÉEN

Collection dirigée par Philippe Walter

Lorsqu'un intellectuel carolingien imagina au IXe siècle l'Europe géographique en faisant de Charlemagne le « père de l'Europe » et lorsqu'un bibliothécaire du pape inventa en 1469 le terme « Moyen Âge », ils n'avaient l'un et l'autre aucune visée scientifique. Pourtant, ces deux termes ont servi par la suite à fixer des réalités culturelles qui sont loin de correspondre aujourd'hui à des évidences parfaites.

Aussi, le mariage des deux notions (« Moyen Âge européen ») pour définir une collection d'ouvrages suggère un domaine problématique à explorer bien plus qu'un univers circonscrit à décrire, quoique l'existence des langues et de la mythologie indo-européennes ne soit plus à démontrer aujourd'hui. En fait, il semble bien que, culturellement parlant, l'Europe ne puisse plus guère être perçue comme un isolat et le regard vers l'Inde que supposait déjà au XVIIIe siècle le mot « indo-européen » soulignait un évident prolongement géographique et culturel.

Loin de creuser des évidences imparfaites et d'en rester aux idées reçues ou à une pensée unique sur le Moyen Âge et sur l'Europe littéraire, cette collection se veut simultanément quête d'un espace médiéval « européen » et enquête sur une mémoire « médiévale » européenne.

Elle scrutera les marges temporelles (Antiquité et Renaissance) ou les frontières géographiques (Asie et monde islamique) du vaste monde médiéval, parce que c'est sans doute sur les frontières que l'on peut le mieux prendre conscience d'une identité.

Elle incitera aussi à la découverte en proposant des traductions inédites en français de textes majeurs des littératures médiévales européennes.

Elle tentera d'encourager enfin la réflexion pluridisciplinaire en publiant des travaux sur les relations interculturelles au Moyen Âge ou en développant des perspectives d'anthropologie culturelle du Moyen Âge.

Elle résistera surtout à une vision étroitement franco-française du Moyen Âge en interrogeant les cultures médiévales qui ont assimilé des cultures différentes, nées ou arrivées sur le finistère de la péninsule eurasiatique.

Dans la même collection:

Saint Antoine entre mythe et légende
Textes réunis par Philippe Walter, 1996

La pourpre et la glèbe
Rhétorique des états de la société dans l'Espagne médiévale
Vincent Serverat, 1997

Le devin maudit
Merlin, Lailoken, Suibhne
Textes et étude
Sous la direction de Philippe Walter, 1999

Wirnt de Grafenberg – Wigalois, le chevalier à la roue
Roman allemand du XIIIe siècle
Texte présenté, traduit et annoté par Claude Lecouteux
et Véronique Lévy, 2001

ULRICH VON ZATZIKHOVEN

Lanzelet

Texte présenté, traduit et annoté par
René PÉRENNEC

ELLUG
UNIVERSITÉ STENDHAL
GRENOBLE
2004

Éléments de catalogage

Lanzelet / Ulrich von Zatzikhoven; Texte présenté, traduit et annoté par René Pérennec.
Grenoble: ELLUG, 2004.
444 p. : couv. ill. en coul.; 22 cm.
Moyen Âge européen, ISSN 1270-9794
ISBN 2 84310 047 X

Illustration de couverture *Combat de Lancelot et de chevaliers*. Cliché de la Bibliothèque nationale de France, Paris.

Université Stendhal
B.P. 25
38040 GRENOBLE CEDEX 9

ISBN 2 84310 047 X
ISSN 1270-9794

Introduction

1. Le texte dont la traduction[1] suit devrait pouvoir retenir l'attention d'une médiévistique soucieuse d'apprécier le degré d'adéquation existant entre un « objet culturel » provenant d'un âge prénational et des démarches critiques inspirées par le désir de sortir des limites des philologies nationales. Ou bien, en effet, le *Lanzelet* est par nature un texte qui appelle une telle approche parce qu'il est le produit de contacts successifs entre différentes aires culturelles et qu'il fait le pont entre le monde celtique et le monde allemand *via* le domaine français et, éventuellement, néerlandais[2], ou bien il est devenu par tradition scientifique un tel objet au statut international dès lors que son image s'est multipliée dans les miroirs de la recherche. À suivre les chemins qu'a pris celle-ci, et pour s'en tenir aux images les plus contrastées, le *Lanzelet* devrait en effet être considéré soit, vu sous l'angle des études françaises, a) comme le témoin du tout premier roman arthurien français, antérieur aux récits de Chrétien de Troyes (Kenneth G. T. Webster, Roger Sherman Loomis[3]) ou b) comme celui du premier roman arthurien épigonal français – fabriqué à partir de motifs empruntés essentiellement au même Chrétien (Stefan Hofer[4]) –, soit, du point de vue des études allemandes, a') comme la première adaptation allemande d'un récit arthurien, antérieure à l'*Erec* de Hartmann von Aue (Albert Gruhn[5]), adaptation qui entretiendrait des liens avec une poésie narrative bas-rhénane précoce dont

1. Version remaniée de R. Pérennec, *Traduction*, 1970.
2. Voir M. Kantola, 1982 et Notice 3.3.
3. Traduction Webster/Loomis, 1951, introduction et notes.
4. S. Hofer, « Der Lanzelet und seine französische Quelle », *Zeitschrift für romanische Philologie* 75, 1959, p. 1-36.
5. A. Gruhn, « Erek und Lanzelet », *Zeitschrift für deutsches Altertum* 43, 1899, p. 265-302. Adaptation du roman de Chrétien de Troyes, *Erec et Énide*. *Erec* a été composé entre 1180 et 1190.

il ne reste guère de témoins directs[6], ou enfin, b') comme la première compilation arthurienne allemande, préfigurant le patchwork que sera *Die Krone* de Heinrich von dem Türlin (Danielle Buschinger[7]). Cette histoire du *Lanzelet* au sein de la médiévistique ne peut être ignorée ; en même temps, il faut faire un tri – tant il est clair que l'œuvre a servi de miroir en même temps que de support –, et d'abord un choix, compte tenu des dimensions de cette introduction. Nous nous proposons donc dans cet *accessus* à une traduction française de servir « l'intérêt de connaissance » le plus probable des lecteurs francophones et des francisants, et de tenter de répondre à une double question. Est-il possible de situer le *Lanzelet* d'Ulrich von Zatzikhoven dans le paysage littéraire européen de la fin du XIIe et du début du XIIIe siècle en le tenant effectivement pour ce qu'il dit être : l'adaptation d'un « livre français » (v. 9324, 9341) ? Et, si tel est le cas, ce récit est-il une pièce fondamentale du « *corpus* Lancelot » ou faut-il chercher son centre de gravité à l'extérieur de ce *corpus* ? Mais il faut d'abord en présenter le canevas narratif.

2. Résumé

Prologue. Vers 1-40.

Les origines du héros. L'éducation au pays des ondines. Vers 41-388 (= 348 v.) – Le héros est le fils du roi de Genewis, Pant, prince haï de ses sujets car il traite sur un pied d'égalité grands et petits. Sa mère, la reine Clarine, est en revanche aimée de tous. Les barons se révoltent ; Pant est tué au cours du combat. Le héros, alors âgé d'un an, est enlevé par une ondine, reine d'un pays uniquement peuplé de femmes. Les ondines lui apprennent à faire belle figure en société, des êtres aquatiques lui enseignent l'escrime et les techniques de chasse ; constatant toutefois qu'il n'a pas encore la moindre lueur de ce qu'est la chevalerie, le héros demande congé afin de pouvoir

6. Le point sur la question de la *niederrheinische Artusepik* : « H. Beckers, Wolframs "Parzival" und der Nordwesten. Neue Ansätze zur Lösung einer alten Streitfrage », dans *Studien zu Wolfram von Eschenbach. Festschrift für Werner Schröder zum 75. Geburtstag*, éd. K. Gärtner et J. Heinzle, Tübingen, Niemeyer, 1989, p. 211-223, particulièrement 216-220. – Voir note 56, p. 165.
7. D. Buschinger, 1996, Traduction, p. IX-XII. Composition de *Die Krone*, vers 1230, dans le sud-est de l'espace germanophone.

assister à des joutes et apprendre à combattre lui-même. Il prie la reine des ondines de lui révéler son nom et de lui dire qui sont ses parents. Celle-ci lui fait savoir que, pour obtenir ces informations, il devra vaincre Iweret de Behforet, seigneur de Dodone, un homme dont la réputation de chevalier est inégalée.

L'affront de Pluris. L'apprentissage chevaleresque. Vers 389-666 (= 278 v.) – Après avoir quitté son île, le héros, qui ne maîtrise pas sa monture, arrive devant un château. Un nain frappe son cheval, puis le cavalier lui-même de son fouet. Le héros dédaigne de se venger du nain, mais il voue une solide rancune au château. Une personne qu'il rencontre lui apprend que l'endroit s'appelle Pluris, mais elle n'est pas en mesure de lui dire qui en est le seigneur. Grâce à l'aide de Johfrit de Liez, le héros apprend à monter à cheval et à jouter.

La fille de Galagandreiz. L'épisode de Moreiz. Vers 667-1356 (= 690 v.) – Ainsi bonifié, le héros reprend la route et rencontre deux chevaliers, Kuraus et Orphilet. Les trois jeunes gens sollicitent l'hospitalité du seigneur de Moreiz, Galagandreiz, un forestier, veuf, père d'une fille d'une grande beauté, qui a la réputation de ne pas tolérer le moindre faux pas de la part de ses hôtes. Au terme d'une soirée idyllique, la fille du châtelain se présente dans la salle où sont couchés les trois compagnons ; elle se livre dans un monologue à une réflexion sur la nature de l'amour en citant des opinions contradictoires, puis fait aux jeunes gens des propositions que le héros est le seul à accepter. Au matin, le père constate l'outrage et propose au héros un duel sous la forme d'un lancer de couteau. Il y perd la vie, la fille épouse le jeune chevalier et lui confie « les hommes et la terre ». À Orphilet, qui lui conseille de se rendre à la cour du roi Arthur, le héros oppose qu'il n'est pas digne de figurer en si bonne compagnie.

Ade. Vers 1357-3825 (= 2469 v.)
L'épisode de Limors (vers 1357-2249). Le nouveau seigneur de Moreiz n'oublie pas son objectif premier. Un beau jour, il se remet en route. À un moment donné, trois chemins s'offrent à lui ; il choisit celui du milieu, qui le conduit vers la forteresse de Limors. Assailli par les gens du lieu, il se rend à Ade, nièce et héritière du châtelain Linier. Il lui est toutefois permis de tenter « l'aventure » instituée par Linier, une triple épreuve culminant dans un combat contre le châtelain lui-même. Victorieux, le héros épouse l'héritière de Limors.
Le combat contre Walwein (vers 2250-2759). Le neveu du roi Arthur, Walwein, reçoit pour mission de se mettre à la recherche du chevalier « sans nom » et de le ramener à la cour de Karidol. Il se met en route vers Limors, alors qu'Ade part, accompagnée du héros, rendre visite à son père Patricjus. Leurs chemins se croisent. Au lieu d'accepter l'invitation de Walwein, le héros se réjouit de l'occasion

qui lui est offerte de mesurer ses aptitudes chevaleresques. Walwein ne peut se soustraire au défi. Le combat, très égal, est interrompu par l'arrivée d'un messager qui leur apprend qu'un tournoi aura bientôt lieu à Djoflé. De retour à la cour d'Arthur, Walwein se répand en louanges sur le compte du chevalier inconnu.
Le tournoi de trois jours (vers 2760-3525). Le héros ressent bientôt l'envie de prendre part au tournoi. Il s'y rend avec Ade et le frère de celle-ci, Diepalt. Le premier jour, il se présente sur le pré dans un équipement de couleur verte. Il affronte des membres de la cour arthurienne, dont Keiin, le sénéchal. Le lendemain, il revêt un équipement blanc, s'associe au comte Ritschart et à ses hommes, et continue à faire merveille. Le troisième jour, cette fois dans un équipement rouge, il fait de tels ravages que l'on décide de mettre un terme au tournoi. Il décline une invitation du roi Arthur, présentée cette fois personnellement, scelle toutefois un pacte d'amitié avec Walwein et déclare vouloir se rendre à Pluris.
L'épisode de Schatel le mort (vers 3526-3825). Faisant route vers Pluris, le héros, Ade et Diepalt arrivent devant Schatel le mort. Le seigneur du château, Mabuz le Couard, est le fils de l'ondine qui a élevé le héros. L'endroit est un monde à l'envers : l'homme courageux y perd toute combativité, le pleutre ne tolère plus la moindre résistance ; Mabuz possède une terre qui jouxte Behforet, mais la présence du redoutable Iweret l'empêche d'en tirer le moindre profit. Aussi l'ondine a-t-elle imaginé de placer le héros sur le chemin du seigneur de Behforet. Mabuz attaque le héros, qui ne se défend pas. Diepalt persuade sa sœur d'abandonner un homme aussi peu valeureux et l'entraîne loin du château. Le héros, emprisonné, se distingue par son extrême apathie et c'est donc lui que Mabuz va extraire du cachot pour le faire combattre (victorieusement) contre les gens d'Iweret qui se livrent à un raid sur ses terres.

Iblis. Vers 3826-4660 (= 835 v.) – Le héros passe la nuit au monastère de la Terre de lamentation ; c'est là que sont enterrés les chevaliers tués par Iweret. L'abbé apprend à son hôte en quoi consiste l'aventure de Behforet : tout prétendant à la main de la fille d'Iweret, Iblis, doit affronter le père en combat singulier. Pour signaler sa présence, il doit frapper un gong d'airain suspendu à la branche d'un tilleul situé près d'une fontaine. Pendant ce temps, à Dodone, le château d'Iweret, Iblis voit en rêve un chevalier ; elle décide à son réveil qu'elle n'épousera jamais un autre homme. Elle se rend à la fontaine, y trouve le héros, le prie de renoncer au combat, exprime longuement le tourment que provoque en elle le conflit entre deux affections, mais déclare souhaiter finalement la victoire du jeune homme. Une fois celle-ci acquise, l'amour démontre une nouvelle fois sa puissance : la jeune fille oublie que le héros a tué son père. Au moment de quitter les lieux, Iblis et son compagnon croisent l'abbé de la Terre de lamentation, venu dans la pieuse intention d'offrir une digne sépulture à l'adversaire de son seigneur. Par son intermédiaire, Iblis confie à ses gens le soin de veiller en toute loyauté sur le château et les terres en attendant le jour où il lui plaira de revenir.

Lanzelet à la cour arthurienne. Lignage et compagnonnage. Le duel pour la reine Ginovere. Vers 4661-5428 (= 768 v.) – Arrivés en pleine campagne, les deux jeunes entreprennent « ce à quoi ils aspiraient depuis un moment ». Survient alors une messagère de la reine des ondines. Elle apprend au héros qu'il s'appelle Lanzelet et qu'il est l'héritier légitime d'un royaume, Genewis. Elle offre à Lanzelet une tente, petit « paradis terrestre » qui garantit à ses occupants un bonheur sans nuages. Sur la porte, des inscriptions évoquent la toute-puissance de l'amour. Le toit de la tente est un miroir : quiconque s'y regarde y découvre non sa propre image, mais celle de la personne qui lui est la plus chère. Iblis et Lanzelet peuvent par ce moyen s'assurer de la sincérité de leur amour. Lanzelet offre en retour à la messagère un anneau magique ainsi fait qu'on ne peut rien refuser à la personne qui le porte. Lanzelet, remarque l'envoyée des ondines, tient sa générosité de son oncle, le roi Arthur. Dès qu'il apprend qu'il est le neveu du roi, Lanzelet décide de se mettre à la recherche de Walwein. Un page lui apprend ensuite que la reine Ginovere est dans une grande difficulté : le roi Valerin de la Forêt emmêlée prétend que Ginovere lui aurait été promise en un temps où elle n'avait pas atteint l'âge nubile et il entend faire valoir ses droits en combat singulier. Lanzelet se hâte vers Kardigan, passe près de l'Observatoire grandissant, une colline de dimensions variables qui offre en permanence au passant l'occasion d'une joute (ce qui se confirme) et arrive à la cour du roi Arthur, où Walwein attend d'affronter Valerin, assis sur la Pierre d'Honneur (pierre dont aucune personne capable de perfidie ou de ressentiment ne peut s'approcher). Tout le monde note que la pierre « tolère » la présence de Lanzelet, lequel obtient de Walwein, mais seulement après avoir révélé son identité, que celui-ci le laisse être le champion de la reine à sa place. Lanzelet triomphe de Valerin (et lui accorde la vie sauve) ; il se voit attribuer un siège à la Table ronde. Peu après il part pour Pluris, en ne prévenant que Walwein, son parent.

Pluris. Nouveau mariage. Vers 5429-5678 (= 250 v.) – Arrivé à Pluris, Lanzelet aperçoit une tente à laquelle sont accrochés cent écus. La reine de l'endroit s'est promis de ne prendre pour époux que celui qui parviendra à défaire l'un après l'autre les cent chevaliers auxquels ces écus appartiennent. Lanzelet, victorieux, doit assumer les conséquences de son exploit et prendre femme une nouvelle fois. À

Kardigan, le roi Arthur organise une grande fête afin de maintenir sa renommée et de retrouver la trace de Lanzelet. Iblis se consume de chagrin ; Lanzelet, de son côté, ne l'oublie pas, malgré les bons côtés de sa situation.

L'épreuve du manteau. La fidélité d'Iblis. Vers 5679-6228 (= 550 v.) – La messagère des ondines arrive à Kardigan au milieu de la fête. Elle « demande un don » au roi et l'obtient ; elle sort alors un manteau d'une petite aumônière et demande au roi de le faire essayer par toutes les dames de la cour. On s'aperçoit que les dimensions et la forme de l'habit varient en fonction de la fidélité ou de l'affection que la dame qui l'a revêtu a pour son époux ou son ami. La messagère se charge d'expliciter cette relation. Si le manteau ne sied pas parfaitement à la reine, première à l'essayer, c'est qu'elle a pu avoir des pensées vagabondes, etc. : personne ne se sort sans égratignure de l'affaire (surtout pas l'amie de Keiin), sauf Iblis. Lorsque celle-ci a effectué l'essayage avec un plein succès, la messagère révèle que Lanzelet est prisonnier à Pluris, où il vit, contre son gré, des amours avec une reine.

La libération de Lanzelet. L'enlèvement de Ginovere. Vers 6229-7033 (= 805 v.) – Walwein et Karjet décident de libérer leur cousin et s'adjoignent l'aide d'Érec et de Tristrant. Ils affrontent l'aventure de Pluris, que la dame du lieu a fait remettre en vigueur à la demande de Lanzelet ; ils échouent de peu, mais grâce à une ruse Lanzelet peut les rejoindre et prendre la fuite. Après avoir fait étape chez Gilimar (qui expie par un mutisme total l'excès de loquacité dont il avait fait preuve dans une relation avec une dame), les cinq compagnons apprennent que la reine Ginovere a été enlevée par Valerin au cours de la chasse au Cerf blanc. À Kardigan, ils trouvent un roi accablé par ce malheur. Le fils d'Arthur, Lout le Libéral, presse les barons de venger l'honneur royal. La forteresse de Valerin passant toutefois pour être imprenable, il est décidé de faire appel à l'enchanteur Malduc du Lac embrumé bien que l'homme voue une rancune féroce à Érec, à Walwein, ainsi qu'à Arthur. L'ambassade sera composée de Karjet, de Tristrant, de Lanzelet et du roi lui-même.

La libération de la reine Ginovere. Vers 7034-7479 (= 446 v.) – Les quatre hommes font étape chez Dodines le Sauvage, près du Marais hurlant. Dodines les conduit jusqu'au Lac embrumé. Ils obtiennent l'aide de Malduc, contre la promesse de livrer Érec et Walwein à celui-ci après la libération de la reine, condition que Lanzelet a convaincu le roi d'accepter. La reine retrouve la liberté grâce aux enchantements de Malduc ; Walwein et Érec entament leur captivité dans la forteresse de Malduc.

La libération d'Érec et de Walwein. Vers 7480-7816 (= 337 v.) – Lanzelet décide de tout tenter pour libérer ses deux compagnons. Grâce au concours du géant Esealt, l'entreprise est couronnée de succès. Une fête célèbre le retour des prisonniers. Walwein et Érec reçoivent les éloges que mérite leur total dévouement. Lanzelet, pour sa part, est considéré comme le meilleur chevalier ayant jamais existé.

Le Fier Baiser. Lanzelet, le meilleur chevalier au monde. Vers 7817-8040 (= 224 v.) – Au cours d'une conversation portant sur la courtoisie et l'amour, Lanzelet demande à Iblis de lui conter l'histoire la plus extraordinaire qu'elle connaisse. Iblis lui parle de l'aventure survenue à un chevalier près de Kardigan : celui-ci avait rencontré dans la forêt un serpent pourvu d'une voix humaine qui lui avait demandé de l'embrasser. Lanzelet se rend aussitôt dans la forêt et accède vite à la prière du serpent qui, cette fois, est assortie d'une argumentation : celui qui l'embrassera lui rendra la beauté et prouvera qu'il est lui-même le meilleur chevalier vivant. Le baiser donné, le serpent se transforme en une femme d'une grande beauté. Elle s'appelle Élidia et avait été condamnée à prendre la forme d'un serpent pour avoir trompé les espoirs de l'homme qui la servait. Cette expérience lui vaut de devenir juge ès courtoisie à la cour du roi Arthur.

La récupération du patrimoine de Genewis. Vers 8041-8468 (= 428 v.) – Membre très aimé de la maison d'Arthur, Lanzelet songe cependant à acquérir plus d'autonomie. Il envisage donc de récupérer son royaume de Genewis. Il prépare une expédition à laquelle participent le roi Arthur et ses compagnons. Le point de ralliement est le Ballon sauvage. Deux messagers sont dépêchés pour sonder les intentions des seigneurs de ce royaume. Ils apprennent à Genewis que les princes reconnaissent le droit de Lanzelet à la succession et qu'ils sont prêts à l'accueillir en tant que roi dès lors qu'il les traitera mieux que ne l'avait fait son père. Le duc Aspjol, un parent de Lanzelet qui a recueilli auprès de lui la reine Clarine, obtient des princes une déclaration de soumission inconditionnelle. Lanzelet retrouve sa mère et est couronné roi. Une grande assemblée lui permet de manifester sa largesse et d'asseoir sa réputation.

La récupération de l'héritage d'Iblis. Vers 8469-9308 (= 840 v.) – Lanzelet confie à Aspjol et à Clarine la garde du royaume de Genewis : il est encore trop jeune pour gouverner et il souhaite, d'autre part, savoir auparavant si les gens de Behforet sont prêts à le reconnaître comme successeur d'Iweret. Il rentre à Kardigan avec le roi Arthur. Le soir de leur retour, des messagers de Dodone, porteurs de présents de grande valeur, arrivent à la cour et formulent le vœu que « le jeune roi de Genewis » devienne aussi le roi de Behforet. Lanzelet et Iblis sont tous deux couronnés à Dodone.

L'épilogue. Vers 9309-9444 (= 136 v.) – L'auteur se nomme après avoir indiqué qu'il n'a fait que reproduire fidèlement le contenu d'un livre français dont il a pris connaissance à l'époque où le roi d'Angleterre [Richard Cœur de Lion] avait été fait prisonnier par le duc Léopold [V d'Autriche]. Le roi captif avait fourni comme otages des personnes de haut rang, que l'empereur Henri [VI] avait assignées à résidence dans différentes contrées d'Allemagne. L'un de ces otages s'appelait Huc von Morville [Hugues de Morville] ; c'est lui qui possédait le livre français de Lanzelet lorsque l'auteur a vu ce livre pour la première fois. Lanzelet et Iblis ont quatre enfants, trois fils et une fille, qui héritent des qualités de leurs parents, et de leurs biens. La fortune avait bien fait les choses puisque Lanzelet possédait quatre royaumes : trois qui avaient appartenu à Iweret et sa terre de Genewis, qui lui venait de son père Pant. Le roi et la reine mènent une vie exemplaire et il leur est donné de mourir le même jour.

3. Contacts. L'Ouest et l'Est

3.1. Un résumé plus court (ne mentionnant pas, par exemple, le passage de Lanzelet à l'Observatoire grandissant) aurait masqué au moins partiellement un aspect important – d'autres diront essentiel – du récit : le goût pour l'assemblage, pour ne pas dire la tendance à l'agglutination. On peut par moments avoir l'impression de se trouver en présence d'un répertoire international de motifs mis en images : le Nain fouetteur, le *nice*/*Dümmling*, le Tournoi de trois jours, l'Enlèvement de la reine, l'Épreuve de chasteté – conduite ici à l'aide d'un manteau facétieux, ailleurs d'un *drinking-horn*, cor (voir le lai du même nom) ou coupe, voire d'un gant (*Die Krône*) –, le Baiser à la guivre (ou Fier Baiser)... C'est bien ceci qui rend le repérage historique et géographique difficile. Exemple : le motif du tournoi de trois jours tire sa dynamique de la relation entre l'anonymat du héros et la croissance arithmétique, voire exponentielle, de sa gloire au fil des trois journées de joutes (voir note 55, p. 163). Dans le *Lanzelet*, cet anonymat se justifie en quelque sorte invinciblement par le fait que le héros ne connaît pas son nom. Preuve qu'il s'agit d'une réalisation primaire, donc probablement précoce, du motif ? Ou malice très secondaire ? Autre exemple : l'histoire des métamorphoses éloquentes du manteau est bien intégrée dans le *Lanzelet* ; elle permet, après les phases de polygamie qu'a connues le héros, de stabiliser le couple Lanzelet-Iblis. On peut être tenté de reconstituer une chaîne de motivation narrative qui affleurerait tout juste dans le récit : c'est sans doute parce qu'elle porte l'anneau merveilleux offert par Lanzelet (v. 4941 et suiv.) que la messagère des ondines obtient du roi Arthur le don demandé (v. 5774 et suiv.). Et de qui Lanzelet peut-il tenir cet anneau, sinon d'une des ondines, des « fées marines » qui l'ont élevé, et plus particulièrement sans doute de la reine des ondines elle-même ? Serait-ce la vocation première de l'anneau magique offert par la fée nourricière que (de permettre) de sceller une union programmée très tôt (l'élimination d'Iweret ayant pour corollaire naturel la conquête de la fille de ce personnage) et donc d'avoir *de facto* la fonction d'un anneau de mariage, fonction qui serait initiale, antérieure à celle qu'a l'anneau donné par la fée à Lancelot dans le *Chevalier de la Charrette* (dissiper les enchantements, édition de la Pléiade, v. 2341 et suiv.) ? Mais on a la preuve patente d'une circulation indépendante et d'un *Conte du Mantel mal taillé*[8] et d'une version allemande de ce conte[9]. On peut donc tout aussi bien considérer que l'intégration de cet élément narratif a éventuellement eu lieu à une date assez tardive dans le domaine français/anglo-normand, avec reprise dans une version allemande adaptée, ou même seulement au moment de la formation d'une compilation allemande se constituant à partir d'un réservoir de motifs connus.

8. Composé après 1200 selon E. Baumgartner (« À propos du *Mantel Mautaillié* », *Romania* 96, 1975, p. 315-332). Éditions : *Conte du Mantel*, éd. F. A. Wulff, *Romania* 14, 1885, p. 343-380 ; *Mantel et Cor. Deux lais du XIIe siècle*, textes établis et présentés par P. Bennett, Exeter (Textes littéraires, 16).
9. *Der Mantel*, éd. O. Warnatsch, Breslau, 1883 ; réimpr. Hildesheim-New York, 1977 ; *Das Ambraser Mantel-Fragment*. Nach der einzigen Handschrift neu herausgegeben von W. Schröder, Stuttgart, Steiner, 1995. – Version scandinave (*Möttuls saga*) : G. Cederschiöld et F. A. Wulff, *Versions nordiques du fabliau français « Le mantel mautaillié »*. Textes et notes, Lund, 1877 ; traduction en allemand moderne : *Die Saga vom Mantel und die Saga vom schönen Samson. Möttuls saga und Samsons saga fagra*. Aus dem Altnordischen übersetzt und mit einer Einleitung versehen von R. Simek, Vienne, W. Braumüller Universitäts-Verlagsbuchhandlung, 1982 (*Fabulæ mediævales* 2). Voir aussi B. Kratz, « Die Ambraser *Mantel*-Erzählung und ihr Autor », *Euphorion* 71, 1977, p. 1-17.

Il n'en va guère différemment des éléments de géographie merveilleuse encartés dans le récit (première « notice » : l'Observatoire grandissant) après l'épisode au cours duquel le héros apprend comment il se nomme et d'où il vient – comme si, après une période de préexistence à laquelle correspond une onomastique volontiers « spectrale » (*Limors*, *Schatel le mort*), on entrait dans un monde pourvu d'une nomenclature indiquant que les objets de fascination peuvent désormais revendiquer un statut de réalité. Les références qui viennent tout de suite à l'esprit sont des œuvres comme l'*Itinerarium Cambriæ* de Giraud de Barri (voir note 118, p. 335) ou les *Otia Imperialia* de Gervais de Tilbury (voir note 98, p. 255), dues « à un groupe remarquable de clercs originaires des îles Britanniques dans la seconde moitié du XIIe siècle » qui « récupère(nt) tout un ensemble de légendes et de récits jusqu'alors occultés par la culture ecclésiastique savante mais qui désormais forment une composante importante d'une nouvelle culture à l'usage des milieux princiers et aristocratiques laïcs »[10]. Mais de telles fablettes sont très mobiles, et elles peuvent du reste susciter l'émulation dans un milieu géographiquement distinct. Les poissons vivant dans la rivière qui sort du Marais hurlant ont, lit-on, tous la même taille et sont longs comme le bras. Ce qui apparaît comme un commentaire d'auteur : « Les Anglais en ont beaucoup de la sorte » (v. 7054) semble authentifier une localisation britannique du « site ». Mais qu'en est-il de la Passerelle fumante (*ze dem stiebenden Stege*, v. 7146) ? La première référence est ici *der stiebende Steg* (ou *die stiebende Brugge*) *in der Schöllenen*, passerelle permettant le passage au-dessus de la *Schöllenen*, c'est-à-dire des gorges de la Reuss (affluent de l'Aar), obstacle majeur à vaincre pour assurer la communication entre la Suisse centrale et l'Italie (par le Tessin) en empruntant le col du Saint-Gothard. L'existence de cette passerelle est attestée pour la première fois en 1309, mais il a dû y avoir à cet endroit – et pourquoi pas sous le même nom – un passage

10. Préface de J. Le Goff à Gervais de Tilbury, *Le Livre des Merveilles*, trad. A. Duchesne, p. IX.

plus rudimentaire auparavant[11]. Nous sommes ici dans le futur canton d'Uri, en milieu germanophone. À moins que l'identité des dénominations ne soit pure coïncidence, ce qui paraît peu probable, il faut admettre que cette « Passerelle fumante » ne provient pas d'un « livre français ».

3.2. Pour déterminer si le *Lanzelet* est le produit d'un contact, pour préciser ensuite si possible la nature de ce contact et, bien entendu, pour évaluer, en surplomb, l'utilité d'un tel questionnement – que ne pratiquent pas les monographies récentes de Ulrike Zellmann (1996) et de Nicola McLelland (2000) –, il faut oublier un instant l'impression de combinatoire goulue que donne l'abondance de motifs du folklore international, de *mirabilia*, d'historiettes, d'éléments de casuistique amoureuse rencontrés au fil de la lecture, moins s'attacher à ce qui est rapidement perceptible et donc considérer la composition du poème. Il apparaît alors que celui-ci est agencé selon un plan assez ferme et que la recherche d'ordonnances comparables nous conduit vers le domaine français/anglo-normand.

Le récit est porté par un vecteur, fourni par le type littéraire dit des « Enfances » – terme intraduisible dont on peut s'accommoder, car il semble bien constituer une « spécialité » française, même si l'on est en présence d'une variante du schéma très répandu de « l'expulsion et du retour ». Il existe bien un autre récit allemand qui peut être rattaché à ce type : *Wigamur*[12], mais, dans ce cas, la question de savoir si le texte est ou n'est pas le produit d'un contact interlinguistique et interculturel est vite tranchée ; il s'agit d'un assemblage tardif (vers 1250) de motifs empruntés à des récits composés en langue allemande (dont, semble-t-il, le *Lanzelet*).

Nous adoptons dans ce qui suit la caractérisation que Friedrich Wolfzettel (1973-1974) a donnée du type narratif des Enfances. Type mixte, les Enfances (comme *Aiol*, les *Enfances Renier*) empruntent au genre romanesque le choix

11. Voir E. Trachsler, *Der Weg im mittelhochdeutschen Artusroman*, Bonn, 1979, p. 37, note 35.

12. Éd. D. Buschinger, 1987 ; voir A. Ebenbauer, « Wigalois und die Familie », dans *Artusrittertum im späten Mittelalter. Ethos und Ideologie*, éd. F. Wolfzettel, Giessen, W. Schmitz, 1984, p. 28-46.

d'une restitution de parcours individuels (choix clairement contenu dans la disposition biographique du *Lanzelet*) et au genre épique l'intérêt pour ce qui préoccupe, traverse, agite le groupe. L'articulation entre l'individuel et le collectif prend la forme d'un « passage de témoin » entre deux générations ; « l'enfant » réussit, en utilisant l'espace ouvert par une discontinuité due à une rupture brutale (accident familial, révolte, traîtrise…), à restaurer l'ordre, tout entier à son avantage, qui régnait avant cette coupure. Le propos est fondamentalement légitimiste, la coloration propre au *Lanzelet* étant toutefois due à une foi dans l'utilité de l'inscription dans la temporalité, foi qui justifie en profondeur l'option légitimiste. D'une part, la succession des générations permet la rectification, ceci de manière explicite : Lanzelet ne reproduit pas le comportement de son père Pant, tyran égalitariste qui osait traiter sur le même pied grands et petits, et sait au contraire s'assurer le dévouement des princes de Genewis. Non moins significative est, d'autre part, la façon insistante dont le récit évoque l'arrachement salutaire à l'immobilisme du printemps éternel (qui règne à Behforet comme dans l'île des Pucelles) ou à des situations de confinement dues au peu de considération qu'ont les pères (Galagandreiz, Iweret) pour les implications de l'écart générationnel. Par symétrie, le monde opiniâtrement inversé de Schatel le mort montre à quel marasme conduit une relation mère-fils qui continue à échapper au changement[13]. La prégnance de la mise en images de cette réflexion sur ce qui fonde les Enfances – l'idée de la relève des générations – confirme la pertinence du rattachement du *Lanzelet* à ce type narratif.

3.3. Un père, un fils ; une terre perdue, une légitimité à faire valoir : le vecteur narratif principal est clairement orienté. Mais les épouses, au nombre de quatre, peuvent créer une certaine dispersion, surtout lorsque l'on passe de la polygamie successive (la fille de Galagandreiz, Ade, Iblis) à la polygamie simultanée (Iblis, la reine de Pluris). Ceci pourrait faire ressurgir le vieux dilemme : a-t-on affaire

13. Voir E. Schmid, 1992.

à des mariages répétés parce que les compilateurs composent volontiers de façon sérielle ? Ou faut-il, au contraire, donner raison à Gaston Paris : « De pareilles répétitions, aussi mal motivées et agencées, nous permettent [...] de voir dans le *Lanzelet* un des romans de la première époque, œuvres hâtives de quelque conteur errant, formés par l'assemblage d'épisodes originairement sans lien ou au contraire par la dissimulation d'aventures identiques à l'aide de légères variantes, comme il s'en produit dans la transmission orale »[14] ? Partons précisément de ce qui semble être le cas le plus net de motivation hésitante et d'agencement hasardeux : l'épisode de Pluris, affaire apparemment vouée à l'enlisement. Après la provocation opérée par le « Nain fouetteur » à Pluris, premier site où il parvient après son arrivée sur le continent, le héros se promet de se venger un jour de ce lieu (v. 426 et suiv.). Mais le souvenir de cette agression n'émerge qu'après le tournoi de Djoflé (v. 3502 et suiv.), alors que notre chevalier a déjà pris deux fois femme et est devenu le maître de Moreiz, puis de Limors. Le héros se met en chemin, avec Ade et son frère, mais d'autres aventures l'attendent. Celle de Pluris ne prendra place (v. 5429 et suiv.) qu'au terme d'autres séquences, mais comme celles-ci comprennent le récit du combat contre Iweret (et la conquête d'Iblis), la révélation du nom et du lignage et la « cooptation » à la Table ronde, il est permis de penser que ces « faux départs » représentent en fait des effets retardateurs, que Lanzelet n'est pas vraiment dérouté et que le passage à Pluris suppose comme préalable une stabilisation de ce que le héros appelait « ses affaires » (*sîniu dinc*).

Les choses s'ordonnent en fait dès que l'on considère les différentes unions du héros sous la perspective large de l'établissement de « l'enfant », établissement impliquant une domination sur la terre et les hommes, et que l'on observe que le récit développe trois scénarios d'installation.

Premier scénario : l'installation s'effectue en l'absence d'un prémarquage masculin. À la tête du pays « d'appontement » il n'y a pas de seigneur ou de roi, mais une dame, une reine. Dans le *Roman d'Eneas* – puis dans l'adaptation de

14. Gaston Paris, 1881, p. 472.

Veldeke (v. 32, 26 à 34) –, ceci permet aux éclaireurs du Troyen, à leur retour de Carthage, d'aller de leur petit effet devant leur maître[15]. Dans le *Lanzelet*, l'effet est différé : le lecteur comprend plus tard pourquoi l'autochtone interrogé à Pluris ne sait pas dire au héros qui est le seigneur de l'endroit (v. 445 et suiv.). Le lieu, Carthage ou Pluris, mérite le détour, mais il n'a pas vocation à ce que l'on s'y attarde. Finalement, il faut le fuir.

Deuxième scénario : il y a un père sur place (Galagandreiz, Iweret), ou un substitut de père (l'oncle d'Ade, Liniers), une succession à recueillir, comme dans le Latium de Lavine[16]. C'est le bon scénario de l'établissement par alliance, celui qui permet une véritable implantation. Sans doute est-ce cette qualité qui lui vaut de connaître dans le *Lanzelet* une triple réalisation, dont il faut dire aussi qu'elle réussit à chaque fois à être paroxystique (élimination physique du père de l'héritière ou de son substitut) tout en s'organisant en crescendo. Le premier scénario lui sert de faire-valoir.

La première comparaison qui vient à l'esprit est, dans l'un et l'autre cas (même si les deux scénarios se trouvent dans un ordre inverse), la comparaison avec le *Roman d'Eneas*[17], récit anglo-normand (troisième quart du XIIe siècle), adaptation libre de *L'Énéide*, qui donne une sorte de version privatisée, assez notariale pour le goût moderne, du choix fait par l'histoire universelle entre deux aiguillages (Carthage et Rome). Une telle analogie structurelle suppose la croissance dans un même terreau ; il paraît hautement improbable qu'elle puisse être le résultat de l'imitation d'une œuvre déjà transplantée. En d'autres termes, c'est bien de l'*Eneas* français qu'il convient de rapprocher d'abord le *Lanzelet*, non de l'*Eneas* allemand de Veldeke (commencé vers 1174, achevé avant 1190), même

15. Vers 596-599 : *Qu'avez trouvé vous ? – Bien. – Et quoy ?/ – Cartage. – Parlastes au roy ?/ – Nenil. – Pour quoi ? – N'i a seignor./ – Quoi dont ? – Dydo maintient l'onnor.* (Trad. A. Petit : « Qu'avez-vous trouvé ? – Le salut. – Quoi ? – Carthage. – Avez-vous parlé au roi ? – Non. – Pourquoi ? – Il n'y a pas de seigneur. – Quoi donc ? – Didon gouverne le royaume. »)

16. Voir le programme qu'Anchise transmet à son fils Éneas, *Roman d'Éneas*, v. 2272 : « *La fille au roi prendraz a femme.* »

17. Voir la notice « Éneas » du *Dictionnaire du Moyen Âge*, 2002 (F. Mora).

si le *Lanzelet* a pu emprunter ponctuellement à l'adaptation de Veldeke. La fantasmatique de l'établissement qui se trame à partir de la relation entre le patrimoine et le *matrimonium* oriente le regard vers cette France du Nord-Ouest et son vis-à-vis britannique parcourus par les « jeunes » évoqués par Georges Duby dans un article célèbre (1964).

Dans le *Lanzelet*, les deux scénarios matrimoniaux sont insérés dans l'histoire-cadre du type Enfances déjà mentionnée, ce qui ne nous éloigne pas du domaine roman, même si ce trait distingue le *Lanzelet* du *Roman d'Eneas*. La hiérarchisation est double : l'établissement par mariage avec la fille du seigneur surplombe l'établissement direct par mariage avec celle qui, en l'absence d'époux, gouverne le pays, mais est lui-même dominé par le ré-établissement, par la récupération de l'héritage paternel, primordiale, qui débloque la concrétisation définitive des apports d'origine matrimoniale. Une fois contés le combat contre Iweret et la conquête d'Iblis, Behforet – et la question de la succession du père d'Iblis – ne réapparaît à l'horizon du récit qu'après que Lanzelet a été reconnu roi de Genewis. Ceci signifie que l'expansion matrimoniale doit se faire à partir d'un solide socle lignager, mais suppose aussi que l'évolution de la carte territoriale passe par le destin des filles. L'extrême fin du récit (v. 9367 et suiv.) tient peut-être compte de cette deuxième implication. Lanzelet et Iblis ont trois fils et une fille, ce qui – nous est-il dit – tombe à merveille car Lanzelet avait quatre royaumes, les trois terres d'Iweret et la sienne propre. Un partage simple pourrait se dessiner en pointillé : les trois royaumes d'Iweret entre les trois fils, Genewis revenant à la fille, puis passant ensuite aux mains d'un… gendre, ceci pacifiquement, cette fois, puisqu'il est dit également que Lanzelet, qui ne fut jamais trahi par sa bonne étoile, quitta ce monde âgé et dans l'honneur.

3.4. L'architecture du *Lanzelet* porte ainsi, selon nous, une signature française, sans doute plus précisément anglonormande. L'histoire du « livre français » parvenu en terre allemande dans les bagages d'un otage fourni par Richard Cœur de Lion n'est pas controuvée[18]. Le lecteur pourra donc

18. Voir aussi Notice 3.

utilement laisser libre cours à des associations qui l'entraîneraient dans cette direction. Elles densifieront le réseau d'indices. Précisons en donnant un exemple ce que nous entendons par « indice ». Galagandreiz joue structurellement le rôle du « beau-père »[19] qu'appelle la version ultraradicale du scénario n° 2 utilisée dans le *Lanzelet*. Mais ce rôle est modelé en fonction de l'office public rempli par le personnage ou plus exactement de la confusion, remarquable même pour l'époque, qui s'installe chez lui entre le public et le privé. Ce forestier (« *forehtier* », v. 732[20]) veille à la protection du gibier pour l'amour de sa fille[21] et transforme son château en espace sanctuarisé où toute incartade est sévèrement réprimée. C'est en fait un provocateur qui pousse à la faute (voir la façon dont il tapote l'oreiller de ses jeunes hôtes, qui recevront ensuite la visite de sa fille chérie), un joueur carnassier. Quel est l'espace culturel qui, à l'époque, se prêtait mieux à une telle « spéculation narrative »[22] fondée sur le fantasme d'une « déformation professionnelle » totale chez un « forestier », garde-chasse en chef, c'est-à-dire grand gardien et non moins grand chasseur, que l'Angleterre angevine, avec ses *forestarii* royaux, haïs à la fois des grands nobles et des gens du commun, tel le grand forestier Alain de Neville[23], ces officiers royaux que Gautier Map présente dans le tableau de « l'enfer » de la cour d'Henri II sur lequel s'ouvre son *De nugis curialium*[24] comme des officiers en proie à un délire destructeur

19. Le mot est effectivement employé : « *sweher* », v. 1165.
20. Voir note 18, p. 77.
21. Vers 731 ; voir note 17, p. 75.
22. Terme emprunté à A. Adler, *Epische Spekulanten. Versuch einer synchronen Geschichte des altfranzösischen Epos*, Munich, 1975.
23. Voir C. R. Young, *The Royal Forests of Medieval England*, Leicester, 1979, notamment chap. 3 et p. 47 et suiv. ; R. Pérennec, 2001, p. 375-377. Cette piste m'a été indiquée par Mme Paule Le Rider, que je remercie de la lecture attentive qu'elle a faite d'un travail initial sur le *Lanzelet*.
24. Selon R. A. B. Mynors, auteur de l'introduction de l'édition M. R. James du *De Nugis curialium*, p. XIX et suiv. : œuvre composée essentiellement en 1181-1182, retouches rédactionnelles jusqu'en 1193. La datation de cette description de « l'enfer » curial est controversée : après la mort d'Henri II (6 juillet 1189) selon certains (voir la remarque de M. Perez dans : Gautier Map, *Contes de courtisans*, p. 7, note 38) ou, plus probablement entre 1186 et 1189. Voir sur ce point et sur le contexte de ce passage : A. Bihrer, « Selbstvergewisserung am Hof. Eine Interpretation von Walter Maps *De nugis curialium* I, 1-12 », *Jahrbuch für Internationale Germanistik* XXXIV, 2002, p. 227-258, notamment p. 247 et suiv.

qui ne font plus la distinction entre le gibier et les hommes : « … des chasseurs d'hommes, qui ont le droit de décider de la vie et de la mort des bêtes sauvages, des porteurs de mort, à côté de qui Minos est miséricordieux, Radamante amant de la raison, Eaque équitable »[25] ?

Architecture, dynamique d'épisode… il y a également de la place pour une micro-analyse qui partirait de l'idée que le *Lanzelet* d'Ulrich von Zatzikhoven peut être considéré aussi comme un palimpseste du « livre français de Lanzelet ». La forme *ibeline* du manuscrit P pour le vers 8782 (à l'intérieur du vers ; W : *yblise* ; édition Hahn : *Iblê*), forme de datif, indique une alternance entre une finale en -s et une finale en -n qui peut s'expliquer aisément par l'opposition du cas-sujet et du cas-régime en ancien français (**ibelis*/ **ibelin[e]*). Les lecteurs familiers de la littérature narrative de langue française du XIIe siècle découvriront sans doute dans le menu détail d'autres traces de l'origine romane du *Lanzelet*.

4. Contacts. Le Nord et le Sud

4.1. La probabilité du contact n'entraîne cependant pas la fin du questionnement. Même si la mise en contact elle-même est due au hasard, comme il faut bien l'admettre si l'on accorde crédit à ce qui est dit dans le texte sur le rapport entre l'adaptation et la captivité de Richard Cœur de Lion[26], il convient de s'interroger sur les *causes* de l'intérêt que le milieu de réception a trouvé à prendre connaissance de la source. Pour le moment, tant que ne sont pas encore mis en évidence une unité organique de l'œuvre et, plus particulièrement, un lien entre (ce qui nous apparaît personnellement comme) les structures portantes de l'œuvre et ce que l'on pourrait appeler la « décoration intérieure », produit de cette quasi-obsession du remplissage qui se manifeste notamment

25. Éd. M. R. James 1983, p. 10 ; traduction M. Perez, comme pour la note précédente, p. 7. Les figures étymologiques dans le texte original : « *Minos misericors, Radamantus rationem amans, Eacus equanimis.* » Selon R. A. B. Mynors, ce tableau infernal pourrait être une parodie de la violente satire de la cour d'Henri II à laquelle Jean de Salisbury s'était livré dans son *Policraticus sive de nugis curialium et vestigiis philosophorum* (autour de 1159). Ceci n'atténue pas nécessairement la virulence du propos de Gautier.
26. Voir Notice 3.1 et 3.2.

sous la forme d'insertion d'historiettes ou de notices de géographie curieuse et qui alimente la thèse d'un *Lanzelet* patchwork, on imaginera un certain « feuilletage ». La matière à divertissement que contenait déjà très probablement la source, même s'il n'est pas possible d'affirmer qu'elle renfermait déjà tous les ingrédients de cet *Unterhaltungsroman* bien éclairé dans l'étude récente de N. McLelland, était de nature à passer facilement la frontière culturelle. La fantasmagorie combinant la préoccupation patrimoniale et les cas de figure matrimoniaux pouvait trouver un écho en maints endroits. Cet imaginaire politique « féodal » (entendons par là : pratiquant l'indistinction entre le public et le privé) offrait des occasions de rencontre avec des situations concrètes, y compris avec la politique dans ses aspects plus institutionnels. Ulrich von Zatzikhoven a dû être d'une façon quelconque en relation avec l'entourage de l'empereur et on peut aisément concevoir, après Teresa M. de Glinka-Janczewski et William H. Jackson, que la reconnaissance des droits légitimes de l'héritier/héritière à laquelle se livrent spontanément les gens de Genewis et de Dodone dans la partie finale du récit ait pu être en consonance avec les vœux de cet entourage alors même que « dans la dernière décennie du XIIe siècle le roi Hohenstaufen Henri VI tentait (sans succès) d'introduire la succession héréditaire à la couronne. Une propagande en faveur de la continuité dynastique devait être ainsi, à cette époque, une douce musique pour l'oreille de membres de la famille Hohenstaufen »[27]. Enfin, troisième source possible d'intérêt pour « le long récit venu d'ailleurs »[28], et l'on sort ici d'une simple relation bilatérale : l'horizon ouvert sur un territoire commun au milieu de production et au milieu de réception en même temps que géographiquement extérieur aux deux, le problème – qu'il faut soumettre aux lecteurs parce qu'un choix de lecture et d'interprétation s'ouvre à nouveau ici – étant de savoir s'il faut raisonner en termes historiques ou géographiques, c'est-à-dire si le territoire en question était

27. W. H. Jackson, 1975, p. 290. Henri VI ne put obtenir que l'élection de son fils Frédéric (le futur Frédéric II), alors âgé d'à peine deux ans, comme roi d'Allemagne (vers la Noël 1196, à Francfort) ; voir Csendes, 1993, chap. 19 (« Der Erbreichsplan »), p. 171-178.
28. Vers 9347 : *diz lange vremde mære*. Ou faut-il comprendre : « ce long et étrange récit » ?

enfoncé dans la profondeur du temps et présent seulement dans la mémoire livresque de certains contemporains, ou si cette mémoire était entretenue, voire ravivée par l'actualité de l'époque.

4.2. C'est à un tel territoire qu'appartient le site le plus remarquable du *Lanzelet*, celui qui est décrit, et de très loin, avec le plus de détails, celui aussi qui a le privilège d'être situé en vis-à-vis de la patrie du héros : Behforet, qui rime avec Iweret et fait assonance avec Lanzelet, et son centre, le château de Dodone, nom rimant avec *schone* (le *schön* moderne dans sa réalisation adverbiale), mais aussi avec *crone*. À quoi s'ajoute *vallis Iblê*[29]. Dodone (en Épire) est, à se fonder sur les sources littéraires, le plus ancien des sanctuaires grecs où furent rendus des oracles (de Dioné, puis, à partir du VIIIe siècle avant notre ère, de Zeus et, à l'époque hellénistique, de Dionysos, Déméter et Thémis[30]). *Vallis Iblê* est une « étymologie » d'Hybla, site sicilien[31] qui, selon le *Lanzelet,* devrait son nom au « fait » qu'il servait de lieu de promenade à Iblis et à ses compagnes. Que peut représenter cette nomenclature ? On peut d'abord la considérer, dans le contexte large d'une réception de traditions italo-gréco-latines au sein de laquelle la localisation des deux sites n'est pas un élément en soi important, comme une sorte de *name-dropping* destiné à donner du lustre à un lieu auquel l'action confère un statut remarquable. Dodone, sanctuaire de Zeus, peut donner son nom à la forteresse qui représente le pouvoir ; Hybla, célèbre pour ses fleurs et ses abeilles, est bien placée pour fournir un *locus amœnus*. L'association de Dodone et d'Hybla se trouve également dans les *Carmina*

29. Voir note 72, p. 213.
30. Voir *Der Neue Pauly*, t. 3, 1977, p. 725 et suiv
31. Sur le nombre exact et la localisation des Hybla siciliennes, voir *Der Neue Pauly*, t. 5, 1998, p. 770 (Hybla Megale ou Heraia, localisée peut-être près de Raguse – Hybla Géréatis, localisée à Paternò sur le flanc sud de l'Etna, pourvue selon Pausanias d'un sanctuaire de la déesse Hyblaia, une figure d'Aphrodite, où des prêtres interprétaient des oracles). Voir note 76, p. 225. – Selon *Der Neue Pauly*, il n'y a jamais eu de troisième ville de ce nom. Mégara, au nord de Syracuse, n'aurait dû le qualificatif d'Hyblaia qu'à une contamination (remontant à Étienne de Byzance) de traditions géographiques et historiographiques destinée au départ à distinguer la colonie de Mégara de la ville-mère grecque.

Burana: *Quot sunt flores in Ible vallibus, / quot redundat Dodona frontibus / et quot pisces natant equoribus / tot habundat amor doloribus Usque*[32]. Dans un tel cadre, les noms de *Dodone* et de *vallis Iblê* du *Lanzelet* fonctionneraient en gros comme la citation ovidienne qui figure sur la porte de la tente offerte par la reine de l'île des Pucelles (v. 4852). Comme une citation d'esprit voisin, un autre grand nom aurait sans doute fait l'affaire[33]. Il en va autrement si *Dodone* et *vallis Iblê* indiquent non plus simplement un niveau d'imprégnation culturelle qui peut être acquis aussi bien au nord des Alpes, mais une localisation méridionale, et suggèrent en somme qu'il convient de regarder ce territoire rattaché au domaine arthurien depuis l'Etna, du haut de « Mongibel »[34]. D'un lieu d'où l'on peut voir encore la Grèce tournée vers l'Adriatique, le sud de la botte italienne, et la Sicile bien sûr – une Sicile dont la composante musulmane serait à prendre en considération. Iblis, le nom, est sans doute – sous l'une de ses facettes – un anagramme

32. *Carmina Burana*, éd. Vollmann, n° 119, strophe 3, p. 432. L'éditeur situe (p. 1101) la composition du groupe de poèmes auquel appartient la pièce 119 autour de 1150. Essai de traduction en français : « Autant il y a de fleurs dans les vallons d'Hybla, autant Dodone est couvert de frondaisons, autant les ondes regorgent de poissons, autant l'amour est prodigue de souffrances, sans fin. » Parallèle relevé par S. Singer, 1912, p. 144.
33. À un autre niveau bien sûr, celui de la critique érudite, ces fragments onomastiques ne sont plus interchangeables. Ils peuvent être à l'archéologie du roman arthurien ce que la fluorescéine est à la spéléogie. Lorsque C. B. Lewis (1932) tente de retrouver dans *Yvain* (et dans d'autres textes, comme *Huon de Bordeaux*) les traces d'un culte de Zeus en relation avec des rituels destinés à appeler la pluie, des éléments de l'épisode de Behforet, comme la fontaine et l'arbre qui surplombe celle-ci, ou plus encore le « gong », lui sont utiles au cours de cette reconstruction. Mais c'est sans doute le nom de Dodone qui lui est le plus précieux puisque le témoin est ici resté intact. – Je remercie H. Birkhan, de l'université de Vienne, de m'avoir rappelé l'importance de l'ouvrage de C. B. Lewis.
34. Nom romano-arabe de l'Etna, et nom du château de la fée Morgain dans *Floriant et Florete*, roman du milieu du XIVe siècle au double horizon géographique : italo-normand – Sicile avec Palerme et Monreale, Pouille, Calabre, Terra di Lavoro (*Terre de labor*, v. 6756) – et breton (Cardigan, Londres). Le début du *Lanzelet* et celui de *Floriant et Florete* présentent des similitudes de motifs très frappantes : enlèvement de l'enfant par une fée « de la mer salée » (*Floriant et Florete*, v. 551), anonymat du héros jusqu'au moment où son identité lui est révélée par un message de la fée nourricière, intérêt de la cour arthurienne pour le héros inconnu, compagnonnage avec Gauvain… L. A. Paton a vu dans *Floriant et Florete* un avatar de la légende de Lancelot (*Studies in the Fairy Mythology of Arthurian Romance*, Boston, 1903, p. 187 et suiv.). – Voir également : *Guillaume de Palerne*, roman du XIIIe siècle, éd. A. Micha, Genève, Droz, 1990, et les remarques de l'éditeur sur le cadre sicilien dans ce roman (p. 28 et suiv. de l'introduction).

de Sibille, comme l'a supposé R. S. Loomis[35]. La poésie médiévale donne de la Sibylle des portraits différents : celui de la devineresse, puis prophétesse, mais aussi celui de la fée ou de la sorcière. Hartmann von Aue situe Feimurgan (la fée Morgain), qui avait partie liée avec le diable, dans la lignée de la Sibylle (*Erec*, v. 5153-5231), et il se trouve qu'Iblis est également le nom que porte le diable dans le *Coran*[36]. Un tel mixage (Sibylle/Hybla/Iblis) a un parfum sicilien, et on ne peut être que conforté dans cette impression par le fait que Wolfram von Eschenbach[37] rapporte dans le livre XIII du *Parzival* l'histoire de la vengeance perpétrée par Ibert (ou Gibert), roi de Sicile, à l'encontre de l'enchanteur Clinschor, amant d'Iblis (ou Ibilis), épouse d'Ibert (v. 656, 24-657, 9[38]). Un peu plus loin, il est question d'une tente que cette Iblis avait fait parvenir à Clinschor, don qui avait révélé la nature de leurs relations (v. 668, 9-14). Les points de contact entre le *Lanzelet* et le *Parzival* (phraséologie et onomastique) sont nombreux ; dans la plupart des cas, il a dû y avoir emprunt de l'un à l'autre. Ici, toutefois, une dépendance directe entre les deux récits, dans un sens ou dans l'autre, paraît très improbable. Il faut postuler l'existence d'une légende locale[39] circulant sous deux formes – l'une étant utilisée dans le *Lanzelet* en association avec la matière de Bretagne et l'autre étant simplement évoquée par Wolfram –, ainsi que dans deux directions, vers la métropole anglo-normande et vers les pays allemands. Vers 1200, la Sicile faisait partie de l'horizon commun aux deux régions. La Sicile, terre d'implantation et de réussite normandes, ce

35. Traduction Webster-Loomis, 1951, p. 194-196. La demoiselle secourable qui aide Huon de Bordeaux à pénétrer dans le château de Dunostre (et donc à éliminer le géant gardien du lieu) en arrêtant le mouvement des automates de bronze postés à l'entrée (avatar du gong de Dodone, selon C. B. Lewis, 1932, p. 68-71) a pour nom Sébile.
36. *Encyclopédie de l'Islam*. Nouvelle édition par B. Lewis *et al.*, Leyde-Paris, t. III, 1971, p. 690 et suiv.
37. On situe l'activité poétique de Wolfram von Eschenbach entre l'extrême fin du XIIe siècle et 1220. On admet généralement que la composition du livre VII du *Parzival* n'est pas antérieure à 1203 ; ceci vaut *a fortiori* pour le livre XIII. Sur cet auteur, voir la notice « Wolfram von Eschenbach » dans le *Dictionnaire du Moyen Âge*, 2002 (J.-M. Pastré) ainsi que J. Bumke, *Wolfram von Eschenbach*, 7e éd., Stuttgart/Weimar, Metzler, 1997.
38. Histoire qui ne doit absolument rien à la source de Wolfram, le *Conte du Graal*, même sous une forme prolongée dans le sens d'une Continuation.
39. Voir S. Singer, 1912.

dont témoigne la fortune de la famille de Hauteville (originaire des environs de Coutances), notamment avec l'élévation de Roger II à la royauté de Sicile (1130), mais terre convoitée aussi par les empereurs allemands. Cet appétit s'aiguisa avec le mariage (27 janvier 1186, Milan) d'Henri, fils de Frédéric Ier Barberousse, le futur Henri VI, avec Constance de Hauteville, fille posthume de Roger II, devenue en 1189, à la mort de son frère Guillaume II de Sicile resté sans enfant, l'héritière légitime de la couronne – circonstance qui provoquera ensuite l'intervention d'Henri VI en Sicile après que la noblesse sicilienne eut opté pour Tancred de Lecce, descendant de Roger II, comme successeur de Guillaume II (janvier 1190, Palerme). Les Staufen entraient ainsi en force dans la sphère d'influence des Plantagenêts, qui avaient renforcé leurs liens avec l'empire normand du sud lors du mariage de Jeanne d'Angleterre, fille d'Henri II, avec Guillaume II[40]. L'alliance sera approfondie lors du séjour de Richard Cœur de Lion en Sicile, de l'automne 1190 au printemps 1191[41]. Il y a un volet sicilien dans le contentieux angevino-staufien qui entraîna (la haine personnelle du duc d'Autriche Léopold V pour Richard servant de « détonateur ») la captivité du roi d'Angleterre en Allemagne[42] et, à une autre échelle, l'adaptation du *Lanzelet*. Fin 1194, la Sicile tombait aux mains d'Henri VI, qui se faisait couronner roi de Sicile à Palerme le 25 décembre. Le *terminus a quo* pour l'adaptation du *Lanzelet* – l'arrivée des otages destinés à garantir la rançon promise par Richard – doit être situé fin 1193 ou courant 1194[43]. Il est permis de supposer qu'à cette date le théâtre sicilien retenait tout particulièrement l'attention en Allemagne.

40. Voir F. Neveux, 1100-1190, « Le Royaume normand », dans P. Bouet et F. Neveux, 1994, p. 31.
41. E. M. Jamison, « Sicilian Norman Kingdom 1938-1992 », p. 180 et suiv. relève que certaines sources suggèrent l'existence de tensions entre les croisés angevins et les Normands de Sicile ; elle estime toutefois que l'accord politique conclu entre Richard et Tancred, successeur de Guillaume II, s'est doublé d'une amitié réelle. Le commentaire de P. Czendes, 1993, p. 118, accorde davantage d'importance à ces échos parasites.
42. Inversement, « par une des suprêmes ironies de l'histoire, la rançon de Richard servit à financer l'entreprise conduite par les Allemands contre la Sicile » (E. M. Jamison, Alliance, 1945-1992, p. 313).
43. Voir Notice 3.4.

4.3. Dégageons à partir d'un exemple, et sous forme d'alternative de lecture et d'insertion dans l'histoire littéraire, les implications de cette rencontre du monde angevin et du monde allemand en terre très éloignée de leurs centres respectifs : où convient-il de situer la Terre de lamentation (*zer Jaemerlîchen urbor*, v. 3828), située à l'entrée du royaume d'Iweret ? Appartient-elle à une topographie imaginaire bretonne ou à une géographie réelle normande ? Pour ce qui est de la trame narrative, les références évidentes sont le Cimetière futur du *Chevalier de la Charrette*[44] et l'épisode de la *Dolorouse Garde* dans le *Lancelot*[45], avec cette différence notable que dans le *Lanzelet* la question de l'identité n'est pas de celles qui se creusent ; l'élucidation s'effectue, de façon peu réflexive, dans une nature en fête et non au cimetière, le cimetière étant fait plutôt pour les autres. *Jaemerlîch* (qui provoque l'affliction, la lamentation) pourrait fort bien être une traduction de *dolorous*. *Urbor*, cependant, signifie : « terre », souvent plus particulièrement « fief » ; à la différence de *garde*, il n'implique pas l'idée de défense, de lieu fortifié. On peut donc considérer une autre hypothèse, formulée par Jessie L. Weston (1901, p. 27), selon laquelle on aurait affaire ici à une germanisation de cette *Terre de Labur* (ms. : *Terre de Labuor*, *terra labúr*) dont Wolfram von Eschenbach dit dans le *Parzival* (v. 656, 14) qu'elle appartenait à l'enchanteur Clinschor. Sémantiquement, les deux toponymes sont proches l'un de l'autre, et chez Wolfram la mention de la *Terre de Labur* précède immédiatement le passage où il est question d'Ibert, roi de Sicile, et de son épouse Iblis (voir *supra*). Toutefois, il n'est pas nécessaire de postuler un passage par la géographie romancée du *Parzival*. La *Terra Laboris* des sources latines, la *Terra di Lavoro* italienne se trouve bien, vue du nord, à l'entrée de l'Italie normande, composée, outre cette terre, ancienne principauté de Capoue, de la Pouille, de la Calabre et de la Sicile. L'empereur Henri VI y avait tenu encore en décembre 1196 une diète dans la cité de Capoue[46].

44. Éd. D. Poirion, édition de la Pléiade, v. 1835 et suiv.
45. Éd. Micha, t. VII, chap. XXIVa et suiv., *Lancelot du Lac*, Lettres gothiques, I, p. 526 et suiv.
46. W. Stürner, 1992, p. 63.

5. Le *Lanzelet* et les *Lancelot*

La question posée à propos de la « Terre de lamentation » du *Lanzelet* peut être généralisée : quels sont les liens qu'entretient ce récit avec le *Chevalier de la Charrette*[47] de Chrétien de Troyes et le *Lancelot propre*, noyau du complexe Lancelot qui s'est formé dans le domaine français et qui s'est ramifié dans d'autres aires linguistiques (pour l'aire allemande : *Prosa-Lancelot*[48] d'une part, *Lannzilet* strophique et *Prosaroman von Lancelot* d'Ulrich Füetrer[49] d'autre part) ? La présentation qui a été faite ici du *Lanzelet*, notamment en ce qui concerne les scénarios d'union matrimoniale et la récupération des héritages, n'invite guère, sans doute, à pressentir une parenté profonde entre cette œuvre et les *Lancelot*. Il manque par ailleurs, et ceci peut frapper particulièrement dans les épisodes ayant pour point de départ l'enlèvement de la reine Ginovere/Guenièvre, les marqueurs d'opposition ou d'ironie qui permettraient de conclure à la présence de réactions entre le *Lanzelet* d'une part et les deux autres récits d'autre part[50]. Mais peut-être faut-il prendre la question différemment et distinguer la matière des trois récits et la conception de la fiction qu'ils impliquent. La matière ne présente de manière évidente que deux zones de contact : la scène de la confrontation avec le nom et la généalogie, dont il a été question plus haut, et l'épisode contant (*Lanzelet*, *Lancelot propre*) la prime jeunesse du héros[51]. Sans doute ne serait-il pas inutile de scruter à nouveau certaines facettes de cette partie initiale commune. Nous attirons l'attention en note, par exemple, sur la circonstance, à première vue surprenante, que Lanzelet du Lac

47. Voir P. G. Beltrami, 1989.
48. Voir l'article « Prosa-Lancelot » dans le *Dictionnaire du Moyen Âge*, 2002 (R. Pérennec).
49. Voir l'article « Füetrer, Ulrich » dans le *Verfasserlexikon*, t. 2, 1980, col. 999-1007 (K. Nyholm) ; R. Voss, « Zur Quellenlage von Ulrich Füetrers Lancelot-Erzählungen. Prosaroman und strophischer "Lannzilet" », *Zeitschrift für deutsches Altertum* 131, 2002, p. 195-212.
50. Voir K. Grubmüller, 1993.
51. À quoi peut s'ajouter, comme motif commun, celui du « meilleur chevalier du monde ».

a été élevé dans une île de la mer[52] (trace d'un ancien conte de Lancelot de la Mer[53] ?) et non dans un lac, ainsi que sur la relation existant entre le Gaunes du *Lancelot propre* et le Genewis du *Lanzelet*[54]. Le père de Lancelot était-il au départ « de Gaunes », et non « de Benoïc », y a-t-il eu dissimilation dans le *Lancelot* (deux frères, deux pays, comme il y a un Banin, filleul de Ban) ? Ou est-ce le *Lanzelet* qui ramène la lignée à une seule tige ? Mais il convient aussi de sortir du cadre déterminé par la parenté des contenus de récit et de considérer l'esprit dans lequel est traitée la matière narrative. On croit alors entrevoir un champ de forces, sentir des réactions et discerner de quel côté elles se situent. Nous pensons personnellement voir affleurer dans le *Lanzelet* une ironie provocatrice envers la modernité poétique qui se traduit à la fin du XIIe siècle, grâce à Chrétien de Troyes (et pas seulement dans la *Charrette*), mais aussi à un Hue de Rotelande, par ce que l'histoire de la littérature appelle parfois la création du roman. Cette ironie[55], nous croyons la sentir notamment dans la façon dont le héros, de façon répétée – une véritable vaccination avec rappels –, est protégé contre les états d'âme ; ou dont, dans la première partie du récit, il déroute ses interlocuteurs par une apparente complexité (« ses affaires » ne sont pas telles qu'il puisse faire ce dont on le prie, etc.). Complexité qui est due en fait à un blanc biographique pour lequel il ne peut rien, de même qu'il combat *incognito* pour la bonne raison qu'il ne sait pas lui-même qui il est. Le début de la seconde grande aventure a valeur de programme : trois voies s'ouvrent devant le jeune homme, qui s'engage dans la voie médiane, comme par refus du *bivium*, du choix de vie. Cette route le mène néanmoins à une forteresse du nom de Limors. Mais en ce lieu, déjà, le trépas n'est pas un sujet de méditation ; il attend

52. Voir note 3, p 51.
53. C. Bullock-Davies, 1969, p. 139 ; voir Notice 3.2.
54. Voir note 2, p. 47.
55. Point de vue développé dans R. Pérennec, 1984, *Recherches*, t. 2, p. 70-82.

plutôt celui qui destinait cet avenir au héros. Ces contre-pieds, ces retournements ne visent pas des aspects spécifiques des *Lancelot*, mais une conception de la littérature de fiction. C'est comme si était dessinée en pointillé, pour la future histoire littéraire, une répartition des rôles : à Chrétien de Troyes, surtout, la découverte du « héros problématique », au maître d'œuvre du *Lanzelet* l'invention amusée de la para-littérature, du *Trivialroman*.

Notice

1. Tradition manuscrite et établissement du texte

Le texte reproduit dans ce volume est celui de l'édition due à Karl August Hahn parue en 1845 (les corrections figurant dans l'appareil de cette édition p. 281-282 ont été reportées dans le texte original reproduit dans la présente publication). L'élaboration de ce texte a été suivie par Karl Lachmann lui-même, ce qui permet incidemment de se faire sur pièces une idée de ce qu'est « l'édition lachmannienne » – et du décisionnisme qui la marque assez souvent dans la pratique. Malgré cet illustre parrainage, l'édition Hahn a été jugée assez tôt insuffisante, du fait notamment de la pauvreté de son apparat critique. En 1914, Oskar Hannink a présenté à l'université de Göttingen une thèse intitulée « Prolégomènes à une nouvelle édition du *Lanzelet* d'Ulrich von Zatzikhoven ». Le chantier a été ensuite interrompu jusqu'à la publication en 1963 par Rosemary Combridge d'un nouveau fragment (B), découvert à la Bibliothèque bodléienne d'Oxford par Peter F. Ganz. R. Combridge a annoncé la préparation d'une nouvelle édition du *Lanzelet* et exposé (1968, 1993) différentes questions surgies au cours du travail entrepris ; celui-ci, toutefois, à notre connaissance, n'a pas été achevé à la présente date. C'est donc le texte de l'édition Hahn que nous avons traduit en nous permettant de faire çà et là des choix différents (sur lesquels nous nous expliquons toujours en note) ou en commentant des options prises par K. A. Hahn (et Lachmann).

Comme le remarque R. Combridge[1], l'état de la tradition manuscrite ne peut nullement être considéré comme déplorable. Nous disposons[2] de deux manuscrits à peu près complets, pas trop tardifs, le manuscrit de Vienne, W, sur

1. R. Combridge, 1993, p. 40.
2. Voir O. Hannink, 1914 ; M. Kantola, 1982 ; R. Combridge, 1993.

parchemin, 1re moitié du XIVe siècle, écrit en dialecte alémanique, peut-être plus précisément souabe, et le manuscrit de Heidelberg, P, sur papier, daté de 1420, provenant également du domaine alémanique, peut-être d'Alsace. À quoi s'ajoutent des fragments de trois manuscrits : B (Oxford), 1er quart du XIIIe siècle, bas-alémanique ; S (Strasbourg, conservé dans deux transcriptions), vers 1300, alémanique ; G (ainsi appelé parce qu'il se trouvait en possession d'un certain Franz Goldhahn, Viennois, du temps de K. A. Hahn) et Gk, fragments appartenant à un même manuscrit, allemand moyen, 1re moitié du XIVe siècle[3]. Selon R. Combridge, toutefois, les données disponibles ne permettent pas de trancher nettement en faveur de l'une ou de l'autre des deux grandes options possibles, l'édition diplomatique d'un manuscrit directeur (aucun des deux manuscrits en gros complets ne s'y prêterait entièrement) ou l'édition critique (notamment parce que la divergence des ambitions stylistiques respectives des manuscrits en question rendrait difficile un va-et-vient entre ces deux témoins principaux)[4]. On ne peut toutefois qu'exprimer le vœu que le travail entrepris soit mené à terme. Une nouvelle édition critique, même imparfaite, rendrait de grands services, surtout si elle exposait dans un apparat substantiel les causes de son imperfection.

2. L'auteur

L'auteur[5] se nomme dans la première partie de l'épilogue : *von Zatzikhoven Uolrich* (v. 9344, leçon de P : *zezichouen*) et se présente comme le transcripteur en allemand (v. 9345 et suiv.) d'un « livre français » (v. 9324, 9341). Les premières tentatives de localisation de ce Zatzikhoven ont conduit vers la Bavière, mais l'hypothèse d'une origine alémanique, en faveur de laquelle la tradition manuscrite plaide fortement, a pris un relief particulier

3. Voir H. Menhardt, 1929.
4. R. Combridge, 1993, notamment p. 41 et suiv., 44 et suiv. – La rédaction de cette notice était achevée lorsque nous avons appris la parution d'une édition diplomatique du manuscrit W procurée par Georg Deutscher et datée de 2002. Voir l'annexe bibliographique.
5. Voir aussi N. McLelland, p. 17-19.

lorsque, en 1874, Jakob Baechtold a repéré parmi les souscripteurs d'un acte de donation conservé à l'abbaye de Saint-Gall et daté du 29 mars 1214 un *capellanus Uolricus de Cecinchovin plebanus Loumeissae*[6]. Les lieux mentionnés dans cet acte sont encore aujourd'hui identifiables : Zezikon, à proximité du village de Lommis, sur la commune actuelle de Affeltrangen, au nord-ouest de Saint-Gall, dans le canton de Thurgau/Thurgovie, non loin de cet Eglisau qui pourrait être la patrie de Hartmann von Aue. Dans le domaine poétique, et pour cette époque, l'attestation dans un document d'archive d'une personne appropriée à la fois du point de vue de l'onomastique et de la chronologie est assez exceptionnelle pour avoir pu inciter assez généralement les germanistes à considérer la discussion du problème de la localisation comme close. Mais elle soulève une interrogation d'un autre type : le personnage en question est dit être *plebanus*, prêtre de paroisse. Comment, dans ces conditions, aurait-il pu prendre connaissance d'un livre appartenant à l'un des otages fournis par Richard Cœur de Lion, même si ces otages ont été dispersés dans diverses régions allemandes (v. 9335 et suiv.) par l'empereur Henri VI ? La personne « pour laquelle » Ulrich a « commencé à conter cette histoire » (v. 9433 et suiv.) serait un intermédiaire possible, mais elle n'est pas nommée[7], si bien que l'on a songé soit à un séjour d'Ulrich hors de sa terre natale, où il serait revenu à la date de 1214 après avoir servi un seigneur qui était vers 1194 en contact avec la cour impériale[8], soit à des médiations régionales : familles thurgoviennes comme celle des Kyburg, ou monastère de Reichenau[9]. Rien de bien tangible ne se dégage de cette discussion. Après avoir résumé celle-ci, Michael Bärmann a proposé assez récemment une

6. *Thurgauisches Urkundenbuch*, herausgegeben vom Thurgauischen Historischen Verein, 2. Band 1000-1250, bearbeitet von J. Meyer, fortgeführt von F. Schaltegger, Frauenfeld, 1917, n° 99, p. 339-341. Contenu de l'acte : le comte Diethelm de Toggenburg, son frère et sa mère font remise au monastère de Peterzell d'un cens annuel (quarante fromages, une vache). Autres souscripteurs nommés : *Werneherus plebanus de Liutinsburch* [Lütisburg, dans la vallée de la Thur] et *Burchardus miles de lapide* [l'ancien Burg Stein, ou un château situé dans la commune de Stein].

7. Sur le dédicataire ou le mécène possible de la source perdue (Hugues de Morville lui-même ?), voir ci-dessous Notice 3.2.

8. L. Denecke, *Ritterdichter und Heidengötter (1150-1220)*, Leipzig, 1930, p. 113-123.

9. Voir l'exposé de M. Bärmann, 1989, p. 66-69.

nouvelle localisation du Zatzikhoven mentionné dans le *Lanzelet*. Il s'agirait, toujours en territoire alémanique, d'un lieu appelé aujourd'hui Zizingen, hameau de la commune de Auggen, située près de Neuenburg (Neuenburg am Rhein, sur la rive droite du Rhin, au nord-est de Mulhouse). Sur le plan phonétique, comme M. Bärmann en fait la remarque, la forme médiévale du nom de ce lieu, telle qu'elle est attestée dans les graphies rencontrées dans des actes de la pratique des XIIe et XIIIe siècles : *Cicinchouin*, *Cecinchouen*, *Zetzinkouen* ne peut pas être distinguée du Zatzikhoven du *Lanzelet* ou de l'acte de Saint-Gall daté de 1214. Ce Zatzikhoven badois a, comme le note M. Bärmann, l'avantage de se trouver nettement plus près de la frontière linguistique germano-française de l'époque. La terre appartenait au moins en partie au monastère de Sankt Trudpert, dont l'avouerie était tenue par des ministériaux des ducs de Zähringen. Ceci permettrait d'envisager pour le *Lanzelet* un mécénat de Bertold V de Zähringen[10], duc de 1186 à 1218, et renforcerait l'idée que Ulrich von Zatzikhoven et Hartmann von Aue (dont les œuvres respectives, le *Lanzelet* et *Erec*, présentent des points communs) ont pu avoir les mêmes mécènes[11] puisque si l'on fait la somme des réseaux auxquels la critique a pu les rattacher on aboutit à la même liste : Reichenau, Kyburg, Zähringen.

3. Datation

3.1. « Le livre français de Lanzelet »

La fixation d'une borne chronologique amont pour la composition du *Lanzelet* allemand dépend en premier lieu du crédit de principe que l'on est prêt à donner à la « notice éditoriale » des v. 9322-9349 ; celle-ci fait mention d'un « livre français » dont Ulrich von Zatzikhoven aurait pris connaissance « pour la première fois » (v. 9325) lors de la

10. Sur tout ceci, voir M. Bärmann, 1989, p. 71-80.
11. Ernst Scheunemann, *Artushof und Abenteuer. Zeichnung höfischen Daseins in Hartmanns Erec*, Breslau, 1937, réimpr. Darmstadt, 1973, p. 34, les voit même travaillant côte à côte et s'inspirant à l'occasion l'un de l'autre, ce qui expliquerait que l'emprunt semble être parfois du côté d'Ulrich (le nom Erec fil de roi Lac), parfois du côté de Hartmann (la stylisation partielle du tournoi clôturant les noces d'Erec et d'Enite sur le modèle du « tournoi de trois jours »).

captivité en terre allemande de « *Huc von Morville* » (v. 9338), l'un des otages fournis par le roi d'Angleterre, Richard Cœur de Lion, prisonnier du duc d'Autriche Léopold, puis de l'empereur Henri VI, pour garantir le versement de la rançon demandée – Richard lui-même étant libéré le 4 février 1194. Elle dépend en second lieu, si cette adhésion initiale n'est pas refusée, de l'interprétation que l'on donne de l'expression « pour la première fois » (*von êrst*).

3.2. Hugues de Morville

Sans doute convient-il de situer d'abord ce Hugues de Morville, dont le nom – au moins – n'est pas le produit de la fantaisie d'Ulrich von Zatzikhoven. Il ne figure pas parmi les otages (comme Gauthier, archevêque de Rouen, Robert de Thornham, Baudouin de Béthune...) dont il est fait état nommément dans les sources relatives à la captivité de Richard. Il convient de le chercher au sein d'une famille originaire du Cotentin (Morville, au sud de Valognes)[12] et présentant de fortes ramifications insulaires. Pour la période considérée, trois possibilités se présentent *a priori*. Il pourrait s'agir du Hugues de Morville né vers 1160 et devenu évêque de Coutances en 1207 avec le soutien de Philippe-Auguste. Mais il ne devait pas occuper en 1193 une position lui donnant le poids que l'on attend d'un otage[13]. On peut ensuite songer à Hugues II de Morville, fils du connétable d'Écosse Hugues Ier de Morville (mort en 1162) ; il fit partie du groupe qui assassina Thomas Becket dans la cathédrale de Canterbury le 29 décembre 1170. Hugues II était seigneur de Knaresborough (Yorkshire) – lieu où il se réfugia avec ses comparses après le meurtre de l'archevêque –, jusqu'en 1173, date à laquelle il se vit retirer la confiance du roi

12. René Bansard pensait trouver dans le *Lanzelet* des traces importantes de cet environnement cotentinois (voir notamment le bois de Limors, près de la Haye-du-Puits, au sud de Morville). Voir R. Bansard, notes inédites sur le *Lanzelet* d'Ulrich von Zatzikhoven (présentation par Gilles Susong), dans: R. Bansard *et al.*, 1987, p. 135-147. Dans son amorce, cette « hypothèse normande » trouve une appréciation positive dans N. McLelland, p. 6, 10 et suiv.

13. Voir McLelland, p. 4. L'argument suppose qu'Ulrich fasse la distinction entre les otages proprement dits et les personnes les accompagnant. Si ce n'était pas le cas, on pourrait imaginer ce Hugues de Morville dans la suite de Gauthier de Rouen ; voir Gottzmann, 1986, p. 28.

Henri II – et son fief –, pour avoir soutenu la rébellion du fils du roi, Henri le Jeune[14]. Sa trace se perd ensuite, et il est probable que l'otage fourni par Richard ait été plutôt le Hugues de Morville de Burgh-by-Sands, Cumberland (au nord-ouest de Carlisle, à proximité du Solway Firth), mort en 1202[15]. Burgh-by-Sands est le nom anglais d'un fort romain, Aballava, répertorié dans la *Cosmographie du Ravennate* sous la forme *Avalana* (ou *Avalava*[16]), lieu qui selon Constance Bullock-Davies se confondrait avec l'Avalon des Bretons mentionné à la fin du *Lai de Lanval* (v. 659), un récit dont la scène initiale se déroule à *Kardoeil* (= Carlisle, v. 5[17]). Burgh-by-Sands pourrait ainsi avoir été un lieu de médiation entre la poésie orale celtique et la littérature d'expression française, ce qui ferait des maîtres de cette baronnie des mécènes potentiels. Selon C. Bullock-Davies, « l'auteur du *Lancelot* français de Hugues de Morville » aurait pu être « un jongleur attaché au service de la famille des Morville », mettant en œuvre, entre autres sources, des traditions locales et tentant « inconsciemment ou de propos délibéré de concilier une ancienne histoire parlant d'un Lancelot de la Mer et l'histoire plus récente de Lancelot du Lac »[18].

3.3. On a vu assez récemment dans les indications du poème relatives au rôle joué par *Huc von Morville* dans la transmission de la source un dispositif d'authentification fabriqué *ad hoc*[19]. Le point de vue est à considérer, mais nous rejetterons personnellement cette thèse. Certes, dès ses débuts, avec Geoffroy de Monmouth[20], la littérature arthurienne manie les procédures de traçabilité avec un ludisme parfois contagieux pour la critique moderne :

14. Sanders, 1960, p. 59 et suiv. ; Dahood, 1994, p. 45 et suiv.
15. Sanders, p. 230 et suiv. ; Dahood, p. 45-47; McLelland, p. 5.
16. *Itineraria Romana II : Ravennatis Anonymi Cosmographia et Guidonis Geographica*, V, 31, p. 107 ; A. L. F. Rivet et C. Smith, *The Place-Names of Roman Britain*, Londres, 1979, p. 238.
17. Bullock-Davies, 1969, p. 132-135.
18. *Ibid.*, p. 139.
19. D. Buschinger, Traduction, p. IX-XII ; W. Spiewok, « Der "Lanzelet" des Ulrich von Zatzikhoven – ein Werk Wolframs von Eschenbach ? », dans *Lancelot-Lanzelet*, 1995, p. 329-339, notamment p. 331-334.
20. Voir Geoffroy de Monmouth, *Histoire des rois de Bretagne*, traduit et commenté par Laurence Mathey-Maille, Paris, Les Belles Lettres, 1992, chap. 1 et 208 ainsi que p. 13-15.

R. A. B. Mynors rappelle l'attribution du *Lancelot* à Gautier Map[21] et note que K. G. T. Webster avait suggéré de voir en ce même Gautier Map l'auteur de la source perdue du *Lanzelet*[22]. Du côté allemand, il existe, à une certaine proximité chronologique du *Lanzelet*, deux cas parallèles d'affabulation éditoriale développée, l'un avéré et concernant un « Kyot », un « Provençal », qui aurait traduit de l'arabe en français l'histoire de Parzival que Wolfram conte à son tour en allemand[23] – en fait, il ne semble même pas qu'il s'agisse d'une source secondaire –, l'autre, sans doute nettement plus hypothétique et objet d'un soupçon de fraîche date, portant sur « l'affaire du manuscrit volé à Clèves » qui aurait retardé l'achèvement de l'adaptation allemande du *Roman d'Eneas* par Veldeke, « maître Heinrich » ayant été privé de son support pendant neuf ans[24]. Jusqu'à présent, l'authenticité des indications fournies dans cet épilogue de l'*Eneas* allemand n'était pas mise en doute, même lorsque l'on considérait l'ensemble de l'épilogue comme une pièce rapportée[25]. Selon Sabine Weicker, il faudrait les placer sur une toile de fond constituée par une tradition de l'histoire du livre volé et y voir un élément fictionnel. Supposons, en attendant que des réactions à cette thèse se manifestent dans un sens ou dans l'autre, qu'il en soit ainsi : ce que suggèrent les deux cas mentionnés est que l'affabulation éditoriale ne s'effectue pas « sans préavis », que celui-ci prenne la forme de l'utilisation d'une tradition (*Eneas*, selon l'hypothèse de S. Weicker) ou de la mise en condition préalable du public. En effet, la mystification à laquelle se livre le narrateur dans le *Parzival* n'est qu'une des nombreuses manifestations, souvent voyantes, du ludisme qui se donne libre cours dans

21. P. 21 et suiv. de l'introduction de Walter Map, *De Nugis Curialium*, éd. M. R. James, 1983. – « Mestre Gautier Map » aurait, « por l'amor del roi Henri » [II d'Angleterre], traduit en français un original latin conservé à l'abbaye de Salisbury : *La Queste del saint Graal*, p. 279 et suiv. Attribution déjà présente dans le *Lancelot* (éd. Micha, t. VI, p. 244) et répétée dans *La Mort le roi Artu*, p. 263, « fausse piste délibérée », Gautier Map étant « mort depuis longtemps en 1220 » (Jean-Charles Payen, dans R. Bansard *et al.*, 1987, p. 23).

22. K. G. T. Webster, Walter Map's French Things, *Speculum* XV, 1940, p. 272-279.

23. Wolfram von Eschenbach, *Parzival*, v. 416, 20-30.

24. Sabine Weicker, *dô wart daz bûch ze Cleve verstolen.* Neue Überlegungen zur Entstehung von Veldekes « Eneas », *Zeitschrift für deutsches Altertum* 130, 2001, p. 1-18. – Heinrich von Veldeke, *Eneasroman*, v. 352, 19-354, 1.

25. Voir la note de D. Kartschoke (édition Reclam) sur les v. 352, 19-354, 1.

cette œuvre. Nous sommes dans le domaine du jeu, non de l'invention sauvage, ce que serait « l'histoire du livre de Hugues de Morville » si elle était sortie de l'imagination de Ulrich von Zatzikhoven. Le vol d'un livre, par définition furtif, se prête aux constructions de la fantaisie. L'existence du livre arrivé dans les bagages de l'otage, en revanche, ne se définit pas par défaut et il ne semble pas qu'une tradition de « l'histoire du livre apporté par le prisonnier » ait été répertoriée. Observe-t-on par ailleurs qu'Ulrich joue des possibilités ouvertes par un débridement de la notion de fictionnalité dans un esprit qui serait comparable à celui qui inspire les forgeries authentificatoires ? Il nous a semblé[26] que dans le *Lanzelet* la mystification ne s'affiche précisément pas, que le jeu du narrateur consiste plutôt à faire l'innocent, le « nice », par osmose avec son héros. Enfin, peut-on faire abstraction du remarquable relief historique de la « notice éditoriale » du *Lanzelet* ? Inventer un « Kyot *le Provençal* », c'est fabriquer une figure générique d'intermédiaire entre le Sud et le Nord. Mais prêter depuis le sol allemand la propriété d'un livre à un Hugues de Morville est un geste très précis, étonnant si ce Hugues est simplement le seigneur de Burgh-by-Sands, et encore plus étonnant s'il est celui qui a participé à l'assassinat de Becket. En effet, l'attribution fictive d'une œuvre ou d'un rôle à un personnage ayant réellement vécu n'a de sens que si le personnage ainsi sollicité dispose d'une notoriété certaine ou occupe une place dans les mémoires (comme Gautier Map). Mais s'il est connu, et connu en terre allemande, cela veut dire dans le cas qui nous occupe qu'il est (ou est confondu avec) le Hugues de Morville complice du meurtre d'un archevêque et profanateur d'église impliqué dans un acte qui avait révulsé le monde des clercs en Occident[27] et déclenché un mouvement qui allait conduire à la canonisation de Thomas Becket (1173) et à la diffusion importante du culte du saint martyr. L'affabulation, qui devrait tenir du clin d'œil, devient pour le coup sinistre. Et on s'attendrait aussi dans ces conditions à ce que l'épilogue du *Lanzelet* rappelle ce

26. Voir Introduction 5.
27. Sur l'émoi provoqué au loin par l'assassinat de Becket voir E. M. Jamison, Alliance, 1945-1992, p. 301-313.

qui a rendu cet Hugues de Morville-là tristement célèbre. Or la seule caractéristique du Hugues de Morville otage qui soit mentionnée est la qualité, partagée avec les autres otages, de la très haute naissance[28]. Il semble donc, dès que l'on en considère les implications, que l'hypothèse de la mystification ne tienne guère.

3.4. Un intermédiaire néerlandais ?

Il faut toutefois continuer à scruter ce qui est dit dans l'épilogue de la transmission du « livre français ». Le philologue finlandais Markku Kantola a pensé en effet découvrir sous le texte du poème allemand, et plus particulièrement sous la version qu'en donne le manuscrit P, les traces d'une version antérieure que l'examen des rimes, de certains noms (*Artûs*, *Iwân*, *Keiîn*, *Walwein*[29]) et de certains éléments lexicaux[30] incitent à situer dans l'aire néerlandaise. Ce qui voudrait dire, compte tenu de la grande proximité entre le néerlandais et l'allemand à cette époque, que le *Lanzelet* serait d'abord le produit d'une adaptation quasiment intralinguale. À notre connaissance, la thèse de M. Kantola n'a pas été à ce jour soumise à un examen critique détaillé[31]. Cette thèse n'exclut pas une origine anglo-normande du poème, loin de là, puisque la Flandre a servi de relais entre l'Angleterre et le continent. Elle n'exclut pas non plus la fidélité à une telle source d'origine insulaire – bien au contraire, est-on même tenté de dire, puisqu'il semble bien, si l'on prend l'exemple de la traduction allemande du *Lancelot* (en prose), qu'une traduction intermédiaire, effectuée dans un milieu bilingue et biculturel tel qu'il en existait en Flandre, était de nature à accroître le degré de fidélité de l'adaptation allemande finale à l'original français. Elle n'est toutefois compatible avec les indications de l'épilogue que si l'on admet, en donnant un poids très important au « *von êrst* » du v. 9325, que

28. Présupposé assez logique et condition figurant dans le « plan de négociation » ébauché en commun par Henri VI et le duc Léopold en février 1193 si l'on en croit le récit compilé par L. Landon, *The Itinerary of King Richard I*, p. 72. Sur la captivité de Richard voir aussi les textes réunis (en traduction) dans Brossard et Besson, *Richard Cœur de Lion*, p. 228-254.

29. Voir les notes 43, p. 139, et 56, p. 165, ainsi que Introduction 1.

30. Voir Kantola, 1982 et, dans la Traduction, la note 86, p. 243 (*perze*).

31. Voir cependant le compte rendu de Cola Minis, *Amsterdamer Beiträge zur älteren Germanistik* 21, 1984, p. 158-160 et McLelland, p. 14-16.

la réalisation d'une version allemande du « livre français apparu » avec l'otage ne s'est pas effectuée (ou n'a pas abouti) dans un premier temps – le temps du séjour de l'otage et du livre – et que l'on a eu recours plus tard pour permettre ou pour reprendre le travail d'adaptation non à l'original français, mais à une traduction néerlandaise de cette œuvre[32].

3.5. Conclusion

On conclura au terme de cette discussion portant sur la question de la datation qu'il y a bien un point fixe, qui est aussi un point de cristallisation de l'attention très vive que le monde anglo-normand au nord comme au sud et le monde allemand ont manifestée l'un pour l'autre dans la dernière décennie du XIIe siècle : la captivité du roi Richard. Le *terminus ante quem* pour la source française[33] et *le terminus ante quem non* pour l'adaptation de cette œuvre par Ulrich von Zatzikhoven sont fournis par la date moyenne de l'arrivée des otages[34], que l'on peut supposer antérieure au 4 février 1194, jour de la libération effective de Richard. Reste à placer l'autre borne chronologique. Ulrich s'est-il mis tout de suite au travail ? A-t-il pu le faire, ou a-t-il dû attendre le retour du livre de Lanzelet, en version néerlandaise ? Combien de temps lui a-t-il fallu dans l'un ou l'autre cas pour mener à terme son adaptation ? Il est bien difficile de le dire. On pourra certes se référer à l'hommage que, dans son *Alexander*, Rudolf von Ems décerne à Ulrich von Zatzikhoven[35], ce qui permet de fixer un *terminus ante quem*

32. Kantola, 1982, p. 164.
33. Sur la mention de Saint-Jean-d'Acre au v. 8844 comme support d'un éventuel *terminus a quo,* voir la note136, p. 407.
34. Les conditions de paiement de la rançon ont varié durant la captivité de Richard et même au-delà de cette captivité. Aux termes de l'accord conclu fin juin 1193 à Worms Richard devait fournir comme garantie de paiement soixante otages à l'empereur et sept otages au duc d'Autriche. Mais le jour même de la libération du roi, il est encore question des otages que doit fournir Richard, voir Landon, *Itinerary*, p. 77, 82. L'arrivée et le départ des otages a dû s'échelonner entre l'automne 1193 et janvier 1195, date à laquelle les otages du duc Léopold, décédé le 30 décembre 1194, ont pu quitter l'Autriche, le fils et successeur de Léopold, Frédéric, s'étant engagé à libérer les otages. Landon, *ibid*., p. 99-101.
35. Vers 3199 : *von Zazichovn her Uolrich / sol ouch an witzen bezzern mich, / der uns daz maere und die getât / künstlîche getihtet hât / wie Lanzelet mit werdekeit / manegen hôhen prîs erstreit.* Cité d'après G. Schweikle, éd., *Dichter über Dichter in mittelhochdeutscher Zeit*, Tübingen, Niemeyer, 1970, p. 19 et suiv.

vers 1230. Mais sans doute voudra-t-on prendre moins large. Si l'on pense qu'Ulrich von Zatzikhoven a une dette envers le *Parzival*, on datera le *Lanzelet* (ou la fin de la rédaction de ce récit) vers 1203-1204[36] ou vers 1210, selon que l'on estime que la connaissance de l'œuvre de Wolfram von Eschenbach ne va pas nécessairement au-delà du VIe livre ou qu'elle s'étend au contraire aux livres XII et XIII. Parmi les propositions faites au cours des dernières décennies, la datation la plus tardive devrait être celle qui a été suggérée par Jean-Marc Pastré (1984) au terme d'une analyse comparée de « l'ornement difficile » dans le *Parzival*, le *Lanzelet* et le *Tristan* de Gottfried von Strassburg : entre 1210 et 1220. Il nous semble personnellement, toutefois, que les études fondées sur une analyse des éléments communs au *Lanzelet* et au *Parzival* (noms propres, rimes, propriétés stylistiques) qui concluent à la priorité du *Parzival* tendent trop souvent à illustrer le dicton selon lequel on ne prête qu'aux riches. Les arguments présentés apparaissent très largement réversibles, si bien qu'à notre avis, tout en tenant compte du temps de latence que suppose l'hypothèse de M. Kantola, on peut fort bien imaginer un *Lanzelet* achevé avant 1200.

36. Datation retenue par N. McLelland, p. 26 et suiv.

Ulrich von Zatzikhoven

Lanzelet

Swer rehtiu wort gemerken kan,
der gedenke wie ein wîse man
hie vor bî alten zîten sprach,
dem sît diu welt der volge jach.
5 in dûhte der niht wol gemuot
der al der liute willen tuot.
den frumen haʒʒent ie die zagen :
daʒ sol er mæʒeclîchen clagen,
sît eʒ in an ir herze gât,
10 sô sîn dinc wol ze sælden stât.
Nu hœrent wi ich eʒ meine.
er belîbet friunde aleine,
swer nieman für den andern hât.
eʒ ist mîn bete und ouch mîn rât,
15 daʒ hübsche liute mich vernemen,
den lop und êre wol gezemen.
der hulde ich wil behalten
und wil hie fürder schalten
die bœsen nîdære :
20 den fremde got ditz mære,
des ich hie wil beginnen.
si gânt doch schiere hinnen,
swenne si diz liet hœrent sagen;
si mügen kûme vertragen
25 daʒ eime ritter wol gelanc,
der ie nâch stæten tugenden ranc.
der was hübsch unde wîs
und bejagete manegen prîs
wîten in den landen
30 an stolzen wîganden.
noch denne was im unbekant,
wie er selbe was genant
und welhes adels er wære,
unz daʒ der helt mære
35 geschuof mit sîner manheit,

Que ceux qui savent apprécier la pertinence d'un propos méditent ce qu'affirmait au temps jadis un sage auquel on a depuis donné raison[1]. Cet homme pensait que ceux qui veulent plaire à tout le monde manquent de discernement. Les gens de peu de courage détesteront toujours les personnes de valeur. Celles-ci, toutefois, auraient tort de s'en plaindre outre mesure, car ce qui chagrine les autres, c'est leur réussite.

11 Voici ce que je veux dire moi-même par là : Qui n'accorde de préférence à personne reste sans amis. J'aimerais – c'est un vœu et une prière – que mon public se compose de personnes courtoises, jouissant d'une réputation et d'une considération méritées. J'entends conserver leur faveur et chasser d'ici les envieux, ces individus indignes. Que Dieu les éloigne de l'histoire que je vais commencer ! Au demeurant, ils s'en iront bien vite d'eux-mêmes quand ils entendront ce récit ; ils ne pourront pas supporter que l'on retrace l'heureuse destinée d'un chevalier qui s'attacha constamment à rechercher l'excellence. Il était courtois et avisé, et la gloire qu'il acquit au détriment de fiers guerriers s'étendit au loin. Mais cet homme de haute

1. Le premier vers et demi se retrouve sous une forme pratiquement identique (*swer reht [iu] wort merch[en] kan der gedenke wie*), avec une fonction déictique accusée dans la miniature du *Grand Chansonnier de Heidelberg*, dit aussi *Manuscrit Manesse*, représentant le poète Alram (ou Waltram) von Gresten (Basse-Autriche, sans doute début du XIIIe siècle) en conversation avec une jeune dame qui tient un livre ouvert à la main et pointe l'index sur la citation du *Lanzelet* (qui occupe les deux pages). Derrière les deux personnages un arbre déploie ses ramures. Au centre, les branches se rejoignent pour constituer une figure en forme de cœur dans laquelle est inscrit un écu barré d'une bande bleue portant en lettres d'argent l'inscription : *AMOR*. Voir : *Codex Manesse. Die Miniaturen der Grossen Heidelberger Liederhandschrift. Herausgegeben und erläutert von Ingo F. Walther/G. Siebert*, Francfort, Insel Verlag, 1988, planche 103. Ainsi, vers 1300, le *Lanzelet* était connu à Zurich des amateurs et collectionneurs de poèmes lyriques réunis autour de la famille patricienne des Manesse. D'autres indices confirment l'impression que, malgré l'ombre portée par les Lancelot en prose, le *Lanzelet* a connu une certaine fortune (McLelland, 2000, p. 27-30). L'analyse de cette réception peut-elle maintenant éclairer notre lecture du *Lanzelet* ? La réponse doit être prudente, et de toute façon double dans le cas présent. Il est manifeste, d'une part, que le *Lanzelet* était indexé à l'intérieur du cercle Manesse comme texte pouvant être utilisé là où il est question d'*amor*. Mais il convient de remarquer que le récit programme une telle réception par la prolixité de son

daȝ im sîn name wart geseit
und dar zuo gar sîn künneschaft.
ze tugenden hât er blüende kraft,
der selbe sælige man,
40 wan er nie ze laster muot gewan.
Nu lânts iuch niht betrâgen,
ich sage iu âne vrâgen,
wie sîn gelæȝe wart bekant.
ein fürste was geheiȝen Pant,
45 der was künec ze Genewîs.
von manegen kriegen wart er grîs,
der pflac er âne mâȝen vil,
als maneger der mê haben wil
dan im daȝ reht verhenge.
50 daȝ enlouft doch niht die lenge :
er gewinnet dicke widerslac.
diz was sîn site, des er pflac,
wan er des lîbes was ein degen,
er woltes algelîche wegen,
55 arm unde rîche
in sîme künicrîche,
die reht ze im solten suochen ;
ern wolt ouch niht geruochen,
daȝ wider in ieman spræche ein wort,
60 ern wære dâ ze stete mort.
grâven unde herzogen,
die hât er alsô überzogen
und kêrt an si sô grôȝen zorn,
daȝ den herren wol geborn
65 der lîp wart vil swære.

réputation resta dans l'ignorance de son nom et de ses origines jusqu'au moment où sa vaillance lui permit d'apprendre comment il s'appelait et, dans le même temps, à quelle famille il appartenait. Cet homme comblé par la fortune débordait de qualités, et il ne fut jamais tenté de commettre des actes déshonorants.

41 Toutefois, si vous le voulez bien, je vais vous dire, sans attendre vos questions, quelles étaient ses origines. Il y avait un prince qui se nommait Pant et qui était roi de Genewis[2]. Les guerres qu'il avait menées sans compter, en homme qui veut obtenir plus qu'il ne lui revient de juste, avaient blanchi sa tête. Mais ces choses ne durent qu'un temps, elles ont vite fait de se retourner. Le roi Pant avait un principe, qu'il appliquait volontiers, car c'était un redoutable guerrier : il entendait traiter sur le même pied tous ceux, petits ou grands, qui étaient amenés à recourir à sa justice. Il ne pouvait pas non plus supporter la contradiction ; un seul mot entraînait immédiatement un arrêt de mort. Il avait tant fait la guerre à ses comtes et à ses ducs et il leur témoignait une telle hostilité que ces seigneurs de haute

---

discours sur l'amour et par son propre usage de la citation, notamment ovidienne (voir les v. 4849 et suiv.). L'histoire de la réception n'apporte ici rien d'inattendu. Dans la miniature, d'autre part, la référence précise au *Lanzelet*, c'est-à-dire la citation, n'implique pas plus que la connaissance des six premiers vers du texte, si l'on suit la démonstration, pour nous convaincante, de Hellmut Salowsky (1975). Selon ce critique, le décrypteur compétent de la miniature est censé identifier l'incipit, compléter la phrase, se remémorer la phrase suivante et comprendre : à son interlocuteur, qui lui a présenté une requête dont on peut imaginer la teneur, la dame répond par citation interposée qu'on ne peut pas plaire à tout le monde, qu'il faut savoir dire non. La scène ne trouve aucun pendant dans les épisodes amoureux du *Lanzelet*. Aucune femme ne dit non au héros, qui n'adopte jamais du reste le rôle du requérant d'amour et préfère l'action au discours (voir les épisodes de Moreiz et de Behforet). Cette utilisation ponctuelle du *Lanzelet* ne nous apprend donc rien sur le récit.

2. Vers 44 et suiv. Correspondances avec le *Lancelot* : *Lanzelet* : Pant/*Lancelot* : Ban, mais Genewis correspond non à Benoïch (Benoyc), royaume de Ban, mais à Gaunes, royaume de Bohort, frère de Ban dans le *Lancelot*. Ceci peut être déduit de la comparaison entre le nom du Lanzelet et les formes que prend le nom de la patrie du héros dans deux romans arthuriens du Pleier (2e moitié du XIIIe siècle) : *Kanves* (var. *ganves*), *Gamvis* (var. *ganwis*), et expliqué par la facilité d'une confusion entre les graphies *n*, *u*, *v*. K.-E. Lenk, l'éditeur du *Lannzilet* d'Ulrich Fuetrer (version strophique), note que le nom *Ganues*, attribué ici au père de Bann et de Bohort (le royaume de Gaunes étant devenu celui de

si wurden im gevære,
wie si im den lîp gewunnen abe,
si liezen slîfen gar ir habe
und lebten jæmerlîche,
70 die êdes wâren rîche.
Vil strenge was des küneges lîp.
nu hât er ein schœnez wîp,
stæte und dêmüete.
mit wîplîcher güete
75 verzart siu manege pîne.
ir name hiez Clârîne.
siu het ir dinc sô wol brâht,
daz ir zem besten wart gedâht
von rittern und von vrouwen.
80 hie sol man wunder schouwen :
die ir man des tôdes gunden,
die dienten ir swâ si kunden,
wan siu niht wan êren gerte.
daz der künec sô lange werte,
85 daz kom von ir miltikeit.
nu gewan diu vrouwe gemeit
ein kint, daz maneger sælden wielt.
ân ammen siu ez selbe behielt
in ir kemenâten ;
90 dâ wart ez wol berâten.
ouch wart inz selten enblanden,
mit schœner vrouwen handen
wart ez dicke gewaget.
in was daz gewîssaget,
95 daz ez wurde ein wîgant.
des freute sich der künic Pant.
Als uns dervon ist vor gezalt,
daz kint wart eins jâres alt
und neizwie maneger wochen,
100 dô hâten sich besprochen

naissance souffraient grandement. Ils se mirent à songer à la façon dont ils pourraient le supprimer. Puissants autrefois, ils délaissaient maintenant complètement leurs biens et menaient une existence pitoyable.

71 Le roi était un homme fort rude. Il se trouvait cependant avoir pour épouse une femme belle, loyale et douce. Elle versait du baume sur bien des blessures avec cette bonté de cœur que possèdent les femmes. Elle se nommait Clarine. Elle s'était tellement montrée à son avantage que chevaliers et dames la tenaient en la plus haute estime. Notez cette chose étonnante : ceux-là mêmes qui souhaitaient la mort de son époux étaient empressés à la servir, car toute sa conduite était dictée par le sens de l'honneur. Si le roi put se maintenir aussi longtemps, ce fut bien grâce à sa générosité. Il arriva que cette dame aimable mit au monde un fils doté des plus heureuses dispositions. Elle s'en occupa elle-même, dans sa chambre, sans l'aide d'aucune nourrice. Il était très entouré et de belles dames ne se lassaient pas de le bercer dans leurs bras. Il avait été prédit, à la grande joie du roi Pant, qu'il deviendrait un valeureux guerrier.

97 Il est dit dans le récit auquel nous nous reportons que l'enfant était âgé d'un an et de quelques semaines lorsque les barons, excédés d'être tenus injustement si bas par le roi, se réunirent. Ils tinrent une grande assemblée et furent assez habiles pour la cacher à ceux qui auraient pu prévenir le roi. Ce dernier dut alors expier durement ce qu'il leur avait fait endurer en les accablant de guerres et en tuant

---

Gann) peut à chaque occurrence être lu *Gannes* ou *Gaunes*. Voir R. Pérennec, *Le Livre français de Lanzelet* dans l'adaptation d'Ulrich von Zatzikhoven, 1984. La forme dominante dans W est *Genewis* (*genevis* : quatre occurrences). Le *e* intercalaire, épenthétique, qui donne au nom une forme trisyllabique, est l'un des éléments qui peuvent plaider pour l'existence d'un état intermédiaire, néerlandais, de l'adaptation. Voir Notice 3.3.

di erzürneten knehte,
di der künic hielt unrehte
in swacher handelunge.
ein mehtege samenunge
105 gewunnen si mit listen,
daʒ eʒ die niene wisten
di den künic solten warnen.
dû muost er harte garnen,
daʒ er si sô sêre vilte
110 mit sîme herschilte
und in die mâge het erslagen.
si gewunnen ein mähtec magen
und riten in offenlîchen an.
des engalt ders frumen nie gewan :
115 ze schaden und ze schanden
hertens unde branden
dem künege manic dorf guot.
nu het er eine heimuot,
ein schœne burc bî dem mer :
120 di belac daʒ kreftige her
wan er in drûf erspehet was.
der liute lützel dô genas,
die si in der vorburc funden ;
si tâten manege wunden
125 den alten zuo den kinden ;
si enwolten niht erwinden
ê si sie gar ersluogen,
wan si riwic herze truogen.
Der künic wart erværet.
130 dô wart diz wort bewæret :
er belîbet dicke sigelôs,
swer die sîne verkôs.
er was ze grimme an sînen siten,
dâ von wâren im entriten
135 die ritter alle gemeine.
er beleib vil nâch aleine
wan sîne burgære
die wâren helde mære,
si werten wol ir vesten,
140 wan si mit den gesten
durch nôt muosen strîten.
diu burc was ze allen sîten
vaste beseʒʒen ;
dô tiuret in dâʒ eʒʒen.

leurs parents. Ils mirent sur pied une imposante armée et l'attaquèrent à découvert. Tel dut payer qui n'avait jamais rien gagné dans cette affaire. En effet, dans leur désir d'atteindre le roi dans sa puissance et dans son honneur, ils dévastèrent et incendièrent nombre de villages prospères lui appartenant. Pant avait toutefois un refuge, un beau château bordé par les flots[3], que la puissante armée assiégea, car le roi y avait été repéré. De toutes les personnes que les assaillants trouvèrent dans la partie basse[4] aucune n'en réchappa. S'acharnant même sur les vieillards et les enfants, ils n'eurent de cesse de tuer tout le monde, tant leur cœur débordait de rancune.

129 Le roi était en mauvaise posture. On vit alors la justesse du dicton : Qui les siens rejette connaît souvent la défaite. Il était trop enclin à faire régner la terreur, aussi ses chevaliers, sans exception, avaient-ils pris le large. Il serait resté tout seul s'il n'y avait eu ses bourgeois, de vaillants combattants qui défendirent bravement la forteresse puisque les circonstances les forçaient à affronter les assaillants. Le château était étroitement assiégé de tous côtés. Les vivres vinrent alors à manquer aux défenseurs. Ceux-ci – conséquence de l'opprobre

3. C'est au dessus de ces flots que l'enfant sera transporté par l'ondine qui le sauvera/l'enlèvera. Le texte allemand dit (v. 119) : *bî dem mer*, ce que tout traducteur rendrait sans doute spontanément par « bordé par la mer », si Lanzelet n'était pas, comme Lancelot, « du Lac ». L'adaptation conserve-t-elle ici un trait hérité d'un état ancien de l'histoire de Lancelot, non raccordé au *cognomen* « du Lac » ? Voir Notice 3.3. Ou la dissonance n'est-elle qu'apparente, propre à l'adaptation allemande et due à une indifférence continentale face à ce qui peut séparer le lacustre et le marin ? Ou faut-il déjà envisager la possibilité d'une indistinction initiale, explicable par le brassage des populations en Grande-Bretagne et une projection insulaire du lexique germanique ? Dans ses *Otia Imperialia, Divertissement pour un Empereur*, « sorte d'encyclopédie des merveilles du monde et de la nature en notices et historiettes » (J. Le Goff, préface à la traduction de A. Duchesne, p. XI), composés entre 1209 et 1214 et dédiés à l'empereur Otton V, Gervais de Tilbury remarque à propos du nom *Haveringmere*, donné à ce qui n'est qu'un étang, que « les Anglais » [il s'agit bien de personnes usant d'un parler « saxon »] « comme les Hébreux nomment mer toute masse d'eau », trad. A. Duchesne, chap. 88, p. 99.
4. Vers 123 : *vorburc*, allemand moderne *Vorburg, Niederburg*, la « basse cour » de la castellologie : espace compris entre l'enceinte extérieure et le noyau défensif, abritant les dépendances et accueillant les habitants du pays en cas d'attaque.

145 ouch heten si vil cleinen trôst,
daʒ si wurden erlôst
von deheime lande :
daʒ schuof des küneges schande.
Er lie sich kûme dringen
150 und wolte sunderlingen
und eine belìben dâ vor.
die vînde giengen an daʒ tor
und hiuwen eʒ vaste dernider,
wan si ahten cleine dâ wider.
155 daʒ man si warf unde schôʒ.
dô wart ein sperwehsel grôz
under der porte.
manec man den tôt bekorte.
der wol het gevohten.
160 die burgær die enmohten
sich niht erwern der geste :
die drungen in die veste
und gemisten sich an der stunt.
dô wart der künic Pant wunt
165 und die sînen meistic erslagen.
dô huob sich wuof unde clagen,
wan diu burc was gewunnen.
nu het der künic einen brunnen
zwischen der burc und dem sê :
170 dar îlt er, wan im was wê.
sam im gienc diu künigîn,
diu truoc niht wan daʒ kindelin.
nu begund er sich sô missehaben
daʒ in diu vrowe muose laben.
175 als er getranc, dô was er tôt.
diu künigîn het grôʒe nôt
und nam des kindes goume :
si vlôch zuo eime boume
und wânt dâ sîn al eine.
180 dô kom ein merfeine
mit eime dunst als ein wint.
siu nam der künigîn daʒ kint
und fuort eʒ mit ir in ir lant.
daʒ sâhn die vînde zehant.
185 die vrowen si geviengen,
in die burc si wider giengen
mit bluotigen swerten
uud tâten swes si gerten.

qui pesait sur le roi – n'avaient par ailleurs guère d'espoir de voir arriver des secours d'un autre pays.

149 Le roi voulait rester campé seul devant les murailles, et on eut grand peine à le faire rentrer à l'intérieur. Les ennemis arrivèrent jusqu'à la porte et enfoncèrent celle-ci sans craindre le moins du monde de s'exposer aux projectiles. On fit pleuvoir les javelots de part et d'autre de la porte. Plus d'un, qui avait vaillamment combattu, y trouva la mort. Les défenseurs du château ne purent contenir les assaillants. Ceux-ci pénétrèrent dans la forteresse et une mêlée s'engagea. Le roi Pant fut blessé et la plupart de ses gens tués. Des cris et des plaintes s'élevèrent : le château était pris. Le roi avait une fontaine, située entre le château et le rivage. Il s'y rendit aussi vite qu'il put, car il souffrait. La reine l'accompagna, en ne prenant que son fils avec elle. Le roi fut pris d'une telle faiblesse que la dame dut l'aider à se rafraîchir. Le temps de boire, il était mort. La reine, dans cette situation désespérée, ne songea plus qu'à sauver l'enfant. Elle se réfugia sous un arbre, pensant y être seule. Une fée marine arriva alors dans un tourbillon[5], comme portée par le vent. Elle prit l'enfant à la reine et l'emporta dans son pays. Les ennemis furent témoins de la scène. Ils firent prisonnière la dame et rentrèrent, les épées couvertes de sang, au château, où ils firent ce que bon leur sembla.

5. Vers 181 : *mit eime dunste*, leçon du ms. W. Nous donnons à *dunst* non le sens de « vapeur », « brume », mais celui, attesté dès le vieux-haut-allemand, de « (violent) déplacement d'air ». L'enlèvement d'une femme, épouse d'un châtelain, dans un tourbillon est évoquée dans les *Merveilles de Rigomer*. Engrevain arrachera la victime du rapt à son ravisseur (v. 7983-8436). Motif répertorié (sans autre exemple) dans Guerreau-Jalabert, *Index des motifs narratifs* p. 175. – Leçon de P : *mit eime dienste*. *Dienst* est assez probablement une variante graphique de *dinst*, noté dans le *Schwäbisches Wörterbuch* (1908) comme variante de *Dunst* ; on ne peut toutefois pas exclure qu'il s'agisse du substantif moyen-haut-allemand *dien(e)st*, auquel cas il faudrait comprendre : « Une fée marine arriva alors à la rescousse, rapide comme le vent. »

Ist eȝ iu liep an dirre stunt,
190 sô tuon ich iu vil schiere kunt,
war daȝ kint ist bekomen.
eȝ hât ein vrouwe genomen.
ein wîsiu merminne,
diu was ein küniginne
195 baȝ dan alle die nu sint.
siu hete zehen tûsint
vrowen in ir lande,
dernkeiniu bekande
man noch mannes gezoc.
200 si heten hemede unde roc
von pfeller und von sîden.
ich enwil daȝ niht vermîden
ich ensage iu daȝ für wâr,
ir lant was über alleȝ jâr
205 als miten meien gebluot.
ouch was der vrowen heinmuot
schœne wît unde lanc,
und wünneclîch der invanc.
der berc was ein cristalle,
210 sinewel als ein balle,
dar ûf stuont diu burc vast.
si vorhten keinen vremden gast
noch deheines küneges her.
umb daȝ lant gie daȝ mer
215 und ein mûre alsô starc,
daȝ nieman wære alsô karc,
der imer des gedæhte,
daȝ er iht drüber bræhte,
wan dort dâ diu porte was :
220 daȝ was ein härter adamas :
dâ wârens âne vorhte.
swer die burc worhte,
der zierte si mit sinnen.
siu was ûȝen und innen
225 von golde als ein gestirne.
dehein dinc wart dâ virne
innerthalp dem buregraben.
der eȝ hundert jâr solte haben.
eȝ wære ie ebenschœne.
230 da enwart ouch nieman hœne
von zorne noch von nîde.
die vrowen wâren blîde,
die dâ beliben wonhaft.
die steine heten sölhe kraft.
235 die an daȝ hûs wârn geleit.
daȝ man uns dervon seit,
swer dâ wonet einen tac,

189 S'il vous plaît de l'entendre maintenant, je vais vous dire sans plus tarder en quel lieu l'enfant est arrivé. Il a été enlevé par une dame, une ondine dotée de pouvoirs surnaturels, une reine de plus haut rang que toutes celles qui existent aujourd'hui. Elle régnait dans son pays sur dix mille dames dont aucune n'avait jamais vu d'homme ni de tenue d'homme. Elles portaient des chemises et des robes de paile[6] et de soie. Je n'omettrai pas de dire que, sans mentir, leur pays était fleuri toute l'année comme à la mi-mai. Ajoutons que la demeure de ces dames était belle, longue et large et splendide à l'intérieur. La motte était un cristal, rond comme une boule. Le château, solidement fortifié, s'y dressait. Les occupantes ne craignaient aucun assaillant ni l'armée d'aucun roi. Le pays était entouré par les flots et par une muraille si imposante que l'homme le plus rusé n'aurait jamais songé à la faire franchir autrement qu'à l'emplacement de la porte, et celle-ci était un diamant d'une grande dureté. Les dames pouvaient donc vivre sans crainte en ce lieu. Celui qui avait bâti le château l'avait décoré avec art. Fait en or, à l'extérieur comme l'intérieur, il brillait comme un astre. En deçà du fossé il n'y avait aucune chose qui aurait été sujette au vieillissement et dont la beauté se serait altérée en quelque façon si quelqu'un l'avait tenue en sa possession pendant cent ans. On n'entendait là aucun sarcasme inspiré par la colère ou la malveillance. Les dames qui y habitaient vivaient dans la félicité. Les pierres qui étaient incrustées dans les parois avaient de telles vertus qu'il suffisait, nous dit-on, de demeurer là une seule journée pour ignorer à tout jamais la tristesse et pour vivre dans un bonheur constant jusqu'à l'heure du trépas.

6. Vers 201 : *pfeller* (ou, plus souvent, *pfelle*). Étoffe de soie brochée d'or, en général de provenance orientale ; du médio-latin *palliolum*, latin *pallium* (étoffe, manteau). Voir : Brüggen, *Kleidung*, p. 274-276 ; *Vocabulaire historique Touati*, p. 231 et suiv.

daȝ er niemer riuwe pflac
und imer vrœlîche warp
240 unz an die stunt daȝ er erstarp.
Nu wuohs ân alle schande
daȝ kint in dem lande.
mit vreuden, âne riuwe
er muose sîn getriuwe,
245 hübsch unde wol gemuot ;
daȝ hieȝ in diu vrowe guot.
diu in vil êren lêrte.
an spot er sich niht kêrte,
als ungeslahte liute tuont.
250 als schiere dô er sich enstuont,
waȝ guot was und wol getân.
zuo den vrowen muos er gân.
die heten sîn groȝen schimpf.
dâ sach er manigen gelimpf,
255 wan si alle hübsch wâren.
si lêrten in gebâren
und wider die vrouwen sprechen
ern wolte nie gerechen
deheinen wîplîchen zorn,
260 wan er von adele was geborn.
ze mâȝe muos er swîgen
harpfen unde gîgen
und allerhande seiten spil,
des kund er mê danne vil,
265 wand eȝ was dâ lantsite.
die vrouwen lêrten in dâ mite
baltlîche singen.
er was an allen dingen
bescheiden unde sælden rîch.
270 der vrowen wunste iegelîch,
daȝ er si solte minnen :
moht er ir niht gewinnen,
daȝ enmeinde enkein sîn ungefuoc,
wand er was hübsch unde cluoc.
275 Durch des junkherren bete
diu vrouwe frümeclîche tete,
wan er si dûhte munder :
siu besante merwunder
und hieȝ in lêren schirmen.

241 L'enfant grandit donc dans cette contrée en menant une vie heureuse, libre de tout souci et en tout point conforme à son rang. Il devait s'appliquer à être loyal, courtois et à faire preuve de discernement. C'est ce que lui prescrivait la noble dame, qui lui prodiguait les meilleures leçons. Il n'avait pas l'esprit à la raillerie, à la différence des rustres. Dès qu'il fut en mesure de reconnaître ce qui est bon et judicieux, le moment vint pour lui d'aller tenir compagnie aux dames. Sa présence les distrayait grandement. Il avait de son côté l'occasion de s'imprégner de beaucoup de belles manières, car elles étaient toutes courtoises. Elles lui apprirent à bien se comporter en société et à parler aux dames. Il ne tenait jamais rigueur à une femme de l'avoir réprimandé, car il était de noble naissance. Il savait qu'il lui fallait se contenir et se taire. Il jouait de la harpe, de la vièle[7] et de bien d'autres instruments à cordes ; il s'y montrait plus qu'à son avantage, car c'était un art fort pratiqué dans ce pays. Les dames lui apprirent à chanter avec assurance en s'accompagnant lui-même. Il s'entendait à tout et avait tous les dons. Chaque dame souhaitait gagner son amour, mais s'il ne songeait pas à prendre l'une d'elles pour amie cela ne signifiait nullement qu'il manquait d'éducation, car il était courtois et avisé.

275 À la prière du jeune homme, la reine, le voyant leste, prit une heureuse décision. Elle fit venir des êtres marins[8] et les chargea de lui enseigner l'escrime. Il ne voulait jamais prendre de repos tant qu'il n'avait pas atteint la perfection dans un exercice. On lui apprit aussi à jouer aux barres, à faire de très longs sauts, à lutter avec vigueur, à lancer

7. Vers 262 : *gîgen* (verbe, voir l'ancien français *vieler*). On jouait de la vièle avec un archet, essentiellement. Voir *Lexikon des Mittelalters* VI, art. « *Musikinstrumente* » B. II. 2, col. 962 (*Fidel*).
8. Vers 278 : *merwunder*. Créatures que l'on peut (ici) se représenter comme des êtres hybrides, peut-être plus précisément, compte tenu de la spécialisation progressive du mot en allemand ancien et du rôle pédagogique que jouent ces « personnages », comme des centaures (aquatiques). Voir : Claude Lecouteux, « Le merwunder : Contribution à l'étude d'un concept ambigu », *Études germaniques* 31, 1977, p. 1-11.

280 do enwolt er nie gehirmen,
ê im niht dar an war.
ouch muost er loufen alebar
und ûʒ der mâze springen
und starclîche ringen,
285 verre werfen steine,
grôʒ unde cleine,
und die schefte schieʒen,
(in enwolte niht verdrieʒen
swaʒ er vor hôrte sagen)
290 birsen beiʒen unde jagen
und mit dem bogen râmen.
die von dem mer kâmen,
die tâten in behenden.
er was an allen enden
295 wîs unde manhaft,
wan daʒ er umbe ritterschaft
enwiste weder ditz noch daʒ,
wan er ûf ros nie gesaʒ :
harnasch er niht bekande,
300 er wart in dem lande
fünfzehen jâr alt.
dô gerte der helt balt
urloubes sîner vrouwen.
er wolte gerne schouwen
305 turnieren unde rîten
und kund ouch gerne strîten.
Nu er urloubes bat,
dô fuogt er sich an sölhe stat.
diu im dar zuo tohte,
310 daʒ er wol sprechen mohte
wider sîne vrowen die künigîn
,nu lânt mit iwern hulden sîn'
sprach er ,swes ich vrâge
und zeigt mir mîne mâge.
315 wan ich enweiʒ wer ich bin.
die zît hân ich vertriben hin,
daʒ ich michs innenclîche schamen
ich enweiʒ niht mînes namen.
wiʒʒent wol, daʒ ist mir leit.'
320 si sprach ,ern wirt dir nimer geseit.'
,durch waʒ? wer ist derʒ iu verbôt?'
,mîn schamen und mîn manecvalt nôt.'
,die tuont mir kunt, swie grôʒ si sint.'
,dar zuo bist du noch ze kint :
325 du enkanst dich schaden niht bewarn.'
,sô lânt mich ungenant varn.
mîn name wirt mir wol erkant.'
,du muost ê gewinnen oberhant

des pierres au loin, les grosses comme les petites, à lancer le javelot – rien de ce qu'on lui expliquait ne pouvait le rebuter –, à chasser – à l'arc, à l'oiseau, à courre – et à tirer à la cible. Les êtres venus des flots lui firent acquérir une grande habileté. Il était rompu à tous les exercices et prêt à affronter toutes les épreuves, à ceci près qu'il n'avait pas la moindre idée du métier chevaleresque, n'ayant jamais monté de cheval. Il ne savait pas ce qu'était un équipement de chevalier. Dans ce même pays, il atteignit l'âge de quinze ans. Le hardi jeune homme demanda alors congé à sa dame. Il désirait assister à des tournois et à des joutes et il aurait également aimé apprendre à combattre.

307 Pour demander son congé, il se rendit en un lieu qui lui semblait propice à un entretien avec sa dame, la reine. « Souffrez, lui dit-il, que je vous pose une question et indiquez-moi quels sont les membres de ma famille. Je ne sais pas en effet qui je suis. Je suis fort honteux d'avoir passé tout ce temps sans savoir mon nom. J'en suis fâché, sachez-le bien. — Tu ne l'apprendras jamais, répondit-elle. — Et pourquoi ? Qui vous a interdit de me le dire ? — Ma honte et les nombreux soucis qui m'accablent[9]. — Dites-les-moi, si grands puissent-ils être. — Tu es encore trop enfant pour cela, tu ne sais pas te garder des dangers. — Alors laissez-moi partir tel que je suis, sans nom ; je finirai bien par l'apprendre. — Il te faudra d'abord imposer ta loi au meilleur chevalier qui ait jamais existé. — Dites-moi son nom, pourquoi attendre ? — Il se nomme Iweret de Beforet[10]. Son château s'appelle Dodone. Si tu veux gagner ma reconnaissance à tout jamais,

9. Vers 322. L'éditeur a retenu la leçon de W. Comme l'a remarqué O. Hannink (p. 71), la leçon de P : *din maniguältige not* (« ma honte et les nombreux périls qui t'attendraient ») est plus satisfaisante, car elle s'accorde bien mieux avec les vers suivants.
10. Vers 332. Glose « intralinéaire » dans le texte original : « Iweret de la belle forêt de Beforet ».

an dem besten ritter der ie wart.'
330 ,den nennent mir. waʒ solʒ gespart?'
,er ist genant Iweret
von dem schœnen walde Beforet.
sîn burc heiʒt Dôdône
daʒ ich dirs imer lône,
335 sô rich daʒ er mir habe getân ;
und sîst des sicher sunder wân,
daʒ dich dîn name wirt verswigen,
du enmüeʒest ê an im gesigen.
du vindest in, bistu frome.
340 got gebe, daʒ eʒ dir wol bekome :
wan sin manheit ist sô grôʒ,
ich enweiʒ niender sînen gnôʒ,
er treit in allen vor daʒ zil,
den besten, als ich wænen wil.'
345 der junge sprach ,des hab ich nît.
bereitent mich, dêst an der zît,
und sagent mir swaʒ ir guotes meget,
wan sich mîn muot ze ime weget.'
Dô diu künegîn daʒ bevant,
350 daʒ er gerne rûmte deʒ lant,
durch niht wan umb êre,
dô gewan im diu hêre
ein vil zierlîcheʒ marc,
daʒ was rösch unde starc,
355 dar ûf er moht ervolgen
swem er was erbolgen.
dar zuo im diu vrowe gewan
harnasch, wîʒ als ein swan,
den besten, den ie man getruoc.
360 er wart gezimiert genuoc
harte hübschlîche.
sîn wâfenroc was rîche
von kleinen goltschellen.
der zam vol dem snellen,
365 er was wol alles guotes wert.
diu vrowe gab im ouch ein swert.
daʒ hete guldîniu mâl
und sneit wol îsen unde stâl,
swenn eʒ mit nîde wart geslagen.
370 den schilt, den er solte tragen.
der was als er wolde :
ein breit ar von golde
was enmitten drûf gemaht,
der rant mit zobele bedaht.
375 Gêûn von Turîe,
der vrowen massenîe
hât irn vlîʒ an in geleit.

venge le mal qu'il m'a fait. Et tiens pour certain que ton nom te restera caché tant que tu ne l'auras pas vaincu. Ce nom, tu le découvriras si tu es vaillant. Dieu fasse que tu t'en trouves bien, car c'est un homme d'une telle valeur guerrière que je ne lui connais pas d'égal ; pour moi, il les surpasse tous, et je parle des meilleurs. — J'y vois un défi », dit le jeune homme. « Fournissez-moi un équipage, le moment en est venu, et donnez-moi toutes les bonnes recommandations que vous pourrez, car j'ai hâte de le rencontrer. »

359 Lorsque la reine se fut convaincue que seule la fierté le poussait à quitter le pays, elle lui procura un très beau cheval, fringant et vigoureux, sur lequel il pourrait poursuivre ceux qui auraient attiré sa colère. La dame lui fournit en outre une armure blanche comme cygne, la meilleure qui eût jamais été portée. On ne laissa pas d'orner son équipement de fort jolie façon. Sa cotte d'armes[11] était rehaussée de menus grelots d'or et seyait bien à l'intrépide jeune homme, pour lequel rien n'aurait pu être trop précieux. La dame lui donna également une épée. Elle était incrustée d'or et tranchait aisément le fer comme l'acier quand le coup était porté avec violence. L'écu qui lui était destiné était fait à souhait ; un aigle d'or se déployait en son milieu, les bords étaient recouverts de zibeline de Turquie[12]. L'entourage de la reine y avait mis tout

11. Vers 362 : *wâfenroc* : vêtement sans manches porté sur l'armure.

12. Vers 375. L'éditeur a suivi W, sans doute corrompu à cet endroit. On peut certes trouver un sens à la leçon de W : « Geun de Turquie [ou : de Syrie ? *Turie* semble être une forme mixte], qui appartenait à l'entourage de la dame, y avait mis tout son soin », en admettant que *massenie* (ancien-français : *maisnie*) ait ici le sens (ponctuellement attesté en allemand) de « membre de la maisnie » et en supposant que Geun soit un nom de personne (de femme en l'occurrence). – Signalons la conjecture de W. Richter, p. 83 et suiv. : *saben von Turîe* (en position de prolepse, les v. 3750-3778 étant à considérer comme un bloc), ce qui conduirait à la traduction suivante : « Il portait un manteau magnifique, coupé dans une étoffe de Turquie [Syrie] que l'entourage de la reine avait mis tout son soin à travailler. » Nous avons préféré pour notre part traduire P : *mit zobile bedacht von turgie*. P, assurément boiteux, a pris son parti de la difficulté ; le copiste a télescopé le vers 374 et ce qu'il comprenait du vers 375.

er fuort ein wünneclîcheȝ cleit.
sîn gezoume daȝ was alleȝ guot.
380 nu fuor er ûf des meres fluot
mit maneger vrowen segene.
si warten dem degene
unz si in verrist mohten sehen.
und kund daȝ iemer geschehen,
385 daȝ si trûric mohten werden,
so enwære ûf al der erden
nie baȝ beweinet ein man
von sô maneger vrowen wol getân.
Uns seit diu âventiure,
390 ein merwîp was sîn stiure.
ouch fuor diu künegîn in der var
mit einer wünneclichen schar.
siu mant in unde lêrte,
daȝ er al die welt wol êrte
395 und daȝ er wære stæte
und ie daȝ beste tæte
swa er sichs gevlîȝen kunde.
dar nach in kurzer stunde
kômens ûȝ an daȝ lant.
400 urloup nam der wîgant ;
gezogenlîche tet er daȝ.
ûf sîn ros er gesaȝ.
nu vernement seltsæniu dinc.
eȝ enkunde der jungelinc
405 den zoum niht enthalden.
er lieȝ es heil walden
und habet sich an den satelbogen.
daȝ ros begunde sêre brogen,
wan er ruort eȝ mit den sporn.
410 die vrowen heten wol gesworn,
daȝ er sich müese erstôȝen
an manegen boum grôȝen.
Gelücke was der wîse sîn.
daȝ ros lief den wech în,
415 der nâhe bî dem sêwe lac.
sus reit er allen den tac,
daȝ in lützel verdrôȝ :
sîner sælikheit er gnôz,
diu benam im müeje.
420 des andern tages früeje
sach er eine burc stân,
hôh unde wol getân,
nâhen bî der strâȝe.
daȝ ros nam die mâȝe
425 und kêrte gein dem bürgetor.
dô hielt ein getwerc dâ vor

son soin. Le jeune homme portait un manteau magnifique. Le harnachement de son cheval était en tout point parfait. Il partit alors sur les flots en emportant les bénédictions d'une foule de dames. Elles suivirent le hardi jeune homme du regard tant qu'elles purent le distinguer et si elles avaient pu connaître l'affliction jamais homme sur terre n'aurait été pleuré par tant de belles dames.

389 L'histoire nous dit que l'embarcation était pilotée par une ondine. La reine, qu'accompagnait une suite brillante, fut également du voyage. Elle recommanda au jeune homme de ne manquer d'égards envers personne, de se montrer loyal et de toujours s'appliquer à faire au mieux. Peu de temps après, ils touchèrent le rivage. Le vaillant jeune homme prit congé. Il le fit de façon fort gracieuse. Il enfourcha son cheval. Mais écoutez maintenant une chose étrange : le jouvenceau ne savait pas tenir les rênes ; s'en remettant au sort, il s'accrocha à l'arçon de sa selle. Son cheval, qu'il piquait des éperons, se mit à se cabrer frénétiquement. Les dames auraient juré que le cavalier allait s'assommer sur l'un ou l'autre des gros arbres qui se dressaient à cet endroit.

413 La fortune était son guide. Le cheval s'engagea dans le chemin qui passait près du rivage. Le jeune homme chevaucha ainsi toute la journée sans en éprouver de déplaisir. Il était favorisé par la chance, si bien que la fatigue n'avait pas prise sur lui. Au matin du jour suivant, il aperçut un beau château aux murailles élevées qui se dressait à proximité de la route. Le cheval, prenant ce cap, se dirigea vers la porte du château. Un nain était posté à l'entrée, monté sur un cheval blanc. Il tenait à la main un fouet, d'une belle longueur. C'était un être vil. Il frappa sur le nez la monture du valeureux jeune homme. Ce dernier – la chose est véridique – pensa qu'il donnait au cheval un châtiment mérité. Dans son équanimité, il ne

ûf eime pferde blanc.
ein geisel fuort eȝ, diu was lanc.
sîn lîp was êren lære.
430 daȝ sluec dem helde mære
sîn ros under d'ougen.
dô wânt er âne lougen,
daȝ eȝ im rehte tæte.
der degen alsô stæte
435 die unzuht harte unhôhe wac,
unz daȝ im selbn ein geiselslac
von dem schraze wart geslagen.
do enrach er sich niht an dem zagen.
wan er dûht in ze swach,
440 aber diu burc, da'ȝ im geschach,
der ward er hart erbolgen.
dem rosse muos er volgen
swâ sô eȝ hin lief,
eȝ wære trucken oder tief.
445 doch vrâget er der mære,
wer dâ wirt wære,
dâ im geschach der unprîs.
‚diu burc heiȝet Plûrîs'
sprach einer, stuont dâ nâhe bi.
450 ‚wie aber der wirt genant sî,
zwâre dêst mir niht kunt.'
dannen kêrt er zestunt
an eine breite heide
mit wünnenclîcher spreide.
455 dô kom er dâ ein waȝȝer vlôȝ,
daȝ was ze wênic noch ze grôȝ
und enran niht ageleiȝe.
dâ bi was guot gebeiȝe
und ein vogelrîcheȝ riet.
460 daȝ ros enwolt dar an niet.
der zoum im bî den ôren lac ;
der herre des vil cleine pflac,
wan daȝ erȝ hiu âne zal;
dâ von lief eȝ zetal,
465 ein wîle und niht ze verre.
nu saher wâ ein junkherre
balde gegen im reit
ûf eime pferde gemeit ;
daȝ har im bî der erde erwant.
470 ein habich fuort er ûf der hant,
gemûȝet wol ze rehte.
unserem guoten knehte
begund sîn ros weien,
grâȝen unde schreien,
475 dô eȝ daȝ pfert het ersehen.

s'offensa pas de cette insolence, jusqu'au moment où le nabot le frappa lui aussi de son fouet. Il ne se vengea pas du coquin, qui ne lui en semblait pas digne, mais il fut pris d'une grande colère envers le château où cela lui était arrivé. Force lui était de suivre son cheval où que celui-ci allât, sur le dur ou là où l'on s'enfonçait. Il demanda cependant qui était le seigneur de l'endroit où il avait subi cet affront. « Le château s'appelle Pluris », lui dit un homme qui se trouvait dans les parages ; « quant au nom du châtelain, en vérité je ne le connais pas »[13]. Partant dans une autre direction, le jeune homme entra alors dans une vaste lande parsemée de magnifiques buissons. Il arriva à proximité d'une rivière qui n'était ni très large ni très petite, dont le courant était peu rapide et au long de laquelle s'étendait un bon terrain de chasse au vol, un marais peuplé de nombreux oiseaux. Le cheval refusa d'aller dans cette direction. La bride flottait sur ses oreilles, mais son maître n'y fit guère attention et préféra le larder de coups d'éperons, ce qui détermina la bête à descendre un peu la pente, mais point trop. Il vit alors arriver vers lui, chevauchant rapidement, un jeune homme monté sur un cheval fringant dont la crinière tombait jusqu'à terre[14]. Il portait au poing un autour bien mué. Le destrier de notre vaillant ami se mit à hennir, à piaffer et à claironner lorsqu'il aperçut l'autre cheval. Le chasseur remarqua la grande inexpérience de son cavalier et dit à celui-ci : « J'en appelle à votre courtoisie, faites un petit effort pour monter convenablement, je vous en saurai infiniment gré. Et ne me renversez pas. Je vous offrirai mon service en retour, s'il peut vous être de quelque utilité, et soyez totalement le bienvenu. » L'autre le remercia. « Pour

13. Ceci pour une excellente raison, qui apparaîtra (assez tard) par la suite.
14. Vers 469. Rien sur le plan lexical et morphologique n'exclut que ce soit la chevelure du jeune homme qui traîne jusqu'à terre.

der beiȝære begunde spehen,
daȝ er sô kintlîche reit.
er sprach ,durch iwer hübscheit
varnt ein wênic schône,
480 daȝ ichs iu imer lône,
und stôȝent mich hie niuwet nider.
mînen dienst biut ich iu dâ wider,
ob er iu ze ihte mac gevromen,
und sint ouch ir got willekomen.‘
485 des genâdet er im dô.
,sô helf iu got, wie varnt ir sô?‘
sprach Johfrit de Lieȝ
(ich wæne, der knappe alsô hieȝ).
,ist ditz ein buoȝ, diu iust gegeben?
490 eȝ ist ein wunderlîcheȝ leben,
swelch wîp iuch selben ir erkôs.
iwer schilt der vert sô wiselôs,
und lânt den zoum hangen.
mit iwern beinen langen
495 sitzent ir gedrungen.
iwer ros gât in sprungen
und loufet hin unde her.
dar zuo füerent ir daȝ sper
iu selben kumberlîche.
500 iwer wâfenroc ist rîche
und wol gezimieret.
ir sint geparelieret
als ein rehter wîgant.
swelch frowe iuch ûȝ hât gesant,
505 dêst wâr, dern sint ir niht leit.
enwær eȝ niht unhübscheit,
sô spræch ich gerne âne zorn,
ichn gesach, sît ich wart geborn,
nie man in disem lande,
510 den ich sô gerne erkande.
dâ von vrâge ich âne nît,
daȝ ir mir saget, wer ir sît;
iwern namen sult ir mir zellen :
und geruocht ir mîn ze gesellen,
515 daȝ verdien ich immer gerne.
mir entouc niht zenberne
swes ir an mich gesinnent.
durch die vrouwen die ir minnent
so ensult ir mich des niht verdagen,
520 swaȝ ir mir mit fuoge meget gesagen.‘
,ich enhil iuch nihtes‘ sprach der degen,
,welt ir mir sicherlîch verpflegen
daȝ ich niht missetuo dar an.
mîns namen i'u niht gezellen kan,

l'amour de Dieu, pourquoi montez-vous de la sorte ? », demanda Johfrit de Liez – c'était là, je crois, le nom de ce jeune homme. « Est-ce une pénitence qui vous a été imposée ? Quelle que soit la dame qui ait jeté son dévolu sur vous, ce sont là d'étranges façons. Votre écu ballotte en tous sens et vous laissez pendre vos rênes. Vos longues jambes sont toutes recroquevillées, votre cheval fait des bonds et court de-ci, de-là. En outre, vous portez votre lance de telle façon qu'elle vous embarrasse. Mais votre cotte d'armes est de riche façon et joliment ornée. Vous êtes équipé comme un guerrier digne de ce nom. Qui qu'elle soit, la dame qui vous a envoyé par les chemins ne vous porte certainement pas de haine. Si cela ne vous semble pas discourtois, j'aimerais vous dire en toute amitié que depuis le jour de ma naissance je n'ai jamais rencontré en ce pays d'homme dont j'aurais été plus désireux de faire la connaissance. Voilà pourquoi je vous demanderai, avec les meilleures intentions du monde, de me dire qui vous êtes. Confiez-moi votre nom, et s'il vous plaît de me prendre comme compagnon je vous le revaudrai toujours avec plaisir. Je ne mettrai aucune mauvaise grâce à vous donner ce que vous désirerez de moi. Au nom de la dame que vous aimez, ne me cachez pas ce que les convenances vous autoriseront à me dire. — Je ne vous cacherai rien, répondit le hardi jeune homme, si vous me donnez la ferme assurance que ce ne sera pas mal agir. Je ne puis vous dire mon nom, car je ne l'ai jamais appris moi-même. Quant aux membres de ma famille, ils me sont inconnus et j'ignore de plus totalement qui je suis et où je vais. Croyez-moi si vous le voulez, même si j'avais juré sur ma tête de vous révéler mes origines et si je devais la perdre faute de vous le dire je n'en saurais pas plus. Si on me voit monter de sotte façon, c'est que je n'ai guère de pratique. Cela fait seulement trois jours que j'ai quitté un pays où personne n'a jamais vu d'homme : il n'y a que des dames. Mais

525 wan ich in selbe nie bevant:
mîne friunt die sint mir unbekant:
dar zuo hân ich vermisset gar,
wer ich bin und war ich var.
ob ir mirs geloubet,
530 het ich verpfant mîn houbet,
daȥ eȥ dâ von wær verlorn
ine seit iu wanne ich sî geborn,
so enwist ich doch dar umbe niht.
daȥ man mich tœresch rîten siht,
535 daȥ meinet daȥ ichs lützel pflac.
eȥ ist hiut êrst der dritte tac,
daȥ ich schiet von eime lande,
dâ nieman man bekande:
da ensint niht wan vrouwen.
540 nu wolt ich gerne schouwen
ritter und ir manheit.
und swâ mir wurde geseit
dâ man vehtens pflæge
so enbin ich niht sô træge
545 ichn getorst wol wâgen den lîp
êntweder umb êre ald umbe wîp.
sweder ich gelæge und oder obe.
ich kœme gerne ze lobe,
kund ich dar nâch gewerben.
550 sol aber ich verderben,
daȥ friste got ze manegen tagen.
ich enkan iu anders niht gesagen
wan daȥ ich iu imer dienen muoȥ
durch iwern hübschlîchen gruoȥ.
555 ir dunkent mich sô wol gezogen,
wær al diu welt als unbetrogen
schœner sinne und êre,
sô wundert mich vil sêre,
daȥ dehein man durch des andern schaden
560 mit gewæffene imer wirt geladen.‘
Der rede lachen began
Johfrit der hübsche man.
sîn geverte dûht in spæhe.
er jach, daȥ er nie gesæhe
565 deheinen kindischen degen,
der sô schœner worte kunde pflegen
und doch sô tœrlîche rite.
‚geêrent mich des ich iuch bite‘
sprach er zem degene von dem Sê :
570 ‚ir tuont iu selben harte wê
und dem rosse wol getân :
ir sult den zoum zuo iu hân
imer durch den willen mîn.

maintenant je voudrais voir des chevaliers et assister à leurs prouesses, et si on pouvait me dire où l'on se bat, où que ce soit, je ne serais pas assez timoré pour craindre de risquer ma vie pour ma gloire ou pour une femme, que j'aie le dessous ou que je prenne le dessus. J'aimerais acquérir du prix si j'en avais l'occasion, mais si je dois trouver le trépas, que Dieu en repousse bien loin la date. Tout ce que je puis vous dire, c'est mon désir de toujours vous servir à l'avenir en remerciement de vos courtoises paroles de bienvenue. Vous me semblez posséder une si bonne éducation que si tout le monde se montrait aussi avenant et aussi soucieux de son honneur je comprendrais très difficilement qu'un homme puisse se munir d'armes afin de nuire à un autre. »

561 À ces mots, le courtois Johfrit se mit à rire. Il trouvait son compagnon fort plaisant et il déclara qu'il n'avait jamais encore rencontré de guerrier en herbe capable de tourner d'aussi jolies phrases tout en étant aussi empêtré à cheval. « Faites-moi l'honneur de m'accorder ce que je vais vous demander », dit-il au jeune homme du Lac. « Vous vous infligez des tortures, et vous en infligez aussi à votre beau cheval. À l'avenir, tenez toujours vos rênes en main, si vous voulez me faire plaisir. Cessez de faire de la bascule, soyez plus attentif à vos gestes et montez pour le reste de la journée comme je le fais. Je vous le revaudrai ; je vous offre de vous faire goûter plaisirs et honneurs en ma demeure, si je retrouve celle-ci dans l'état où je l'ai laissée. Mon château n'est pas éloigné d'ici. Daignez y séjourner et vous entretenir courtoisement avec les femmes. Elles sauront vous distraire. Nous n'en sommes qu'à une demi-lieue », dit le généreux jeune homme. « J'ai encore ma mère, qui s'est toujours réjouie de rencontrer des gens de valeur. Elle vous procurera toutes les aises qu'elle pourra. » Son tout jeune vis-à-vis se rendit à sa prière, pour son plus grand profit. Il prit les

lât iwer wipluppen sin,
575 habt iwer selbes beȝȝer war
und rîtent tâlanc als ich var.
daȝ verdien ich immer mêre :
ich erbiut iu lieb und êre,
vind ich mîn hûs als ich eȝ lie.
580 mîn burc diun ist niht verre hie :
da geruochent ir belîben
und hübschent mit den wîben :
die machent iu kurzewîle.
dar enist niht ein halbiu mîle
585 sprach der degen guoter.
,ich hân noch eine muoter,
diu frume liute ie gerne sach:
diu biut iu alleȝ daȝ gemach,
des siu sich gevlîȝen kan.'
590 do entweich der kindische man,
daȝ im sît ze staten kam.
den zoum er in die hant nam
unde reit daȝ man wol swüere
daȝ er ê gerne unrehte füere:
595 so gefuoge stapft er in daȝ pfat.
nu kômens schiere an die stat,
daȝ si die veste sâhen.
der wirt begunde gâhen
und reit für durch hübscheit.
600 dâ vant er vrouwen gemeit,
gegestet daȝ in nihts gebrast.
,uns kumet ein wunderhübscher gast'
sprach er zuo in allen,
,der sol iu wol gevallen,
605 juncvrowen unde muoter mîn,
und lânt iu in enpfolhen sîn.'
Swaȝ er gebôt, daȝ was getân.
die vrowen muosten ûf stân
mit gezogenlîcher muoȝe.
610 si enpfiengen wol mit gruoȝe
den ritter unkunden.
an den selben stunden
wart diu liebe wol schîn
des wirtes zem gesellen sîn.
615 die vrowen muost er küssen gar
in der beȝȝeren schar
und die in rîsen wâren.
wider die kund er gebâren
sô daȝ eȝ si dûhte lobelich.
620 diu wirtîn satzt in neben sich
an ir sîten vaste
dar nâch do'r sich engaste:

rênes à la main et chevaucha de telle façon que l'on aurait juré que c'était par dessein qu'il avait monté auparavant de façon inadéquate, tant il montrait d'adresse à mener son cheval au pas dans le sentier. Ils arrivèrent rapidement en vue du château. Le maître des lieux pressa l'allure et passa devant par une courtoise attention. Il rencontra de charmantes dames atournées à souhait. « Il nous arrive un hôte grandement courtois », annonça-t-il à cette assemblée. « Je vous le dis, à vous, mère, et à vous, mes demoiselles, vous le trouverez à votre goût et permettez-moi de vous le recommander. »

607 Il fut fait comme il l'avait prescrit. Les dames se levèrent avec la retenue qu'impose la bienséance. Elles firent bon accueil au chevalier inconnu en le saluant. On put alors mesurer l'affection que le maître du logis portait à son compagnon. Celui-ci fut invité à donner un baiser à toutes les dames les mieux nées et les plus nobles[15]. Il sut se comporter vis-à-vis d'elles d'une façon qui gagna leur approbation. Son hôtesse le fit s'asseoir près d'elle, à son côté, une fois qu'il se fut débarrassé de son armure. On vit alors qu'il ne déparait pas une cour. Elle lui posa des questions, il ne put les éluder. Avec une habileté toute féminine, elle réussit à lui faire conter tout ce qui lui était arrivé depuis son enfance jusqu'à ce jour. Lorsqu'elle apprit tout cela, elle dut avouer qu'elle n'avait jamais entendu pareille histoire. Mais écoutez maintenant ce qu'elle entreprit.

15. Vers 617 : *in rîsen* (= portant un voile, voir Schulz, *Das höfische Leben* I, p. 183 et suiv., Kühnel, *Kleidung und Rüstung*, description et illustration, p. 210 et suiv.) est une conjecture proposée par Karl Lachmann sur la base de l'obscure leçon de P : *in ristin waren*. Nous avons adopté, en suivant la suggestion de O. Hannink (p. 71), la leçon certes passablement redondante, mais compréhensible de W : *die die tiursten waren*.

dô was er hovebære.
si vrâgete in der mære,
625 der enkund er niht gevristen;
si geschuof mit wîbes listen,
daʒ er ir alles des verjach
des im von kintheit geschach
unz an die gegenwertigen stunt.
630 dô eʒ ir alleʒ wart kunt,
do enfriesch siu selhiu mære nie.
nu hœrent wie siuʒ ane vie.
Si was der êren rîche
und ladet flîʒeclîche
635 die besten von dem lande,
der muot siu wol bekande,
daʒ si behendeclîche riten
und nâch turneischen siten
wol kunden pungieren.
640 die bat siu buhurdieren,
dô si zesamene wâren komen.
ich sage iu als ichʒ hân vernomen,
swen der rede wundert.
ir wâren driu hundert,
645 der ros geleitic unde snel.
geflôrtiu sper und gügerel
unde kovertiur von sîden
(des endorfte kein den andern nîden)
die fuorten si durch hôhen muot,
650 wâpenrocke rîch unde guot.
si triben hin unde har;
des nam der vremde guote war.
dô nu des genuoc geschach
und manic degen sîn sper dâ brach
655 und diu ros wurdn verhouwen,
dô muosten aber die vrouwen
mit den rittern tanzen.
schœniu kint mit kranzen
die giengen wol sô mans dô pflac.
660 ditz wert unz an den dritten tac,
daʒ ouch sîn ros dem gaste kam.
den schilt er ze halse nam
und reit mit sölher fuoge,
daʒ in lobeten gnuoge,
665 und missevuor sô selten,
daʒ in nieman kunde geschelten.
Dô er alsus gebeʒʒert wart,
dô was im gâch an die vart.
mit urloub er enwec reit,
670 als uns diu âventiure seit,
ûf eine strâʒe, diu was sleht:

633 Sa réputation n'était plus à faire et elle s'employa à inviter les meilleurs chevaliers du pays, ceux qu'elle connaissait pour être d'habiles cavaliers rompus à l'assaut tel qu'il est pratiqué dans les tournois. Elle les pria, lorsqu'ils furent assemblés, de tenir un behourd[16]. Si certains s'en étonnent, sachez que je le rapporte comme on me l'a dit : ils étaient au nombre de trois cents, montés sur des chevaux rapides qu'ils avaient bien en main. Lances décorées, panaches et housses de soie pour les chevaux, cottes d'armes de bonne et riche façon : leur équipage témoignait de leur fierté, et personne n'avait lieu d'envier son voisin. Ils chevauchaient dans un sens, puis dans l'autre ; l'étranger suivait avec attention leur jeu ; lorsque celui-ci eut duré assez longtemps, que beaucoup eurent rompu leur lance et que les flancs des chevaux furent déchirés par les coups d'éperon, ce fut au tour des dames d'entrer en scène et de danser avec les chevaliers. On vit de belles jeunes filles exécuter avec grâce les danses de l'époque. Il en fut ainsi jusqu'au troisième jour, où l'on amena également son cheval à l'étranger. Celui-ci pendit l'écu à son cou et il se montra si adroit sur son cheval qu'ils furent nombreux à faire son éloge ; il fit si peu de fautes que personne ne put y trouver reproche.

667 Une fois ainsi amendé, il lui tarda de se mettre en chemin. Il prit congé et s'en alla, nous dit l'histoire, par une route bien aplanie qui le mena dans une forêt vaste et sombre. Le seul désagrément qu'il ressentit fut de n'y rien rencontrer d'extraordinaire. Au soir il arriva, après avoir traversé cette forêt inhospitalière, dans une campagne aux vastes

16. Vers 640 : *buhurdieren.* Germanisation du verbe français *behorder/bohorder* ou dérivé verbal de *buhurt,* forme germanisée de *behort/bohort/behourt.* Dans l'un et l'autre cas on a affaire à la « réimportation » d'un élément lexical d'origine germanique. Le behourd est un jeu guerrier équestre, collectif, une joute d'équipe pratiquée par des cavaliers pourvus de boucliers et de lances à pointe émoussée.

diu wîst in in ein voreht,
der was vinster unde grôʒ.
den degen nihtes verdrôʒ
675 wan daʒ er wunders niht envant.
ze âbent kom der wîgant
durch den walt wilde
an ein breit gevilde.
dâ gesach er vehten
680 gelîch vil guoten knehten
zwên ritter vermeʒʒen.
der namen wirt niht vergeʒʒen.
der eine was genant sus,
mit dem küenen herzen Kurâus,
685 der von Gâgunne reit
durch ruom und durch vermeʒʒenheit.
der ander hieʒ Orphilet,
der schœne, der eʒ wol tet
durch willen sînr âmîen.
690 er was der massenîen
von britânischen rîchen.
ir enwedere wolt entwîchen,
unz daʒ den wîganden
beleip vor den handen
695 niht wan daʒ armgestelle.
der dritte hergeselle,
der dar zuo kom gedrabet,
der sprach ‚mich wundert, daʒ ir habet
gevohten sô ze ummâzen.
700 ir sulent eʒ durch mich lâʒen
und sweder des niht enlât,
der ander mîne helfe hât.‘
sus redet er zuo in beiden;
des wurden si gescheiden.
705 Si wâren vehtennes sat
und tâten daʒ, des er si bat,
wan es in beiden nôt geschach.
Orphilet der schœne sprach
‚uns sîget balde zuo diu naht.
710 daʒ ich sô vil noch hiute vaht,
daʒ riwet mich vil sêre.
ichn weiʒ tâlanc war ich kêre.
ditz ist ein ungeminnet lant.‘
des antwurt Kurâus zehant
715 ‚zwâre hie ist herte
und ist ein ungeverte
ze den liuten von hinnen.
als ich mich versinnen,
so enist hie niendert spîse weile,
720 wan daʒ uns ze einem unheile

horizons. Il aperçut deux hardis chevaliers qui combattaient en guerriers de grande valeur. Ne cachons pas leur nom: L'un d'eux s'appelait Kuraus au Cœur vaillant; il avait quitté Gagunne, poussé par l'ardeur et le désir de gloire. L'autre se nommait Orphilet le Beau; il voulait briller pour plaire à son amie. Il appartenait à la cour du royaume de Bretagne. Aucun des deux ne voulait rompre le combat et ils continuèrent de lutter jusqu'à ce qu'il ne leur restât plus au poing que la poignée de leur écu. Le troisième compère, arrivant au trot sur les lieux, leur dit: « Je m'étonne que vous ayez combattu avec tant d'acharnement. Faites-moi la grâce de vous arrêter; si l'un de vous s'y refuse, je me rangerai du côté de l'autre. » Ainsi parla-t-il aux deux hommes; là-dessus, ceux-ci se séparèrent.

705 Ils étaient las de combattre et, ne pouvant faire autrement, ils firent ce dont il les priait. « La nuit sera bientôt là », dit Orphilet le Beau. « Je regrette beaucoup d'avoir tant combattu aujourd'hui, car je ne sais où aller ce soir. Ce pays est peu engageant. » Kuraus lui répondit aussitôt: « C'est sûr, cette contrée est hostile et d'ici il est malaisé de gagner un lieu habité. Nous ne pourrons trouver ici, que je sache, de quoi manger, si ce n'est dans un château qui se trouve dans le voisinage. Mais ce serait pour notre malheur; on nous y donnerait tout ce qu'il faut, mais le seigneur du lieu a pour coutume, j'en dis toute la vérité, de faire un mauvais parti à qui commet une faute, si menue soit-elle. On s'expose ainsi à un péril angoissant. Sa femme est morte depuis longtemps. Il a une fille, l'une des plus belles femmes sur lesquelles le soleil ait jamais jeté sa lumière. Il protège le gibier pour l'amour d'elle[17]. C'est un puissant

17. Vers 731. Première manifestation verbale des ambiguïtés de Moreiz. *Durch ir liebe* peut signifier « en clair » ou bien « pour lui faire plaisir », ou bien « par amour pour elle ». La traduction proposée tente de préserver la zone d'ombre.

ein burc hie nâhen stât.
dâ gæbe man uns allen rât,
wan daȝ der wirt hât sölhe site,
er vert dem man übele mite,
725 missetuot er iender, daȝ ist wâr,
et alsô grôȝ als umb ein hâr.
daȝ ist ein engestlîchiu nôt.
sîn wîp ist nu lange tôt.
er hât der schœnsten tohter ein,
730 die diu sunne ie beschein.
durch der liebe bannet er diu tier.
er ist ein rîcher forehtier.
(ich sage iu daȝ ich von im weiȝ)
er heiȝet Galagandreiȝ,
735 sîn burc, ist Môreiȝ genant.
er hât vil manegen man geschant
durch harte lîhtsamiu dinc.
er ist der hœnde ein ursprinc,
ein strenger urliuges man.
740 swem ich eȝ widerrâten kan,
der ist im niht ze dicke bî,
swie schœne doch sin tohter sî.'
Dô sprach der junge volcdegen,
der in zuo kom ûf den wegen
745 ,iwer rede hân ich wol vernomen.
eȝ mac im harte wol gevromen,
swer daȝ beste gerne tuot.
ist dirre wirt alsô gemuot,
daȝ er durch sîn êre
750 unzuht haȝȝet sêre,
waȝ ob er ouch den willen hât,
an swem er zuht sich verstât,
daȝ er des niht gert schenden.
durch daȝ wil ich genenden ;
755 daȝ ist wol mîn wille.'
die zwêne vorhten stille,
daȝ er si bedæhte
und si ze rede bræhte.
durch daȝ lobeten ouch si daȝ,
760 in stüende michels baȝ,
daȝ si den jungen êrten
und gegen der burc kêrten.
sus berieten sich die geste
und kêrten gein der veste.
765 diu burc was michel unde hô.
got ergâben si sich dô,
daȝ er ir sælden wielte
vnd alsô si behielte
als eȝ sînen gnâden zæme

forestier[18] et – je vous dis ce que je sais de lui – il se nomme Galagandreiz. Son château s'appelle Moreiz. Il a causé la honte de plus d'un homme pour de simples peccadilles. On ne gagne que déshonneur auprès de lui, c'est un rude guerrier. Ceux qui peuvent profiter de mes avertissements ne se pressent guère autour de lui malgré la beauté de sa fille. »

743 Le jeune guerrier qui les avait rencontrés en chemin déclara alors : « J'ai bien entendu ce que vous venez de dire. Qui met son cœur à se comporter au mieux en tire souvent grand profit. Si ce châtelain est ainsi fait que le souci de l'honneur le porte à haïr la vilenie plus que tout, ne peut-on pas imaginer qu'il soit disposé à respecter celui chez qui il ne trouverait que de bonnes manières ? Aussi suis-je prêt à prendre le risque. J'ai dit tout mon sentiment. » Les deux autres craignirent au fond d'eux-mêmes qu'il ne les soupçonne de lâcheté et ne médise d'eux. Aussi déclarèrent-ils approuver cette proposition en pensant qu'ils feraient bien meilleure figure en déférant au souhait de leur jeune compagnon et en prenant la direction du château. Après avoir ainsi tenu conseil, les voyageurs se mirent en route vers la forteresse. Le château était vaste et élevé. Ils se recommandèrent à Dieu, priant pour qu'il veille sur leur destinée et qu'il les protège autant qu'il le voudrait bien dans sa gracieuse bienveillance et autant qu'ils pouvaient le mériter. Je puis vous assurer qu'ils étaient décidés à supporter de menues avanies. L'affaire prit toutefois une bien meilleure tournure, ce qui ne

18. Le forestier exerce un office dont les deux aspects complémentaires sont, d'une part, la garde de la forêt et de ses richesses végétales et animales, l'organisation des chasses, d'autre part. Ce qui est suggéré ici est donc que Galagandreiz remplit en fait les devoirs de sa charge pour des raisons d'ordre domestique. Le jeu narratif va consister ensuite à fonder la dynamique de l'épisode sur une symétrie inverse : le forestier, par une sorte de déformation professionnelle, a transformé son château en réserve de chasse… Sur le parfum anglo-normand de cet épisode, voir Introduction 3.4.

770 und eȝ in rehte kæme.
ich wil iu wærlîche verpflegen,
des muotes wâren si bewegen,
daȝ si vertrüegen cleinen haȝ.
idoch gefuor eȝ michels baȝ ;
775 des muost si doch belangen.
si wurden wol enpfangen
und gegrüeȝet nâch ir rehte.
gein in liuf vil knehte:
di enpfiengen ros unde schilt.
780 nu hâte der wirt gespilt
und was im wol gevallen.
daȝ was ein sælde in allen,
dâ von wart vrœlich der gruoȝ,
in wart des êrsten klupfes buoȝ.
785 der wirt hieȝ sich engesten.
dô sach man von in glesten
harnasch wîȝ als ein zin.
dô si daȝ getâten hin,
do enwas dâ nieman der des jæhe,
790 daȝ er ie mêr gesæhe
drî ritter sô wol getân.
man sach si hübschlîchen stân,
wan sich iegelîcher zühte vleiȝ.
dô sprach Galagandreiȝ
795 ‚swem ir die êre geruochet lân,
der sol an mîne hant gân:
ich wil iuch lâȝen schouwen
min tohter und ir vrouwen.
do enwas dâ widerrede niet:
800 den zwein ir tugent daȝ geriet,
daȝ si den jungen stieȝen für.
der wirt fuort si zuo der tür
ûf ein hûs, dâ sîn tohter saȝ.
eȝ enwurden nie ritter baȝ
805 gegrüeȝet noch minnenclîcher:
daȝ gebôt der wirt rîcher.
Der ie mit vrowen umbe gie,
des wirtes tohter in gevie
und satzt in an ir sîten.
810 im enmoht in kurzen zîten
niemer baȝ gelingen.
von hübschlîchen dingen
und von minnen manicvalt
hât er der frowen vor gezalt.
815 mit swaȝ rede siun ane kam.
des antwurt er als eȝ zam,
ze ernst und ze schimpfe,
mit guotem gelimpfe.

manqua pas de leur plaire. Ils furent bien accueillis et reçurent le salut dû à leur rang. De nombreux écuyers coururent vers eux et prirent soin de leurs chevaux et de leurs écus. Il se trouvait que le maître des lieux venait d'avoir eu de la chance au jeu, pour leur bonheur. C'est ce qui rendait l'accueil chaleureux. Les arrivants furent soulagés de leur angoisse première. Le châtelain les invita à quitter leur armure. On vit briller leurs hauberts blancs comme l'étain lorsqu'ils les ôtèrent. Lorsqu'ils s'en furent débarrassés, il n'y eut là personne qui prétendît avoir jamais vu trois chevaliers d'aussi belle prestance. On put remarquer leurs façons courtoises car chacun d'eux s'appliquait à respecter les bonnes manières. Galagandreiz dit alors : « Je prendrai par la main celui à qui vous accorderez l'honneur de marcher à mon côté ; je veux vous présenter ma fille et ses suivantes. » Il n'y eut pas de discussion. Les deux chevaliers, civilement, poussèrent leur cadet en avant. Le châtelain les conduisit jusqu'à la porte d'une salle où se trouvait sa fille. Jamais chevaliers ne furent salués de meilleure ni de plus gracieuse façon. Ainsi l'avait ordonné le puissant seigneur.

807 La fille du châtelain prit par la main celui qui avait toujours vécu avec les dames et elle le fit asseoir à son côté. Jamais, en si peu de temps, le jeune homme n'avait connu plus grand succès. Il entretint la dame de choses courtoises et de nombreux sujets concernant l'amour. Quelle que fût la question abordée, il y répondait comme il convenait, en mêlant avec bonheur le sérieux et le jeu. Ses compagnons partageaient sa bonne humeur. Le jeune chevalier possédait le privilège de n'être jalousé par personne. Après qu'il se fut occupé un moment de la sorte, on annonça que le repas était prêt. Quels que soient les récits que l'on puisse faire de festins comportant une foule de plats, personne n'aurait pu énumérer tous les mets qui leur furent servis. Ils goûtèrent les plus grandes aises jusqu'à

ouch wâren sîne gesellen geil.
820 der junge ritter het ein heil,
daȝ im lützel ieman was gehaȝ.
do er eine wîle alsus gesaȝ,
dô was daȝ eȝȝen bereit.
swaȝ man von wirtschefte seit
825 und von manegen trahten,
daȝ enkunde nieman geahten,
waȝ in des alles wart gegeben.
si heten wünnenclîchez leben
unz daȝ si slâfen solten gân
830 dô muostens ein anderȝ an vân.
Nu wart in gebettet wol,
als man lieben gesten sol,
iegelîchem besunder.
der wirt gie dar under
835 und hieȝ in schenken guoten wîn.
er leit diu wanküssîn
in allen mit sîn selbes hant.
er sprach ‚helde, sît gemant,
daȝ ir gezogenlîche liget.
840 der got, der al der welte pfliget,
der behüet iuch wol mit sîner maht:
und verlîh iu tâlanc guote naht.‘
ouch bâten si sîn got pflegen.
dô sprach der kindische degen
845 ‚eȝ ensî daȝ wir wellen toben,
disen wirt den suln wir imer loben.
swaȝ er ouch anders ie begie.‘
mit der rede swigen sie.
Dô si alle ruowe wânden hân,
850 dô kom diu vrowe dar gegân,
des wirtes tohter, stille.
nu was daȝ wol ir wille,
daȝ grôȝiu lieht dâ brunnen.
siu wolte gerne kunnen,
855 waȝ sites die herren pflægen
und wi bescheidenlîch si lægen,
wan siu von starken minnen bran.
sin hete sich gemachet an
wol und hübschlîch genuoc.
860 einen rîchen mantel siu truoc :
von sarumîne was sîn dach,
daȝ beste, daȝ man ie gesach
oder ie wart erkant
ze Morzî in heidenlant ;
865 der zobel und diu vedere guot.
diu vrowe diu gienc âne huot
durch daȝ siu kintlich wolte sîn.

ce que fût venue l'heure du coucher. Ils allaient maintenant connaître tout autre chose.

831 On leur prépara de bons lits, séparés les uns des autres, comme il convient pour des hôtes chers. Le châtelain alla les voir et commanda qu'on leur serve du bon vin. Il disposa l'oreiller de chacun de sa propre main. « Jeunes gens », dit-il, « je vous invite à prendre votre repos en toute bienséance. Que Dieu, qui veille sur le monde entier, vous ait en sa garde toute-puissante et vous accorde maintenant une bonne nuit. » Les autres, de leur côté, le recommandèrent à Dieu. Le jeune homme déclara alors : « Si nous ne sommes pas fous, nous ne louerons jamais assez notre hôte, quoi qu'il ait pu faire par ailleurs autrefois. » Là-dessus, ils se turent.

849 Alors qu'ils pensaient tous les trois goûter maintenant le repos, voici qu'arriva, sans bruit, la demoiselle, la fille du châtelain. Elle avait tenu à faire allumer les grandes torches qui brûlaient dans la salle. Elle désirait voir comment se comportaient les seigneurs et juger de leur réserve dans le repos, car elle était consumée par l'ardeur de l'amour. Elle s'était habillée de belle et très courtoise façon. Elle portait un manteau d'un grand prix. Le dessus était en étoffe sarrasine[19], la plus belle que l'on ait jamais vue ou connue à Morzi, en terre païenne ; la zibeline et la doublure de fourrure[20] étaient de qualité. La demoiselle ne portait pas de coiffure, car elle voulait se donner l'allure d'une très jeune fille.

19. Vers 861 : *sarumine*. Il peut s'agir d'un terme (non attesté par ailleurs) désignant une étoffe authentique, d'une corruption, ou d'un nom de fantaisie crédibilisé par le label d'origine orientale *sar-* (voir le *sarantasmê*, variété de paile, dans *Parzival*). Autant dès lors retenir, avec Webster-Loomis, la leçon de P : *von sarrazine*, même si le terme n'est pas non plus attesté comme substantif dans un autre texte (emploi adjectival dans l'*Eneasroman* de Veldeke, v. 9310 : *ein phelle sarrazine*).
20. Vers 865. Parements de zibeline sur le dessus, doublure de nature non spécifiée ; *veder* désigne une fourrure légère ; il s'agit dans d'autres sources souvent d'une fourrure d'hermine, parfois d'une fourrure d'écureuil. Voir Brüggen, *Kleidung*, p. 258.

siu truoc ein schappellikîn,
daʒ siu mit ir henden vlaht,
870 von schoenen bluomen wol gemaht.
siu endorfte spæher niht sîn.
ir hemde daʒ was sîdîn :
dar in was siu geprîset,
als ich es bin bewîset.
875 siu was ûf anders niht gedenet
wan als der sich nâch minnen senet
und dar nâch vil gedenket.
siu was der huote entwenket,
der alle vrowen sint gevê.
880 diu minne tet ir alsô wê
und twanc si des mit ir gewalt.
daʒ siu muoste werden balt.
doch gienc siu niht aleine :
zwô juncvrowen reine.
885 in zwein kursîten
von grüenen samîten.
die trâten vor in den sal.
zwei guldîniu kerzstal
truogen diu juncvröwelîn :
890 (die kerzen gâben grôʒen schîn :)
diu saztens zuo den stunden
zuo den liehten, diu si funden,
nâch der vrouwen gebote.
dô bevalch si sie gote :
895 des nigen si ir mit zühten.
mit schœnen getühten
giengen si ze resten,
und beleip bî den gesten
des rîchen forehtieres barn.
900 siu wolt eʒ gerne alsô bewarn,
daʒ ir ein wênic wurde baʒ.
für Orphileten siu gesaʒ,
wan er ir aller næhste lac.
ditz was ir rede, der siu pflac
905 ,herre got, gesegene,
wie swîgent dise degene
sô wunderlîchen schiere!
jâ solten helde ziere,
die durch diu lant alsus varnt
910 und sich mit hübscheit bewarnt,
etwaʒ reden von den wîben
und die zît hin vertrîben
mit sprechenne den besten wol.
ich enweiʒ wem ich gelouben sol.
915 mir ist dicke vil geseit
von Minnen und ir süeʒikeit :

Elle portait une couronne[21] de belles fleurs joliment assemblées qu'elle avait tressée elle-même. Elle ne pouvait pas être plus charmante. Elle portait, lacée sur elle, une chemise de soie. À ce qui m'a été rapporté, rien d'autre ne l'amenait que ce qui anime les personnes qui cherchent l'amour et ne cessent d'y penser. Elle avait échappé à la surveillance, cette chose haïe de toutes les dames. L'amour la tenait en un tel tourment qu'il l'obligeait en sa toute-puissance à se montrer entreprenante. Toutefois, elle n'était pas venue seule. Deux belles demoiselles portant des casaques[22] coupées dans du samit[23] vert la précédaient lorsqu'elle entra dans la salle. Les jouvencelles portaient deux chandeliers en or – les chandelles répandaient une grande clarté – et les déposèrent près des flambeaux qui s'y trouvaient déjà en suivant l'ordre de leur maîtresse. Celle-ci les commanda à Dieu, et elles l'en remercièrent avec un beau salut. Elles prirent congé avec de belles manières et allèrent se coucher. Il ne resta plus auprès des étrangers que la fille du puissant forestier. Cette dernière désirait tenter une entreprise qui lui apporterait quelque soulagement. Elle alla s'asseoir devant Orphilet, car c'était lui le plus proche. Voici le discours qu'elle lui tint : « Dieu me pardonne, comment se fait-il que ces jeunes gens se soient tus aussi vite ?

21. Vers 868 : *schapellikin* (leçon de P) : le *chapel* de l'ancien français, mot emprunté et assorti d'un diminutif flamand (*kin*) – diminutif allemand dans W : *schappelin.* « Couronne de fleurs, ruban ou cercle orfévré posé à même la tête ou sur une coiffure » (*Vocabulaire historique Touati*, p. 64) ; description et illustration : Kühnel, *Kleidung und Rüstung*, p. 219 et suiv. On apprend plus loin (v. 4072-4078) que la mode du *schapel* (P : *schappel*, W : *schapellin*, v. 4075) floral aurait été lancée à Behforet même par Iblis et ses compagnes…

22. Vers 885 : *kursit* (< ancien français : *corset*) désigne un vêtement masculin ou féminin assez ample pour être passé sur d'autres habits. S'il a conservé les caractéristiques du *corset* il devait être, à cette époque, sans manches, voir *Lexikon des Mittelalters* III, col. 282 et suiv., art. « corset » (E. Vavra).

23. Vers 886 : *samît*, mot emprunté à l'ancien français (mais d'origine grecque : *hexamitos*), a donné phonétiquement *Samt* (= velours) en allemand moderne ; c'est en fait une soie lourde brochée d'or ou d'argent, comparable au brocard, si l'on cherche un point de repère plus récent, et non au velours. Exposé du mode de fabrication dans Kühnel, *Kleidung und Rüstung*, p. 216.

diu sî beȝȝer danne guot,
man werde von ir wol gemuot.
si jehent, ditz sî ir wâfen,
920 vil gedenken, lützel slâfen.
nu hân ich wol ir valsch bekort
und gedenke an mînes vater wort
,,minne ist an sehendeȝ leit,
ein bilde maneger irrekheit,
925 ein unruoch aller slahte vromen,
ein vorder ungemuotes gomen.
den zagen ist siu ein swærer last.
des swachen herzen leider gast.
siu derrt die welt als ein slât,
930 siu ist blœder müeȝikheite rât.
minn ist ein sache grimmer nôt,
der triuwen ein vervälschet lôt.''
sus redet mîn vater und wil dâ bî,
daȝ ich immer âne man sî.
935 daȝ tæt ich, sammer mîn lîp,
wan daȝ ich gern als andriu wîp
wil leben, die ir sinne
an guoter manne minne
hânt verlân und den lebent,
940 die in hôhgemüete gebent.'
Dô siu diz alleȝ gesprach,
Orphilet si an sach
und vrâget waȝ siu wolde.
ein vingerlîn von golde
945 bôt siu im in allen gâhen.
des getorst er niht enpfâhen :
er vorhte spot, des vil geschiht.
,ich enhân dar ûf gedienet niht'
sprach er ,daȝ ichs iht welle.'
950 ,neinâ, trût geselle :
durch aller ritter êre
lœse mich von sêre,
von huot die man an mir begât.
der rede mich grôȝ ernest hât.
955 durch friuntschaft nim ditz vingerlîn
und dar nâch mich und al daȝ mîn,
swaȝ ich dir zuo gefüegen mac.'
Orphilet dâ von erschrac
und dâhte, daȝ der alte
960 untriuwe ûf in bezalte
in kampfes wîs : daȝ was sîn site.
,vrowe, tuont des ich iuch bite.
sît ich iwer rede hân vernomen,
ich wil schiere har komen
965 gernochet ir mich minnen,

Vraiment, des guerriers à la belle prestance qui parcourent les pays de la sorte et s'appliquent à se conduire courtoisement devraient parler un peu des femmes et consacrer leur temps à vanter les plus parfaites d'entre elles. Je ne sais qui je dois croire. On[24] m'a souvent parlé de l'amour et de sa douceur; à ce qu'il paraît, c'est un sentiment plus qu'agréable, il procure le bien-être. Longues pensées et court sommeil, telles seraient ses armes. Mais j'ai pu découvrir le mensonge de ceux qui parlent ainsi[25] et les paroles de mon père me viennent à l'esprit: "L'amour est l'image même du tourment, l'illustration de maints égarements, l'abandon de tout profit, la souche de l'affliction. C'est un pénible fardeau pour les âmes sans fermeté et un hôte indésirable pour les cœurs sans noblesse. Il dessèche le monde comme un brûloir, il provoque une lâche mollesse. L'amour est une source de cruelle détresse et une mesure truquée de la loyauté." Ainsi parle mon père, qui exige pour cette raison que je reste sans époux. Je m'y plierais volontiers, par ma vie, si je ne désirais pas vivre comme les autres femmes qui se sont consacrées à l'amour d'hommes de valeur et qui vivent pour ceux qui leur mettent leur cœur en fête. »

941 Lorsqu'elle en eut terminé, Orphilet la regarda et lui demanda ce qu'elle désirait. Elle se hâta de lui offrir un anneau d'or, mais il ne se risqua pas à l'accepter, car il craignait d'être victime d'une plaisanterie, comme cela arrive souvent. « Je n'ai pas fourni », dit-il, « le service correspondant qui me

24. Vers 915. La leçon divergente de P mérite d'être prise en considération : *dise rittere hant mir wol geseit* : « ces chevaliers [les trois visiteurs, donc] m'ont parlé en termes éloquents » (de l'amour, etc.) ; voir Hannink, p. 72. Il faut voir cependant que la jeune fille cite les termes de deux « théories générales de l'amour » de sens opposé en utilisant – ce qui correspond à la leçon de W retenue par l'éditeur – des phraséologèmes connus, tels le *bezzer danne guot* du v. 917, calqué sur la formule provençale *mielhs de be* selon A. H. Touber (*bezzer danne guot* « Das Leben einer Formel », *Deutsche Vierteljahrsschrift für Literaturwissenschaft und Geistesgeschichte* 44, 1970, p. 1-8).
25. Si l'on restait dans la logique de la variante offerte par P pour le v. 915, il faudrait comprendre : « leur mensonge » = le mensonge des visiteurs.

ich füer iuch gerne hinnen
und enwil mich niht betrâgen,
ich entürre durch iuch wâgen
êre und lîp swie verre ich kan.
970 nu enkêr ich mich ze nihte dran.‘
Dô sprach diu juncvrowe guot
‚neinâ, ritter wol gemuot :
gedenke, daȝ de ie wære
hübsch unde mære,
975 biderbe unde wol gezogen,
schoener sinne umbetrogen.
schowe mînen schœnen lîp :
ich bin ein ritterlîcheȝ wîp.
dar zuo ger ich einer bete,
980 daȝ vrowe nie mê getete,
daȝ du dîne sinne
kêrest an mîne minne,
wan du sô rehte schœne bist.
ich red eȝ ân argen list :
985 dar nâch als ichȝ gemerken kan,
so gesach ich nie keinen man,
durch den ein sældehafteȝ wîp
beidiu ir êre und ir lîp
gerner solte wâgen.
990 allen mînen mâgen
gund ich sô wol guotes niht
sô dir, obe daȝ geschiht,
daȝ du mich ze disem mâle
lœsest von der quâle,
995 von der ich grôȝen kumber dol.
geschach dir ie von wîbe wol,
so ensolt du, ritter niht verzagen
noch dînen lîp mir versagen.
man vindet manegen wîgant,
1000 der in unkundiu lant
durch schœne vrowen strîchet,
der keine mir gelîchet
weder an guot ald an getât.
helt, nim zuo dir selben rât,
1005 küsse güetlîchen mich,
ich gedien eȝ immer umbe dich,
und tuo mir dînen willen kunt.‘
dô sprach Orphilet zestunt
‚ich fürhte mîner êre.
1010 gedenkt sîn nimmer mêre.
mîn triwe ich wil behalden.
torst ich an iuch erbalden,
daȝ ich iwern vater niht verlür,
ein harnschar ich dar umbe erkür.

permettrait de l'accepter. — Allons, mon doux ami, délivre-moi de mon tourment et de la surveillance qui pèse sur moi si tu veux honorer la chevalerie. Je parle on ne peut plus sérieusement. Par amitié, prends cet anneau, et prends-moi ensuite avec tout ce que je possède, tout ce que je pourrai t'apporter. » À ces mots Orphilet fut pris de frayeur et pensa que le père exercerait sa perfidie à son encontre dans un combat singulier, comme il en avait l'habitude. « Demoiselle », dit-il, « faites ce que je vais vous demander. J'ai entendu vos paroles ; j'ai l'intention de revenir bientôt. Si vous daignez m'accorder votre amour, je vous conduirai volontiers hors d'ici et je n'hésiterai pas à risquer autant que je le pourrai ma vie et ma réputation pour vous. Mais pour le moment ce n'est pas mon souci. »

970 La noble demoiselle lui répondit : « Allons, vaillant chevalier. Songe que tu as toujours été courtois et hautement considéré, brave et bien élevé et que le discernement ne t'a jamais fait défaut. Regarde-moi, ne suis-je pas bien faite ? Je suis une belle femme, et je t'adresse en outre une requête telle que jamais dame n'en fit de pareille : accorde-moi ton amour, tu es si beau. Je le dis sans fourberie aucune : dans la mesure où je puis en juger, je n'ai jamais vu d'homme pour lequel une femme, fût-elle parée de toutes les qualités, serait plus tentée de risquer son honneur et sa vie. Je te porterais plus d'affection qu'à tous mes parents s'il pouvait se faire que tu m'arraches maintenant au tourment qui me cause de grandes souffrances. Si une femme t'a déjà apporté la joie, tu ne dois pas, chevalier, me refuser ta personne par manque d'audace. On rencontre bien des guerriers battant les chemins dans des contrées étrangères pour l'amour de belles dames qui ne peuvent s'égaler à moi ni par la richesse ni par l'allure. Prends conseil de toi-même, vaillant jeune homme, embrasse-moi en signe d'amitié – je te le revaudrai toujours – et fais-moi

1015 daȝ ich gevangen wær ein jâr.‘
diu vrowe sprach ‚daȝ ist wâr,
er gewan nie manlîchen muot,
der niht tœrlîche tuot
etswenne durch diu wîp.‘
1020 der helt sprach ‚samir mîn lîp,
ich enwil durch iuch ersterben niht.‘
mit zorne siu dô von im schiet
und mit riuwe beide :
son geschach ir nie sô leide,
1025 noch enwas si niht minne vrî.
nu lac Kurâus dâ bi,
enzwischen den gesellen.
nu lânt iu wunder zellen.
diu vrowe hete den gedanc,
1030 wan si diu minne sêre twanc,
daȝ siu warp umb sînen lîp,
daȝ nie kein man durch kein wîp
gepflac sô ernstlîcher bete.
‚swelch ritter ie daȝ beste tete,
1035 dern darf an eime wîbe niht verzagen.
ich wil dir wærlîche sagen,
daȝ ich rehte hân vernomen,
wie du bist vollekomen
an der manheite dîn.
1040 tuo dîn ellen an mir schîn
und minne an mir ein schœne maget.
ist daȝ dir ein wîp behaget,
diu ir âmîes schônet,
sô wirt mir wol gelônet
1045 von dir, als ichȝ gemerken kan.
mir verbôt mîn vater alle man,
ân mich wænt er niht genesen.
nu wil ich doch der volge entwesen.
ich wirbe ê selbe umb einen man,
1050 der witze und êre pflegen kan,
dan ich des mannes bîte,
der gerne sam mir strîte.
dar zuo hân ich dich erkorn.
du bist stæte und wol geborn
1055 und getarst wol alliu dinc bestân.
zwâre und triuget mich mîn wân,
so enwird ich nimmer manne holt.‘
dô sprach Kurâus ‚du solt
frumen rittern holt sîn.
1060 wan daȝ ich êre den vater dîn
durch die triwe, di er an mir begie,
mir geschach sô liebe nie,
ob ich dich solte minnen.

part de tes intentions. » Orphilet lui répondit sur-le-champ : « Je crains pour mon honneur. Chassez cette pensée à tout jamais. Je tiens à faire preuve de loyauté. Si je prenais ce risque pour vous sans faire disparaître votre père dans le même temps, j'y gagnerais de souffrir un an de prison — On a raison de le dire », répliqua la demoiselle, « il n'a jamais eu le cœur viril celui qui ne fait pas à quelque moment une folie pour une femme. — Par ma vie », dit le vaillant jeune homme, « je ne tiens pas à mourir pour vous. » Elle le quitta alors, pleine à la fois de colère et d'affliction. Jamais encore elle n'avait connu pareil affront. L'amour, toutefois, n'avait pas lâché son emprise sur elle, et Kuraus, qui était couché entre ses compagnons, n'était pas éloigné d'elle. Laissez-moi vous conter maintenant une chose extraordinaire. La demoiselle, à qui l'amour infligeait sa torture, eut l'idée de lui adresser des sollicitations telles que jamais un homme n'en formula de plus pressantes pour l'amour d'une femme. « Un chevalier qui s'est toujours comporté au mieux n'a aucune raison de se dérober devant une femme. J'ai appris de bonne source, je tiens à te l'assurer, que tu es d'une vaillance parfaite. Donne une preuve de ta valeur et aime en moi une belle jeune fille. Si tu trouves à ton gré une femme qui sait manifester des égards à son ami, tu sauras me le rendre comme il convient, si je ne m'abuse. Mon père m'a interdit de prendre tout époux, il pense ne pas pouvoir vivre sans moi. Mais je veux cesser de lui obéir et aller de moi-même vers un homme de bon sens et d'honneur plutôt que d'attendre celui qui serait désireux de lutter à mes côtés. Mon choix s'est porté sur toi. Tu as le cœur ferme, tu es bien né et rien ne saurait te faire reculer. Si je me trompe, sois sûr que je ne considérerai plus jamais un homme avec bienveillance. — Tu dois témoigner de la bienveillance aux vaillants chevaliers », répondit Kuraus. « Si je ne devais pas des égards à ton père pour l'accueil loyal qu'il m'a réservé je n'aurais pas de plus grand bonheur que

doch wil ich ê gewinnen
1065 von dir die missewende,
ê ich mîn heil geschende.
ich wil abe imer gote clagen,
daȝ ich an dir muoȝ verzagen.
dâ von lâȝ mich ûȝ dîner ahte.‘
1070 der helt daȝ houbet dahte
und enpfie die rede für ein gamen.
des begunde sich diu vrowe schamen.
Dô der wünnenclîchen maget
alsus harte wart versaget,
1075 daȝ tûhte si ein vremdeȝ dinc.
indes lac der jungelinc
und dâht in sînem muote
‚herre got der guote,
ist mir diu sælde beschert,
1080 daȝ diu vrowe vollevert,
des muoȝ ich immer vreude hân.‘
zehant kom siu zuo gegân,
wande si din minne twanc.
der junge ritter ûf spranc
1085 unde sprach ‚vrowe mîn,
du solt willekomen sîn
dem rîchen got unde mir.
ich wil gerne dienen dir.
du endarft umb mich niht werben.
1090 zehant wolt ich ersterben,
ê ich dich hinnen lieȝe.
swie ich es misselieȝe,
daȝ wil ich alleȝ übersehen.
mir enmohte lieber niht geschehen ;
1095 daȝ muoȝ an dir werden schîn.‘
er leit si an den arm sîn
und kuste si wol tûsent stunt.
in wart diu beste minne kunt,
diu zwein gelieben ie geschach.
1100 den gesellen was daȝ ungemach.
daȝ lieȝ er alleȝ ze einer hant.
der vrowen er sich underwant
harte lieblîche.
si wâren vreuden rîche
1105 und heten wünne die maht
und die aller besten naht,
die ie kein vrouwe gewan
mit deheim kindischen man.
doch enmoht er vergeȝȝen nie,
1110 daȝ siu ze jungest zuo im gie.
daȝ versweig er sie dâ,
siu engalt es aber anderswâ.

de te donner mon amour. Toutefois, je préfère encourir ton blâme plutôt que de compromettre ma destinée. Je me plaindrai toujours devant Dieu d'avoir dû renoncer à toi. Cesse par conséquent de t'intéresser à moi. » Et le valeureux jeune homme, prenant l'affaire pour un jeu, se recouvrit la tête. La demoiselle en fut humiliée.

1073 Ce refus si net parut bien étrange à la ravissante jeune fille. Pendant tout ce temps, le jouvenceau, couché dans son lit, se disait en lui-même : « Seigneur, Dieu de miséricorde, la joie ne me quittera pas s'il m'est accordé de voir la demoiselle aller jusqu'au bout. » Cette dernière vint aussitôt à lui, car l'amour la tenaillait. Le jeune chevalier sauta sur ses pieds et lui dit : « Ma demoiselle, sois la bienvenue auprès du Dieu de gloire comme auprès de moi. Je suis prêt à te servir. Tu n'as pas besoin de me solliciter. Je préférerais mourir sur-le-champ plutôt que de te laisser partir d'ici. Je ne veux pas penser aux désagréments qui pourraient en advenir. Je ne pouvais pas connaître plus grand bonheur, et je vais te le prouver. » Il la prit dans ses bras et lui donna mille baisers. Tous deux goûtèrent l'amour le plus doux que deux amants aient jamais pu connaître. Ses compagnons voyaient la chose d'un mauvais œil, mais il ne s'en soucia point. Il se consacra très amoureusement à la demoiselle. Ils connurent la félicité et de grandes délices et ils eurent la plus belle nuit que jamais femme ait passée en compagnie d'un très jeune homme. Lui cependant ne parvenait pas à oublier qu'elle était venue à lui en dernier lieu. Il n'en parla pas sur le moment, mais il le lui revalut en une autre occasion.

1113 Alors que notre hardi jeune homme goûtait ces bons moments, le jour, qu'il n'appelait pas de ses vœux, se leva et mit un terme aux douceurs de la nuit. C'est alors que la porte s'ouvrit, poussée d'un coup furieux par le châtelain, cet homme résolu.

Dô dirre helt sô sanfte lac,
do erschein der underwunschte tac
1115 und was diu süeʒe naht für.
dô stieʒ mit zorn an die tür
der wirt nôtveste.
des erclupften die geste,
wan er zwei scharpfiu meʒʒer truoc,
1120 spizzic unde lanc genuoc,
und zwêne buggelære.
im was sîn herze swære.
diu meʒʒer beidenthalben sniten.
er sprach (daʒ wære baʒ vermiten)
1125 ,oder ich verliuse daʒ leben,
ich wil die morgengâbe geben,
der mir nieman danc seit :
daʒ ist trûren unde leit
und êweclîchiu riuwe,
1130 wan ir iwer triuwe
und iwer êre hânt verlorn.
sit ich êrste wart geborn,
so erbôt ich eʒ nie manne baʒ
danne iu. waʒ half mich daʒ ?
1135 eʒ was dô wol mîn wille.
nu ligent alle stille,
als lieb iu allen sî der lîp,
und sagent mir, wes ist daʒ wîp,
mîn kint ein ungetriwer warc ?‘
1140 diu juncfrowe sich verbarc
under ir friunt den jungen degen
und wolte dâ sîn tôt gelegen.
Des nam der vater war.
er lief îlende dar
1145 und drôt in harte sêre
,swer mir nimpt mîn êre,
der geniuʒet es borvil.
ein spil ich iu teilen wil.
nement disen schirm an iwer hant
1150 und belîbent hie bî dirre want,
sô wil ich anderhalp gân
und wil iu die wal lân.
ich nim daʒ iwer und ir daʒ min.
unser einer muoʒ der erre sîn.
1155 swer dâ triffet, dêst gewin :
der ander treit den schaden hin.‘
Der junge lobete den rât.
,sît mir daʒ ze wer stât,
sô dunket mich daʒ billich,
1160 daʒ ir werfent ê dan ich,
leider spilgeselle.

Les étrangers furent glacés d'effroi, car il tenait à la main deux coutelas acérés, pointus et de longueur respectable, ainsi que deux boucliers. Il dit – il aurait mieux fait de s'en garder – : « Ou j'y laisserai la vie, ou je vais faire don d'une *morgengabe*[26] dont personne ne me remerciera. Je veux parler du chagrin, de la douleur et de la souffrance éternelle. En effet, vous venez de forfaire votre loyauté et votre honneur. Jamais depuis le jour de ma naissance je n'ai traité quelqu'un avec plus d'égards que vous. Quel profit en ai-je tiré ? Pourtant j'étais animé des meilleures intentions à ce moment-là. Maintenant, ne bougez pas, si vous tenez à la vie, et dites-moi avec qui est ma fille, cette drôlesse perfide. » La demoiselle se cacha sous son ami, le hardi jeune homme, et aurait voulu être morte.

1143 Le père vit son mouvement. Il courut droit sur le jeune homme et proféra ces terribles menaces : « Celui qui me ravit mon honneur n'a guère l'occasion de s'en féliciter. Je vous propose un match[27] : Prenez ce bouclier et restez ici près de ce mur ; moi, je vais aller de l'autre côté et vous laisser libre de choisir. J'essayerai de prendre ce qui est à vous, et vous ce qui est à moi. L'un de nous devra commencer. Celui qui fera mouche gagnera. L'autre sera le perdant. »

26. Vers 1126 ; « cadeau de noces » s'intégrerait de façon plus fluide à la traduction, mais *morgengabe* est un terme d'origine juridique que les historiens commentent plus volontiers qu'ils ne le traduisent. Il s'agit d'un présent offert à la femme le lendemain des noces par le mari ou le clan du mari. Ce don tolère, le feuilletage chronologique aidant, plusieurs interprétations : reconnaissance du statut de l'épousée dans la maison, « prix de la virginité », « capital-garantie » à utiliser en cas de veuvage (voir l'article « *Morgengabe* » dans le *Lexikon des Mittelalters*, VI, col. 837 et suiv.). C'est de cette dernière vocation de la *morgengabe* que se nourrit l'ironie des propos du forestier.

27. Vers 1148. L'expression *ein spil teilen* correspond à l'ancien français *partir un jeu*, ceci terme pour terme et sème pour sème : jeu, alternative, risque aussi (voir l'anglais *jeopardy*, issu de *jeu parti*). Voir Paul Rémy, « De l'expression "partir un jeu" dans les textes épiques aux origines du jeu parti », *Cahiers de civilisation médiévale* 17, 1974, p. 327 et suiv.

got gebe iu ungevelle.
ob got wil, ir vermissent mîn.‘
dô trôst er sich der künste sîn
1165 und nam des swehers guote war.
sînen schirm den bôt er alleȝ dar.
si spilten nœtlîch âne bret.
Kurâus und Orphilet,
die wæren wundergerne dan.
1170 der wirt huob daȝ spil an
und warf den jungen wîgant
durch den ermel in die want
mit starker volleiste.
ein wênic er sîn vleiste,
1175 daȝ er daȝ bluot rêrte.
do gedâhte der gesêrte,
wie er sich schaden möht erholn,
er lie daȝ werfen und daȝ boln
unde lief hin an den schalch.
1180 mit dem meȝȝer erm bevalch
einen vreislîchen stich,
daȝ er viel ûf den esterich
unde nie kein wort ersprach.
dô litens êrst ungemach
1185 in der kemenâten.
die tür si zuo tâten.
die recken ellende
wunden ir hende,
daȝ si âne swert dâ muosten sîn.
1190 aber des ritters friundîn,
diu gab in harte guoten trôst,
daȝ si wol wurden erlôst.
Siu gie hin ûȝ durch ir bete,
die tür siu nâch ir zuo tete
1195 und besant der tiursten ein teil,
an den siu helfe unde heil
aller wætlîchest vant.
siu sprach ‚helde, sint gemant,
daȝ ich ie die ritter êrte
1200 und daȝ beste zuo in kêrte,
und stânt mir friuntlîchen bî.
ich wæn, mîn vater tôt sî,
der ie grimmekheite wielt
und iuch unrehte hielt.
1205 nu hân ich einen jungen man,
den tiursten, den ie wîp gewan.
den erkôs mîn vater ze eime zagen
und wolt in hân ze tôde erslagen,
als er vil manegen hât getân.
1210 do enmoht eȝ langer niht gestân,

1157 Le jeune homme acquiesça à cette proposition. « Puisque le pouvoir m'est donné de choisir[28] », dit-il, « il me semble juste[29], maudit adversaire, que ce soit vous qui lanciez le premier. Que Dieu vous donne mauvaise fortune ! Vous me manquerez, si Dieu le veut bien. » Puis, s'en remettant à son habileté, il ne quitta pas son beau-père du regard et tendit son bouclier le plus possible devant lui. Ils jouaient un jeu périlleux qui ne demandait point de damier. Quant à Kuraus et à Orphilet, ils auraient aimé être à cent lieues de là. Le châtelain ouvrit la partie et lança de toutes ses forces son coutelas, qui traversa la manche du jeune guerrier avant de se ficher dans le mur. L'arme érafla le bras du jeune homme, assez pour faire couler le sang. Le blessé songea alors à réparer ce dommage[30]. Faisant fi de l'art du lancer, il se jeta sur le coquin et lui porta un coup de couteau si terrible que l'autre tomba raide sur le sol et n'eut plus jamais l'occasion de souffler mot. Mais les ennuis ne faisaient que commencer pour les occupants de la chambre. Ils fermèrent la porte. Les guerriers étrangers, privés de leur épée, se tordaient les mains. Mais l'amie du chevalier leur donna le ferme espoir de pouvoir se tirer sans dommage de ce pas.

1193 Elle sortit à leur demande, referma la porte derrière elle et fit venir quelques-uns des hommes les mieux considérés du château, ceux dont elle attendait le plus aide et salut. « Vaillants guerriers », leur dit-elle, « souvenez-vous que j'ai toujours porté de l'estime aux chevaliers et que je leur ai manifesté les plus grands égards. Témoignez-moi votre

28. Vers 1158 : *wer* désigne la possession, le pouvoir de disposer. La coloration juridique du terme donne à la leçon de W, retenue par Hahn, un ton un peu solennel, que n'a pas la leçon de P : *sit mir der zweier wale stet* (« puisque j'ai le choix entre les deux »).
29. Vers 1159 : « juste », car conforme à une position juridico-morale, dans la mesure où le héros n'entend pas assumer le rôle de l'agresseur en prenant l'initiative du premier lancer. Ou bien le mot est vide, le héros habillant une fois de plus de paroles raisonneuses un attentisme déterminé en fait par l'inexpérience.
30. Logique à coup sûr également extradiégétique cette fois ; la règle du jeu, du jeu social, prévoit qu'il y ait réparation dès lors que le sang a coulé.

der ritter werte sich durch nôt.
sît mîn vater nu ist tôt,
sô ist daz erbe an mich komen.
ich schaffe gerne sînen vromen,
1215 swer mir triuwe erscheinet
und mich von herzen meinet.‘
Dô sprach der ritter ein zehant
‚sagent, wer ist der wîgant ?
ist ez der nehten bî iu saz,
1220 so geschach nie keiner vrowen baz.
er ist sô sæleclîch getân,
mich entriege mîn wân,
so enwart nie tiurer man geborn.
sît wir den herren hân verlorn,
1225 sô handeln ez mit witzen :
er endarf uns niht entsitzen,
weder durch slahen noch durch vâhen.‘
die anderen alle jâhen
‚wir suln tuon swaz mîn vrowe wil,
1230 beidiu ze ernst und ze spil
sus wart diu suone in ein getragen.
man hôrt den wirt lüzel clagen,
als ez dicke noch ergât :
swâ man sich der milte enstât,
1235 da verclaget man wol des argen schaden.
die recken wurden ouch entladen
unmuotes des ir herze wielt.
diu vrowe si vil wol behielt
so siu aller beste kunde.
1240 dar nâch in kurzer stunde
kom der welt ein michel magen.
in vil unlangen tagen
do begruob man in als ez gezam.
diu vrowe den jungen ritter nam
1245 und enpfalh im gar in sîne hant
beidiu liut unde lant.
sus erbet er, dô er genas,
daz ê des forehtieres was.
Dô was vil milte der wirt,
1250 als den daz guot lützel swirt.
daz der sweher besparte,
rîlîch erz zezarte,
wan erz mit manheit gewan.
do schuof er sin ambetman
1255 nâch wîser liute lêre.
er enwarp niht wan umb êre,
als ein hübsch ritter kan.
Orphilet der küene man,
dô der ersach sîne site,

amitié et aidez-moi. Mon père, qui a toujours montré une grande dureté et vous a traités de façon injuste, est mort, je le crains. J'ai maintenant un jeune époux, le plus valeureux qu'une femme ait jamais eu. Mon père, le prenant pour un couard, a voulu lui infliger le même sort qu'à tant d'autres et le tuer. Cela ne pouvait durer plus longtemps, le chevalier s'est vu contraint de se défendre. Mon père mort, c'est à moi que revient sa succession. J'aurai plaisir à récompenser tous ceux qui me prouveront leur loyauté et me porteront une bienveillance sincère. »

1217 L'un des chevaliers demanda aussitôt : « Dites-nous, qui est ce hardi guerrier ? Si c'est celui qui était assis près de vous hier soir, aucune dame n'aura jamais connu meilleure fortune. Il est paré de tant de qualités que jamais, si je ne m'abuse, homme de plus grande valeur n'a vu le jour. Puisque nous avons perdu notre seigneur, traitons la chose sagement. Il n'a rien à redouter de notre part, ni la mort ni l'emprisonnement. » Les autres déclarèrent, unanimes : « Nous ferons selon la volonté de notre dame, en tout état de cause. » C'est ainsi que l'affaire fut réglée à l'amiable. On entendit peu de lamentations au sujet du maître. Il en va encore souvent ainsi aujourd'hui : là où la largesse fait défaut, on ne déplore pas beaucoup le malheur du grigou. Les vaillants visiteurs, de leur côté, furent soulagés de l'anxiété qui leur oppressait le cœur. La dame mit tout son soin à leur procurer de grands égards. Peu de temps après, il arriva une foule de gens. On ne tarda pas à enterrer le mort comme il se devait. La dame épousa le chevalier et lui confia ses gens et sa terre. C'est ainsi qu'après avoir réchappé de l'affaire il hérita de ce qui avait appartenu auparavant au forestier.

1248 Le châtelain montra alors une grande largesse, en homme qui ne veut pas se laisser accabler par le poids des richesses. Il distribua à profusion ce que

1260 daȝ er in fuor sô sanfte mite
und er doch nieman lieȝ enstân,
wie sîn geverte was getân,
durch daȝ lobet er im zehant
des küneges Artûses lant
1265 und Karidôl die mæren.
er saget im, daȝ da wæren
der besten ritter diu kraft,
,die mit ir ritterschaft
erwerbent lop unde prîs.
1270 der künic selbe ist sô wîs,
daȝ erȝ wol erbieten kan
eim iegelîchen man
nâch sîner werdikheit.
swer ie durch manheit ûȝ gereit,
1275 der sol mîns herren hof sehen.
ich wil iu wærlîche jehen,
din künigîn ist sô gemuot,
daȝ siu gerner zwei guot
tuot dan eine karkheit.
1280 dâ sint ouch ander vrowen gemeit,
der tugent ist sô reine,
und wær ir niht wan eine
in eime künicrîche,
dâ solten billîche
1285 alle ritter hübsch sîn.
di gesehent, dêst der rât mîn.'
Dô sprach der ungenande
,eȝ wære ein michel schande,
daȝ ich flüge ungeveder.
1290 ich wil es eintweder
schaden vâhen oder vromen,
ê ich immer welle komen
zuo sölher zoumhefte
und zuo der gesellescheftе.
1295 waȝ solt ich in ze rede geben,
die mit nîtspil ir leben
gehœhert hânt vil sêre ?
eȝ wær ein unêre,
ob ich mich anders werte.
1300 got erlâȝe mich der verte :
ich wil gerne wesen alsus.'
dô bat in aber Kurâus
gegen Gahgunne kêren.
des enwolt er in niht gêren,
1305 daȝ er mit im füere.
sîn gesinde wol alleȝ swüere,
daȝ er dâ belibe stæte
mit der vrowen, diu in hæte

son beau-père avait amassé, car il l'avait gagné par sa prouesse. Il désigna son intendant en s'en remettant à l'avis de personnes averties. En chevalier courtois, il ne se souciait que de son honneur. Après avoir observé son comportement et constaté qu'il les comblait d'attentions, mais se gardait de parler de lui-même à qui que ce soit, le vaillant Orphilet lui vanta le royaume du roi Arthur et l'illustre Karidol. Il lui dit qu'on y trouvait une foule de chevaliers de la plus grande valeur « qui gagnent prix et renommée grâce à leurs prouesses. Le roi lui-même est si avisé qu'il s'entend à traiter chacun selon son mérite. Quiconque a pris les chemins pour mettre sa vaillance à l'épreuve se doit de faire une visite à la cour de mon seigneur. Je vous l'assure, la reine est ainsi faite qu'elle préfère accomplir deux bonnes actions plutôt qu'une vilenie. Il y a là en outre d'autres belles dames dont l'excellence est telle que, même si dans un royaume on ne rencontrait qu'une seule d'entre elles, tous les chevaliers ne pourraient qu'être courtois. Rendez-leur visite, c'est le conseil que je vous donne ».

1287 Celui qui n'avait pas de nom lui répondit : « Ce serait une grande honte que de vouloir prendre mon envol à peine sorti du nid. Je veux connaître ou le succès ou la perte avant de m'imposer de telles attaches et de me joindre à cette compagnie. Quels titres pourrais-je faire valoir auprès de ceux qui, par le combat, ont haussé leur existence jusqu'à ces sommets ? Ce serait un déshonneur que de ne pas avoir atteint la même valeur. Que Dieu me dispense du voyage, je désire rester comme je suis. » Kuraus, pour sa part, lui demanda de prendre le chemin de Gahgunne. Mais l'autre n'accepta pas de partir avec lui. Tous ses gens auraient été prêts à jurer qu'il ne bougerait pas des côtés de la dame qui l'avait élevé à une aussi haute position. Lui-même était toutefois très loin de penser la même chose.

ze alsô grôʒen êren brâht.
1310 des was im doch vil ungedâht.
Nu enwolten sîne gesellen
mit im niht lenger twellen,
die zwêne wîgande :
si wolten heim ze lande.
1315 do eʒ gienc an ein scheiden,
dô gebet er in beiden
swaʒ si sîner habe geruochten.
die recken wol besuochten,
daʒ er guoten willen truoc.
1320 lobennes tâtens im genuoc
von siten und von manheit.
ze Karidôl wart ouch geseit,
daʒ Orphilet dô kæme.
daʒ was in vil genæme,
1325 wan er lange was gesîn.
nu vrâgt in al diu menegîn
von wunder und von mære,
wâ er sô lange waere.
er sprach ,daʒ kan ich wol gesagen.
1330 ich was in unlangen tagen
dâ man mir bôt guot gemach
und ich den tiursten degen sach,
den ie getruoc dehein wîp.
sîn sældehafter lîp
1335 ist blôʒ vor âküste.
er ist nâch mîner küste
ein der vorderste man,
des ich ie künde gewan.
im vert vil sælekheite mite.
1340 sô ist daʒ ein hübscher site,
er enweiʒ niht waʒ trûren ist.
bî im ist guot mitewist.
swer daʒ sæhe, daʒ ich sach,
wie er die âventiure brach
1345 ze Môreiʒ ûf der veste,
der spræch im wol daʒ beste.
man möht in gerne erkennen :
ern wil sich nieman nennen,
swaʒ man redet oder tuot.‘
1350 Orphilet der helt guot
saget von êrst unz an daʒ zil
von sîner manheite vil
und von sîner sigenünfte.
dô wunschte sîner künfte
1355 Artûs der schanden vrîe
und al diu massenîe.
Innân des dô daʒ geschach,

1311 Ses compagnons ne voulurent pas alors demeurer plus longtemps auprès de lui. Les deux hommes désiraient rentrer en leur pays. Au moment des adieux, il leur fit don de ce qu'il leur plut de choisir parmi ses biens. Les guerriers purent se convaincre qu'il était bien disposé envers eux. Ils ne se privèrent pas de vanter ses bonnes façons et sa vaillance. À Karidol maintenant on apprit qu'Orphilet était de retour. Tous en furent fort satisfaits, car il avait été longtemps absent. Tout le monde lui demanda de conter les merveilles qu'il avait vues, les nouvelles qu'il apportait et de dire où il était resté si longtemps. « Je peux vous le dire », répondit-il, « tout récemment encore j'étais en un lieu où l'on m'a prodigué toutes les aises et où j'ai rencontré l'homme le plus valeureux qu'une femme ait jamais mis au monde. Il porte la marque de la perfection et ignore la fausseté. J'estime que c'est l'un des hommes les plus remarquables qu'il m'ait jamais été donné de connaître. Il est doté de mille qualités et, trait hautement intéressant, il ne sait pas ce qu'est la tristesse. La réussite ne le quitte pas. Quiconque l'aurait vu, comme moi, mettre à bas l'aventure de la forteresse de Moreiz lui décernerait les éloges les plus flatteurs. On aimerait savoir qui il est, mais il ne veut dire son nom à personne, quoi que l'on fasse ou que l'on dise. » Le valeureux Orphilet leur parla sans rien omettre de sa grande prouesse et de sa victoire. Arthur, cet homme à l'honneur sans tache, souhaita, avec toute la cour, la venue du jeune homme.

do enlie sich niht an sîn gemacht
von dem daȝ mære ist erhaben.
1360 er begunde tegelîchen traben
durch jagen ûȝ in den walt.
sich bedâhte der helt balt,
durch waȝ er ûȝ was geriten :
ze lange dûht in des gebiten.
1365 eins tages dô eȝ schœne was,
dô nam er sînen harnas
geswæslîch an sînen lîp.
eȝ enwiste man noch wîp
waȝ daȝ was daȝ in twanc.
1370 vier tageweide lanc
reit er für sich balde
unz gegen einem walde.
dâ vant er drî strâȝen :
die zwô begund er lâȝen
1375 ze ietwederre sîten,
die miteln begund er rîten :
diu gienc ûf eine burc vast.
dar enkom nie kein gast,
weder tump noch wîs,
1380 er fuort ein ölboumes rîs :
daȝ was ein wortzeichen,
daȝ er vride wolte reichen.
und swer gewæfent dar kam,
den helm er in die hant nam
1385 und lie die vinteilen nider,
oder eȝ gerou in aber sider,
swenn er die burc ane sach.
dem aber alsô geschach,
daȝ er vermeit den lantsite,
1390 dem fuor man sô übele mite,
daȝ er nimmer genas,
swie rîche oder swie edel er was.
dirr site was verborgen
(daȝ kom im ze sorgen)
1395 dem stolzen wîgande,
der sîn selbes niht erkande.
Vermeȝȝenlîch er für sich reit.
daȝ tûht ein michel tumpheit
die in ab der burc gesâhen.
1400 si begunden alle gâhen,
die alten zuo den jungen.
ze dem tor si ûȝ drungen
mit gewæffen aller hande.
zem êrsten die sarjande,
1405 die bestuonden in mit scharn.
dô kom aber dar nâch gevarn

1357 Pendant ce temps celui dont on a commencé à conter l'histoire ne se laissait pas aller à la mollesse. Il sortait à cheval tous les jours pour chasser en forêt. Le vaillant jeune homme se prit à songer aux raisons qui l'avaient poussé à partir à l'aventure et il lui sembla avoir trop attendu. Un jour qu'il faisait beau, il revêtit son armure en cachette. Personne, ni homme ni femme, ne savait à quel appel il obéissait. Il chevaucha hardiment quatre jours durant jusqu'au moment où il arriva dans une forêt. Il vit trois routes s'ouvrir devant lui. Laissant les voies qui se trouvaient de chaque côté, il s'engagea dans celle du milieu, qui menait à une puissante forteresse. Aucun étranger, sage ou fou, ne pouvait s'en approcher s'il ne portait pas un rameau d'olivier – signe que ses intentions étaient pacifiques. Et quiconque arrivait en armes devait ôter son heaume et le tenir à la main, ventaille baissée, s'il ne voulait pas avoir à s'en repentir ensuite aussitôt que la forteresse était à portée de vue. Celui qui ne conformait pas à cette coutume du pays se voyait prendre si durement à partie, sans égard pour le rang ou la naissance, qu'il ne repartait jamais vivant. Mais le fier guerrier qui ignorait tout de lui-même n'était pas au fait de cet usage, ce qui lui attira des ennuis.

1397 Il avançait hardiment ; cela parut une grande folie à ceux qui l'observaient du château. Tous, jeunes et vieux, se précipitèrent et sortirent en cohue, munis de toutes sortes d'armes. Il fut d'abord attaqué par des bandes de sergents, auxquelles vinrent se joindre de nombreux hommes en armes, portant cotte de mailles, heaume et écu. Ils assaillirent le bon jeune homme dans une hêtraie. Il se défendit vaillamment, car il tenait à la vie. Le chemin était étroit et encaissé à l'endroit où ils arrivèrent sur lui, ce qui coûta cher à plus d'un. Il se tailla une voie à travers la piétaille. Comme il ne pouvait leur échapper, les chevaliers se préparèrent à l'affrontement. Ils se mirent à se battre contre lui comme s'il

manec gewæffenter man,
die fuorten ringes gespan,
helme mit den schilten :
1410 di bestuonden den milten
in eime buocholze.
dô werte sich der stolze,
wan er gerne genas.
der wec tief und enge was,
1415 dâ si in zem êrsten kômen an.
daȝ wart manigem ze ban.
er erhiu sich von dem fuoȝher.
die ritter satzten sich ze wer,
wan er in niht moht entrîten.
1420 si begunden mit im strîten,
als er in den vater het erslagen.
des begund er in sich vor tragen
ûf dem velde an der wîte.
ir kein den andern nîte
1425 der gâbe der der junge gap.
si gerou der urhap
beidiu vor unde sider.
er stach ir zweinzic dernider
von den rossen ûf daȝ gras,
1430 daȝ etslîcher nie genas :
zehen ir dâ tôt beliben.
gein der burc si in triben,
daȝ er alleȝ strîtende reit.
in bestuont daȝ here breit,
1435 als ein wildeȝ swîn die hunde.
daȝ er wol strîten kunde,
daȝ zeiget er in harte :
daȝ swert er lützel sparte.
daȝ lantliut alleȝ ûf in schrê.
1440 daȝ tet inneclîchen wê
den vrowen ûf den zinnen.
daȝ er niht moht entrinnen,
des ward er sêre beclaget.
ûf der burc was ein maget.
1445 daȝ in dem lande
nieman bekande
enkeine juncvrouwen,
die man gerner möhte schouwen
durch schœne noch durch hübscheit.
1450 dô ir daȝ vehten wart geseit,
ir êren siu niht vergaȝ :
ûf ein pfert siu gesaȝ,
daȝ ir ze rîtenne gezam.
geloubent mirs, eȝ was niht lam,
1455 ergurret mager noch ze cranc.

avait tué leur père. Aussi chercha-t-il à fuir en avant d'eux en gagnant un terrain bien dégagé. Aucun des assaillants n'enviait son voisin pour les présents qu'il recevait du jeune homme. Ils regrettèrent, au moment de la bataille comme après, d'avoir entamé cette querelle. Il jeta vingt d'entre eux à bas de leur cheval et les coucha si durement dans l'herbe qu'ils furent quelques-uns à ne jamais se relever. Dix d'entre eux restèrent en effet étendus morts. Ses adversaires le poussaient vers le château si bien qu'il avançait tout en continuant à combattre. Il était harcelé par cette grosse troupe comme un sanglier par une meute. Il leur montra on ne peut plus nettement qu'il savait se battre et il ménagea peu son épée. Les gens du château le poursuivaient de leur clameur. Les dames, aux créneaux, en furent bouleversées. Voyant qu'il ne pouvait pas s'échapper, elles le plaignirent du fond du cœur. Il y avait au château une jeune fille telle que dans le pays personne ne connaissait de demoiselle dont la beauté et la courtoisie auraient pu former une image plus charmante. Lorsqu'elle fut mise au courant du combat, elle ne faillit pas à son honneur; elle monta sur un cheval qui était digne d'elle. Croyez-moi, il n'était pas boiteux, étique ou chétif et n'avait rien d'une haridelle. Il ne sortait jamais du chemin, car il portait son cavalier sans bringuebaler. Il ne mordait ni ne ruait et supportait bien d'être monté. On ne le voyait jamais en sueur, il n'avait pas d'écorchures, il n'était pas pelé et savait aussi aller au trot. Il n'était pas hargneux et ne bronchait pas. Ses pieds n'enflaient pas, si longtemps qu'on le fît courir. Il n'avait ni la pousse ni l'éparvin. Il ne souffrait pas de la mollette et n'était pas non plus aveugle[31]. Un jeune enfant aurait pu

31. Vers 1454-1468. Conjonction plaisante de l'art rhétorique (le procédé étiqueté « *amplificatio ad negationem* », mis au service de l'éloge facétieux) et de l'art vétérinaire. La « pousse » (*harteslaht*) est une maladie caractérisée par l'essouflement rapide du cheval (d'où « poussif ») ; l'éparvin (*spat*) est une tumeur osseuse située au niveau du jarret du cheval et pouvant provoquer la paralysie; la mollette (ou vessigon) est une tumeur molle située dans les régions articulaires ou tendineuses des membres du même animal.

ûʒ dem wege eʒ selten dranc,
wan eʒ niht tokzelende truoc.
eʒ enbeiʒ noch ensluoc
und lieʒ ûf sich wol sitzen.
1460 man sach eʒ selten switzen.
eʒ enwas zerbrochen noch beschaben
und enkonde ouch anders traben.
eʒ enhargete noch enstrûchte.
swie vil man eʒ gebrûchte,
1465 die füeʒe wârn im niht ze sat.
eʒ enhâte harteslaht noch spat,
eʒ enwas galling noch blint.
eʒ bewarte wol ein cleine kint.
dar zuo was eʒ niht wegeschie.
1470 durch nôt eʒ hübslîche gie,
wan eʒ schœne und edel was.
sîn hâr gleiʒ als ein spiegelglas.
ân vingerzeigen was eʒ gar.
eʒ was alles snêgevar,
1475 wan eines buoges, der was rôt.
es enwære kein nôt,
daʒ iu ieman seite
von beʒʒerm gereite
dan daʒ ûf daʒ pferit was geleit,
1480 daʒ diu juncvrowe reit,
diu dâ dente nâch den scharn.
siu kom von der burc gevarn
rehte als ein wolkenschôʒ.
dô sach siu slahen manec gebôʒ
1485 unde stechen manic sper
ûf den ritter, der dort her
balde gegen ir reit.
siu bat in umbe sicherheit.
daʒ er sich ir wolt ergeben.
1490 siu sprach ‚iemer unz ich leben,
hân ich iuch zeim vriunde erkorn,
ob ir sint sô wol geborn,
als iwerr manheit gezimet.
swer iu den lîp hiute nimet,
1495 dêswâr der missetuot dar an.
ich hulf iu, wær ich ein man,
und sult doch vil gewis sîn,
so ich meiste mac, der günste mîn.
doch enweiʒ ich wâ von ich eʒ tuo ;
1500 mîn herze beldet mich dar zuo.‘

Des enmohter geantwürten niht,
iedoch sprach er ‚swaʒ mir geschiht,
daʒ sint iwer genâde grôʒ.‘
manegen gêr man ûf in schôʒ,

facilement s'en occuper. En outre, le cheval suivait les chemins de bon gré. Il ne pouvait qu'avoir une belle allure, car il était beau et de bonne race. Son poil brillait comme un miroir. Il était pur de toute tare. Sa robe toute entière était blanche comme neige, sauf à une épaule, où elle était rouge. Il serait vain de vouloir décrire plus bel harnachement que celui que portait le cheval monté par la demoiselle qui piquait en direction de la mêlée. Elle sortit du château comme un éclair. Elle vit alors plus d'une épée et plus d'une lance frapper le chevalier qui avançait rapidement vers elle. Elle lui demanda de lui donner sa parole qu'il se rendrait à elle. « Considérez que je vous ai choisi comme ami pour tout le temps de ma vie », dit-elle, « si votre naissance est à l'égal de votre prouesse. Celui qui vous ôterait la vie aujourd'hui ferait à n'en pas douter une vilaine action. Si j'étais un homme, je me porterais à votre secours ; soyez en tout cas certain que je vous soutiendrai autant qu'il me le sera possible. Je ne sais toutefois ce qui me pousse à faire ce geste ; c'est mon cœur qui me donne cette hardiesse. »

1501 Le jeune homme ne put lui répondre, mais il trouva tout de même ceci à dire : « Quoi qu'il doive m'arriver, je dois convenir que vous me témoignez une grande bienveillance. » Ses adversaires, n'arrivant pas à l'approcher, faisaient pleuvoir des javelots sur lui. La demoiselle aurait voulu lui venir en aide, mais la troupe formait un barrage entre elle et lui. Il parvint cependant, malgré les efforts de ses adversaires, à atteindre le château avant eux. Le combat fit rage après qu'il les y eut devancés. Dans sa fureur, le jeune homme arracha sa lance à un chevalier, éperonna

---

Le ms. W ne présente pas d'équivalent pour les v. 1455-1470, c'est-à-dire pour le passage illustrant le principe que tout animal bien portant est un animal qui se trouve ne pas être malade.

1505 wan si zim niht mohten komen.
diu vrowe wolt im gerne vromen,
wan daჳ si daჳ her underdranc.
doch kom er under ir danc
vor in ûf die burc geriten.
1510 dô wart dâ sêre gestriten,
als er vor in în kam.
eim ritter er sîn sper genam,
als in twanc sîn tobezorn.
daჳ ros ruort er mit den sporn
1515 und kêrte gegen der bürge wider.
er stach manigen dernider
der nâch schrîender diet.
eim degen er ûf den schilt erriet
gegen den vier nageln hin.
1520 er stach in gein dem herzen in
durch beide halspercwende.
dem recken ellende
schriuwens alle ûf daჳ leben,
wan er des wirtes râtgeben
1525 ze tôde het erstochen.
dô wart von im zerbrochen
manic schilt daჳ er zecloup
und daჳ diu varwe ûf stoup,
als eჳ genibelet wære.
1530 der degen urmære
zerhiu des tages manegen schaft.
do enmoht er wider überkraft
und mit als guoten knehten
langer niht gevehten.
1535 Do ergab er sich der selben maget,
von der ich ê hân gesaget,
durch triwe und ûf genâde.
siu was genant Ade :
daჳ suln wir niht verswîgen.
1540 Patricjus von den Bîgen,
der was ir vater, hôrt ich sagen.
der het an birsen und an jagen
meistic sînen vlîჳ bewant.
der selbe was wîte erkant.
1545 er het wol hundert winde,
ân ander huntgesinde,
bracken sûse und leithunt.
im was wol umbe spüren kunt :
swâ ein hirჳ funden wart,
1550 sô wist er wol sîne vart,
war er lief und wa er beleip.
die zît er baჳ hin vertreip
dan dehein forehtier.

son cheval et repartit depuis le château dans l'autre sens. Il désarçonna plus d'un dans la meute hurlante qui l'assaillait. Il frappa l'écu d'un guerrier en plein milieu et sa lance, traversant la cotte de mailles de part en part, transperça le cœur de son adversaire. Tous poussèrent alors une clameur qui promettait la mort au guerrier étranger, car celui-ci venait de tuer le conseiller du châtelain. Le jeune homme mit alors en pièces maints et maints écus, frappant si fort que ceux-ci éclataient en morceaux et que leur peinture volait en poussière au point que l'on eût dit qu'il y avait de la brume. Ce jour-là le très vaillant jeune homme brisa plus d'une hampe; mais il ne put résister plus longtemps à ces gens qui étaient supérieurs en nombre et si bons chevaliers.

1535 Il se rendit alors à la merci de la jeune fille dont je vous ai déjà parlé et se confia à sa loyauté. Nous ne le cacherons pas, elle s'appelait Ade. Son père, ai-je entendu dire, s'appelait Patricius von den Bigen[32]. C'était un homme qui passait la plus grande partie de son temps à chasser à l'arc et à courre. Il était connu loin à la ronde. Il possédait une bonne centaine de lévriers, sans compter les chiens d'autres sortes, chiens d'arrêt, chiens courants et limiers. Il excellait à dépister le gibier; dès qu'un cerf était repéré, il savait trouver ses erres et découvrir par où il passait et se remisait. Il passait son temps mieux qu'aucun forestier. Son frère avait pour nom Linier; c'est à lui qu'appartenait cette puissante forteresse. Elle s'appelait Limors et possédait tout ce que l'on peut souhaiter. Linier voulait éviter que ses biens ne se perdent au cas où il mourrait sans avoir d'héritier. Aussi avait-il pris auprès de lui cette demoiselle, la fille de son frère,

32. Vers 1540. Selon W. Richter, 1934, p. 81-82, « Patricius au bâton » (de l'ancien français *bigue*), un personnage qui aurait hérité d'un signe distinctif de saint Patrick lui-même. Autre hypothèse dans Traduction Webster/Loomis, p. 179: « Patricius de la Motte » (du m.-h.a. *bîge*, l'amas, le tas).

sîn bruoder was genant Lînier.
1555 des was disiu berc vast :
diu hieȝ Lîmors, der nihtes brast
swes man dâ haben solde.
Lînier daȝ schaffen wolde,
ob er ân erben sturbe,
1560 daȝ sîn guot niht verdurbe.
durch daȝ het er an sich genomen
beidiu ze êren und ze fromen
sîns bruoder tohter dise maget :
wan siu hâte bejaget
1565 der êren prîs und alleȝ guot.
swâ mit ein wîp daȝ beste tuot,
daȝ was an ir bestricket.
eȝ was alsô geschicket,
so ir veter tôt læge,
1570 daȝ siu des landes pflæge
und dar zuo swem sin des gunde,
an swem siu tugent funde.
Als ir hie vor hânt vernomen,
nu was der vremde gast komen
1575 in der vrouwen gewalt.
do enwas dâ nieman alse balt
der im iht leides tæte,
fürst daȝ er ir gesichert hæte.
si lieȝenȝ durch ir êre
1580 und durch die vrowen hêre.
er müest anders sîn verlorn.
diu sælde het zuo im gesworn
zeim stæten ingesinde.
siu huote sîn von kinde
1585 durch daȝ er tugent an sich las.
als er dar nâch entwâffent was,
dô was der degen milde
ein daȝ schœnste bilde,
daȝ dehein muoter ie getruoc.
1590 diu vrowe wartet im genuoc
und jach, siun möhte'n niht verclagen,
wær er mit unschulde erslagen.
sînre geniste was sin vrô.
doch entsaȝ siu zorndrô
1595 von ir vetern, dem helde balt,
wan er zem tôde was gezalt,
swer âne vride in sîn hûs reit.
doch was ein michel sælikheit,
ern was des tages dâ heime niht.
1600 swâ guoten liuten wol geschiht
da gefüeget sich Wîlsælde zuo.
ouch enkom er niht vor morgen fruo,

ce qui servait à la fois ses intérêts et sa renommée. La jeune fille avait en effet acquis la meilleure réputation et était au-dessus de tout reproche. Elle était dotée de tout ce qui peut permettre à une femme de se conduire au mieux. Il avait été convenu qu'elle gouvernerait le pays à la mort de son oncle avec l'homme à qui elle accorderait cet honneur et dont elle aurait reconnu la valeur.

1573 Vous venez de l'entendre : l'étranger était maintenant entre les mains de la dame. Personne n'aurait eu la témérité de porter atteinte à sa vie dès lors qu'il s'était constitué prisonnier auprès d'elle. Les gens du château, par souci de leur propre honneur et par respect pour la noble demoiselle, n'entreprirent rien de la sorte. Sinon, c'en aurait été fait de lui. La fortune l'avait attaché à son service et lui avait juré fidélité. Elle le protégeait depuis son enfance parce qu'il avait choisi la voie de l'excellence. Lorsqu'on lui eut ôté son armure, il apparut que le vaillant jeune homme était l'une des plus belles créatures jamais mises au monde par une mère. La demoiselle l'entoura de ses attentions et déclara que son deuil n'aurait jamais connu de fin si, malgré sa bonne foi, il avait été tué. Elle était contente qu'il en ait réchappé. Toutefois, elle craignait la colère et les menaces de son oncle, cet homme hardi, car quiconque pénétrait dans son château autrement que sous sa sauvegarde était promis à la mort. Par grande chance, il n'était pas en sa demeure ce jour-là. C'est une bonne chose qu'il arrive du bien aux gens de bien[33]. Et Linier n'arriva pas avant le lendemain matin.

33. Vers 1601 : *Wilsaelde* (la fortune liée au moment [de la naissance]) est une conjecture de Lachmann destinée à expliciter la leçon de P : *das gefugit sy wol da zuo*. Mais la leçon de W : *daz gefuget sich wol also*, que nous traduisons, est parfaitement claire. Banalité et répétition (*guot*/*wol*/wol) ne doivent pas ici servir d'argument en faveur d'une émendation : la phrase a délibérément un caractère gnomique (voir le « tout est bien qui finit bien » français). La fréquence d'énoncés de ce type est un trait remarquable du récit, voir Zellmann, 1996, *Lanzelet*, p. 74-78.

Dô Lînier hin heim kam
und er rehte vernam
1605 wie eȝ was gehandelt,
dô wart sîn muot verwandelt.
von zorne wart er fiurrôt,
wan er schande unde nôt
dâ heim in sîme hûse vant.
1610 den gevangen wîgant
wolt er ze tôde erslagen hân.
do enmoht eȝ niht alsô ergân,
wan nieman ersterben mac,
ê im kumt sîn endes tac.
1615 den enwendet breste noch genuht,
ze dem tôde stât dehein fluht.
ouch enwas der helt niht veige,
swie im anseige
der rîche wirt wære.
1620 dem was sîn herze swære,
wan eȝ von unmuote wiel.
diu juncvrowe im ze fuoȝen viel
und bat in guotes muotes sîn.
siu sprach ‚waȝ touc der dienest mîn,
1625 den ich iu von kinde tete,
entwerent ir mich dirre bete ?
ir sulnt den ritter lâȝen leben,
der sich mir hât ergeben,
wan ich wol hân vernomen,
1630 er ist ân alle schulde komen
in disen engestlîchen wuof.
ir werden alder welt ein ruof
und müeȝen imer sîn ein wiht,
ob im ame lîbe iht geschiht.
1635 von diu volgent lêre.
eȝ ist ein unêre,
swer sich alsô richet,
daȝ man im übel sprichet.
diu buoȝ ist beȝȝer dan der tôt.
1640 der recke werte sich durch nôt.
er ist an der getæte wol,
daȝ er widerdienen sol
swaȝ er iu ze leide hât gefrumet.
waȝ ober iu noch ze staten kumet ?‘
1645 Des antwurt mit zorne
Lînier der wol geborne
‚sînen dienst wil ich lâȝen varn,
ich wil eȝ gern alsô bewarn,
daȝ er mir nimmer mê getuot
1650 weder übel noch guot
noch deheim weltlîchem man.

1603 Lorsqu'il apprit tout ce qui s'était passé son humeur changea. La colère enflamma son visage, car il découvrait que la honte et le malheur s'étaient abattus sur sa maison. Il aurait voulu tuer le guerrier prisonnier. Mais ce n'était pas chose possible, puisque aussi bien personne ne peut mourir avant que l'heure de sa fin n'ait sonné. Cette heure, toutefois, ni la misère ni la prospérité ne peuvent la changer ; nul ne peut fuir la mort. Le jeune homme, pour sa part, n'était pas promis au trépas, malgré toute l'hostilité du puissant seigneur. Ce dernier avait le cœur pesant et bouillonnant de colère. La demoiselle tomba à ses pieds et le pria de se rasséréner. « Quel profit », dit-elle, « aurais-je eu à vous servir depuis mon enfance si vous ne m'accordez pas ce dont je vous prie ? Laissez la vie au chevalier qui s'est rendu à moi, car j'ai bien vu qu'il n'y est pour rien s'il s'est trouvé pris dans cet affreux tumulte. Vous serez la fable de tout le monde et vous ne serez plus rien désormais s'il lui arrive quelque chose. Agissez en conséquence. Celui qui prend une vengeance qui lui attire une mauvaise réputation se déshonore. Réparation vaut mieux que mort. Le guerrier s'est vu contraint de se défendre et il a bien l'air d'un homme capable de rendre des services qui vous dédommageront du tort subi. Qui sait s'il ne pourra pas vous être utile un jour ? »

1645 Linier, le bien-né, lui fit cette réponse irritée : « De ses services, je m'en passerai ; j'entends veiller à ce qu'il ne puisse plus faire ni bien ni mal, à moi ni à aucun homme vivant. Je saurai m'occuper de lui parfaitement et lui faire expier l'outrage qu'il m'a infligé. Que mes familiers se le tiennent pour dit : il en cuira à quiconque plaidera sa cause, je le jure, ou que je sois maudit ! » Sa nièce se tut alors, car elle voyait l'étendue de sa colère et de son humiliation et savait qu'il ne connaissait aucune pitié quand la fureur lui dictait de tels serments. Tous les autres restèrent cois. Après cet éclat, Linier, l'œil

vil wol ich in behalten kan,
daȝ er mîn laster garnet.
mîne friunt sîn gewarnet,
1655 swer im mit rede bî stât,
daȝ er schaden drane gevât :
daȝ ziuh ich ûf die sælde mîn.‘
hie von sweic diu niftel sîn.
wan siu wol erkande
1660 sînen zorn und sîne schande.
daȝ er ân erbermde fuor,
swenne er zornlîche swuor.
die andern swigen alle.
in disem zornschalle
1665 und mit ougen bluotvar
hieȝ er den helt füeren dar,
den gevangen wîgant,
unde vrâget in zehant,
wer er wær und wannen,
1670 daz er im und sînen mannen
so grôȝe sêre worhte.
dô sprach der vndervorhte
‚ich wil iu sagen ungelogen,
ich bin mit vrowen hie vor erzogen
1675 und enweiȝ nu wer ich bin.‘
einen wüetenden sin
gewan dô Lînier der mære :
er wând eȝ sîn schimpf wære,
des ze nôt nieman bedarf.
1680 in einen turn er in warf,
da er sunnen noch den mânen sach.
dâ was im alleȝ gemach
tiur und übel veile.
mit ungeræte der geile
1685 was der ritter âne namen.
im was al sîn nôt ein gamen.
und solt er tôt sîn gelegen,
er enkunde doch niht riuwen pflegen.
Nut lît der êrbære
1690 in eime karkære,
der ist unsûberkeite vol.
dâ wær eim andern man borwol,
der des lîbes wær ein zage.
im was geschicket alle tage
1695 niht wan waȝȝer unde brôt.
von smacke leid er grôȝe nôt.
des was er nâch verdorben
und jæmerlîch erstorben,
wan daȝ in dicke trôste
1700 diu vrowe, diu in lôste.

injecté de sang, fit amener le jeune homme, le guerrier captif et lui demanda d'emblée qui il était et à quel lignage il appartenait pour avoir causé d'aussi grands dommages à ses hommes et à lui-même. L'autre répondit, impavide : « Je vous parle sans mentir, j'ai été élevé jusqu'à présent dans la compagnie de dames[34] et je ne sais pas pour l'heure qui je suis. » Le noble Linier entra alors en fureur ; il y vit une plaisanterie, qui n'est guère de mise en pareille extrémité, et il le fit jeter dans une tour d'où il ne voyait ni le soleil ni la lune. Les aises y étaient rares, les désagréments nombreux, mais le chevalier sans nom s'accommodait gaiement de ce dénuement. Toute sa misère lui semblait divertissement, et même s'il avait dû mourir il n'aurait pas pu en concevoir du chagrin.

1689 Voici donc cet estimable jeune homme dans un cachot repoussant de saleté. Un autre, s'il avait manqué de caractère, s'y serait trouvé très malheureux. Il ne recevait rien d'autre chaque jour que du pain et de l'eau. Il souffrait cruellement de la pestilence de l'air. Il aurait dépéri et serait mort misérablement si la demoiselle qui l'avait sauvé n'était venue fréquemment à son secours. Elle montra sa bonté en cette occasion ; elle lui fit apporter en cachette un lit, de la nourriture et du vin. Cela répondait également aux souhaits de tous ceux qui le gardaient. La jeune fille s'introduisait souvent en secret auprès de lui et lui demandait comment il se portait. Lui, avec une parfaite égalité d'humeur, supportait son malheur avec dignité. Un jour, elle lui fit part de la périlleuse aventure que son oncle avait proclamée. Il lui demanda de lui dire par le détail en quoi celle-ci consistait. La demoiselle lui fit cette grâce et dit : « Poussé par sa fierté

34. Vers 1674 : *mit frowen*, que nous traduisons, est une émendation acceptable. Toutefois les leçons des deux manuscrits concordent (W : *mit vreude* ; P : *mit freuden*) et n'offrent pas de difficultés de compréhension insurmontables : « j'ai été élevé jusqu'ici en un lieu où régnait le bonheur » (et où il n'a donc pas pu apprendre à être malfaisant).

diu tet ir güete an im schîn :
bette spîse unde wîn
lieȝ siu dar în stille.
daȝ was ouch jener wille.
1705 die sîn huoten über al.
diu maget sich dicke dar stal
und vrâget, waȝ er tæte.
dô was er alleȝ stæte,
daȝ er sîn leit mit zühten truoc.
1710 eines tages siu im gewuoc
von der âventiure nôt,
die ir veter ûȝ bôt.
dô vrâgt er gar von dem site.
diu vrowe êrt in dermite,
1715 siu sprach ‚durch sîne ritterschaft
und durch sîner übermüete kraft
ist mîn veter zuo gevarn
und enbôt ûȝ mit manegen scharn
in aller lendegelich,
1720 swelch ritter wolte prîsen sich
mit sterke oder mit manheit
oder mit deheinre vermeȝȝenheit,
daȝ der her kæme
und sin âventiure næme.
1725 ich sage iu wie diu ist getân.
man sol bîm êrsten bestân
einen risischen man,
des sterke ich gemerken kan
ein teil bî sîner stange :
1730 mit michelm gedrange
erhebent si kûme zwêne man.
swer dem risen gesiget an,
daȝ doch kûme mac ergân,
der muoȝ iesâ bestân
1735 zwêne lewen wilde,
grimme und unmilde :
die sint vermûret und begraben.
swer si bestât, der sol niht haben
gewæfens mêre dan sîn swert.
1740 und wirt er danne des gewert,
daȝ sîn ein guot gelücke pfliget
und er den lewen an gesiget,
(daȝ ist ein engestlîcheȝ dinc)
der muoȝ zehant in einen rinc.
1745 mit mîme vetern vehten,
als sit ist guoten knehten.
ze ros und zalln gerechen.
ich wil daȝ wol sprechen,
daȝ er des lîbes ist ein helt,

de chevalier et son orgueil, mon oncle, ne lésinant pas sur les moyens, a envoyé de nombreuses troupes d'émissaires annoncer par tous les pays que tout chevalier désireux de gagner du prix par sa vigueur, sa bravoure ou toute autre forme de vaillance était invité à venir tenter son aventure. Je vais vous dire de quoi il s'agit. On doit en premier lieu affronter un géant ; sa seule massue suffit à donner une idée de sa force : deux hommes auraient peine à la soulever en y mettant tous leurs efforts. Au cas – peu probable – où l'on remporte la victoire sur le géant, il faut ensuite faire face à deux lions sauvages, féroces et sans pitié qui se trouvent dans une fosse entourée de murs. Celui qui les affronte ne doit avoir que son épée pour toute arme, et s'il lui est donné, par grande chance, de vaincre les lions – c'est une entreprise terrifiante –, il doit aussitôt combattre contre mon oncle en champ clos, selon les règles de la chevalerie, à cheval et en équipement complet. Je tiens à souligner que mon oncle est un homme de grande vaillance qui, dans son excellence, peut faire face aux pires dangers. Il n'a jamais craint personne. Si l'aventure est agencée aussi soigneusement, c'est parce qu'il tient malgré tout à ne pas trop s'exposer. Il sait veiller sur lui-même. Tout combattant qui ne sortira pas victorieux de ces épreuves en l'espace d'un jour, et ceci avant l'heure de none[35], recevra la mort en partage. Il aura la tête tranchée. Tout ce que je t'ai dit est vrai, du premier mot jusqu'au dernier. » Le chevalier, homme aux belles manières, dit alors : « Fais-moi une faveur, noble demoiselle. Par Dieu, par ton honneur et par ta haute naissance, accorde-moi ce dont je te prie : aide-moi à améliorer mon sort. Donne-moi la possibilité de tenter l'aventure en intercédant pour moi, c'est là tout le secours que tu auras à me prêter. Compte tenu de ce que je viens d'apprendre, je préfère de beaucoup combattre plutôt que de rester languir plus longtemps dans ces

35. Heure canoniale, neuvième heure du jour.

1750 zallen nœten ûȝ erwelt.
deheinen man er nie entsaȝ.
diu âventiur ist durch daȝ
gemachet sô gewerlich,
er wil doch behüeten sich.
1755 sînen lîp den halt er schône.
swelch degen sich vor nône
eines tages der nôt niht wert,
dem ist zehant der tôt beschert :
man sleht im daȝ houbet abe.
1760 swaȝ ich dir gesaget habe,
dêst ein wort niht gelogen.'
dô sprach der ritter wol gezogen
,genâde, vrowe hêre,
durch got und durch dîn êre
1765 und durch dîn adelîche site
geêre mich des ich dich bite :
hilf mir umb ein beȝȝer leben.
du endarft mir niht anders geben
wan der einigen stiure,
1770 daȝ ich zuo der âventiure
von dîner bete müeȝe komen.
dar nâch als ich eȝ hân vernomen,
sô wil ich gerner vehten,
denn ich langer müeȝe wehten
1775 in dirre vinsternisse.
enswiu ich vermisse;
mir ist einhalp als andersît,
wan mîn tôt an der wâge lit.
ich enruoche waȝ mir dâ geschiht,
1780 dâ ich mîn swert hân unde siht'
sprach der sturmgîter :
,ich bestüend ê hundert rîter,
dan ich des tôdes âhte
verdult in disem bâhte.'
1785 Dô diu vrowe erhôrte,
daȝ sich der helt erbôrte
ûf der âventiure wân,
dô sprach diu maget wol getân
,gelücke sælde unde heil,
1790 des gebe dir got ein michel teil !
des wünsch ich dir von minnen,
mit herzen und mit sinnen.
ich müeȝe freude an dir geleben !
dem himelschen got sîst du ergeben,
1795 der troeste dîn gemüete !'
des genâdet err mit güete.
Sus gienc diu valsches âne
in zwîvellîchem wâne

ténèbres. Et si j'échoue, ce sera tout un, car ma vie est de toute façon en suspens. Peu importe ce qu'il adviendra de moi dès le moment où je tiendrai une épée et où je verrai la lumière », ajouta-t-il dans son humeur batailleuse. « Je préfère affronter cent chevaliers plutôt que de subir l'approche de la mort dans ce cloaque. »

1785 Lorsque la demoiselle eut constaté que le vaillant jeune homme manifestait avec élan son désir de tenter l'aventure, cette belle jeune fille dit : « Que Dieu t'accorde à profusion chance, fortune et réussite ! Je te le souhaite en toute amitié, de tout mon cœur et de toute mon âme. Puisses-tu être pour moi une source de joie ! Sois recommandé au Dieu du ciel, que celui-ci fortifie ton esprit ! » Le jeune homme la remercia chaleureusement.

1797 Celle qui ignorait toute fausseté se présenta alors, pleine d'incertitude, devant son oncle. « Si j'ai pu t'être agréable, et agréable en maintes occasions », dit-elle, « tu m'en vois réjouie. Je viens te demander merci pour le guerrier sans défense qui est tenu depuis longtemps maintenant dans un état pénible. Dieu sait que les gens de bien auraient lieu de déplorer sa mort. Mais je suis venue te dire une chose que je tiens de lui en personne (il a vraiment été victime d'une grande injustice) : il a entendu louer ta vigueur et ta valeur chevaleresque et voudrait s'essayer à ton aventure. Tu dois maintenant réfréner ta colère et rendre grâce à Dieu de l'arrivée de ce chevalier, car tu viens de trouver en sa personne ce que tu cherchais depuis longtemps. On ne peut que souhaiter que soient glorifiés sur terre et ton nom et celui de ton château. Je ne rougirai jamais de t'avoir donné ce conseil, car cet homme est capable de grandes prouesses. En outre, je me constitue en otage pour ce charmant chevalier afin qu'il ne te fausse pas compagnie. Il m'en a donné la ferme assurance. Je réponds de lui sur ma tête. Si, comme je

für irn vetern stân.
1800 ‚swaȝ ich dir gedienet hân,
wær des vil, des vreut ich mich.
genâde suoch ich an dich
umb den helflôsen degen,
der nu lange ist gelegen
1805 in verdroȝȝenlîcher küste.
weiȝgot sîner vlüste
solten sich guote liute clagen.
doch wil ich dir ein mære sagen,
des ich in selbe horte jehen :
1810 (im ist grôȝ unreht geschehen)
er hôrte loben dîne craft
und dar zuo dîne ritterschaft,
und wolt dîn âventiure nemen.
nu solt du dîme zorn gestemen
1815 und danke got der êre
von dis ritters herkêre,
wan du an im funden hâst
dâ mite du lange umbe gâst.
eȝ ist wætlich daȝ werde
1820 gebrîset ûf der erde
beidiu dîn burc und dîn name.
des râtes ich mich nimer geschame,
wan der helt ist sô gemuot,
daȝ er vil mit sîme lîbe tuot.
1825 dar zuo gib ich dir gîselschaft
umb den ritter minnehaft,
daȝ er dir niht entrinnet :
des hât er mich wol ginnet
umb in setz ich mîn houbet.
1830 ob dîn genâde mirȝ erloubet.
des ich dir getrûwe wol,
ob ich in her ûȝ nennen sol,
unz er gewinne sîne maht,
von morgen über vierzehn naht
1835 lâȝ ich in gerne schouwen
ritter unde vrouwen
und alle dîne mâge
vor dîner würme lâge.
dar zuo ist ein gedinge mîn,
1840 daȝ du mir daȝ harnasch sîn
heiȝest geben und sîn ors.‘
dô sprach Lîniers de Lîmors
‚ich wil eȝ tuon durch einen list,
wan mir wol ze muot ist,
1845 daȝ ich mich an im gereche sô,
daȝ ers nimmer werde vrô
und es ouch nimmer man gespote.‘

peux l'attendre de toi, tu me permets gracieusement de le faire sortir d'où il est jusqu'à ce qu'il recouvre ses forces, demain dans deux semaines je le présenterai de bon cœur aux chevaliers et aux dames ainsi qu'à tous tes parents devant ta grande salle. Enfin, je te demande de me faire remettre son équipement et son cheval. — Je vais agir ainsi », dit Liniers de[36] Limors, « mais par calcul, car je compte bien prendre une vengeance telle qu'il ne tirera jamais de cette occasion une raison de se réjouir et que personne n'y trouvera jamais non plus sujet à moquerie[37]. — Dieu en décidera », dit la jeune fille.

1849 Une fois arrivé à ce point, on fit sortir le chevalier de sa geôle. La demoiselle commanda de lui préparer un bain et veilla à lui faire apporter en abondance de bons plats, de ceux que l'on sert aux hôtes que l'on aime. Cela lui permit de se remettre rapidement et de retrouver ses forces. Il vivait auprès de la demoiselle une douce captivité, sans être enchaîné. Elle lui prodiguait sans cesse toutes les marques d'estime qu'elle pouvait. Conquise par sa force d'âme, elle lui vouait un immense amour. Mais que faisait pendant ce temps le maître du château, l'orgueilleux Linier ? Je vais vous dire ce que j'en sais. Il envoya à cette époque des messagers loin à la ronde, auprès de ses amis, de ses parents et de ceux qui étaient en charge des pays avoisinants. Le valeureux guerrier les invita à assister à sa fête ainsi qu'au combat, que l'on appelait « son aventure ». Il n'oublia dans ses invitations aucun de ceux qu'il pouvait convier chez lui, en un lieu où il allait connaître la honte, le malheur et une mort

36. Vers 1842 : *Liniers* (issu de W) semble reproduire la forme d'un cas-sujet français (également v. 2048) ; le *de* du texte édité est extrait de la leçon *die* de P (W : *von Limors*).
37. Vers 1843-1847 : Comprendre sans doute, puisque le « calcul » n'est pas totalement explicité : Linier escompte que son prisonnier ne sera pas suffisamment rétabli pour lui résister, mais qu'il le sera assez pour que « l'aventure » n'apparaisse pas truquée.

diu maget sprach , daȝ stât an gote.‘
Als eȝ har zuo was komen,
1850 dô wart der ritter ûȝ genomen
von der vancsamen stat.
diu vrowe hieȝ im machen bat
und schuof, daȝ man im für truoc
guoter spîse genuoc,
1855 diu lieben gesten gezam,
dâ von er schiere bekam
und erkovert sich an sîner kraft.
diu vrowe hielt in in ir haft
sanft und ungebunden.
1860 siu bôt im zallen stunden
êren sô vil siu mahte.
siu mint in ûȝ der ahte
durch sîne tugende stæte.
waȝ aber der wirt tæte,
1865 Lînier der übermüete man,
daȝ sage ich iu als ich eȝ kan.
in den selben zîten
besant er sich vil wîten
nâch vriunden und nâch mâgen
1870 und die der lande pflâgen,
diu im wâren gelegen :
die luot der tiurlîche degen
ze sîner hôhgezîte
und ouch zuo dem strîte.
1875 daȝ sîn âventiure hieȝ.
nieman er hinder im lieȝ,
den er dar moht geladen,
da er beidiu laster unde schaden
und einen grimmen tôt erkôs.
1880 er sprach , er ist namelôs,
der ritter, der dâ vehten wil.
er nimpt eȝ alleȝ zeime spil,
swaȝ man redet oder tuot.
eȝ enlebet niht mannes sô gemuot.
1885 daȝ kumpt von grôȝer kintheit.‘
innân des was ouch bereit
swaȝ der âventiure solte fromen.
der starke man der was ouch komen,
von dem vor ist geseit.
1890 Lînier begienc ein karkheit :
daȝ enwolt er niht lengen,
die lewen hieȝ er twengen,
er lie si vasten drî tage.
nâch der âventiure sage
1895 sô ist eȝ komen an die naht,
daȝ der junge ritter morgen vaht.

brutale. « Il n'a pas de nom », annonça-t-il, « ce chevalier qui veut combattre. Tout ce que l'on dit, tout ce que l'on fait, il le prend pour un jeu. Il n'existe pas d'autre homme de cet acabit. La cause en est sa grande jeunesse. » Entre-temps, toutes dispositions avaient été prises pour faire de l'aventure une réussite. Le colosse dont il a déjà été question était arrivé lui aussi. Linier commit une bassesse. Sans tolérer aucun délai, il ordonna de mettre les lions en condition et les fit jeûner pendant trois jours. On atteignit ainsi, au dire du conte, la veille du jour où le jeune chevalier devait combattre. Le croira qui voudra, on entendait un grand tumulte, un concert de cris et de clameurs ; il y avait là une foule de chevaliers ainsi que quantité de personnes qui toutes priaient Dieu de tenir en sa garde le valeureux guerrier dont nul parmi les présents ne savait le nom.

des geloube swerder welle,
dâ was grôȝ geschelle,
beidiu luden unde braht
1900 unde ritter diu maht,
dar zuo maneger muoter barn,
die alle bâten got bewarn
den tiurlîchen wîgant,
des name dâ nieman was erkant.
1905 Morgen dô eȝ tac wart,
dô was des vremden ritters vart
zem êrsten dêr sich gote ergap :
wan er ist ein urhap
aller sælikheite.
1910 dar nâch gienc er gereite
in einen rinc sô man in hieȝ.
niht gewæfens man in tragen lieȝ
wan sîn swert und einen huot
und einen niwen schilt guot,
1915 der nâch sîme was gemaht ;
dâ mit er menlîche vaht.
diu vrowe het in im gegeben.
nu pflac der rise al sîn leben
einer stange grôȝ unde lanc.
1920 einen kampfschilt er für sich twanc.
dâ mit er kampflîchen stuont,
als dicke grôȝe liute tuont.
nu hâte der junge liste.
ê eȝ der rise wiste,
1925 den arm er im abe sluoc,
dâ er die stange mite truoc.
mit slegen er in biuste.
mit der linken viuste
wert sich aber der starke man :
1930 er liuf den jungen degen an
und stieȝ in alsô vaste,
daȝ er nider taste
und im der schiltrieme brast.
schier erholte sich der gast,
1935 snelleclîche er ûf spranc,
als in des diu nôt twanc,
und sluoc dem risen einen slac,
daȝ er wunderharte erschrac
und er ûȝ dem ringe wolte vlien.
1940 der junge îlt im nâch zien
und sluoc in hinden lideschart.
do der grôȝe des gewar wart,
dô wolt er vor in allen
den ritter ervallen.
1945 dâ von wart ein michel schal,

1905 Le lendemain, quand le jour se leva, le premier geste de l'étranger fut de se commander à Dieu, source de toute félicité. Puis, suivant les instructions qu'on lui donnait, il se rendit d'un pas ferme sur l'aire de combat. On ne lui permit pas de porter d'autres armes que son épée, un casque et un bon écu neuf, copie de celui qui avait été le sien et avec lequel il avait vaillamment combattu. C'était la demoiselle qui le lui avait donné. Quant au géant, il ne se servait jamais d'autre chose que d'une longue et forte barre. Il serrait un bouclier[38] contre lui. Il avait ainsi l'armement qu'affectionnent les géants dans les duels. Mais son jeune adversaire avait de la ressource. Avant que le géant n'ait eu le temps de s'en apercevoir il lui avait tranché le bras qui tenait la barre. Il fit pleuvoir les coups sur lui. L'hercule se reprit et se défendit en se servant du poing gauche ; il courut sur le jeune homme et le frappa avec une force telle que celui-ci s'écroula et que les courroies de son écu se rompirent. L'étranger se releva toutefois rapidement, il sauta promptement sur ses pieds et asséna un tel coup au géant que celui-ci, saisi d'une immense frayeur, voulut s'enfuir du cercle. Le jeune homme se précipita à sa poursuite en le frappant par derrière dans l'entaille[39]. Quand le colosse le sentit, il voulut, devant tout le monde, écraser le chevalier sous lui. Cela donna lieu à un corps à corps tumultueux, mais le

38. Vers 1920 : *kampfschilt* semble désigner un simple bouclier de bois, utilisé dans les duels judiciaires. Voir Grimm, *Deutsches Wörterbuch* 11, col. 155.
39. Vers 1941. Texte édité : « et lui infligea des blessures en le frappant par derrière ». *Lideschart* est une émendation très libre suggérée par Lachmann. Leçon de P : *und schlug in hinden in den schrat* ; la leçon de W : *und sluc im hinden in dem schart* est préférable du fait de la rime en *-art*. Sans doute faut-il songer à un sens commun aux deux mots ; *schrot* ou *schrat* : la coupe (en couture), la taille, l'entaille, la blessure – *schart(e)* : la fente, l'échancrure, la blessure. Hannink (p. 73) comprend que le héros frappe le géant à l'endroit déjà blessé ; mais on peut aussi prendre en compte la taille et la position relative des combattants, considérer que le comique ne fait pas défaut dans cet épisode (il semble même exercer sa contagion sur la rhétorique, voir la note suivante) et imaginer que l'entaille puisse être congénitale. *Schart* n'est certes pas attesté au sens anatomique dans les dictionnaires ; il l'est en revanche au sens de passage étroit, d'échancrure dans la montagne. L'association géant/montagne, facile à attester, est peut-être à l'origine de la formulation originale à laquelle nous avons affaire – à moins que *schart* ne soit tout simplement une expression sub-littéraire.

idoch vervâlte sich der val.
der ritter sluoc imȝ houbet abe.
er sprach ‚ich hân dich ze grabe
und zuo der langen vart bereit,
1950 swem eȝ sî liep oder leit.‘
Lînier sîn ungelücke schalt.
er nam den recken alse balt
und fuort in hin zuo sînen lewen,
die heten hungerige kewen.
1955 in daȝ hûs er in stieȝ.
der lewen einer niht enlieȝ,
als er engegen im trat,
er sluoc dem ritter ein spat
mit den clâwen von der sîten.
1960 do enfrumte dehein bîten :
gein dem lewen er sich kêrte,
der in alsus gesêrte.
dô was der ander hantgerech,
wan in der hunger tete frech :
1965 er kratzt im eine wunden grôȝ,
daȝ daȝ bluot dâ nider schôȝ,
als eȝ ein brunne wære.
sîn snellekheit was mære,
des nieman misselouben darf.
1970 gein dem selben er sich warf
und sluoc in durch daȝ houbet nider.
der ander bestuont in aber sider
und zuct in daȝ er nider kam.
den lewen macht er dô lam,
1975 daȝ er des slages verzagete.
der helt in umbe jagete
und tet in beiden sampt den tôt.
dô gienc eȝ êrst an die nôt.
Als er von den lewen streich,
1980 dô was er varlôs unde bleich
und ersigen von dem bluote.
zehant iesch der unguote,
der wirt Lînier de Lîmors,
beidiu harnasch und sîn ors.
1985 er wolte rechen die getât.
die aller besten sarwât,
die dehein ritter ie gewan,
die leit er zornlîchen an,
wan sîn herzen sêr was starc.
1990 innân des was ouch sîn marc
gekovertiurt ze rehte.
unserm guoten knehte
dem was ouch sîn harnasch brâht.
er was des vil wol bedâht,

géant échoua à le faire choir[40]. Le chevalier coupa la tête à son adversaire en disant : « Que cela plaise ou non à certains, je t'ai amené jusqu'à la tombe et au départ du grand voyage. »

1951 Linier maudit sa malchance. Il vint chercher le hardi guerrier et le conduisit vers ses lions, dont la faim avait aiguisé les crocs. Il le poussa dans l'enclos. Dès qu'il vit approcher le chevalier, un des lions ne manqua pas de l'attaquer et lui arracha du flanc un lambeau de chair avec ses griffes. Rien ne servait d'attendre, et le chevalier fit face au lion qui lui avait porté ce coup. Pendant ce temps, l'autre bête, que la faim rendait belliqueuse, s'était préparée à l'attaque ; d'un coup de griffe, elle lui fit une profonde blessure dont le sang se mit à couler comme un ruisseau. Mais l'agilité du jeune homme était merveilleuse, personne ne pourra en douter. Il se jeta sur l'animal et l'abattit en lui tranchant la tête. L'autre revint alors à la charge, bondit sur lui et le renversa. Le chevalier estropia alors le lion, qui perdit l'envie de l'attaquer. Le guerrier le pourchassa tout autour de l'enclos et lui infligea le même sort qu'à l'autre. Mais les difficultés ne faisaient que commencer.

1979 Lorsqu'il s'éloigna des lions, le jeune homme était blême, livide et vidé de son sang. Le seigneur du lieu, le cruel Linier de Limors, demanda sur le champ qu'on lui apporte son équipement ainsi que son destrier. Il voulait prendre sa revanche. Son dépit était grand, et c'est avec rage qu'il revêtit son armure, la meilleure qu'un chevalier ait jamais possédée. Pendant ce temps, on couvrait son cheval du caparaçon de circonstance. On apporta également son armure à notre bon chevalier, qui était

40. Vers 1946. La traduction tente de restituer quelque chose de la paronomase plaisante ; *der val* : la chute ; *sich vervâlte*, prétérit de *sich vervaelen* : ne pas aboutir, rater. La chute, s'empêtrant dans elle-même, ne se produit pas.

1995 daȥ er sich weren wolde.
der stæten Sælden holde,
der leit ouch sîn gewæfen an.
daȥ bluot im durch die ringe ran
ûȥ den tiefen wunden,
2000 wan si wâren niht gebunden.
daz erbarmet vil manegen man :
swer ie milten muot gewan,
der dise nôt ane sach,
ze got er sîn gebet sprach,
2005 daȥ er sîn niht wolte vergeȥȥen.
nu wârens ûf geseȥȥen,
beidiu wirt unde gast,
daȥ ir enwederm nihtes brast
swes eime guoten ritter zimet,
2010 swenn er den schilt ze halse nimet.
Derbermde was in tiure.
ze der êrsten justiere
starken zorn der wirt truoc :
daȥ sper er undern arm sluoc
2015 und twanc den schilt für sich.
sîn gebærde was ritterlich,
wan er wol rîten kunde.
isâ zer selben stunde
satzt er sich ebene,
2020 der helt, der niht vergebene
niemanne wolt entwîchen.
dô lieȥens dar strîchen,
sô si beide mit ir ahten
aller meist gewinnen mahten
2025 ûȥ ir rossen, diu si riten.
durch die schilte in almiten
stâchens mit ir krefte
diu sper, daȥ die schefte
zerbrâsten unde hôhe vlugen.
2030 zwei scharpfiu swert si zugen,
diu in wol gezâmen.
si gâben unde nâmen
manegen freislîchen slac.
Lînier grôȥer künste pflac,
2035 wan er niht wan ze staten sluoc.
der junge, der den arn truoc,
der vaht âne liste,
wan er wol wiste,
waȥ im ze leide was getân.
2040 si hiwen beide manegen spân
ein ander von den schilten.
nîtlîchen si spilten
ein wîle in dem kreiȥe.

résolument décidé à se défendre. Cet homme lige de la fidèle Fortune passa lui aussi son haubert. Le sang qui sortait de ses profondes blessures – celles-ci n'avaient pas été pansées – coulait à travers les mailles. Nombreux furent ceux qui le prirent en pitié. Quand ils virent ce spectacle affligeant, tous ceux qui étaient capables de charité adressèrent une prière à Dieu en lui demandant de ne pas l'abandonner. Ils étaient maintenant en selle, le seigneur et l'étranger, et rien ne leur manquait de ce qu'un bon chevalier se doit d'avoir dès lors qu'il pend l'écu à son cou.

2011 On aurait vainement cherché la moindre pitié en eux. Le maître des lieux jeta toute sa rage dans le premier assaut. Il cala sa lance sous le bras et serra son écu contre lui. Son port indiquait le chevalier accompli, c'était un bon jouteur. Pendant ce temps, le jeune homme qui se refusait à battre en retraite devant quiconque sans opposer de résistance s'affermissait sur ses étriers. Puis ils s'élancèrent l'un vers l'autre, cherchant tous deux à tirer du cheval qu'ils montaient tout ce qu'ils pouvaient en attendre. Chacun frappa l'écu de l'autre en plein milieu en y mettant une telle force que les fûts des lances se brisèrent et volèrent en éclats haut au-dessus d'eux. Ils tirèrent alors deux épées tranchantes, deux armes dignes d'eux. Ils donnèrent et reçurent plus d'un coup effroyable. Linier, qui ne frappait qu'à bon escient, manifestait une grande maîtrise. Son jeune adversaire, qui portait un aigle sur son écu, ne s'embarrassait pas de finesses, car il savait quels outrages il avait dû subir. Chacun arracha plus d'un éclat de l'écu de l'autre. Ils poursuivirent un moment leur jeu impitoyable à l'intérieur du cercle. Toutefois, d'un coup porté avec vivacité, le novice qui n'avait pas de nom fit tomber le chevalier plus âgé à la renverse et abattit son cheval. Liniers de Limors mit aussitôt pied à terre de façon fort piteuse. Il accabla son cheval d'injures. Le hardi jeune homme sauta également à bas de sa

idoch sluoc ageleiʒe
2045 der namelôse tumbe
den eltern ritter umbe
und verhiu im daʒ ors.
do erbeiʒte Lîniers de Lîmors
zehant ûf die erde
2050 mit grôʒem unwerde :
sîn ros er lesterlîche schalt.
ouch erbeiʒte der degen balt
zuo dem wirt an daʒ gras,
wan ouch sin marc müede was.
2055 Do si zer erde kâmen,
die schilt si für sich nâmen
und liufen balde ein ander an.
Lînier der küene man
und der ritter âne namen,
2060 die zwêne begunden grisgramen
von der slege schalle.
in wuohs diu nîtgalle
von dem zorne den si truogen.
diu scharpfen swert si sluogen
2065 ûf ein ander, daʒ si erclungen
und von den helmen sprungen
die fiures flammen blicke.
die kapfær wânten dicke,
daʒ einer solte gesigen
2070 und der ander tôt geligen.
sô jener disen her sluoc,
unlange er daʒ vertruoc,
er treib in schiere hin wider.
ze jungest sluoc der wirt nider
2075 den gast, daʒ er kom ûf diu knie
und er den schilt von im lie.
die sîten er ûf kêrte,
da in ê der lewe sêrte.
dâ wunt in aber Lînier în
2080 durch die halsperge sîn
eine wunden tief unde wît.
des erholte sich der helt enzît :
er spranc ûf als ein degen.
des schiltes moht er niht gepflegen :
2085 hinder rücke er in stieʒ,
als in sîn grimmer muot hieʒ.
der kampf dûht in enblanden :
er nam mit beiden handen
daʒ swert, dâ mit er vaht.
2090 von den wunden wart im unmaht
und ouch von dem zorne.
do gedâht der wol geborne

selle et vint rejoindre le seigneur sur le sol, car son cheval à lui aussi était fourbu.

2054 Une fois à terre, ils se couvrirent de leur écu et coururent hardiment l'un sur l'autre. Le bruit des coups faisait grincer des dents le vaillant Linier et le chevalier sans nom. La colère qui les emplissait faisait monter en eux le fiel de la haine. Ils s'assénaient de tels coups que leurs épées tranchantes retentissaient et que des flammes de feu jaillissaient comme des éclairs de leurs heaumes. À maintes reprises les spectateurs crurent que l'un des deux allait gagner et l'autre rester mort sur terrain. Mais dès que l'un faisait reculer l'autre, le second ne le tolérait pas longtemps et regagnait bien vite le terrain perdu. À la fin, le seigneur fit chanceler l'étranger, qui tomba sur les genoux et relâcha la prise sur son écu, découvrant ainsi le côté où le lion l'avait blessé auparavant. C'est à ce même endroit que Linier transperça son haubert et lui fit une blessure large et profonde. Le jeune homme reprit ses esprits à temps et sauta sur ses pieds, en vaillant guerrier qu'il était. La protection de l'écu lui importait peu maintenant; il le repoussa sur son dos en se laissant aller à sa hargne. Le combat lui semblait durer trop longtemps. Il prit à deux mains l'épée avec laquelle il combattait. Il se sentit défaillir, tant sous l'effet de ses blessures que sous celui de la fureur. Le jeune homme de bonne naissance eut alors cette pensée: « Il faut que ceci se termine, d'une façon ou d'une autre. Puisque je suis si mal en point, je vais tenter un coup dont on verra bien le résultat. Je vais y mettre toutes mes forces. » Là-dessus il courut sur le seigneur qui lui avait porté le coup qui l'avait étourdi. Il fendit le crâne de Linier, le vaillant guerrier, d'un coup si appuyé que son épée, continuant sa course, ne s'arrêta qu'une fois arrivée jusqu'aux dents. L'homme n'y survécut pas.

,eȝ muoȝ her gân oder hin :
sît ich alsus gesêret bin,
2095 ich wil versuochen einen slac,
dâ werde ûȝ swaȝ werden mac.
mîne kraft kêr ich alle dran.'
dâ mite liuf er den wirt an,
der in ê het betoubet :
2100 er sluoc durch daȝ houbet
Lîniern den helt guot,
daȝ im daȝ swert zetal wuot,
unz eȝ im an den zenen erwant :
dâ von starp der wîgant.
2105 Merkent alle besunder
ein seltsæne wunder
umb des jungen ritterschaft.
er sluoc den wirt mit sölher kraft,
mit verbiȝȝenme zan,
2110 daȝ im daȝ bluot ûȝ ran
zen ôren und zem munde
und im zer selben stunde
geswant, daȝ er nider kam.
daȝ volc es guote war nam
2115 und heten alle wol gesworn,
daȝ si beide wæren vlorn,
durch daȝ si sô unwerde
vielen ûf die erde.
Dâ von erschrâkens alle.
2120 in diseme leitschalle
wart her Lînier în getragen.
beidiu wuof unde clagen,
des was vil ob dem wirte.
die maget ouch nieman irte
2125 ze tuonne swaȝ si wolde.
dô hieȝ diu friuntholde
ritter die eȝ tâten,
daȝ si in ein kemenâten
den jungen degen truogen.
2130 die tür si zuo sluogen.
siu selbe stal sich dar in.
von heile kom ir der sin,
daȝ siu besach den wîgant.
einen cleinen âtem siu bevant,
2135 der im von dem munde gie.
diu vrowe daȝ niht enlie,
siu hieȝ imȝ houbet ûf haben
unde snelleclîche laben.
ouch wart er entwæfent gar.
2140 man machet im ein fiur dar :
dar zuo leite man den degen.

2105 Écoutez bien tous quelle étrange merveille accompagna la prouesse du jeune homme. Il avait frappé le seigneur avec une telle violence et en serrant les dents si fort que le sang se mit à couler de ses oreilles et de sa bouche et qu'il fut pris au même instant d'une telle faiblesse qu'il s'effondra. La foule vit la scène distinctement et tous auraient juré, à les voir s'écrouler si piteusement sur le sol, qu'ils étaient trépassés tous les deux.

2119 La consternation s'empara de tous, et c'est au milieu des lamentations que l'on porta Linier à l'intérieur du château. Le sort du châtelain fit l'objet de plaintes et de cris de douleur sans nombre. Quant à la jeune fille, personne ne l'empêcha d'agir selon son gré. La charitable demoiselle donna l'ordre à des chevaliers de porter le jeune homme dans une chambre, ce qu'ils firent. Ils fermèrent la porte derrière eux, la jeune fille s'y glissa elle-même en cachette. Par bonheur, il lui vint à l'esprit d'examiner le guerrier. Elle découvrit que ses lèvres laissaient passer un léger souffle. La demoiselle ne manqua pas d'ordonner qu'on lui relève la tête et qu'on la lui baigne sans plus attendre. On ôta aussi entièrement son armure au jeune homme et on lui fit un feu auprès duquel on le coucha. La noble demoiselle l'entoura de tous ses soins et lui prodigua toutes les aises et les marques d'attention qu'elle put, puis, sans tarder, elle fit veiller son oncle. Elle redressa en suivant fidèlement les conseils qu'on lui prodiguait ce qui laissait à désirer au château, comme s'entendent souvent à le faire des personnes avisées qui recueillent une importante succession et qui savent où se trouve leur intérêt.

sîn wart harte wol gepflegen
von der vrowen hêre.
siu bôt im guot und êre,
2145 sô siu meiste mahte,
und schuof dô eine wahte
ir vetern vil drâte.
siu schict eȝ gar nâch râte,
swaȝ ûf der burc unebene stuont,
2150 als dicke wîse liute tuont,
die ein grôȝ erbe an kumet
und die wol wiȝȝent waȝ in frumet.
Vil wol siuȝ alleȝ schafte.
der lîbes zwîfelhafte,
2155 der lac aber stille.
eȝ was ir aller wille,
die in sâhn ze dirre verte,
daȝ in got ernerte,
wan er die âventiure brach.
2160 menneclich im wol sprach.
zem besten man in ûf huop.
schiere man ouch den wirt begruop
mit êren wol als eȝ gezam.
daȝ liut alleȝ sament kam,
2165 ritter unde vrouwen :
si wolten gerne schouwen,
ob der junge möhte genesen.
si bâten im genædic wesen
die juncvrowen wit erkant
2170 und verkurn in ir hant
swaȝ er in ze leide ie getete.
gerne hôrte siu die bete,
diu milte maget Ade :
diu hete sîn genâde
2175 gevangen dô siun êrst sach.
daȝ lantvolc alleȝ jach
‚dirre wirt ist wol ersetzet.
der in des lîbes hât geletzet,
dem erteilen wir guot unde wîp,
2180 genert im got sînen lîp.‘
der vrowen mâge sprâchn ouch daȝ,
ir gezæme michels baȝ
der ritter und ein michel guot,
dan siu dicke widermuot
2185 von ir vetern solte tragen.
dô muoste siun durch nôt verklagen,
sît eȝ allen liuten wol geviel.
der juncvrowen ir herze wiel
ûf tugentlîche stæte.
2190 waȝ ir sieche tæte,

2153 Elle mena parfaitement cette affaire à bien. Cependant, celui qui se trouvait entre la vie et la mort ne reprenait toujours pas connaissance. Tous ceux qui le voyaient dans cet état souhaitaient que Dieu le maintienne en vie, car il avait mis à bas l'aventure. Ils étaient nombreux à vanter ses mérites. On déclara qu'il était le meilleur de tous. Peu de temps après, du reste, on enterra le seigneur avec tous les honneurs de circonstance. Tous les vassaux, chevaliers et dames, vinrent pour l'occasion. Ils voulaient voir si le jeune homme pourrait survivre. Ils prièrent la demoiselle, dont la renommée s'étendait au loin, de lui témoigner sa bienveillance et ils lui assurèrent formellement qu'ils le tenaient quitte de tous les dommages qu'il avait pu leur causer. Ade, cette jeune fille généreuse, entendit avec plaisir cette requête ; elle avait eu des sentiments très favorables à son égard dès le premier moment où elle l'avait vu. Ses vassaux, unanimes, déclarèrent : « Ce seigneur a trouvé un digne successeur. Nous donnerons à celui qui lui a ôté la vie les biens et la femme si Dieu le tire de ce pas. » Les parents de la demoiselle ajoutèrent qu'il valait mieux pour elle avoir le chevalier et de grands biens que de se morfondre dans le souvenir de son oncle. Elle dut alors renoncer, vu les circonstances, à pleurer celui-ci, puisque tel était le vœu de tout le monde. La demoiselle avait le cœur on ne peut plus noble et fidèle. Elle aurait voulu savoir ce que faisait son malade ; ce dernier, toutefois, n'avait toujours pas soufflé mot. Ses yeux restaient clos. Dans l'espoir d'améliorer son état, la courtoise châtelaine prit néanmoins de l'huile et du vin, lava ses blessures sanglantes et le pansa habilement. D'une main experte, l'excellente jeune fille lui enduisit tout le corps d'un onguent si remarquable qu'il lui échauffa la chair et le sang au point que cet homme éprouvé par le combat reprit goût à la vie et se frotta les yeux. Presque aussitôt il leva un regard encore incertain vers elle et dit : « Je

daʒ wolt siu gerne hân bekort.
noch denne ensprach er niht ein wort.
im wârn diu ougen zuo getân.
idoch durch beʒʒerunge wân
2195 nam diu hübsche wirtîn
beidiu oley unde wîn
und wuosch im zuo den stunden
sîne trôrige wunden
und verband in wîslîche.
2200 diu maget tugentrîche
begund in allenthalben
meisterlîche salben
mit einer salben alsô guot,
daʒ im daʒ verch und daʒ bluot
2205 eine sölhe hitze gewan,
daʒ den kampfmüeden man
des lebennes geluste
und er die ougen wuste.
dar nâch schiere er ûf sach
2210 zwîfelîchen unde sprach
‚mir ist harte wê. wâ bin ich ?
und wie eʒ stê, des wundert mich.
er begât sîn êre, swer mirʒ saget.‘
des antwurt im diu maget,
2215 diu in hielt in ir pflegen
‚gehabe dich wol, tiurer degen,
und enfürhte dir fürnamens niht.
diu âventiur ist ein wiht,
die mîn veter ûʒ bôt,
2220 und lît von dînen handen tôt
ein der küeneste man,
der ritters namen ie gewan :
daʒ was Lînier der mære.
sîn tôt ist clagebære :
2225 ich muoʒ sîn imer riwic wesen.
doch dês al ein : maht tu genesen,
sô ist enzwei geteilt mîn sêr.
enhabeʒ niht ringe, degen hêr,
ob ich iht liebes dir getuo,
2230 daʒ du gedenkest wol dar zuo
und dîn selbes schônest
und mir dâ mite lônest
daʒ ist wol mîn wille.
nu swîge vil stille
2235 od rede ab senfticlîche.‘
‚ich tuon billîche
swaʒ ir gebietent‘ sprach der degen :
‚ir hân mîn wol biʒ her gepflegen.‘
Sô lât iu kurzlîche sagen,

souffre beaucoup, où suis-je ? Que s'est-il passé ? Je suis curieux de le savoir. Celui qui me le dira fera une action louable. » La jeune fille qui veillait sur lui répondit : « Reste calme, vaillant guerrier. De l'aventure proclamée par mon oncle il ne reste plus rien et l'un des hommes les plus hardis qui aient jamais porté le nom de chevalier est mort de ta main : je veux parler de l'illustre Linier. Sa mort doit inspirer le regret et je ne peux qu'en être affligée à tout jamais. Mais, en dépit de tout, ma douleur sera diminuée de moitié si tu restes en vie. Ne le prends pas avec désinvolture, noble jeune homme, si je t'apporte quelque soulagement ; penses-y bien au contraire, ménage-toi et récompense-moi par là même. C'est là tout mon souhait. Maintenant garde le silence, ou alors parle doucement. — Je ferai ce que vous me commanderez de faire », lui répondit le jeune homme, « et j'ai de bonnes raisons à cela. Jusqu'à présent vous avez bien pris soin de moi. »

2239 Laissez-moi vous dire en quelques mots que le jeune homme sans nom se rétablit en quelques jours sans garder de mauvais séquelles. Les soins que la demoiselle lui prodiguait jour pour jour avec une vraie sollicitude ne laissaient rien à désirer. Lorsqu'il fut guéri le vaillant guerrier se sentit rempli d'ardeur et d'une joie profonde, car la jeune fille avait agi ainsi par amour pour lui et dans son intérêt. Mais voici autre chose : son exploit n'était pas resté inaperçu et le bruit de sa vaillance s'était répandu dans toutes les contrées alentour. De nombreux guerriers et une grande foule de gens avaient assisté au combat qu'il avait livré. Parmi eux il y avait aussi des chevaliers venus de Kardigan. Ils l'avaient également vu abattre Linier et ils déclarèrent tous d'une même voix qu'ils ne connaissaient pas de meilleur chevalier, si bien que sa renommée ne cessa de croître et arriva jusqu'à la cour du roi Arthur. Erec fil de roi

2240 daʒ in unmanegen tagen
der namelôse genas,
daʒ im arges niht enwas.
diu handelunge was vil rîch,
die im diu vrowe tegelîch
2245 mit guoten willen scheinde.
do er genas, wan siu eʒ meinde
im ze minnen und ze frome,
des was der tiurlîche gome
balt und herzeclîchen vrô.
2250 nu ist eʒ komen alsô,
daʒ sich sîn manheit niht verhal
und sîn prîs ûʒ erschal
allenthalben in diu lant.
sînen kampf sach manic wîgant
2255 und volkes ein michel wunder.
dâ wârn ouch ritter under,
die wâren komen von Kardigân :
die sâhn in ouch Lînieren slân
und jach ir aller gmeiner munt,
2260 in ward nie beʒʒer ritter kunt,
daʒ sich sîn lob alsus für nam,
unz er zer massenîe kam,
der Artûs der künic pflac.
dô sprach Erec fil de roi Lac
2265 ‚saget uns ieman wer er si ?‘
des antwurt Orphilet dâ bî
‚dar nâch als uns ist gezalt,
sô ist eʒ der helt balt,
der selbe niht sîns namen weiʒ.
2270 von Môreiʒ Galagandreiʒ,
der hât sîn immer genuoc.
daʒ er nu Lînieren sluoc
vermeʒʒenlîchen, sô man seit,
daʒ was ein michel manheit.
2275 er muoʒ wol getiuret sîn.‘
dô wunschte diu künigîn
Ginovere, daʒ siun solte sehen.
dô wart über lût verjehen
obe der tavelrunde,
2280 daʒ man niender funde
enkeinen degen sô stæte,
der ie beʒʒerʒ getæte.
Dô sprach der künic Artûs,
dô er saʒ in sîme hûs,
2285 ze sînen gesellen über lût
‚hân ich deheinen holden trût,
deweder mâc alde man,
dem lôn ich sô ich beste kan,

Lac[41] demanda alors : « Quelqu'un pourrait-il nous dire qui il est ? » Orphilet, qui se trouvait là, lui répondit : « Si l'on en croit ce qui nous a été rapporté, il s'agit du vaillant guerrier qui ne connaît pas lui-même son nom. Galagandreiz de Moreiz n'a eu que trop l'occasion de le connaître. Qu'il ait de surcroît tué Linier avec l'intrépidité que l'on dit, voilà qui constitue une grande prouesse. Il mérite d'être hautement loué. » La reine Ginovere[42] déclara qu'elle souhaitait faire sa connaissance. Autour de la Table ronde il fut dit haut et fort qu'on ne trouverait nulle part de guerrier aussi loyal capable de plus grands exploits.

2283 Le roi Arthur, qui se trouvait dans son château, dit alors devant ses compagnons : « Si j'ai ici un ami qui me porte de l'affection, parent ou vassal, je le récompenserai du mieux que je le pourrai s'il amène cet homme jusqu'ici. J'ai le plus grand désir de voir ce chevalier dont j'entends dire la vaillance. On l'appelle le fier guerrier du Lac ; pour des raisons que j'ignore, il n'a pas de nom. » La cour désigna alors Walwein[43], le vaillant guerrier, pour exaucer le vœu du roi au nom de la reine et de ses chers compagnons, car on le comptait au nombre des hommes les plus réputés. Fidèle à lui-même, Walwein dit en termes bien choisis :

41. Forme identique à celle qui apparaît dans l'*Erec* de Hartmann von Aue ; Hartmann l'a sans doute extraite du passage de sa source où Erec révèle son nom au père d'Énide (*Érec filz le roi Lac ai non*, ms. B et P pour le v. 651 de l'édition Fœrster) ; à la différence de Chrétien, il s'est plu à l'utiliser en concurrence avec la forme simple : Erec.
42. La traduction conservera partout cette forme en -e, dominante dans le texte édité (autre forme : Ginover). Variantes dans W (préférable ici à P) : *genovere*, *genover*.
43. Vers 2297. Il s'agit bien sûr de l'illustre Gauvain. Selon le recensement de M. Kantola (1982, p. 127-131), un *g* initial, « concession accidentelle à l'usage qui s'était entre-temps généralisé en allemand supérieur » (p. 130), n'apparaît dans les manuscrits qu'une seule fois (v. 6825 : W *Gawin*, P *Gawen*). La forme dominante dans les deux ms. est celle retenue par Hahn (avec la variante *Walwan*, quatre fois, à la rime). La forme dotée d'un *w* initial est une forme de la France du Nord. Les récits arthuriens moyen-néerlandais l'ont fondamentalement conservée. La forme néerlandaise qui s'est toutefois finalement imposée est *Walewein*, avec un *e* intermédiaire. Cette forme se trouve ici même dans P (*Wallewein* – pour les autres occurrences occasionnelles, voir Kantola).

ob er den helt bringet her.
2290 eȥ ist mîn oberistiu ger,
möht ich den ritter gesehen,
dem ich der manheit hœre jehen.
man nennt in, und niht anders mê,
wan der stolze degen vonme Sê.
2295 er ist durch neiȥwaȥ namelôs.'
diu massenîe do erkôs
Wâlweinen den helt balt,
wan er zen tiursten was gezalt,
daȥ er durch die künigîn
2300 und durch die lieben gesellen sîn
den künec gewerte dirre bete.
dô warp er als er ie tete.
er sprach gezogenlîche
,ich versuoch eȥ minneclîche
2305 und wilȥ verdienen immer mêr,
daȥ der degen alsô hêr
mînes herren hof beschouwe.'
do enwas dehein vrouwe,
diu zuo den stunden daȥ vermite,
2310 si enwunschte daȥ er wol gerite.

Zehant leit er sîn harnasch an,
Wâlwein der hübsche man,
und reit vorschent manegen tac
hin gegen dâ Lîmors lac,
2315 ein burc guot unde vast.
dô was genesen der gast,
der ê dâ was gevangen.
nu lânt iuch niht belangen
eines mæres des i'u sagen sol.
2320 vrowe Ade schuof ir dinc wol,
sô nie dehein juncvrowe baȥ.
eines tages siu ûf ir pfert saȥ,
daȥ nieman mêre mit ir reit
wan der ritter gemeit,
2325 des si ungern âne rite.
hie vor was ein ellich site,
daȥ eȥ dem manne niht was leit,
swâ ein vrowe hin reit,
selb ander oder aleine.
2330 nu pfliget es wîbe enkeine :
si lânt eȥ durch der manne zorn.
diu juncvrowe wol geborn
wolte gerne süenen
ir vater und den küenen,
2335 der neben ir reit ir vartgenôz :
des weges si lützel verdrôȥ,
der hin gein den Bîgen lac.

« J'emploierai la persuasion et je saurai toujours gré à ce guerrier si noble s'il se rend à la cour de mon seigneur. » Il ne se trouva aucune dame qui négligeât de lui souhaiter bon voyage.

2311 Le courtois Walwein revêtit sur-le-champ son armure, se mit en quête et chevaucha plusieurs jours durant dans la direction de Limors, cette bonne et solide forteresse. Entre-temps l'étranger qui avait été auparavant retenu captif à cet endroit était rétabli. Je vais maintenant vous conter une chose qui ne vous ennuiera pas, je l'espère. Dame Ade s'entendait à mener ses affaires mieux qu'aucune autre demoiselle. Elle chevauchait un jour en la seule compagnie de l'engageant chevalier sans lequel elle n'aimait guère sortir à cheval. Autrefois, une coutume observée de tous voulait que les hommes laissent de bon cœur les dames chevaucher en toute liberté, en compagnie d'une autre personne ou toutes seules. Maintenant, aucune femme ne le fait plus ; elles y renoncent pour ne pas s'attirer la colère des hommes. La demoiselle de haut parage aurait aimé entreprendre une conciliation entre son père et le hardi compagnon qui chevauchait à son côté. Elle n'était pas rebutée à l'idée de faire le chemin qui menait à Bigen. Depuis le matin le jeune homme ne souhaitait qu'une chose : que Dieu envoie un guerrier à sa rencontre afin qu'il sache à quoi s'en tenir sur son propre compte. Il disait qu'il se faisait fort d'affronter tout homme, peu importait de qui il était le fils, qui lui semblerait être un adversaire convenable.

dô wunscht der degen al den tac,
daȝ im got zuo gesande
2340 einen helt, daȝ er bekande,
waȝ er an im selben möhte hân.
er jach, er torste wol bestân
einen man, swes sun er wære,
der in dûhte kampfbære.
2345 Deste mêr was sîner manheit,
wan er bî der vrowen reit,
diu zen êren niht was træge.
ob er ie bî ir gelæge,
des enweiȝ ich niht, wan ichȝ niht sach.
2350 swaȝ in sölhes ie geschach,
daȝ enwas niht offenbære.
eȝ wære ein übel mære,
solt ieglîch dinc ûȝ komen.
dar nâch als ichȝ hân vernomen,
2355 sô ziuhe ichȝ ûf der wîbe wân.
nu swîgent, lânt mich fürbaȝ vân.
Dô die lieben geverten
aller müeje sich erwerten
mit freuden maneger künne,
2360 und ir ein niwe wünne
gedîhteclîche und ebene pflac
und eȝ ieze was mitter tac,
dô reit über ein breide
gegen einer wegescheide
2365 Wâlwein, dem al diu welt wol sprach.
als unser friunt daȝ gesach,
do wând er vinden sîne ger.
vor freuden warf er ûf daȝ sper
und leisiert über die plâne.
2370 der helt von Britâne,
der wartet im vaste,
daȝ im ein are glaste
von golde ab dem schilte.
dô dâhte der milte
2375 ‚ditz mac wol sîn der wîgant,
durch den ich ûȝ bin gesant.‘
Von sage hât er in bekant,
wan sîn zobelîner rant
der was gar zerhouwen.
2380 hie mugent ir wol schouwen,
daȝ Wâlwein harte hübsch was.
er stach daȝ sper in daȝ gras
und leinde sînen schilt dran.
dâ mite reit er für sich dan,
2385 daȝ er den helm abe bant
unde fuort in an der hant.

2345 De chevaucher près de la demoiselle le rendait encore plus désireux de se battre, car elle était loin de dédaigner ce qui fait une bonne réputation. S'il avait déjà partagé sa couche ? Je ne saurai vous le dire, car je n'en ai pas été témoin. S'il s'était passé quelque chose de la sorte, le bruit ne s'en était pas répandu. Il serait néfaste que tout se sache. Si je me reporte à ce qui m'a été dit, je mettrai une telle supposition sur le compte de l'imagination féminine. Mais taisez-vous maintenant et laissez-moi poursuivre.

2357 Tandis que les deux voyageurs, tout au plaisir d'être ensemble, goûtaient de multiples joies qui les empêchaient de ressentir la fatigue, tandis qu'ils partageaient en toute égalité leur jeune bonheur et alors que l'on était au milieu de la journée, Walwein, le chevalier prisé de tous, traversait une campagne bien dégagée[44] et se dirigeait vers une croisée de chemins. Lorsqu'il le vit, notre ami pensa avoir trouvé ce qu'il cherchait. De joie, il brandit sa lance et partit à bride abattue sur le découvert. Il n'échappa pas au regard attentif du vaillant guerrier de Bretagne qu'un aigle d'or resplendissait sur son écu. Cet homme au cœur généreux pensa : « Ce doit être l'homme que l'on m'a envoyé chercher. »

2377 Il l'avait reconnu au récit qui lui avait été fait, car il avait vu que la bordure de zibeline de l'écu que portait l'arrivant était toute tailladée. Vous pourrez apprécier en cette occasion la grande courtoisie de Walwein. Il piqua sa lance en terre et appuya son écu contre elle. Puis il avança, ôta son heaume et le tint à la main. Sans trembler le moins du monde, il abaissa sa coiffe de mailles[45] pour mieux montrer encore au connaisseur qu'était l'arrivant qu'il ne

44. Vers 2363 : *breide*, leçon de P. W : *heide* (lande), terme utilisé plus loin dans les deux manuscrits pour qualifier l'endroit, voir note 62, p. 189.
45. Capuchon métallique porté sous le heaume.

an allerslahte klupfen
lieȝ er nider die kupfen,
daȝ der wîcspæhe
2390 deste baȝ gesæhe,
daȝ er ze den zîten
mit im niht wolte strîten,
und er sich im niht werte.
der vrouwen geverte
2395 der jach, eȝ wær im ande.
in dûht ein michel schande
der gewerp des herre Wâlwein pflac ;
doch bôt er im guoten tac,
als in sîn zuht stiurte.
2400 Wâlweinen niht betiurte,
er neic im schône derwider.
der stolze ritter vrâgt in sider,
waȝ er mæres sagete.
Wâlwein niht gedagete
2405 ,ich enweiȝ niht mæres wan guot
und hân ein vrœlîchen muot
und einen lieplîchen wân,
daȝ ich iuch nu funden hân.
iwer tugent hœr ich loben genuoc,
2410 sît ir der Lînieren sluoc,
dâ ir begiengent ellens kraft.
nu vernement mîne botschaft.
iu hât enboten verre
der künec Artûs mîn herre
2415 und al diu massenîe sîn
und ze vorderst diu künigîn,
daȝ ir si geruochent sehen.
ich wil iu wærlîche jehen,
ob ir dar kêret,
2420 ir werdent wol geêret
von rittern und von vrouwen.
ir mugent dâ manec dinc schouwen,
des iuch niht darf erdrieȝen.
ouch sulnt si genieȝen
2425 wider iu ein teil der reise mîn,
sît ich ir aller bote muoȝ sîn.
Dô sprach der vremde ritter sân
,herre, eȝn wær niht wol getân,
daȝ ir mich mit disen dingen
2430 ze mære woltent bringen.
ob ich alsus mit iu füere,
swer daȝ sæhe, der geswüere,
deich iwer gevangen wære.
ouch wiss ich gerne ein mære,
2435 ob es iuch niht verdrüȝȝe,

désirait pas l'affronter à cette heure et qu'il ne se préparait pas à se défendre. Le compagnon de la demoiselle déclara qu'il se sentait offensé ; l'attitude du seigneur Walwein lui semblait être un grand outrage. Toutefois, il lui souhaita le bonjour par politesse. Walwein ne dédaigna pas de lui faire un beau salut en retour. Le hardi chevalier lui demanda ensuite de lui dire ce qui l'amenait. Walwein ne resta pas coi et répondit : « Ce sont uniquement de bonnes intentions qui m'amènent, et de vous avoir trouvé maintenant me remplit de satisfaction et d'un agréable espoir. Sachez, si vous êtes celui qui a tué Linier, que j'ai beaucoup entendu louer votre vaillance à la suite de ce grand exploit. Écoutez maintenant le message que j'apporte. Le roi Arthur, mon seigneur, ainsi que toute sa cour, et en tout premier lieu la reine, vous prient instamment de bien vouloir leur rendre visite. Je vous en donne l'assurance, si vous vous rendez en ce lieu vous y serez traité en hôte de marque par les chevaliers et les dames. Vous verrez là-bas bien des choses qui ne seront pas de nature à vous déplaire. J'ajoute que votre présence leur permettra de tirer quelque bénéfice de ma mission ; je suis en effet leur messager à tous. »

2427 Le chevalier venu d'ailleurs dit alors : « Seigneur, ce serait mal agir que de me faire ce genre d'honneur. Si je voyageais avec vous, tous ceux qui le verraient jureraient que je suis votre prisonnier. En outre, j'aimerais savoir, s'il ne vous en déplaît, de quel profit je serais au roi si vous étiez assez vilain sire pour vouloir passer outre ma volonté et m'imposer une quelconque contrainte. En vérité, vous n'auriez pas dû me parler ainsi. Je serai toujours fâché de vous avoir salué aujourd'hui. » Le fier Walwein lui fit cette réponse : « Il fait preuve de sagesse, le guerrier qui agit en bien, de façon à ne rien avoir à se reprocher. Par ma foi, je n'ai jamais pensé différemment. — Seigneur, laissez ces propos », dit le compagnon de route de la

war an iwer der künec genüȝȝe,
solt ir ein sô übel herre sîn,
daȝ ir mich über den willen mîn
ihtes betwingen woltent.
2440 dêst wâr ir ensoltent
wider mich die rede niht hân getân.
daȝ ich iuch hiut gegrüeȝet hân,
daȝ ist immer mîner leide ein.'
dô sprach der stolze Wâlwein
2445 ,eȝ ist ein wîslîcher muot,
swelch degen frümeclîchen tuot,
daȝ eȝ in niht geriuwe.
ûf mîne triuwe,
daȝ wâren ie die sinne mîn.'
2450 ,herre, lât die rede sîn.'
sprach der vrowen vartgenôȝ :
,wan mich nie nihtes sô verdrôȝ
sô guoter rede âne werc.
wært ir grœȝer danne ein berc,
2455 ich müest ê mit iu strîten,
dan ich iender wolte rîten
wan dar mich mîn vrowe hieȝe.
ich fürhte, si verdrieȝe
der mære der wir hân gesaget.'
2460 ,entriwen nein eȝ' sprach diu maget :
,eȝ ist billich unde reht,
daȝ ein ieglîch guot kneht
sîne botschaft sô bewende,
daȝ er wiȝȝe an ein ende,
2465 wie er antwürt oder wes.'
Wâlwein genâdet ir des
und vienc sîn rede wider an.
er sprach ,gedenkent, frumer man,
swer mînes herren hof niht siht,
2470 der enist vollekomen niht
in allen disen landen.'
,nu weset niht enblanden ;
daȝ verdiene ich gerne ze aller zît :
jo enweiȝ ich niht wer ir sît'
2475 sprach der ritter vonme Sê.
,ich bit iuch, unde nihtes mê,
lât mich mit mîner vrowen varn
und müeȝ iuch der rîche got bewarn,
wan ich enwil mit iu niht.
2480 geloubt mir einer geschiht :
ich enmac ze Britân nimmer komen
ê ich andriu mære habe vernomen.'
dô sprach der ritter, der in luot
,war umbe, herre ? da ist doch guot.

demoiselle. « Rien ne m'a jamais autant irrité que les belles paroles qui ne sont pas suivies d'actes. Même si vous étiez plus grand qu'une montagne je préférerais combattre contre vous plutôt que de me rendre ailleurs que là où ma dame m'a commandé d'aller. Je crains que les propos que nous avons tenus ne lui déplaisent. — Par ma foi, pas du tout ! », dit la jeune fille. « Il est bon et juste que tout chevalier s'acquitte de sa tâche de messager de telle sorte qu'il sache clairement quelle réponse il rapportera. » Walwein la remercia de ces paroles et reprit son discours. Il dit : « Songez, vous qui êtes un homme de valeur, que personne par toutes ces contrées ne peut prétendre être parfait s'il n'a pas rendu visite à la cour de mon seigneur. — Ne soyez pas importun, je vous en saurai toujours gré », répliqua le chevalier du Lac. « Je ne sais même pas qui vous êtes. Je ne vous demande qu'une seule chose : laissez-moi poursuivre ma route avec ma dame, et que le Tout-Puissant vous garde, car je n'ai pas l'intention de m'en aller avec vous. Croyez bien ce que je vais vous dire : je ne pourrai pas me rendre en Bretagne avant d'en avoir entendu davantage. » Le chevalier qui lui avait adressé cette invitation lui répondit : « Seigneur, pour quelle raison ? C'est pourtant un lieu recommandable. S'il plaît à ma dame, je vous demanderai de vous taire un instant et de me laisser continuer. Vous venez de dire que vous ne savez pas qui je suis. Si cela peut servir mon propos de quelque manière, je vous dirai que je suis un homme qui peut sans honte vous dire son nom : je m'appelle Walwein, je suis le neveu[46] du roi Arthur et c'est avec les meilleures intentions que je me suis mis à votre recherche. Ceci vaut sauf s'il y a malentendu. Si maintenant je me suis trompé et si vous êtes quelqu'un d'autre, je regrette profondément d'avoir délacé mon

46. Vers 2495 : *swester barn* : l'enfant de la sœur.

2485 sî eȝ mîner vrowen wille,
sô swîgent eine wîle stille
und lânt mich reden fürbaȝ.
ir sprâchent niwelingen daȝ,
ir enwistent wer ich waere.
2490 möht ich nu mîniu mære
iht gebeȝȝern dar an,
sô bin ich ein der man,
der sich iu nennet âne schame :
Wâlwein sô heiȝet mîn name,
2495 des küneges Artûs swester barn,
und bin durch guot nâch iu gevarn,
oder mich triuget mîn wân.
ob aber ich vermisset hân,
daȝ ir sît ein ander wîgant,
2500 daȝ ich dan mîn helm ie ab gebant,
daȝ ist mir inneclîche leit,
wan ir hântȝ liht für zageheit.'
Des was der stolze ritter vrô
und dâht in sîme muot alsô
2505 ,hie bin ich êrst zuo komen
eim ritter biderm unde vromen.
ichn gehôrt nie nieman baȝ geloben
und wolte namelîchen toben,
ich enversuochte mîne kraft.
2510 und wird ich an im sigehaft,
des hân ich immer mêre
beidiu prîs und êre.
ob ab er mir an gesiget,
daȝ ist daȝ mich unhôhe wiget
2515 und ist ouch wunder enkein.'
er sprach ,lieber her Wâlwein,
ich wil iu sagen mînen sin.
ir endurfent ruochen wer ich bin.
ir hânt mich lîhte unrehte ersehen.
2520 sît iu sô leide sî geschehen,
daȝ ir den helm hânt abe genomen,
sô mugent irs schiere wider komen.
nement den schilt und iwer sper.
ich wil erteilen, daȝ er
2525 gunêret sî immer mê,
swer disses strîtes abe gê.'
Der rede schamte sich der bote.
er begunde vlêhen gote,
daȝ er im sîn êre behuote.
2530 er sprach ,mir wart nie ze muote,
daȝ ich ein man iht entsæȝe,
swie vil er sich vermæȝe.
ouch möht mîn vrowe wol jehen ;

heaume, car vous pourriez aisément y voir un signe de lâcheté. »

2503 Le hardi chevalier se réjouit en entendant ces paroles et il eut cette pensée : « Je viens enfin de rencontrer un chevalier brave et valeureux. Je n'ai jamais entendu louer quelqu'un plus haut que lui et je serais véritablement fou si je ne mettais pas mes capacités à l'épreuve. Si je le défais, j'y gagnerai pour toujours honneur et renommée. Mais si c'est lui qui l'emporte sur moi, cela ne me chagrinera guère, et il ne faudra pas du reste y voir merveille. » « Cher seigneur Walwein », dit-il, « je vais vous dire ma pensée. Vous n'avez guère besoin de vous préoccuper de savoir qui je suis. Vous avez dû me confondre avec un autre. Si vous êtes si fâché d'avoir ôté votre heaume vous avez tout loisir d'y porter rapidement remède. Prenez votre écu et votre lance. Je tiens à affirmer que celui qui se déroberait à ce combat serait déshonoré à jamais. »

2527 Ces paroles remplirent le messager de honte. Il supplia Dieu de veiller sur son honneur. « Je n'ai jamais été tenté de fuir le combat », dit-il, « si haut que l'adversaire ait estimé sa prouesse. Et je n'oublie pas que ma dame, que nous voyons ici près de nous, pourrait aisément prétendre que je suis un fieffé poltron. Croyez ce que je vais vous dire : avant que l'on ne me voie reculer d'un pas il faudra assurément que je sois mort. » Walwein laça son heaume et prit en même temps son écu. Il se prépara au combat. Son adversaire ne resta pas non plus inactif ; il prit ses dispositions pour lui donner la réplique. Ils piquèrent rageusement de leurs éperons les flancs de leurs chevaux et fondirent avec fureur l'un sur l'autre. Ces deux excellents guerriers plantèrent leur lance si violemment dans l'écu de l'autre qu'elles se rompirent toutes deux et volèrent en mille morceaux. Quant aux chevaux, ils plièrent sur les jarrets de derrière et se retrouvèrent

die wir hie gegenwertic sehen,
2535 daȝ ich wær ein hellezage.
geloubent mir daȝ ich iu sage,
ê ich entwîche einen fuoȝ,
daȝ ich ê zwâre sterben muoȝ.‘
Wâlwein den helm ûf bant
2540 und nam ouch sînen schilt zehant :
ze strît er sich bereite.
sin vîent ouch niht beite,
er enwarnete sich dergegen.
von nîtlîchen sporslegen
2545 begundens d’ors biuschen.
dô lieȝens dar riuschen
mit erbolgenme muote.
die degen alsô guote,
diu sper si vaste stâchen
2550 durch die schilte daȝ si brâchen
und zerspriȝȝen ze unmâȝen.
diu ros in ouch gesâȝen
ûf die hehsen dernider
schire wârens ûf wider,
2555 als si ir herren leiten.
die ritter niene beiten,
si begunden sich sêre houwen.
daȝ erbarmet die vrouwen,
wan si nîtlìche riten
2560 und mit sölhem muote striten,
als in beiden wære
der lîp ze nihte mære.
ouch buten si die schilte dar
und zerhiwen die sô gar,
2565 daȝ si an in kûme gehiengen.
manegen slac si enpfiengen.
unlange si sich sûmden :
diu ros von müede schûmden
mêre dan si wærn gewon :
2570 dô erbeiȝten si dervon
und liufen beide ein ander an,
Wâlwein und der küene man,
den des kampfes niht verdrôȝ.
krûtes wart diu erde blôȝ,
2575 wan si vertrâtenȝ in den hert,
her slahende und hinwert,
dô si ein ander umbe triben,
wan si den swerten niht entliben,,
diu si in den handen truogen.
2580 si stâchen unde sluogen
ein ander nîtlîche.
Wâlwein der tugende rîche,

assis, mais, obéissant à leurs maîtres, ils eurent tôt fait de se redresser. Sans prendre de répit, les chevaliers se portèrent de violents coups d'épée. La demoiselle les prit en pitié, car ils menaient des assauts furieux et combattaient comme s'ils avaient le plus grand dédain pour leur vie. Quant aux écus derrière lesquels ils se protégeaient, ils les dépecèrent au point que c'est à peine s'ils tenaient encore à leur cou. Les coups pleuvaient. Ils n'hésitèrent pas longtemps quand ils virent que leurs chevaux, harassés, écumaient plus que de coutume ; tous deux, Walwein et le hardi guerrier que ce combat ne lassait pas, sautèrent à bas de leur selle et coururent l'un sur l'autre. Sous leurs pieds, l'herbe s'enfonçait dans le sol et ils mirent la terre à nu tandis qu'ils se contraignaient l'un l'autre à céder du terrain en avançant et en reculant tour à tour sans ménager l'épée qu'ils tenaient en main. Ils frappaient tous deux furieusement d'estoc et de taille. Walwein, l'irréprochable, ne craignit jamais autant pour son honneur dans le siècle. Ses coups commencèrent à être moins appuyés. Le jeune homme le pressa alors davantage. Retrouvant des forces toutes neuves, il asséna des coups si rudes sur la solide armure de son adversaire que l'on aurait dit qu'il en jaillissait des fontaines de feu. Les étincelles fusaient des heaumes, car il combattait hardiment. Alors qu'ils jetaient toutes leurs forces dans la bataille un messager à pied arriva en courant jusqu'à eux. Il portait un chaperon[47] d'écarlate[48] et sa mise – blancs les gants, neuf le

47. Vers 2596 : *schaprun* (< ancien français *chaperon*). Pièce d'habillement composée d'un capuchon et d'un col couvrant les épaules ; voir Brüggen, *Kleidung*, p. 244. Dans les textes allemands de la charnière des XIIe et XIIIe siècles un élément apparemment obligé de l'habillement du *garzûn* (messager à pied, courrier), voir Eilhart, *Tristrant*, v. 8232-8235 et Wirnt von Grafenberg, *Wigalois*, v. 1416 et suiv., pour la commodité de la rime, mais aussi sans doute pour son caractère fonctionnel. Le chaperon est un vêtement qui n'entrave pas la liberté de mouvement.
48. Vers 2596 : *scharlât*. Forme plus proche du médio-latin (*scarlata, -um* > ancien français *escarlate*) que l'autre forme allemande, *scharlach* (*Erec*, *Iwein*, *Parzival* par ex.) qui s'est ensuite imposée. L'écarlate est une étoffe de laine fine, réputée de grande valeur, teintée dans des couleurs intenses (bleu, puis différentes couleurs, afin que le rouge ne devienne la règle), voir *Mediae Latinitatis Lexikon minus* II, p. 1231, art. *scarlata*.

der gevorhte nie sô sêre
sîner weltlîchen êre :
2585 er vaht ein teil mit zwîfelslegen.
do begunde der junge zuo legen :
sich iteniuwete sîn kraft.
er sluoc mit sölher degenschaft
ûf die herten ringe,
2590 als fiurîn urspringe
dâ wæren ensprungen.
von den helmen drungen
di geneister, wan er balde vaht.
dô si iezuo striten in aller maht,
2595 dô liuf zuo in ein garzûn.
scharlât was sîn schaprûn
und was in alle wîs sîn cleit
als eins hübschen knappen, sô man seit ;
wîʒ hantschuohe, niwer huot.
2600 er sprach ze den helden alsô guot
,ich enwil enwedern ûʒ scheiden,
wan ich gebiut iu beiden
von den besten frowen, die nu lebent,
den guote liute lop gebent,
2605 daʒ ir daʒ vehten lâʒent stân,
des ir vil hânt getân :
wan mæʒic lob dâ von geschiht,
sô eʒ niht wan einer siht
in dirre wilden wüeste.
2610 getorste ich unde müeste,
so valscht ich iuch vil sêre.
welt ir prîs und êre
und grôʒe manheit bejagen,
sô wil ich iu ein mære sagen,
2615 wâ ir des vil mugent begân :
beidiu stechen unde slân,
des werdent ir vil wol bereit
nâch ritterlîcher sælikheit :
und ist ein lobelich getât,
2620 swâ man iht guotes begât,
daʒ eʒ wol mugent schouwen
ritter unde vrouwen.
hœrent wi ich daʒ meine.
ichn sageʒ iu niht aleine :
2625 unser sint wol hundert gesant
allenthalben in diu lant
nâch guoten rittern unde fromen.
einen turnei hât genomen
der künic Lôt von Johenîs
2630 wider Gurnemanz den fürsten wîs,
einen tiurlîchen degen.

chapeau – était, à ce que l'on nous dit, en tout point celle d'un page courtois. Il dit aux deux excellents guerriers : « Je m'adresse à l'un comme à l'autre et vous prie tous deux, au nom des dames les plus parfaites qui vivent par le monde et qui recueillent les éloges des gens estimables, de cesser ce combat auquel vous vous êtes livré tant et plus. La gloire que l'on acquiert est bien mince quand une seule personne en est témoin au milieu d'une telle étendue sauvage et déserte. Si j'en avais le loisir et l'audace, je pourrais vous dénigrer fort vilainement. Si vous désirez acquérir du prix, une bonne réputation et un renom de grande prouesse je vais vous dire où vous pourrez en gagner en abondance. Vous aurez amplement l'occasion de rompre des lances et de ferrailler pour votre plus grand bonheur de chevalier. C'est une bonne chose que, là où l'on se distingue, les chevaliers et les dames puissent en être témoins. Écoutez ce que j'entends par là. Vous n'êtes pas les seuls à qui je le dise : plus de cent de mes camarades ont été envoyés par tous les pays pour se mettre en quête de bons et valeureux chevaliers. Le roi Lot de Johenis a entrepris d'organiser un tournoi qui l'opposera à Gurnemanz, le prince plein de sagesse, un valeureux guerrier. Tous deux se sont engagés à tenir ce tournoi. Aucun d'eux ne peut se présenter avec moins de trois mille chevaliers, et je ne compte pas les nobles guerriers qui mettent en jeu leur vie et leurs biens pour l'amour d'une dame et par fierté. Il en viendra sans doute de nombreuses compagnies. Le roi Arthur s'y rendra également avec tous ceux qu'il pourra réunir. Tous ceux qui ont déjà participé à des tournois ou qui portent le nom de chevalier devront être morts de honte s'ils ne participent pas à ce rassemblement. Séparez-vous, si vous êtes des personnes estimables, en pensant à ce que je vous ai dit. »

si hânt sich beide des verpflegen,
daʒ si den turnei wellen wern.
ir enweder mac enbern
2635 drîer tûsent ritter oder mêr,
ân ander wîgande hêr,
die ûf minne und hôhen muot
zinsent lîp unde guot :
der wirt wætlich manic schar.
2640 der künic Artûs kumpt ouch dar
mit allen di er gewinnen mac.
swer ie turneie pflac
oder nu lebet in ritters namen,
der mac sich unmæʒlîche schamen,
2645 swenne er disen hof verlît.
ob ir guote liute sît,
sô scheident iuch ûf selben wân
dar nâch als i'u gesaget hân.'
Do er alsus gesagete,
2650 Wâlwein der unverzagete
der antwurt im vil schône
,nâch guoter wîbe lône
wil ich gewerp immer hân
und wil mîn vehten lâʒen stân.
2655 sît ich sô tiure bin besworn
bî allen vrowen wol geborn,
so verdient ich ungern iren haʒ.'
der vremde ritter sprach ouch daʒ
,swaʒ mîn her Wâlwein tuot,
2660 der ist sô hübsch und sô guot,
des volge ich, wan daʒ ist reht.'
dô vrâgten si den hübschen kneht,
daz er in lieʒe werden schîn,
wâ der turnei solte sîn.
2665 er sprach ,merkent waʒ ich sage :
von dem næhsten mântage
dar nâch über drî wochen
ist der turnei gesprochen
ûf den Gebannenen clê
2670 bî der niwen stat ze Djoflê.
ich sag iu von der selben maten.
dâ vindet menlich sînen gaten
swes sô man tuon wil,
beidiu ze ernst und ze spil.
2675 vehten, rennen, springen,
loufen, schirmen, ringen,
zabeln unde kugelspil,
rotten, gîgen, harpfen vil,
und krâm allerhande
2680 von alder welte lande,

2649 Lorsqu'il eut ainsi parlé, Walwein l'intrépide lui fit cette réponse très civile : « Je tiens à me conduire toujours de façon à gagner la reconnaissance des femmes dignes d'estime et je vais arrêter le combat. Puisque j'en ai été instamment prié au nom de toutes les dames bien nées, je n'aimerais pas m'attirer leur colère. » Le chevalier étranger déclara également : « Monseigneur Walwein est si courtois et si noble que, quoi qu'il fasse, je suivrai son exemple, car il agit comme il convient. » Puis ils demandèrent au valet courtois de leur révéler à quel endroit le tournoi aurait lieu. Il leur répondit : « Écoutez bien ce que je vais vous dire. Il est prévu que le tournoi se déroule lundi dans trois semaines sur le Pré domanial[49] aux abords de la ville neuve de Djoflé. Voici ce qu'il en est de cette prairie : Tout le monde y trouve son partenaire, quelle que soit l'occupation, jeu guerrier ou divertissement, à laquelle on entend se livrer. On peut combattre, organiser des courses de chevaux, des concours de saut, de course à pied, d'escrime, de lutte, jouer aux tables[50] et aux boules, de la rote[51], de la vièle, de la harpe, autant qu'on le désire, voir les marchandises les plus diverses en provenance de tous les pays du monde : tout cela, on le trouve là-bas plus qu'en aucun autre endroit. C'est la raison pour laquelle il a été décidé d'y tenir le tournoi. Il y a là mille passe-temps courtois. Le terrain est vaste, sans

49. Vers 2669 : *ûf den Gebannenen clê* (W, sans majuscule ; pas de différence significative dans P) : L'endroit (un pré par glissement métonymique, *der clê* = le trèfle) est soumis au ban (*ge-bann-en*), à une autorité détentrice du pouvoir d'ordonner, d'interdire, de punir. Voir l'article « ban » dans le *Dictionnaire du Moyen Âge* (R. Fossier). Dans le cas présent, l'effet du ban paraît être vu sous l'angle du privilège, ce qui doit sans doute être mis en rapport avec le statut de « ville neuve » dont bénéficie la cité de Djoflé. Le lieu en question est en effet un espace de liberté, y compris de liberté dans l'exercice du commerce (est-ce là que Lanzelet fait l'acquisition de ses écus non armoriés ?).
50. Vers 2677 : *zabeln*. Même origine que le *tables* de l'ancien français (latin *tabula*). Les jeux de dames et d'échecs sont des jeux de tables ; le terme semble souvent désigner plus spécifiquement une sorte de trictrac.
51. Vers 2678 : *rotte*. Sorte de lyre étroite s'évasant vers le bas. Instrument à cordes pincées, puis à archet, voir *Lexikon des Mittelalters* VI, art. « *Musikinstrumente* » B. II. l, col. 960 (*Lyra*).

daȝ vint man tegelîches dâ,
mêr dan iender anderswâ :
des ist der turnei dar geleit.
da ist aller slahte hübscheit.
2685 daȝ velt ist breit unde sleht.
dar kumpt manic guot kneht
durch lop und ûf gelückes wân.
sît ich mîn hern Wâlwein funden hân,
sô bin ich wol heime.
2690 daȝ ich in sô lancseime
hân erkant, daȝ ist mir zorn :
wan eȝn wart nie ritter geborn
an den êren alsô stæte,
der sô gerne wol getæte.'
2695 Dirre betschelier gemeit
hât die ritter bereit
mære maneger hande.
Wâlwein sich des mande,
und was sîn laden aber grôȝ.
2700 er bat der vrowen vartgenôȝ,
daȝ si gesellen wæren
unde niht verbæren
den turnei und die ritterschaft.
‚diu rede ist unendehaft'
2705 sprach der kindische helt :
‚ob ir mirs gelouben welt,
so enmac ich ze disen zîten
mit iu niht gerîten.
daȝ enpfâhent niht für unwert.
2710 swes anders iwer wille gert,
des sint ir an mir bereit
durch iwer grôȝe frümikheit.
ich sol iu dienen unz ich leben
und wil iu mîne triwe geben,
2715 der êren pfant daȝ meiste,
daȝ ich iu gerne leiste
gesellenclîche stæte.
ob ich mîn dinc hæte
dar nâch gesetzet als ich sol,
2720 so enmöht mir nimmer sô wol
geschehen als daȝ ich mit iu rite
unde niht des vermite,
des ir an mich muoten.'
sus wurben sie guoten
2725 mit reiner gepflihte.
als dô Wâlwein ze nihte
enfromet sîn langiu bete,
vil hübschlîchen er tete.
do er in mit deheinen dingen

accidents. Il y viendra plus d'un chevalier désireux de gagner du renom et de tenter sa chance. Je suis arrivé à la bonne adresse puisque j'ai rencontré Monseigneur Walwein. Je suis fâché d'avoir mis tant de temps à le reconnaître, car il ne vint jamais au monde de chevalier d'une réputation aussi immaculée et aussi désireux de bien se comporter. »

2695 Voici donc les chevaliers bien informés grâce à ce page sémillant. Fort de ces renseignements, Walwein renouvela son invitation avec insistance. Il proposa au compagnon de la demoiselle de faire route ensemble et de ne pas manquer le tournoi et ses joutes. « Laissons ce sujet de côté », répondit le tout jeune homme. « Croyez-moi, je ne peux m'en aller avec vous à cette heure. N'y voyez pas une marque de dédain. Tout ce que vous me demanderez en dehors de cela, je suis prêt à vous l'accorder en hommage à votre grande valeur. Je vous servirai tant que je vivrai et je vous assure sur ma foi, sur ce qui engage donc le plus l'honneur, que j'aimerais être votre compagnon de tous les instants. Si j'avais réglé mes affaires comme je dois le faire, je n'aurais pas de plus grand plaisir que de partir avec vous et de ne pas manquer de faire ce à quoi vous me conviez. » Ils se prodiguèrent ainsi des assurances de sincère attachement[52]. Lorsqu'il vit que ses demandes répétées ne produisaient aucun résultat, Walwein se conduisit très courtoisement. Puisqu'il ne pouvait d'aucune façon le conduire à Karidol, il témoigna au jeune homme, ainsi qu'à la noble demoiselle, de grandes marques d'estime. Il les quitta sur des paroles amicales et parla en termes très élogieux de l'étranger, disant qu'il était le chevalier le plus valeureux et le plus dénué de perfidie qu'il connût au monde.

52. Vers 2724-2725, Traduction passablement intuitive, le v. 2724 résistant à l'analyse. *Wurben* est une émendation ; P : *werdent*, W : *wurden*.

2730 ze Karidôl mohte bringen,
do erbôt erm michel êre
und ouch der vrowen hêre.
mit minnen schiet er von in dan
und seite von dem vremden man
2735 vil lobelîcher mære,
daʒ er der tiurste ritter wære,
ân alle karge liste,
den er iendert lebendic wiste.
Des wunderte balde
2740 beidiu junge und alde,
man und wip gelîche,
in des künec Artûses rîche,
daz er niht wolde schouwen
ritter unde vrouwen,
2745 die zem hôhsten prîse wârn behart.
durch nieman lieʒ er sîne vart,
ê er mit der vrowen heim reit.
dâ schein wol sîn sælikheit,
als ich iuch berihten sol.
2750 man enpfienc in inneclîchen wol
und bôt eʒ im michels baʒ.
der vrowen vater lieʒ al den haʒ :
er tet im durch der tohter bete
lîp guot und swaʒ er hete.
2755 des leibt der gast ân argen zorn,
wan er was sælic geborn.
man fuor im senfteclîchen mite.
dô er gesach den lantsite,
dô marct ern alze guote.
2760 eines tages wart im ze muote,
daz er den turnei wolte sehen.
sîner vrowen muost er des verjehen.
in rou daʒ er niht was geriten
durch hern Wâlweines biten.
2765 ze der reise gert er stiure :
diu wart im untiure.
im gewan diu vrowe wol gemuot
zwei stolziu ros unde guot
zuo dem sîm daʒ er dâ reit.
2770 fünf unt zweinzic knappen wol bereit,
der enmoht er niht enbern,
mit starken wol gevarten spern.
der helt bedâhte sich enzît.
neiʒwie manegen samît
2775 und rîche zerunge
gwan im diu vrowe junge,
wan er ir ze herzen lac.
vrowe Ade sîn vil wol pflac

2739 Au royaume du roi Arthur, tout le monde, jeunes et vieux, hommes et femmes, fut grandement étonné d'apprendre qu'il se refusait à voir des chevaliers et des dames qui jouissaient de la plus grande réputation. Quant à lui, il arriva avec la dame dans le pays dont elle était originaire sans que personne lui eût fait changer de destination. On put constater en ce lieu, comme je vais vous le conter, qu'il était né sous une bonne étoile. On le reçut chaleureusement et on le traita bien mieux encore. Le père de la dame abandonna toute rancune ; à la demande de sa fille, il mit à sa disposition sa personne, ses biens et tout ce qu'il avait. L'arrivant, qui avait un excellent naturel, ne se laissa pas aller à un ressentiment avide et usa avec mesure de cette offre. On se montrait prévenant à son égard. Lorsqu'il vit que telle était l'attitude des gens du pays il en prit bonne note. Un jour, l'envie lui vint d'assister au tournoi et il ne put que le confier à sa dame. Il regrettait de ne pas s'être mis en route sur la prière du seigneur Walwein. Il demanda en vue de cette entreprise une aide qui lui fut accordée sans lésiner. La dame, toujours de bonne composition, lui procura deux chevaux, forts et gaillards, qui vinrent s'ajouter à celui qu'il montait déjà. On ne pouvait lui donner une escorte de moins de vingt-cinq écuyers bien équipés et munis de lances solides, richement peintes. Le jeune homme prit ses dispositions à temps ; la jeune dame, qui nourrissait un tendre penchant à son égard, lui fournit je ne sais combien de pièces de samit et de quoi pourvoir richement à son entretien. Dame Ade l'entourait soir et matin de ses attentions. Elle lui adjoignit son frère, qui s'appelait Diepalt. Les écuyers les plus vantés n'étaient rien auprès de lui. C'était un tout jeune homme courtois et avisé, doté de nombreuses qualités, bien éduqué et digne d'estime. Il connaissait bien la Bretagne. Il avait de plus assisté à maintes reprises à de grands tournois. C'est le généreux Buroin, le duc du Lac blanc, qui

beidiu spât unde fruo.
2780 siu schict im ouch ir bruoder zuo :
der was geheiȝen Diepalt.
swaȝ uns von knappen ist gezalt,
daȝ ist wider in ein wint.
er was ein wîse hübscheȝ kint,
2785 mit manegen tugenden behaft,
wol gezogen und êrhaft.
ze Britân was im wol kunt.
er was ouch ze maneger stunt
bî grôȝen turneien gesîn.
2790 in zôch der milte Buroîn,
der herzog von dem Wîȝen sê.
dâ von wist er künste mê
dan dehein sîn genôȝ.
den knappen lützel verdrôȝ,
2795 er endiente vaste
dem ellenden gaste,
der mit sîner swestr geriten kam.
swes in ze habenne gezam,
des gewan der vremde ritter vil,
2800 beidiu ze ernst und ze spil.
Nu nâhete balde der tac,
ûf den der turnei gelac
mit rîcher gastunge.
dô sprach Diepalt der junge
2805 zuo dem lieben herren sîn
,nu sit ir nâch dem willen mîn
und nâch mîm wâne harte wol
bereit, als ein ritter sol :
des sul wir rîten nu zestunt.
2810 mir ist der wec wol kunt.
es ist zît, welt ir den turnei wern.
do enwolt vrowe Ade niht enbern,
siu enfüer mit ir gesellen.
durch waȝ solt ich iu zellen,
2815 wie lange se wâren under wegen ?
si kômen dâ si manegen degen
funden mit übermuot.
maneger pavelûne huot
sâhens vor in schînen.
2820 der künec Lôt mit den sînen
der hete des veldes vil belegen
unde het sich des bewegen,
daȝ im nieman möhte widerstân.
diu stât, von der ich ê hân
2825 geseit, Djoflê diu rîche,
in der lac schallenclîche
Gurnemanz mit sînen gomen.

l'avait éduqué. Aussi dépassait-il en savoir-faire tous ceux de son âge. Le garçon se consacra sans rechigner au service de l'étranger qui était arrivé en compagnie de sa sœur. Le chevalier venu d'ailleurs reçut en abondance tout ce qu'il lui convenait d'avoir, tant pour le combat que pour le divertissement.

2801 Le jour fixé pour le tournoi et les festivités qui devaient l'accompagner approchait. Le jeune Diepalt dit à son maître bien-aimé : « Vous voilà pourvu d'un très bon équipement de chevalier, tel que je l'entends et tel, si je ne m'abuse, qu'il doit être. Aussi devrions-nous nous mettre en route dès maintenant. Je connais le chemin. Il est temps de partir si vous voulez participer au tournoi. » Dame Ade tint à partir avec son compagnon. À quoi bon vous dire combien de temps dura leur voyage ? Ils arrivèrent en un lieu où se pressait une foule de guerriers débordant d'ardeur. Ils virent resplendir devant eux le faîte de maintes tentes. Le roi Lot occupait avec ses gens une bonne partie du pré et il était décidé à ne se laisser tenir en échec par personne. Quant à la ville dont je vous ai déjà parlé, Djoflé la riche cité, c'était Gurnemanz qui s'y tenait avec ses hommes, et il y menait grand train. Beaucoup de chevaliers, compagnons habituels ou associés pour l'occasion, s'étaient joints à lui. Laissez-moi maintenant vous parler du roi Arthur et des gens de sa maison. Il s'était installé sur une belle colline dont l'un des versants donnait sur le pré. Son campement manifestait sa noble fierté. Toutes les descriptions que l'on a pu nous faire de tentes magnifiques n'enlèvent rien à ce fait : jamais il ne put y en avoir de plus belles, aussi loin que s'étende la terre.

im was manic ritter komen,
muotwillære und gesellen.
2830 von dem künec Artûse lânt iu zellen
und von den sînen, der er pflac.
ûf eime schœnen bühel er lac,
einsît an dem velde.
eȝ schein an sîm gezelde
2835 sîn tugentlîchiu hôhvart.
swaȝ uns ie gesaget wart
von pavelûne rîcheit,
so endorfte mit der wârheit
nie kein beȝȝere werden
2840 geworht ûf al der erden.
Dô sich der hof mêrte,
Diebalt für kêrte
zeime sînem kunden.
er gewan ze den selben stunden
2845 ein herberge inme palas,
der vornen in der bürge was,
ze gemache in alle wîs gelegen.
dâ erbeiȝte unser degen
und diu vrowe wol getân.
2850 ir sult daȝ wiȝȝen sunder wân,
ir reise enwær niht guot vermiten.
nu ist Diepalt ûȝ geriten
und vrâgete mære schône.
dô was eȝ nâch der nône.
2855 engegen der vespereide
riten über jene heide
dort zwêne, dâ her drî.
etslich tôre was dâ bî
und manege die des gerden,
2860 daȝ si âne wolten werden
ir sper gefuoclîchen.
do begunde wider strîchen
Diepalt mit sînen mæren.
ern mohte niht erværen
2865 sînen herren vermeȝȝen,
wan er was ûf geseȝȝen,
dô in belanget der zît.
er het ein grüenen samît
ze einer banier gemaht.
2870 mit dem selben was bedaht
ouch sîn ros dem küenen.
er het ein krâmschilt grüenen
durch die unkünde genomen.
nu sach er Diepalden komen :
2875 denn begegent er an der strâȝe,
mit knappen guoter mâȝe,

2841 Tandis que grossissait la compagnie, Diepalt prit les devants et se rendit chez une personne de sa connaissance. Il obtint un logement en tout point confortable dans la grande salle qui se trouvait sur le devant du château. C'est là que notre guerrier et la belle dame mirent pied à terre. Soyez-en certains, ils auraient eu tort de renoncer à ce voyage. Mais voici que Diepalt est parti se mettre civilement en quête d'informations. L'heure de none était déjà passée. On voyait ici et là des chevaliers chevaucher sur le pré par groupes de deux ou trois pour se rendre aux vêpres[53] du tournoi. Il y avait là bien du monde[54], et, dans ce nombre, beaucoup qui avaient l'intention de se séparer de digne façon de leur lance. Diepalt prit le chemin du retour pour rapporter ces renseignements. Mais il ne put trouver son impétueux maître, car celui-ci, trouvant le temps long, s'était mis en selle. Il s'était fait une bannière d'une pièce de samit vert. Une housse de la même étoffe recouvrait le cheval du hardi jeune homme ; ce dernier s'était muni, pour raison d'anonymat, d'un écu vert tout droit sorti de l'échoppe du marchand[55]. C'est alors qu'il vit arriver Diepalt ; il le rencontra sur le chemin, où il se trouvait avec bon nombre d'écuyers à la recherche de quelque

53. Vers 2855 : *vespereide*. Même forme (et même rime : *heide*) dans l'épisode du tournoi dans *Erec* (v. 2454 et suiv.). Emprunt au français *vespres* par l'intermédiaire du néerlandais (Kantola, 1982, p. 136). Il s'agit en principe d'une sorte de séance d'entraînement qui a lieu dans l'après-midi du jour qui précède le début du tournoi proprement dit.
54. Vers 2858 : *tôre* est un ajout inspiré par Lachmann (« Il y avait là un certain nombre de jeunes étourneaux et beaucoup de personnes qui … »).
55. Vers 2872 : *krâmschilt*. L'écu n'est donc pas individualisé, et celui qui le porte n'est pas identifiable. Le poème utilise dans tout cet épisode le canevas narratif dit du « tournoi de trois jours », qui veut que le personnage central « tournoye » incognito trois jours durant, dans trois armures différentes. Voir : J. L. Weston, 1902 ; J. Delcourt-Angélique, 1981. Le gain de gloire s'effectue à une vitesse vertigineuse : le héros du troisième jour du tournoi surpasse celui du deuxième jour, lui-même supérieur à celui du premier jour, les trois héros ne faisant qu'un, celui de l'histoire. Le *Lanzelet* occupe toutefois une place particulière au sein de cette tradition dans la mesure où, pour des raisons impérieuses, le héros ne peut pas ne pas combattre incognito. Preuve que nous tenons là un témoin du traitement originel du schéma du « tournoi de trois jours » ? Si telle a pu ou peut être encore l'impression de lecture, celle-ci devrait plutôt résulter d'une programmation, le poème réussissant à susciter et à entretenir la tentation de confondre la situation du héros dans son milieu et la position du poème dans le champ littéraire. Voir Introduction 3.1.

die etwaȝ wolten bejagen.
der knappe begunde im sagen
von den gesellescheften.
2880 ,irn sulnt iuch niht beheften,
ê daȝ irȝ alleȝ hânt bekort.
der künic Artûs lît dort
mit al der massenîe sîn.
di vermîdent, dêst der rât mîn:
2885 wan da ist kraft und manheit.'
der vremde helt dô für sich reit
dar im was widerrâten.
nu losent, wie si im tâten.
Als in diu massenîe ersach,
2890 Keiîn güfteclîchen sprach
,ob irs alle wellent jehen,
sô hân ich einen gouch ersehen,
der gegen uns ûf warf sîn sper.
nu tuont ein wênic des ich ger,
2895 büeȝt mir mînen gelust
und erloubent mir die êrsten just.
ich wil den tumben bestân.
lant mich daȝ ros vor ûȝ hân.
swenn ichȝ im abe gewinne,
2900 ich teile dan mit minne
sîn harnasch und swaȝ er hât.'
di gesellen lobten die getât
[und heten gerne doch gesehen,
wær im ein unêre geschehen,]
2905 wan er sich spottes an nam,
der nie stætem man gezam.
Her Keiîn ûf sîn ors gesaȝ
und hiu eȝ ie baȝ unde baȝ
er vorht, der vremde wancte,
2910 der im doch engegen sprancte.
er stach hern Keiînen sô,
daȝ im die füeȝe harte hô
ûf ze berge kaften
und dem zalehaften
2915 daȝ houbet gein der erde fuor.
eȝ was ein horwigeȝ muor,
dâ diu just zem êrsten geschach.
durch des truhsæȝen ungemach
wart eȝ dâ namelich erhaben,
2920 wan er viel in einen graben,
daȝ imz hor durch die ringe dranc.
beidiu der val und der stanc
heten in getân vil nâch enwiht.
do lachten von der geschiht
2925 alle di eȝ gesâhen.

gain. Le jeune garçon lui parla des compagnies qu'il avait rencontrées. « Ne choisissez pas d'adversaire avant d'avoir tout vu », dit-il. « Le roi Arthur tient ses quartiers là-bas, avec tous les gens de sa maison. Évitez-les, c'est le conseil que je vous donne, car il y a là force et vaillance. » Le guerrier venu d'ailleurs s'avança vers l'endroit où on venait de lui déconseiller de s'en aller. Écoutez maintenant quel accueil on lui réserva.

2889 Lorsque la suite (du roi Arthur) l'aperçut ; Keiin[56] lança cette fanfaronnade : « Je ne sais pas si vous le confirmerez tous, mais j'ai vu qu'un butor vient de nous défier en brandissant sa lance face à nous. Je vais vous demander de me faire une petite faveur : laissez-moi réaliser mon souhait en m'accordant cette première joute. Je vais affronter ce béjaune. Laissez-moi choisir le premier et prendre le cheval ; si je le lui enlève, je distribuerai ensuite avec plaisir son armure et tout son équipement. » Ses compagnons approuvèrent sa proposition, mais ils n'auraient pas été fâchés de le voir essuyer un camouflet, car il se laissait aller à la raillerie, qui n'a jamais été un signe de loyauté.

2907 Monseigneur Keiin monta sur son cheval et l'éperonna à tout-va. Il craignait que l'étranger ne batte en retraite, alors même que celui-ci fondait sur lui. L'autre donna un tel coup de lance au seigneur Keiin que le bravache se retrouva en l'air, les pieds bien haut, la tête piquant vers le sol. Cette première

56. Le Keu des textes français, sénéchal du roi Arthur. Hartmann utilise également la forme *Keiîn* dans son *Erec* ; dans *Iwein*, on rencontre en revanche la forme sans *-n*, *Keiî*, plus proche de la forme utilisée par Eilhart et Wolfram (*Keie, Keye*) et de la forme française. C'est l'un des éléments qui ont alimenté le débat concernant la chronologie relative du *Lanzelet* et de l'*Erec* et l'existence d'une poésie arthurienne bas-rhénane qui serait antérieure aux romans arthuriens allemands conservés (voir Introduction 1) et à laquelle les deux poètes auraient emprunté tous deux. La discussion est toutefois biaisée dans le cas présent, car il semble que ce soit très largement par référence à l'*Erec* que *Hahn* a opté pour la forme *Keiîn* dans son édition du *Lanzelet*. Comme le remarque M. Kantola (1982, p. 126 et suiv.), la forme dominante dans le manuscrit P (Heidelberg) est *Koin*, et le manuscrit W (Vienne) préfère les formes sans *-n* (uniquement *Key* ou *Kay* au nominatif).

sîn gesellen ouch des jâhen,
daʒ si in des teiles lieʒen vrî.
nu was ouch Diepalt dâ bi,
der wol sîns herren goumde :
2930 daʒ frömde ros er zoumde,
daʒ der arcsprechende reit.
doch was sumelîchen leit
Keiînes schumpfentiure.
ein dietdegen tiure,
2935 der was hübsch unde snel,
der hieʒ Iwân de Nônel,
der kêrte von den sînen dan
und rant den jungen ritter an
und fuor ein teil unschône.
2940 dâ von wart im ze lône,
daʒ in der vremde ritter stach,
daʒ man in verre vallen sach
von dem rosse unwerde.
er kom alsô zer erde,
2945 als er niht beine hæte.
dô sprach der êren stæte,
Artûs, der künic rîch,
‚dirr ritter wil uns alle gelîch
ze grôʒeme laster bringen.
2950 möht im misselingen,
daʒ wurb ich gern in allen wîs.‘
dô sprach der marcgrâve wîs,
des hûs stuont bî der Lîle,
‚mir ist hiut alle wîle
2955 ditz laster und der schade zorn.
wir hân zwei guotiu ros verlorn.
gevâh ich in, diu giltet er.‘
dâ mite warf er ûf sîn sper
und sprancte von den sînen.
2960 dô lieʒ aber schînen
der grüene ritter, wer er was.
er stach ouch disen ûf daʒ gras,
der ê sich dâ übr in vermaʒ.
Diepalt sîn selbes niene vergaʒ :
2965 als igelîch ritter nider kam,
zehant er daʒ ros nam
und fuort eʒ balde sînen wec.
dô daʒ gesach der milte Erec,
dô tet er als eʒ im gezam :
2970 den schilt er ze halse nam
und ein gezimieret sper.
Diepalt brâhte ouch einʒ dâ her
daʒ enpfie sîn herre küene.
der schaft was ouch grüene,

joute eut pour cadre un marais fangeux. Le sénéchal n'eut pas à se réjouir qu'elle se fût déroulée précisément à cet endroit, car il tomba dans une rigole, si bien que la boue traversa son haubert. Le tout, la chute et la pestilence, ne lui avait guère fait grand mal. Tous les spectateurs rirent de sa mésaventure, et ses compagnons ajoutèrent qu'ils le tenaient quitte du partage. Quant à Diepalt, qui se trouvait également là et veillait soigneusement sur son maître, il prit par la bride le cheval de l'autre, la monture de celui qui avait la moquerie facile. Certains, toutefois, avaient ressenti la déconfiture de Keiin comme un outrage. Un guerrier de grande réputation, courtois et hardi, qui s'appelait Iwan de Lonel[57], s'éloigna des siens et s'élança vers le jeune chevalier, sans toutefois s'en tirer à son avantage. Le chevalier inconnu lui porta en échange un tel coup de lance que, loin à la ronde, on le vit chuter piteusement de cheval. À la façon dont il toucha le sol, on aurait dit qu'il n'avait pas de jambes. Le roi Arthur, le puissant roi toujours soucieux de son honneur, déclara alors : « Ce chevalier veut nous couvrir de honte tous autant que nous sommes. J'aimerais tout mettre en œuvre pour qu'il ne parvienne pas à ses fins. » Le sage margrave dont le château était situé en bordure de la Lile déclara : « Je ne vais pas pouvoir avaler de la journée l'affront et le préjudice que nous avons subis. Nous avons perdu deux bons chevaux ; si je le fais

57. Vers 2936. Éd. Hahn : *Nonel*. Le choix de Hahn est de ceux qui peuvent embrouiller la discussion, déjà assez ardue, des rapports entre le *Lanzelet* et le *Parzival*. Ici encore, comme pour *Keiîn*, Hahn a projeté la forme du texte au statut magistral dans l'œuvre réputée mineure. *Nonel* est la forme du *Parzival*, v. 234, 12 : *der grâve Iwân von Nônel* (: *schapel*). Le ms. P du *Lanzelet* lit : *de lonel*, le ms. W *von denolel* (selon M. Kantola, p. 125 et note 8, p. 133, et non *von denonel*, comme l'indique Hahn dans l'appareil de variantes), ce qui doit représenter non une déformation d'un *denonel*, mais la métathèse graphique d'un *delonel*. Nous reproduisons donc dans la traduction la leçon de P, qui correspond du reste à la forme que l'on rencontre dans *Erec*, v. 1643 *Iwan von Lonel* (: *snel*), reprise d'*Érec et Énide*, éd. Fœrster, v. 1707 : *Yvain de Loenel*. L'ordre des « stations » dans le parcours franco-allemand de ce nom semble bien être : *Érec et Énide – Erec – Lanzelet – Parzival*. Quant au personnage lui-même, il doit s'agir du « Yvain au lion », avant son passage du statut de figurant au premier rôle.

2975 dem andern wafen gelîch.
dô sprach mennegelîch
,swie eȝ her nâch ergât,
dirre grüene ritter hât
daȝ beste hînaht getân.
2980 mac er Erecke vor enthân,
entriwen sô ist er niht sô swach.
alsô in Keiîn ersach.‘
Hie mite lieȝen si diu wort
und kaften wider unde vort,
2985 wie eȝ ergân solde.
Erec niht beiten wolde,
wan er grôȝer liste wielt.
den zoum er zuo ime hielt
und lie sîn ros ensprungen varn.
2990 des begunde der grüene ritter warn
und was im ernst unde gâch.
si kômn ein ander sô nâch,
daȝ si diu sper stâchen
durch die schilte daȝ si brâchen
2995 und gesâȝen heide vaste.
Erec und dem gaste
brâht man zwei anderiu sper.
den vremden dûhte daȝ er
ze sanfte wære dar kômen.
3000 die zwêne tiurlîche gomen
die begunden justieren,
sunder faylieren,
biȝ si zehen sper vertâten
wider ein ander und doch hâten
3005 dar zuo geslagen manegen slac.
do enwolt Erec fil de roi Lac
dar niht mêre, ist uns geseit.
der künic Artûs dô reit
und sprancte mit den sînen dar.
3010 des nam der grüene ritter war
und entweich in sîne lezze wider.
mîn her Wâlwein kom sider,
der ie mit tugenden was behaft.
er was schowen die ritterschaft.
3015 als schiere man in lieȝ enstân,
wieȝ sinen gesellen was ergân,
des antwurt er zehant
,daȝ ist der selbe wîgant,
von dem uns dicke ist gesaget,
3020 der sô manegen prîs hât bejaget.
ûf der erden lebet niht sîn gelîch :
er ist küene und aller sælden rîch.‘
Si lobten alle sîne maht.

prisonnier, il devra nous en dédommager. » Là-dessus, il brandit sa lance et s'éloigna des siens au galop. Le chevalier vert montra une nouvelle fois qui il était. Il étendit également sur le pré celui qui s'était tout juste fait fort de lui imposer sa loi. Diepalt ne se montrait pas distrait. Chaque fois qu'un chevalier vidait les étriers, il saisissait aussitôt son cheval et l'emmenait promptement de son côté. Quand il vit cela, le généreux Erec agit comme il se devait de le faire. Il pendit l'écu à son cou et saisit une lance peinte. Diepalt vint également en apporter une, pour le compte de son hardi maître. La hampe, verte, était de la même couleur que le reste de l'équipement. Plus d'un se prit alors à dire : « Sans vouloir préjuger de la suite, ce chevalier s'est montré le meilleur ce soir. En vérité, s'il résiste à Erec, ce ne sera pas le piètre jouteur que Keiin croyait trouver. »

2983 Là-dessus ils se turent et ouvrirent grands les yeux, regardant d'un côté, puis de l'autre, afin de ne rien perdre de ce qui allait se passer. Erec, qui était expert en la matière, ne voulut pas attendre plus longtemps. Tenant fermement les rênes, il lança son cheval au grand galop. Le chevalier vert s'en aperçut et s'empressa de faire face. Le choc fut tel que leurs lances transpercèrent les écus et se brisèrent, mais les cavaliers restèrent bien en selle. On apporta deux lances à Erec et à son adversaire. L'étranger se dit qu'il avait attaqué trop mollement. Les deux valeureux combattants joutèrent sans jamais se manquer jusqu'au moment où ils eurent rompu dix lances l'un contre l'autre – sans parler des nombreux coups d'épée qu'ils s'étaient assénés. Erec fil de roi Lac ne voulut pas alors continuer, nous dit-on. Le roi Arthur monta en selle et s'élança avec ses gens dans leur direction. Le chevalier vert s'en aperçut et, tournant bride, il regagna son camp. Monseigneur Walwein, cet homme en qui toutes les qualités avaient élu leur siège, arriva sur ces entrefaites. Il était allé se faire

noch dô vor der selben naht
3025 bejagete sich der küene
mit sîme schilte grüene
ûf dem velde in alle wîs,
daȥ er êre unde prîs
ze herbergen brâhte
3030 und man sîn sît gedâhte
ze aller slahte frümikheit.
Wâlwein vorschende reit
zuo den vremden gesinden :
er wolte gerne bevinden
3035 den helt an tugenden ûz genomen.
swar er danne was komen
zuo den rittern, sô sprachens ie
, er was niuwelingen hie
und hât uns grôȥen schaden getân.
3040 im enkan nieman vor enthân.
er würket vreislich inban
und ist ein unmüeȥec man.
swie eȥ morgen gevar,
er hât vil nâch ir êre gar,
3045 die hînaht ûȥ kâmen
und schilt ze halse nâmen.‘
Eȥ was alsô ergangen,
daȥ er hete gevangen
niht wan einen stæten helt,
3050 von dem uns dicke ist gezelt,
daȥ er ein der tiurste wolte sin,
mit den liehten schenkeln her Maurîn.
den vienc er niht wan umbe daȥ,
daȥ man wiste dester baȥ,
3055 daȥ er mêr wol hete getân.
den gevangen sant er sân
sîner vriundin reine.
der gewin was ouch niht kleine,
den sine knappen nâmen,
3060 sô die ritter nider kâmen,
die ir herre von den rossen stach.
sînen schilt man wol zerhowen sach,
dürkel in manic ende.
daȥ der ellende
3065 sô manic sper brach enzwei
und doch von dem turnei
mit êren fuor und âne verlust,
daȥ er begie sô manege just,
michel wunder dâ geschach,
3070 wan er dâ vor nie gesach
vier man mit ein ander strîten.
nu sul wir in lâȥen rîten

une idée des partis en présence. Dès qu'on lui fit part de ce qui était arrivé à ses compagnons, il dit sur-le-champ : « Il s'agit de ce guerrier dont on nous a souvent parlé et qui a acquis une grande renommée. Il n'a pas son pareil sur cette terre. Il est vaillant et tout lui réussit. »

3023 Tous vantèrent ses capacités. Ce même jour, jusqu'à la tombée de la nuit, le hardi guerrier à l'écu vert se comporta sur le pré en tout point de telle façon qu'il revint à son logis couvert de gloire et d'éloges et que l'on estima dès lors qu'il possédait tous les attributs de la vaillance. Walwein se mit en quête du côté des autres compagnies. Il aurait aimé trouver cet homme à la prouesse exceptionnelle. Partout où il rencontrait des chevaliers, ceux-ci lui disaient invariablement : « Il est passé par ici il y a peu et il nous a causé de grands dommages. Personne ne peut lui résister. Il fait d'immenses ravages et c'est un homme qui ne craint pas la besogne. Quoi qu'il advienne demain, on peut dire qu'il n'est pas loin d'avoir conquis l'honneur du tournoi face à tous ceux qui se sont rendus sur le pré ce soir, l'écu pendu au cou. »

3047 Les choses étaient ainsi qu'il n'avait jusqu'alors fait qu'un seul prisonnier, un guerrier au cœur loyal dont on nous a souvent dit qu'il se comptait parmi les meilleurs, le seigneur Maurin aux belles cuisses[58]. S'il l'avait fait prisonnier, c'était uniquement pour que l'on puisse en déduire qu'il avait accompli d'autres hauts faits. Il envoya aussitôt son prisonnier auprès de sa noble amie. De leur côté, ses écuyers ne faisaient pas de mauvaises affaires lorsque les chevaliers que leur maître jetait à bas de leur selle se retrouvaient à terre. On pouvait voir que l'écu de ce dernier avait beaucoup

58. Vers 3052. Contact ici plus que probable avec le livre XIII du *Parzival* (le livre où sont également mentionnés de façon allusive les personnages d'Ibert et d'Iblis, voir Introduction 4.2), 662, 19 : *mit den schœnen schenkeln Maurîn* (maréchal de la reine Ginover). Mais qui est l'emprunteur ?

ze herberge unz morgen fruo,
und sehent danne waʒ er tuo.
3075 Ze ruowe schuof er sîn gemach
nu merkent rehte wie er sprach
‚sît nieman weiʒ, wer ich bin,
sô ist da harte wol mîn sin,
daz ich mîn gewerp nieman sage.
3080 Diepalt, morgen als eʒ tage,
sô brinc mir einen schilt wiʒ.
dar zuo brüeve in allen vliʒ
ein banier wîʒ von sîden.
du ensolt daʒ niht vermîden,
3085 mîn wâfenroc sî alsam.'
Diepalt ein wîʒen samît nam
und macht ein kovertiure guot.
er was hübsch unde fruot,
wan im êre wol behagete.
3090 morgen als eʒ tagete,
dô het erʒ alleʒ bereit
ze rehter gelegenheit
nâch sînes herren gebote.
nu bevalch sich dem rîchen gote
3095 der wîʒe ritter vrüeje,
daʒ er im vor aller müeje
des tages behuote sîn leben.
dar nâch hieʒ er im geben
einen turneischen imbîʒ
3100 wan im stuont aller sîn vlîʒ
an justiern und an striten.
er begunde ûʒ rîten
da er sîner ougen wünne sach,
sô jener disen nider stach.
3105 daʒ was im vil genæme.
wenne der grüene ritter kæme,
des warte manic helt gemeit.
der wîʒe dô niht enbeit,
er nam dem grüenen gar daʒ wort
3110 und kêrte wider unde vort
da er hôrte kroigieren.
er begunde justieren
und machte satel lære.
als es vermisset wære,
3115 sô stach er manigen dernider.
wer solte setzen sich derwider,
wan sîn gelücke nie vergaʒ ?
man sprach dem wîʒen ritter baʒ
danne man dâ ieman tete,
3120 wan er wol geriten hete.
Er stach manegen ûf daʒ gras

souffert et était percé en maint endroit. Que l'étranger eût pu rompre tant de lances et quitter néanmoins le tournoi, après toutes ces joutes, dans l'honneur et sans dommages, voilà qui fut une grande merveille ; jamais auparavant il n'avait en effet vu autant que quatre hommes combattre à la fois. Mais laissons-le retrouver son logis jusqu'au lendemain matin et voyons ensuite ce qu'il va faire.

3075 Il se disposa à prendre son repos, mais écoutez bien ce qu'il dit : « Puisque personne ne sait qui je suis, j'ai bien l'intention de ne parler de mes affaires à personne. Demain, Diepalt, dès qu'il fera jour, tu m'apporteras un écu blanc. Tu prépareras en outre avec le plus grand soin une bannière de soie blanche et tu veilleras à ce que ma cotte d'armes soit de la même couleur. » Diepalt prit une pièce de samit blanc et en fit une jolie housse. Il était courtois et diligent, car il appréciait tout ce qui pouvait servir une bonne réputation. Pour le lendemain matin, à l'aube, il avait tout préparé à souhait, selon les directives de son maître. Au petit matin, le chevalier blanc se recommanda au Tout-Puissant en lui demandant de veiller sur lui durant cette journée. Puis il se fait servir une collation d'avant-tournoi, car il voulait mettre toute son ardeur à jouter et à combattre. Il chevaucha jusqu'à tant qu'il vit son spectacle préféré : des combattants en jetant d'autres à bas de leur cheval. Cela était fort à son goût. Beaucoup d'ardents guerriers guettaient l'arrivée du chevalier vert. Le chevalier blanc, allant et venant partout où il entendait des cris qui appelaient au combat, ne tarda pas à faire oublier le vert. Il se mit à jouter et à faire le vide sur les selles des chevaux. Il désarçonna plus d'un, sans faire plus d'efforts que s'il avait manqué sa cible. Qui aurait pu lui résister puisque la chance ne l'abandonnait à aucun moment ? On décerna au chevalier blanc plus d'éloges qu'à aucun autre, car il avait bien jouté.

und enruohte wer in ûf las.
ern wolt des morgens nieman vân.
beidiu an stechen und an slân
3125 het er sînen vlîʒ behart,
unz er ein teil müede wart.
dô wolt er eine küele vân
und etslîche ruowe hân
und kêrt ûf eine plâne.
3130 dâ lac von Tumâne
grâve Ritschart ein milter helt.
hundert ritter ûʒ erwelt
die heten under in gesworn
und in ze herren erkorn,
3135 daʒ si under sîner banier riten.
dise heten alle wol gestriten
und wârn ouch sêre geslagen.
in was in den zwein tagen
gevangen zweinzic ritter abe.
3140 des was ir vreude und ir habe
deste minner, sô si jâhen.
als die unsern friunt gesâhen,
daʒ im daʒ houbet bar was,
dô luodens in an daʒ gras.
3145 ûf sprungens alle gelîche
und schanctn im minneclîche
in eime kopfe guoten wîn.
er muost in willekomen sîn,
wan si sageten im ze mære,
3150 daʒ ir rede niht anders wære
wan daʒ si alle mit ir künsten
sînes lîbes wünsten.
si sâhn in zwischen den scharn
des morgens ritterlîche varn
3155 des was ir dienst im gereit.
schiere was ouch im geseit
ir schade und ir geverte.
dô sprach der unverherte
an libe und an den êren
3160 ‚welt irs iuch niht behêren,
sô lânt mich iwern gesellen sîn.
ich ziuhe eʒ ûf die sælde mîn,
daʒ ich iu gerne wil gestân.
got lâʒ eʒ uns ze heil ergân.‘
3165 Des wârens alle samet vrô.
grâve Ritschart hieʒ dô
ein vremde banier binden an.
nu sâʒen ûf die küene man
und genuʒʒen ir gesellen :
3170 wan der begunde vellen

3121 Il jeta maints et maints adversaires sur le pré sans se soucier de savoir qui les relèverait. De toute la matinée, il ne voulut faire aucun prisonnier. Il avait mis tous ses efforts à jouer de la lance et de l'épée et le moment vint où il commença à sentir la fatigue. Il voulut alors trouver un peu de fraîcheur et prendre quelque repos et il se dirigea vers un endroit dégagé. Là se tenait le comte Ritschart de Tumane, un homme généreux. Cent chevaliers d'élite s'étaient liés à lui par serment et l'avaient choisi comme chef, si bien qu'ils chevauchaient sous sa bannière. Ils avaient tous bien combattu, mais avaient aussi subi de lourdes pertes. Au cours des deux journées, vingt chevaliers avaient été fait prisonniers dans leurs rangs. Leur plaisir et leur avoir s'en trouvaient, disaient-ils, diminués d'autant. Lorsqu'ils aperçurent notre ami et virent qu'il allait tête nue, ils le convièrent à descendre de selle. D'un bond, ils furent tous debout et lui offrirent chaleureusement une coupe de bon vin. Il ne pouvait qu'être le bienvenu ; ils lui firent savoir en effet qu'il n'était question dans leurs conversations que de la façon dont ils pourraient le mieux s'adjoindre sa personne. Ils l'avaient vu le matin faire belle figure au milieu des compagnies et ils étaient prêts, en conséquence, à se mettre à son service. Ils eurent aussi tôt fait de l'instruire de leur situation et de leurs pertes. Celui qui n'avait subi aucune atteinte dans sa chair et dans sa réputation leur dit alors : « Permettez-moi d'être des vôtres si je ne vous semble pas indigne de vous. Je jure sur mon salut que je suis prêt à vous aider. Que Dieu nous accorde la réussite[59] ! »

59. Tout en utilisant le motif folklorique du « tournoi de trois jours » et en poussant à fond le jeu littéraire que permet l'anonymat du héros du tournoi, l'épisode de Djoflé présente des situations dont le remarquable réalisme peut être mesuré par la comparaison avec les tournois relatés dans l'*Histoire de Guillaume le Maréchal*, qui renvoient aux pratiques de la fin du XIIe siècle bien que cette biographie ait été composée dans les années vingt du siècle suivant. Voir : *Histoire de Guillaume le Maréchal*, éd. P. Meyer, 3 vol., Paris, 1891-1901 ; G. Duby, *Guillaume le Maréchal ou le meilleur chevalier du monde*, Paris, Fayard, 1984, notamment p. 111-136.

die vînde strôdicke.
er sluoc, daʒ fiures blicke
hôhe von den helmen vlugen.
swâ die sîne hin zugen,
3175 dâ zoumdens unde nâmen.
sô si wider ûʒ kâmen,
sô was in spotes âhte
der niht wan einen brâhte.
er sluoc sô sêre den man,
3180 daʒ er sich lützel versan,
war man in treip oder zôch.
den wîʒen ritter maneger vlôch,
der anders küene was genuoc,
wan er so nîtlîche sluoc.
3185 alle ervorhten sie daʒ.
des tages im nieman vor gesaʒ,
der im ze rosse widerreit,
niht wan Karjet, sô man uns seit
der gesaʒ im zeime stiche.
3190 wie schiere er von im striche,
des endarf nieman vorsche hân.
er enwolte sîn niht mêr bestân.
daʒ was ein michel wîsheit.
als im Karjet entreit,
3195 dô bestuont in zehant
ein herzoge wîte erkant,
der wolte prîs an im bejagen.
er was von Wâlest, hôrt ich sagen.
den übersluoc der wîʒe
3200 und warp mit allem vlîʒe,
daʒ er den fürsten gevienc.
als schiere daʒ ergienc,
den antwurt er sîner vrouwen,
daʒ si wol möhte schouwen,
3205 daʒ er an si gedæhte.
als eʒ dem âbent næhte,
dô schuof der wîʒe ritter daʒ,
daʒ grâve Ritschart fürbaʒ
über hundert ritter drîʒec vie,
3210 als diu naht ane gie:
die antwurt man Diepalde,
beidiu junge und alde,
durch sînes herren êre.
doch nam er ir niht mêre
3215 wan als eʒ guot was getân.
di gesellen wolten ouch enstân,
wer der wîʒe ritter waere.
der recke sprach ‚ditz mære
wirt iu sô lîhte niht gesaget.

3165 Ils se réjouirent tous sans exception de ces paroles. Le comte Ritschart fit alors attacher une bannière qui n'était pas la sienne. Les hardis guerriers se mirent en selle et purent se féliciter du concours de leur compagnon. Celui-ci, en effet, se mit à faucher les adversaires comme blé. Il frappait si fort que des tourbillons d'étincelles jaillissaient des heaumes. Partout où ils passaient ses associés saisissaient les brides et faisaient des prisonniers, et, lorsqu'ils repartaient à l'attaque, celui qui n'avait amené qu'un seul captif était la cible des moqueries. Notre ami frappait si fort que ses adversaires n'étaient plus en état de voir vers où ils étaient poussés ou entraînés. Plus d'un, pourtant brave d'ordinaire, fuyait devant le chevalier blanc, voyant quels coups furieux, redoutés de tous, il distribuait. De toute la journée, aucun de ceux qui s'élancèrent contre lui ne resta en selle, sauf Karjet, à ce que l'on nous dit, qui résista au coup de lance initial. Il n'y a pas lieu de demander à quelle allure il s'éloigna de lui. Il ne tint pas à l'affronter une nouvelle fois, en quoi il agit fort sagement. Dès que Karjet eut battu en retraite devant le jeune homme, celui-ci fut attaqué par un duc de haute renommée, désireux de gagner du prix à ses dépens. Il venait du Walest[60], à ce que j'ai entendu dire. Le chevalier blanc lui fit faire la culbute et ne laissa rien au hasard pour faire prisonnier ce prince. Dès que ce fut chose faite, il le fit remettre à sa dame pour qu'elle puisse bien voir qu'il pensait à elle. Quand le soir approcha, le chevalier blanc s'employa de telle sorte que le comte Ritschart eut à la nuit tombée plus de cent trente nouveaux prisonniers. On voulut les confier à Diepalt, les jeunes comme les vieux, pour faire honneur à son maître. Mais il n'accepta pas d'en prendre plus qu'il ne convenait. Les compagnons du chevalier blanc voulurent ensuite savoir qui il était. L'homme

60. Vers 3298. Sans doute le pays de Galles. Le -t est attesté par la rime au v. 8071 (s'il s'agit bien du même pays).

3220 morne fruo, als eȝ taget,
kum ich gerne, sol ich leben.
dâ mite lânt mich got ergeben
und mit iwern hulden rîten.‘
die sporn satzt er ze sîten
3225 und reit ze herbergen.
daȝ tet er niht durch bergen
wan daȝ in dûhte ein schande,
daȝ ern selbe niht erkande.
ern wolt ze rede werden niet.
3230 mit urloube er dannen schiet.
und wiȝȝent wol, swie gern er vaht,
er gewan ein wünneclîche naht.
An dem driten tage fruo
dô reit manic banier zuo
3235 ûf daȝ velt ze Djoflê.
grave Ritschart, von dem ich seit ê,
der wânde vinden vil bereit
sîn âbentlîche sælikheit.
durch daȝ huop er die ritterschaft
3240 mit starker übermüete kraft
wan im was wol gelungen.
die schilte für sich twungen
beidiu die sîne und ouch er.
si zerstâchen manic sper
3245 und riten sô daȝ nieman baȝ.
dâ von wart im ouch gehaȝ
Wâlweines vater, der künic Lôt.
sînen rittern er gebôt
und bat daȝ wurde gerochen
3250 daȝ sime vil abe gebrochen
des âbendes hâten.
als daz wart gerâten,
do was ir vil die des geswüeren,
daȝ si wânden besnüeren
3255 den schädelîchen wîȝen degen.
als es dem künege was verpflegen,
des wart ein puneiȝ erhaben,
niht verre von dem burcgraben,
des liehte helme wurden schart.
3260 do verlôs grâve Ritschart
sîner geselln ein michel teil :
den lieȝ man niht so vil ein seil:
des wart der grâve erbliuget.
ob uns daz liet niht liuget,
3265 so enthielt sich mit müeȝikheit
der von dem uns ist geseit,
des schilt gester wîȝ was
und da vor grüene als ein gras.

répondit : « Vous ne l'apprendrez pas de sitôt. Je reviendrai avec plaisir demain matin à l'aube, si tout va bien. Maintenant, recommandez-moi à Dieu et souffrez que je me retire. » Il piqua des deux et regagna son logis. Il ne se comportait pas ainsi pour s'entourer de mystère, mais parce qu'il avait honte d'ignorer lui-même son nom. Il voulait éviter que l'on jase à son sujet. Il prit congé et s'en fut. Sachez bien que son goût pour le combat ne l'empêcha pas de passer une nuit délicieuse.

3233 Au matin du troisième jour, on vit maintes bannières se diriger vers le champ de Djoflé. Le comte Ritschart, dont j'ai déjà parlé, pensait connaître la même réussite que la veille. Aussi commença-t-il à jouter avec une belle assurance, inspirée par ses succès précédents. Serrant l'écu contre eux, ils rompirent, lui et ses gens, de nombreuses lances et joutèrent mieux que quiconque. Il s'attira du même coup l'inimitié du père de Walwein, le roi Lot. Celui-ci, joignant l'injonction à la prière, engagea ses chevaliers à venger les grandes pertes que les autres lui avaient fait subir la veille. Cet appel lancé, ils furent nombreux à déclarer hautement qu'ils comptaient bien juguler ce chevalier blanc qui faisait des ravages. À la suite de cette promesse faite au roi, un assaut s'engagea non loin du fossé du château. Des heaumes étincelants furent ébréchés à cette occasion. Le comte Ritschart perdit un grand nombre de ses compagnons, que l'on dépouilla totalement. Le comte en perdit son assurance. Si l'histoire ne nous ment pas, celui dont nous a dit qu'il portait un écu blanc la veille et un écu vert comme gazon l'avant-veille était resté passif. Il avait aujourd'hui, comme il en avait décidé, une bannière et un écu rouges. Le reste de son équipement, la housse du cheval et la cotte d'armes, étaient en lin broché d'or rouge. Il fit alors ce qu'il se devait de faire et n'oublia pas les engagements pris. Il monta sur le cheval qu'il avait apporté de la mer. Il se mit en chemin, puis entra

der fuorte hiut als er gebôt
3270 ein banier und einen schilt rôt,
und ist ander sîn gezoc,
kovertiur und wâfenroc,
ein saben rôt von golde.
dô tet er als er solde :
3275 siner triwe er niht vergaȝ.
ûf sîn ros er gesaȝ,
daȝ er brâhte von dem mer.
er reit ûȝ in daȝ her,
daȝ er niht ê erwant,
3280 ê er grâven Ritscharden vant.
der claget im sîn ungemach.
der rôte ritter dô sprach
,wol dan ! versuochen waȝ wir megen
getuon mit stichen und mit slegen.‘
3285 dâ mite lieȝens strîchen dar
ûf die dickesten schar,
dâ man die meisten herte vant.
dâ was der turnei als ein want
stênde worden gein in.
3290 des nâmen grôȝen gewin
die mit dem rôten ritter riten,
wan si baltlîche striten,
sô daȝ die vînde wichen.
manegen si bestrichen,
3295 der sô sêre was geslagen,
daȝ er muoste verzagen.
Hie vie Ritschart der helt
ahtzehen ritter uȝ erwelt,
und riten aber anderswar.
3300 ob ich eȝ iu gesagen tar,
swâ der degen milde
mit dem rôten schilde
hin mit den sînen sprancte,
daȝ her von im wancte
3305 als cleine vogele von dem arn
di enwænent niender sich bewarn
ê si erstieben in die hecke.
unser helt der was ein ecke
und ein guot urliuges tür.
3310 swen er gevaȝte für,
der enwânde nimmer genesen.
ê eȝ miter tac mohte wesen,
dô wâren sîne gesellen rîch,
die êdes grôȝen beswîch
3315 vor sîner künfte dulten :
vil wol si geschulten
den nît der nieman lâge wert

dans la mêlée et ne s'arrêta pas avant d'avoir trouvé le comte Ritschart. Celui-ci lui conta ses déboires. Le chevalier rouge dit alors : « Hardi ! Tentons tout ce que nous pouvons faire en maniant la lance et l'épée ! » Là-dessus, ils piquèrent vers la compagnie la plus importante, là où se trouvait l'opposition la plus forte. À cet endroit le tournoi formait comme un mur dressé en face d'eux. Ceux qui chevauchaient aux côtés du chevalier rouge en tirèrent grand profit, car ils combattirent hardiment et firent reculer leurs adversaires. Ils en poursuivirent un bon nombre qui étaient si mal en point qu'ils durent renoncer à se défendre.

3297 Le vaillant Ritschart fit ainsi prisonniers dix-huit chevaliers de valeur avant de repartir avec ses gens dans une autre direction. Oserai-je vous le dire ? Partout où le généreux guerrier à l'écu rouge se portait à l'attaque avec ses hommes, les bandes de chevaliers s'enfuyaient comme les oiselets devant l'aigle : ceux-ci ne pensent trouver de salut qu'en s'égaillant dans la haie. Notre héros était à la fois une cognée et une porte résistant aux assauts. Celui qu'il pourchassait pensait ne jamais en réchapper. Avant même qu'il ne fût midi, ses compagnons avaient fortune faite, eux qui avaient subi de lourdes pertes avant son arrivée. Ce n'était donc pas par hasard qu'ils étaient entourés de ce ressentiment qui ne s'attache de façon durable[61] qu'aux personnes qui recherchent l'excellence et la gloire.

61. Vers 3317 : *lâge* est une émendation (suggérée par Lachmann). Leçon de P : *lange*. W, qui n'offre pas les v. 3313-3316, ne permet pas le contrôle, mais l'idée est claire et en consonance avec le prologue (v. 7-10) : la jalousie peut honorer les personnages qui en sont la cible.

wan der tugende und êren gert.
Nu hoerent, lânt iu zellen
3320 von unserme gesellen.
der turnierte balde,
unz beidiu junge und alde
marcten sîn gebære
und wurden im gevære.
3325 des wart dâ schaden vil genomen.
nu was ein ander fürste komen
durch gewin ûf die selben maten
der het gerech ze allen staten
zweihundert ritter wol gemuot :
3330 er selbe was ein degen guot
und was des grâven künne.
dô er gesach die wünne
und die grôʒen sælikheit,
swa der rote ritter hin reit,
3335 daʒ eʒ alleʒ was verlorn,
dô reit der fürste wol geborn
zuo dem grâven unde baten,
daʒ si stüenden ze staten
ein ander mit ir banieren zwein.
3340 dô wart des Ritschart enein,
daʒ eʒ in daʒ beste wære.
wan eʒ was ein ellich mære
und retten al die ritter daʒ,
daʒ eʒ der vremde tæte baʒ
3345 dan ieman ûf dem velde,
und vermârt in ouch Melde,
daʒ eʒ alleʒ ein man solte sîn
der in den tagen allen drîn
sô manegen het erschellet.
3350 nu hât er sich gesellet
und rît den vînden nâhen bî.
dâ zoum in derder from sî.
Hie wart gestochen und geslagen,
daʒ man eʒ lange möhte sagen.
3355 si gemischten sich in beide sit.
ûf gewin und ûf nît
vliʒʒen sich die snellen.
man hôrte lûte schellen
slege und schefte brechen
3360 und sach dernider stechen
manegen tiurlîchen degen.
diu ros liufen an den wegen
irre und herren lære.
ich sage iu daʒ ze mære,
3365 daʒ unser helt bejagete
den prîs von deiʒ tagete

3319 Mais écoutez la suite et parlons de notre compagnon. Celui-ci jouta hardiment jusqu'au moment où tous, jeunes et vieux, remarquèrent comment il se comportait et s'en prirent à sa personne. Il en résulta de grands dommages. Entre-temps, un autre prince était arrivé sur le pré pour y chercher profit. Il était accompagné de deux cents chevaliers combatifs et parfaitement équipés. Lui-même était un vaillant guerrier et il appartenait au même lignage que le comte. Lorsqu'il vit, spectacle magnifique et signe d'une rare réussite, que le chevalier rouge semait le désastre partout où il passait, ce prince de haute naissance alla vers le comte et proposa qu'ils se prêtent une aide mutuelle en joignant leurs bannières. Ritschart lui accorda que c'était ce qu'ils avaient de mieux à faire, car il était de notoriété publique – et tous les chevaliers le proclamaient – que personne sur le pré ne surpassait l'étranger. Renommée, de son côté, travaillait à la gloire de ce dernier en répandant le bruit que c'était un seul et même homme qui avait abattu tant de chevaliers pendant ces trois jours. Mais voici donc que notre ami, après avoir fait connaissance de ses nouveaux compagnons, se porte vers ses adversaires. Que celui qui se sent assez vaillant l'emmène par la bride !

3353 On échangea alors des coups de lance et d'épée dont on pourrait parler longtemps. Les deux lignes de jouteurs s'imbriquèrent l'une dans l'autre. Les vaillants combattants se livraient à fond, mus par l'attrait du gain et par l'esprit de vengeance. On entendait le fracas des épées qui se heurtaient et des lances qui se brisaient tandis que l'on voyait plus d'un guerrier de valeur vider les étriers. Les chevaux couraient de tous côtés, errant sans maître. Je puis vous annoncer que notre héros remporta l'honneur de la journée, mesurée depuis l'aube jusqu'à la nuit avancée ; quant au comte Ritschart, il fit prisonniers tant de chevaliers que je n'en donnerai pas le nombre – on aurait du mal à me croire. Il

unz eȝ verre naht wart;
und vie grâve Ritschart
gnoter knehte als vil,
3370 daȝ ich eȝ iuch verswîgen wil:
man geloubt mirs lîhte niht.
nu gefuocte sich daȝ von geschiht,
daȝ Wâlwein der küene man
und unser vriunt ein ander an
3375 geranden unde stâchen,
daȝ in diu sper brâchen,
und vâhten wol. des was niht lanc,
ê man die degen underdranc.
des muoste maneger komen ze nôt,
3380 dô sach der milte künec Lôt,
wie sêre der rôte ritter sluoc.
sîn baldeȝ ellen in dar truoc,
daȝ er ein sper ûf im zerstach.
der vremde sich alsô gerach,
3385 deiȝ im niht stuont vergebene.
er marct in ûȝ vil ebene
und greif im in den zoum sîn.
hie solt êrst werden schîn,
wie lieb ein frumer herre sî.
3390 die sîne wârn im nâhe bî,
mit triwen, âne valschen wanc.
dô wart der grœste gedranc,
dâ von ich ie gehôrte sagen.
welch ritter solte dâ verzagen,
3395 dô der künic was in nôt ?
dô wart von bluote harte rôt
manic ros unde man.
der vremde ritter began
slahen sô vreislîchen,
3400 daȝ im muose entwîchen
an swen er sich bekêrte.
sîn sælikheit in êrte,
daȝ eȝ im sô wol ergienc,
daȝ er Wâlweines vater gevienc
3405 und zôh in von den sînen dan.
als daȝ der êren gernde man,
der künic Artûs bevant,
dô kom er rûschende zehant
und begund die unser bestân.
3410 dô wart dâ êrst wol getân.
wan iu ist ofte geseit,
wie wol diu massenîe reit,
der Artûs der künic wielt.
doch dês al ein, hie behielt
3415 unser helt daȝ beste wort,

arriva alors – ainsi en avait décidé le hasard – que Walwein, ce hardi guerrier, et notre ami s'élancèrent l'un vers l'autre, se portèrent un coup de lance tel que les hampes se brisèrent, puis combattirent vaillamment à l'épée. Les combattants ne tardèrent pas toutefois à être séparés par une mêlée qui se forma entre eux et qui mit plus d'un en mauvaise posture. Lot, le roi généreux, vit alors quels coups terribles le chevalier rouge frappait. Sa vaillance et sa hardiesse le poussèrent à rompre une lance contre lui. L'étranger eut une riposte qui ne lui rapporta pas un mince profit. Il repéra très précisément son adversaire dans la multitude et saisit son cheval par la bride. C'est ici que l'on put voir véritablement quel est l'attachement que l'on porte à un bon seigneur. Lot avait ses hommes près de lui, des personnes loyales, sans félonie, et on assista alors à la plus grande mêlée dont j'aie jamais entendu parler. Quel chevalier aurait pu lâcher pied alors que son roi était en péril ? Beaucoup d'hommes et de chevaux furent bientôt rouges de sang. Le chevalier étranger se mit à frapper des coups si effroyables que tous ceux contre lesquels il se tournait devaient battre en retraite. Grâce à sa bonne étoile, il eut la chance de pouvoir capturer le père de Walwein et de l'entraîner loin de ses gens. Dès qu'il en eut vent, le roi Arthur, cet homme soucieux de sa réputation, arriva à bride abattue et attaqua nos amis. C'est alors seulement que l'on vit ce que combattre signifie, et vous avez souvent entendu dire de quels jouteurs d'élite était composée la maison du roi Arthur. Malgré tout, c'est à notre héros que restèrent attachés les plus hauts éloges, car il avait surpassé dans ses œuvres tous les autres chevaliers. Il se démena tant et mit mal en point tant d'adversaires que l'on arrêta le tournoi, qui aurait dû durer encore sept jours selon ce qui avait été annoncé au départ. À quoi bon prolonger ce récit ? L'assemblée se dispersa. Jamais toutefois vous n'avez entendu poser autant de questions qu'on ne le fit là pour savoir où se trouvaient

wan er vil het gewort
über al die ritterschaft.
er tet sô vil mit sîner kraft,
daȝ sô maneger wart geletzet,
3420 daȝ dervon wart ûf gesetzet
der turnei, der noch siben tage
solte weren nâch der sage,
als er was ûȝ gesprenget.
waȝ touc daȝ mære gelenget ?
3425 diu ritterschaft sich zerlie.
nu gehôrtent ir nie
sô manege vorsche sô dâ wart,
wâ der grâve Ritschart
und der guoter ritter wære.
3430 dô saȝ der êrbære
in des grâven zelde.
er enwolte von dem velde
in die stat ê niht komen,
ê daȝ er hæte vernomen
3435 mære maneger hande.
den künic Lôten er sande
sîner vrowen durch ir êre.
er twalte dannoch mêre,
unz in gesach manic schar.
3440 durch hübschen ritens alle dar
als zeiner juncvrouwen.
der künic Artûs muos in schouwen
ze diu daȝ ern erkande,
den helt, der sich niht nande.
3445 Wâlwein mit sîme herren reit
und manic ritter gemeit :
die wurden alle enpfangen wol.
swaȝ man von spæhen mæren sol
deweder singen oder sagen,
3450 der muoȝ ich vil von in verdagen,
wan einȝ, daȝ lânt iu zellen
unserme gesellen
dem bôt man grôȝe werdikheit.
Wâlweine wære ouch liep geseit,
3455 war sîn vater wære komen.
,geselle, sît got willekomen !
ich zeige'n iu vor dirre naht'
sprach der helt der gerne vaht.
si wâren beide ein ander vrô.
3460 der künic Artûs luot in dô
hin heim, den vremden jungelinc.
,herre, mir stânt mîniu dinc
sô niender' sprach der helt balt.
dô wære in allen liep gezalt,

le comte Ritschart et le vaillant chevalier. Le glorieux jeune homme se trouvait pendant ce temps dans la tente du comte. Il ne voulait pas quitter le pré et se rendre à la ville avant d'en avoir entendu bien davantage. Il adressa le roi Lot à sa dame pour faire honneur à celle-ci. Lui-même resta encore sur place, assez longtemps pour être aperçu par de nombreux groupes de chevaliers. Tous se rendirent jusqu'à lui pour lui faire leur cour, comme s'il s'agissait d'une demoiselle. Le roi Arthur tint à lui rendre visite ; il voulait faire la connaissance du guerrier qui ne disait pas son nom. Walwein accompagna son seigneur, suivi d'un bon nombre de hardis chevaliers. Ils furent tous bien reçus. De toutes les belles choses que l'on pourrait conter ou chanter à ce propos je ne parlerai guère, sinon pour vous dire ceci : on témoigna une grande considération à notre ami. Walwein, quant à lui, aurait aimé savoir où se trouvait maintenant son père. « Ami, que Dieu vous salue ! Je vous le ferai voir avant ce soir », lui dit celui qui aimait le combat. Tous deux étaient heureux de se trouver l'un près de l'autre. Le roi Arthur invita ensuite le jeune étranger à se rendre en sa demeure. « Seigneur, ma situation ne me le permet pas », lui répondit le hardi guerrier. Ils auraient tous aimé savoir de quoi il retournait au juste. Il était en effet si beau, si plein de belles manières et si affable qu'ils ne pouvaient détourner leur regard de sa personne, ne fût-ce que pour un instant. Il ne se montra jamais déloyal, ni au grand jour ni en secret, ce dont, tout bien pesé, il ne tira jamais que profit.

3465 wie eȝ umb sîn sache möhte gestân :
wan er was sô wol getân
und schœner zühte rîche
und gebârte minneclîche,
daȝ im ze keinen stunden
3470 die liute niene kunden
verzîhen der ougen.
über lût noch tougen
gewarp er valschlîchen nie,
dâ von eȝ im doch wol ergie.
3475 Mîne friunt ich niht verhil,
daȝ unser helt rîten wil
ze sîner vrowen in die stat.
zehant er im gebieten bat
die ritter al gelîche
3480 und schiet er minneclîche
von in, als eȝ im gezam.
hern Wâlweinen er zuo im nam
und fuort in dar, daȝ er des jach,
daȝ er nie mêr gesach
3485 sô stolze kemenâden.
dâ vant er vrowen Aden
und Maurîn und den herzogen
und sînen vater wol gezogen.
der saȝ bî sîner vriundîn
3490 diu enpfienc wol den gesellen sîn.
ich endarf iu sagen niht mêre,
siu bôt im al die êre,
die siu kunde erdenken
siu hieȝ im balde schenken
3495 unde satzt in zuo ir nider :
siu gap im sînen vater wider
und die gevangen beide.
des strîtes an der heide
des wart ouch dâ vergeȝȝen niet.
3500 Wâlwein sô von ir schiet,
daȝ im geviel nie vrowe baȝ.
sîn geselle claget ouch im daȝ,
waȝ im ze Plûrîs was geschehen.
er begunde im offenlîchen jehen,
3505 daȝ er durch daȝ dar wolte varn.
er sprach ‚wil mich got bewarn,
daȝ ich mîns willen iht gefrume,
sô wiȝȝest wol, daȝ ich kume
und sueche dich swâ du bist.
3510 wan mir wol ze muot ist,
daȝ ich dir nihtes abe gê.‘
ir engehôrtent nie mê
so getriuwelîcheȝ scheiden

3475 Je ne cacherai pas à nos amis que notre homme veut rejoindre sa dame à la ville. Il demanda alors à tous les chevaliers de lui donner congé et il se sépara d'eux, comme il convenait, de façon amicale. Il se fit accompagner par le seigneur Walwein et le conduisit vers une chambre si luxueuse que celui-ci déclara qu'il n'en avait jamais vu de pareille. Il y trouva dame Ade, Maurin, le duc et son père, cet homme plein de savoir-vivre, qui était installé auprès de l'amie du jeune homme. Cette dernière fit bon accueil au compagnon de son ami. Je n'ai guère besoin de vous en dire plus : elle lui prodigua toutes les marques d'estime qu'elle put, commanda de lui servir aussitôt à boire et le fit s'asseoir près d'elle. Elle lui rendit son père ainsi que les deux autres prisonniers. On ne manqua pas non plus d'évoquer le combat qui avait eu lieu sur la lande[62]. Walwein la quitta avec le sentiment de n'avoir jamais connu de dame qui lui eût plu davantage. Son compagnon lui fit part de la mésaventure qu'il avait connue à Pluris. Il lui dit ouvertement qu'il voulait se rendre en ce lieu pour cette raison. « Si Dieu me garde et me permet d'agir selon ma volonté », lui dit Walwein[63], « sache bien que je viendrai te retrouver où que tu sois, car je suis bien décidé à ne rien te refuser. » Jamais vous n'avez entendu parler d'adieux aussi sincèrement émus que ceux qu'ils se firent tous deux en cette occasion. Ils parlèrent ensuite avec estime l'un de l'autre, comme il sied à des amis sincères ; c'est en effet chose honteuse que d'afficher de l'amitié en face de quelqu'un pour changer d'attitude dès qu'il n'est plus là. De ceci ils surent bien se garder. Il serait trop long de vous dire quelle direction

62. Vers 3498 : Le combat entre Walwein et le héros ; voir note 44, p. 143.
63. Vers 3506 : *er*. Nous explicitons. C'est bien Walwein qui parle ; ceci est confirmé par les v. 5203-5207, qui rappellent ce que Walwein aurait dit au héros lors de leur séparation (voir v. 3511).

als dâ von in beiden.
3515 si retten von ein ander wol,
als ein getriwer friunt sol:
wan friuntschaft ze ougen gewant
und danne wenken zehant
sô man des man niene siht,
3520 daʒ ist ein lasterlich geschiht.
ditz wart von in vil wol vermiten.
war die anderen riten,
daʒ ist ze sagenne ze lanc,
wan unser helt, dem wol gelanc,
3525 sîn gesinde heim sante.
ûf den wec er nante,
der ze Plûrîs solte gân.
diu juncvrowe wol getân
und ir bruoder Diebalt,
3530 von den ist uns daʒ gezalt,
daʒ si sîne reise niht vermiten.
do si neiʒwie manegen tac geriten,
dô kômens in ein schœne lant,
daʒ was sleht als ein hant.
3535 ein breitiu strâʒe truoc si dar.
dâ wurdens einer burc gewar
an ebem velde stânde.
ein waʒʒer drumbe gânde,
daʒ was geheiʒen Derkâl.
3540 diu burc was ûʒen gemâl
unde seltsænlîch bedaht.
siu was mit zouber sô gemaht,
als ieman dar în trat,
den es der wirt niht enbat,
3545 der muoste dâ ein zage sîn :
und was er küene als ein swîn,
er verlôs dâ muot unde kraft.
der ab ûʒe was zagehaft,
der vertruoc dâ nieman ein wort.
3550 diu burc hieʒ Schâtel le mort,
der wirt Mâbûʒ der blœde.
sîn herze daʒ was œde
von êren und von manheit.
swen er gevie, der wart geleit
3555 in eine brisûn, diu was wît.
dâ lac ouch zer selben zît
hundert ritter unde mêr
die heten alle herzesêr
durch tôdes vorhte alle vart.
3560 swenne Mâbûʒ erzürnet wart
und im iht leides wart getân,
sô hieʒ er einen man erslân.

prirent les autres ; sachez simplement que notre héros, qui connaissait la réussite, renvoya ses gens chez eux. Il lui tardait de prendre le chemin qui devait le conduire à Pluris. La belle demoiselle et son frère Diepalt tinrent, nous dit-on, à l'accompagner dans ce voyage. Après avoir chevauché un certain nombre de journées, ils arrivèrent dans une belle contrée, rase comme le plat de la main. Une route large les y conduisit. Ils aperçurent un château qui se dressait au milieu de la plaine, entouré d'une rivière qui s'appelait Derkal. Le château était peint extérieurement et recouvert d'une étrange toiture. Par l'effet d'un sortilège, il était ainsi fait que quiconque y pénétrait sans y avoir été invité par le châtelain devenait à tout coup un poltron. Il perdait toute ardeur et toute vigueur, fût-il aussi hardi qu'un sanglier. En revanche, celui qui était couard en dehors des murs ne souffrait pas le moindre mot de contradiction quand il se trouvait à l'intérieur. Le château s'appelait Schatel le mort, et le seigneur, Mabuz le pleutre. Son cœur n'était habité ni par le sens de l'honneur ni par la vaillance. Il jetait tous ceux qu'il faisait prisonniers dans une prison ; celle-ci était grande, et à l'époque dont je vous parle elle contenait plus de cent chevaliers. La crainte de la mort les tenait constamment dans un grand tourment. Toutes les fois que Mabuz se mettait en colère et subissait quelque outrage, il faisait mettre à mort l'un d'entre eux. C'était sa façon de se passer ses humeurs. Ce misérable couard était le fils de la fée marine qui avait emporté notre chevalier jusqu'au beau pays où il avait grandi et gagné les bonnes grâces de charmantes dames. Il avait été prédit à cette reine avant la naissance de son fils que celui-ci serait couard toute sa vie. C'est pour cette raison qu'elle s'était mise en peine de bâtir cet étrange château pour y mettre son fils à l'abri. Le pays était tenu en fief par son fils, Mabuz. Celui-ci avait par ailleurs une bonne terre qui touchait à la Belle Forêt, qui appartenait, elle, à Iweret, le

alsus kuolt er sînen muot.
dirre zage als unguot
3565 der was der merfeine kint,
diu unsern ritter an den sint
fuorte in daʒ schœne lant,
da er wuohs und da er genâde vant
von maneger vrouwen gemeit.
3570 dirre künigîn was vor geseit,
ê si disen sun gebære,
daʒ er imer ein zage wære.
durch daʒ sô vleiʒ siu sich
umb daʒ kastel wunderlich,
3575 daʒ eʒ ir sune wære vor.
daʒ lant was sîn urbor,
ir sunes, der Mâbûʒ was genant.
der hete noch ein guot lant,
daʒ stieʒ an den Schœnen walt,
3580 den Iweret der helt balt
het in sîner pflihte.
daʒ lant nôʒ er ze nihte :
er getorste dar gewarten nie.
hie von warp sîn muoter ie,
3585 diu wîse merminne,
mit allem ir sinne,
daʒ Iweret wurde erslagen,
wan er ir sune dem zagen
daʒ lant hæte genomen.
3590 si enwiste nieman als fromen,
der im den lîp næme
und ir dar zuo rehte kæme,
eʒ entæte dan der eine,
der wîse und der reine,
3595 den siu zartlîche hât erzogen
ir wân het si niht betrogen,
den siu dingende truoc,
wan er sît Iwereten sluoc,
einen helt an manheit ûʒ genomen.
3600 doch ensîn wir dar noch niht komen,
Nu nement des zem êrsten war,
wie eʒ ze Schâtel le mort gevar
und welch wunder dâ geschach.
als unser helt die burc gesach
3605 und Diebalt und diu vrowe hêr,
dô entwelten si niht mêr,
si kêrten gein dem bürgetor
ûf die brücke, diu dervor
über ein dræteʒ, waʒʒer gie.
3610 einen hôhen turn gesâhen sie,
dâ mite daʒ tor was überzogen.

hardi guerrier. Mais Mabuz ne tirait aucun profit de cette terre ; il n'osait pas y porter ses regards. Aussi sa mère, l'ondine magicienne, s'était-elle toujours efforcée de tout mettre en œuvre pour provoquer la mort d'Iweret, qui s'était approprié la terre de son couard de fils. Elle ne connaissait personne d'assez valeureux pour pouvoir tuer Iweret et l'aider à atteindre ses objectifs en dehors du seul jeune homme, avisé et vertueux, qu'elle avait tendrement élevé. L'espoir qu'elle nourrissait avec confiance ne fut pas déçu, car celui-ci abattit par la suite Iweret, ce guerrier à l'exceptionnelle vaillance. Mais nous n'en sommes pas encore là.

3601 Écoutez d'abord à quels événements et à quelle merveille on assista à Schatel le mort. Lorsqu'ils aperçurent le château, notre héros, Diepalt et la noble dame se dirigèrent sans plus tarder vers la porte du château et s'engagèrent sur le pont qui enjambait sur le devant une rivière au cours impétueux. Ils virent une haute tour qui coiffait la porte et qui était soutenue par trois arches permettant le passage. Alors qu'ils arrivaient au milieu de la voûte, qui leur semblait démesurément longue – ce qui les fit presser l'allure –, la dame et ses compagnons rencontrèrent le seigneur Mabuz, armé de pied en cap. Il transperça l'écu de notre chevalier et donna aussitôt une preuve de sa bassesse naturelle. Il fit pleuvoir les coups sur l'étranger, qui ne riposta à aucun moment. Quand il l'eut bien rossé, il lui arracha son heaume, sans que l'autre eût soufflé mot, et lui ôta sa coiffe de mailles. Mabuz le saisit alors par les cheveux et le fit tomber de son cheval, sur quoi il resta étendu sans dire mot et sans donner signe de vie. Le châtelain crut bon d'ordonner qu'on le dépouille de son armure. Mabuz le pleutre ordonna qu'on prenne soin de son équipement et de son cheval. La situation étant celle-là, Diepalt, qui avait tout vu, dit à sa sœur : « Allons, en route ! Tu as vu

er hete drî swibogen,
dâ die liute durch riten.
als si kômen in almiten
3615 und si des gewelbes verdrôȝ,
die vrowen und ir vartgenôz,
(des riten si balde für sich ûȝ)
do begegent in her Mâbûȝ,
gewâfent wol ze rehte.
3620 unserm guoten knehte
dem stach er durch den schilt sîn
und lie zehant wol werden schîn,
daȝ er ie schalkheite pflac.
er sluoc dem vremden manegen slac,
3625 daȝ er sich nie gewerte.
als er in dô vil geberte,
den helm er im abe brach,
daȝ er enkein wort gesprach.
die kupfen er im abe stroufte.
3630 Mâbûȝ in dô roufte
und warf in bî dem hâre nider
von dem rosse, daȝ er sider
für tôt lac und stille.
diz was des wirtes wille,
3635 daȝ er in hieȝ schütten ûȝ.
do gebôt der blœde Mâbûz
daȝ harnasch und daȝ ros bewarn.
nu eȝ alsus ist gevarn,
daȝ sach Diepalt alleȝ an
3640 und sprach zer swester sîn ‚wol dan !
wan du rehte hâst ersehen,
wie diseme zagen ist geschehen.‘
diu rede was der vrowen zorn.
‚du hâst in unrehte erkorn‘
3645 sprach siu ‚lieber bruoder mîn.
wir müesen es geunêret sîn,
wær unser veter Lînier erslagen
von eime dietzagen.
dar zuo hâst du sît gesehen,
3650 wiltu der wârheite jehen,
dâ sehs tûsent ritter was,
daȝ man in ûȝ in allen las
ze dem tiursten âne widerstrît.
wa gesæhe de ie ze keiner zît
3655 untugent an sîme lîbe ?‘
dô sprach zuo dem wîbe
der listige Diepalt
‚als uns die wîsen hânt gezalt,
sô siht man an dem ende
3660 lop und missewende.

comme moi ce qui est arrivé à ce couard. » Ces paroles irritèrent la dame : « Tu lui fais injure, mon cher frère », dit-elle. « Nous serions déshonorés si notre oncle Linier avait été tué par un fieffé couard. Tu as vu en outre, et tu en conviendras si tu es de bonne foi, qu'il a été consacré unanimement comme le plus valeureux dans une assemblée qui réunissait six mille chevaliers. A-t-on jamais constaté en lui la moindre trace de médiocrité ? » Le malin Diepalt répondit à la jeune femme : « Comme les gens avisés nous l'ont toujours dit, c'est à la fin que l'on voit s'il faut louer ou blâmer. Tout ce que j'ai appris sur son compte jusqu'à ce jour n'empêche pas qu'il se soit comporté maintenant comme le pire des lâches. Désormais il ne comptera vraiment plus pour moi. — Malheureuse que je suis ! Qu'est-il advenu de sa renommée ? », s'écria l'infortunée jeune fille. « Jamais plus je n'oserai faire un pas en sa compagnie. Hélas et encore hélas ! Songer qu'il me faut le quitter pour une pareille affaire ! » Elle ne savait rien du sortilège et la douleur lui fit perdre connaissance. Son frère Diepalt tira son cheval derrière lui et elle ne sut pas dans quelle direction elle partait. Vous n'entendrez désormais jamais plus parler ni de l'un ni de l'autre. Voici donc notre valeureux guerrier prisonnier à Schatel le mort. D'être sans vêtements ou habillé, cela lui était tout un. L'humiliation subie le remplissait d'une telle aversion pour lui-même que dès le moment où il se retrouva dans la prison, qui était occupée par de nombreux chevaliers, il ne se soucia à aucun moment de manger et de boire. Quand les prisonniers étaient attablés et mangeaient avec de belles manières, il prenait un morceau de pain et allait se blottir contre un mur. Il restait là à mâchonner, sans jamais se laver les mains, et il se comportait comme un rustre. Il devint l'être le plus veule qui eût jamais existé, se traînait sans âme et sans forces. Il passa quinze jours de la sorte à souhaiter la venue de la mort. Un incendie

swaʒ ich ê von im vernomen hân,
er hât daʒ bœste nu getân.
er wirt mir ot nimer mære.'
dô sprach diu clagebære
3665 ,owê mir sîner êre !
nu getar ich nimer mêre
samt im gevarn einen fuoʒ.
ach, ach, daʒ ich in lâʒen muoʒ
umbe sölhe geschiht !'
3670 siu enwiste umb daʒ zouber niht
und verlôs von leide den sin.
ir bruoder Diepalt zôch si hin,
daʒ siu enwiste war si reit.
iu enwirt mêr niht geseit
3675 von ir dewederem ein wort.
nu lît ze Schâtel le mort
gevangen unser recke.
im was âne tecke
als mære als mit gewande.
3680 er was durch sîne schande
im selben worden alse gram.
fürst daʒ er in die brisûn kam,
dâ manic ritter inne lac,
sô daʒ er niene gepflac
3685 dehein zît sînes dankes
weder âʒes noch trankes.
wan sô die gevangen sâʒen
ze tische schône und âʒen,
sô nam er brôt an sîne hant
3690 und smucte sich zuo einer want.
dâ saʒ er unde kou genuoc,
daʒ er die hende niene twuoc,
und zeict eins bœsen wihtes art.
er wart der fûlest, der ie wart,
3695 âne muot und âne maht.
sus lac er vierzehen naht,
daʒ er des tôdes wünste.
dô kom von einer brünste,
daʒ se ûf der burc begunden warn,
3700 wâ si ritter sæhen varn,
die Mâbûʒen branden.
die burgær si bekanden
und sprach kint ze kinde
,jeneʒ ist Iweretes gesinde
3705 von dem Schœnen walde.'
diu dörfer brunnen balde :
daʒ was Mâbûʒes herzen sêr.
ir was zweinzic, lützel mêr :
si heten grôʒen roup genomen.

attira alors l'attention des gens du château sur des chevaliers qui mettaient à feu les terres de Mabuz. Les habitants du château les reconnurent et le bruit se répandit de bouche en bouche : « Ce sont les hommes d'Iweret de la Belle Forêt ! » Les villages brûlaient allégrement, au grand désespoir de Mabuz. Les autres étaient vingt, guère plus, et avaient amassé un riche butin. Le châtelain n'osa pas se rendre sur place quand il vit les flammes. Il craignait qu'Iweret ne lui ait tendu un piège. L'outrage étalé sous ses yeux le remplissait de douleur et il eut cette pensée : « Je dois avoir en mon pouvoir parmi tous mes hôtes un homme qui serait assez intrépide pour aller observer si quelqu'un m'a tendu une embuscade dans la forêt. Je vais le demander à l'homme le plus veule que je pourrai trouver dans le groupe de captifs. Celui-là sera le plus vaillant dès qu'il sera sorti des murs et qu'il se sera ragaillardi à l'air libre. L'homme dont je parle sera d'une vaillance éprouvée[64]. Maintenant, si je ne le revois plus jamais, voilà qui ne me causera pas grand souci. » Là-dessus, il se rendit à l'endroit où se trouvaient les prisonniers et observa leur comportement en jugeant de leur volonté et de leur vitalité. Notre bon héros se cacha quand les autres se levèrent. Mabuz prit par la main celui qui donnait des signes de couardise et lui montra l'incendie. Il le pria d'être son éclaireur. « Seigneur, je ne m'en soucie guère », répon dit l'autre, languissant. « Si je sortais du château maintenant je serais pris dans une mêlée. Aussi veuillez m'en dispenser, j'aurais tôt fait d'y laisser la vie. — Sur ma foi, tu iras », dit Mabuz le pleutre, « quoi qu'il doive arriver. »

64. Vers 3727 : *er*; P : *es*, fragment Gk : *ez*. Dans ces deux derniers témoins le vers est d'une facture plus courante et signifie : « Ce que je dis ne fait pas de doute. »

3710 der wirt getorste dar niht komen,
da er des fiures wart gewar.
er vorht, daʒ im ein hâlschar
Iweret het geleit.
in rou daʒ an sehende leit
3715 und dâht in sînem muote
,ich hân in mîner huote
etswen sô nôtvesten
under allen mînen gesten,
der wol ervarn getorste,
3720 ob ieman in dem vorste
mir ze lâge sî geriten.
ich wils den aller bœsten biten,
den ich iender vinde
in dem gevangeme gesinde :
3725 der ist der tiurste, swenne er kumet
hin ûʒ, dâ im der luft frumet :
er ist bewæret, des ich gihe.
ob ab ich in nimer mêr gesihe,
daʒ sol ich wegen harte unhô.‘
3730 mit der rede gienc er dô
dâ die gevangen wâren
und marht ir gebâren,
beidiu herze unde muot.
dô barc sich unser helt guot,
3735 sô die andern ûf stuonden.
den zagelîche tuonden
den vie Mâbûʒ bî der hant
unde zeiget im den brant.
er bat in sîn sîn wartman.
3740 ,herre, ichn kêr mich niht dar an‘
sprach der ungenge.
,ich kæm es in ein gedrenge,
solt ich ieze für die burc gân :
von diu sult ir michs erlân,
3745 wan ich stirbe in kurzen zîten.‘
,entriuwen, du muost rîten‘
sprach der blœde Mâbûʒ,
,swaʒ joch imer werde drûʒ.‘
Nu truogen si den helt enbor,
3750 unz er kom für daʒ tor
verre über die brücke.
dâ lag er ame rücke,
unz man im die hosen an
geschuohte als eime siechen man.
3755 dô leiten si in an gar
sînen harnasch, den man brâhte dar.
ouch reget er sich ein wênic baʒ.
als er ûf daʒ ors gesaʒ,

3749 On saisit alors le guerrier à bras le corps, on lui fit passer la porte et on le déposa à une bonne distance de l'autre côté du pont. Il resta là, étendu sur le dos, tandis qu'on lui enfilait ses chausses comme on l'eût fait à un malade. Puis on lui passa entièrement son armure, que l'on avait apportée jusque-là. Il commença de son côté à s'animer un peu. Dès qu'il fut en selle, sa langueur s'évanouit. Mabuz le pleutre lui dit alors : « Sache, chevalier, que tu es l'homme le plus vaillant qui vive en ce monde. Au nom de toutes les dames, mets-toi vite en campagne et rapporte-nous de bonnes nouvelles. Je serai toujours profondément affligé de t'avoir plongé dans l'abattement. Vois-tu vers où les agresseurs partent à grand bruit ? Que je devienne sourd et aveugle si, en ton honneur, je ne renonce pas pendant un an à toucher à mes prisonniers et à en faire mettre à mort, pourvu que tu m'apportes une aide profitable et que tu sauves ce dont on est en train de me dépouiller ! Je trouverai une autre façon de redresser les torts qui pourront m'être causés. — Sur la foi de ces paroles, je vais voir si je peux causer quelque tort à ceux qui ont incendié vos biens », répliqua l'étranger. Là-dessus, il partit aussitôt sur les traces des incendiaires et arriva rapidement assez près d'eux pour leur demander de tourner bride. Il aurait aimé se comporter glorieusement en l'honneur des dames. Cet habitué de la victoire était animé de la plus grande détermination. Il attaqua celui qui portait la bannière, un hardi chevalier. Il fondit sur lui et le jeta à bas de son cheval. Les autres firent promptement demi-tour en repassant devant l'endroit où était tombé leur camarade. Quatre chevaliers frappèrent en même temps notre ami de leur lance pour venger leur compagnon. Mais, bien qu'il ne fît rien pour éviter un seul de leurs coups, ils brisèrent leur lance. Lui-même abattit l'un d'entre eux, qui tomba raide mort sur le sol, puis le noble guerrier tira son épée tranchante et fit nombre de blessés parmi ses adversaires, qui

dô zergie sîns lîbes brœde.
3760 dô sprach Mâbûz der blœde
‚ich man dich, ritter, daʒ du bist
der tiurste der nu lebend ist.
tuoʒ durch alle vrouwen,
lâ dir balde zouwen,
3765 sende uns ein liebeʒ mære.
mîn herze ist imer swære,
daʒ ich ie getruobte dînen sin.
sihestu wâ si rîtent hin,
die vînde, mit gelfe ?
3770 geniuʒ ich dîner helfe,
daʒ du mir rettest mînen roup,
sô werd ich blint oder toup,
ob ich niht durch den willen dîn
mîne gevangen lâʒe sîn
3775 ein jâr, daʒ ich ir niht erslân.
swaʒ mir ze leide wirt getân,
daʒ wil ich anders rechen.‘
der gast begunde sprechen
‚ûf die rede wil ich sehen,
3780 ob in iht leides mac geschehen
von mir, die iuch hânt verbrant.‘
dâ mite reit er zehant
ûf der brennære slâ
und kom in schiere alsô nâ,
3785 daʒ er si bat kêren.
er wolt den vrowen zêren
einen prîs gerne hân bejaget.
er was sîns muotes unverzaget,
der sigesælige man :
3790 er rant einen stolzen ritter an,
der die banier fuorte :
gein im er balde ruorte :
er stach in von dem rosse nider.
die andern kêrten alle wider
3795 über ir gesellen schiere.
der ritter wâren viere,
die sament ûf in stâchen
und ir gesellen râchen.
swie lützel er doch wiche
3800 von ir deheines stiche,
idoch zerbrâchen si diu sper.
der selben einen stach er,
daʒ er tôt viel ûf daʒ sant.
dô zôch der edel wîgant
3805 sîn scharpfeʒ swert zer selben stunt :
dâ mite tet er manegen wunt,
wan sin wâren wol gewâfent niet.

n'étaient pas bien armés. Le conte ajoute que leur équipement convenait bien aux entreprises de pillage. Mais leurs écus, leur bannière, leurs casques de fer, leurs fins gambisons[65] et leurs coursiers rapides qui leur permettaient de traverser au plus vite montagnes et marais, tout cela ne leur fut d'aucun secours. Il les défit tous. Celui qui pouvait lui échapper estimait avoir fait un bon gain. Ils se désintéressèrent du butin et prirent la fuite. Il les laissa partir ainsi à la débandade où bon leur semblait : le raid incendiaire avait trouvé réparation, comme l'avait demandé le châtelain couard. Mabuz fut fidèle à son serment et ne fit mettre personne à mort de toute l'année. Notre chevalier s'en fut alors et arriva devant la porte d'une celle. Le petit monastère s'appelait la « Terre de lamentation »[66]. Il lui fut donné d'y passer la nuit.

65. Vers 3811 : *wambasch* (leçon de P ; W : *wambesch*) : dérivé d'un mot francique dont sont également issus l'allemand moderne *Wams* (le pourpoint) et le *gambison* de l'ancien français, terme que nous reprenons pour la précision de l'équivalence. Il s'agit d'une camisole rembourrée (rembourrage minimal dans le cas présent), portée sous la cotte de mailles.
66. Vers 3828 : *zer Jaemerlîchen urbor* (W, sans majuscule ; pas de différence significative dans P) ; voir Introduction 4.3.

fürbaȝ kündet uns daȝ liet,
ir geverte was ze roube guot.
3810 schilt, banier, îsenhuot,
cleiniu wambasch, snelliu ros,
daȝ si berc unde mos
deste schierre mohten überkomen,
diz moht in alleȝ niht gevromen,
3815 er entworhtes alle gelîche.
sich selben dûht er rîche
swer im entrinnen mahte.
si heten lüzel ahte
des roubes unde fluhen sie.
3820 sus lieȝ er sie wegeschie
varn swar si wolten :
und was diu brunst vergolten
nâch des blœdes wirtes bete.
Mâbûȝ sîne gelübde tete
3825 und sluoc des jâres nieman.
nu reit unser ritter dan
und kom für einer zellen tor.
zer Jæmerlîchen urbor
sô nante man daȝ clôsterlîn :
3830 dâ muost er über naht sîn.

Der meister über die münche was,
daȝ was ein wizzic abbas.
der behielt vil schône sînen gast,
daȝ im nihtes gebrast,
3835 und saget im ze mære,
daȝ Iweret wære
über daȝ clôster herre.
‚weder nâch noch verre
mac im nieman widerstân.
3840 sîn site ist alsô getân,
swaȝ er bejaget mit ritterschaft,
des ist er her zêndehaft.
swem er den lîp gewinnet abe,
den bestaten wir hie ze grabe,
3845 und swaȝ got dem gebieten wil,
eȝ si lützel oder vil
sîns guotes, daȝ benennet er
durch sîner sêle willen her.
hie von sîn wir rîche.
3850 ich enkunde iu wærlîche
ze gloube nimer daȝ gesagen.
waȝ er ritter hât erslagen,
Iweret der vogt mîn,
den an der âventiure sîn
3855 ist harte misselungen.
wir haben in gesungen

3831 Les moines avaient à leur tête un abbé de grand sens. Celui-ci reçut fort bien son hôte, qui ne manqua de rien, et il lui apprit qu'Iweret était le seigneur du monastère. « Personne ne peut lui résister, aussi loin que l'on cherche, et il a pour coutume de nous accorder une dîme sur tout ce qu'il acquiert par les armes. Nous enterrons ici tous ceux à qui il ôte la vie et il nous lègue les biens que Dieu a bien voulu leur consentir, que ce soit peu ou prou, afin que nous veillions au repos de leur âme. C'est ce qui fonde notre richesse. Vous ne me croiriez vraiment pas si je vous disais combien Iweret, mon maître[67], a tué de chevaliers, qui ont été on ne peut plus malheureux dans leur tentative de s'attaquer à son aventure. Nous avons chanté des messes pour leur salut et nous leur avons accordé tous les égards auxquels ils avaient droit. Seigneur, vous devriez vous garder de rechercher cette gloire qui abrège l'existence ; vous avez trop belle mine pour cela. Que Dieu maudisse mon seigneur s'il vous tue. » C'est ainsi que parla cet abbé de grand sens.

67. Vers 3853. Dans la bouche de l'abbé, *vogt* (< latin *advocatus*) peut avoir le sens premier et précis d'avoué (« laïc appelé auprès d'une communauté ecclésiastique bénéficiant de l'immunité afin d'exercer des fonctions judiciaires, administratives et militaires », *Vocabulaire historique*, Touati). Iweret est l'avoué du monastère (v. 3837). Grand morceau lanzeletien, par la simplicité naturelle qu'il affecte, que cet exposé sur la façon dont fonctionnent les mécanismes d'échange au sein de l'avouerie.

und allez ir reht getân.
herre, ir sult iuch erlân,
daz ir der êren niene gert,
3860 dâ von der lîp unlange wert,
wan ir sint sô schœne.
daz in got gehœne,
mînen herren, ob er iuch slât'
sus sprach der wizzic abbât.
3865 ‚Dâ vor sol mich got bewarn'
sprach der gast und wolt ervarn,
ê er ûz der zelle rite,
von der âventiure site,
wan es wundert in harte.
3870 dô sprach der êwarte
‚ich tuonz iu kunt in kurzer vrist.
mîn her Iweret der ist
ein rîche fürste wol gemuot.
er hât driu künicrîche guot,
3875 diu in sint von erbe an komen,
ân ander daz er hât genomen
den die im gesezzen sint.
er enhât niht wan ein kint,
ein tohter êrbære.
3880 ich sag iu daz ze mære,
in gehôrt nie nieman des verjehen,
daz er hæte gesehen
deheine maget sô wol getân.
mîn herre hât sich ûz getân,
3885 swelch ritter sîne tohter wil,
der muoz in mit nîtspil
in dem Schoenen walde bestân
under einer linden wol getân.
dar under stât ein brunne kalt.
3890 den Iweret der helt balt
hât mit wæhen swibogen
harte wol überzogen.
getriben ûf von grunde
ûz eines lewen munde
3895 fliuzet der brunne in ein vaz:
ein edel marmel ist daz,
dar inne swebet daz wazzer clâr.
diu linde ist grüene durch daz jâr.
ein êrîn zimbel ist dar an
3900 gehenket, daz ein ieglîch man
mit eime hamer dran slât,
der muot ûf mîne vrowen hât
und der manheit wil bejagen.
sô zem dritten mâle wirt geslagen
3905 an daz selbe glockelîn,

3865 « Que Dieu m'en préserve », lui dit son hôte, qui voulut prendre alors des renseignements sur l'aventure avant de quitter la celle, sa curiosité étant piquée au vif. Le religieux lui dit : « Je vais vous le dire sans plus attendre. Monseigneur Iweret est un prince puissant et vaillant. Il possède trois bons royaumes, dont il a hérité, sans compter d'autres qu'il a enlevés à ceux qui l'ont affronté. Il n'a qu'un enfant, une fille qui mérite tous les éloges[68]. Je puis vous dire que je n'ai jamais entendu personne prétendre avoir vu une jeune fille aussi belle. Mon seigneur a fait savoir que tout chevalier désireux de conquérir sa fille devra l'affronter en combat singulier dans la Belle Forêt, sous un beau tilleul. Sous cet arbre il y a une source aux eaux fraîches qu'Iweret, le hardi guerrier, a fait recouvrir fort joliment de magnifiques arceaux. L'eau jaillit du sol en sortant d'une gueule de lion et s'écoule dans un bassin ; celui-ci est fait de marbre précieux ; c'est là qu'est recueillie l'eau claire. Le tilleul reste vert toute l'année ; une cymbale d'airain y est suspendue, que tout homme attiré par ma dame et désireux d'accomplir une prouesse doit frapper à l'aide d'un marteau[69]. Iweret, mon seigneur, apparaît dans un équipement complet de chevalier dès que l'on frappe cette manière de cloche pour la troisième fois. Celui qui va l'affronter a bien besoin d'avoir la chance de son côté. L'année dernière comme cette année, il a fait passer de vie à trépas une foule d'adversaires, que nous avons enterrés sur place près du tilleul, là où ils se font tuer. Jusque là-bas il n'y a pas une demi-lieue pleine. Évitez cet endroit, c'est le conseil que je vous donne. Néanmoins, si Monseigneur Iweret vous abat, je vous accorderai toujours une place dans mes prières ainsi que ma bénédiction paternelle.

68. Vers 3879 : *êrbære* : leçon de W. P : *habire*, lire : *hibære* = en âge de se marier. Voir Hannink, p. 75.
69. Vers 3899-3903 : voir note 73, p. 213.

sô kumpt Iwaret der herre mîn,
gewâfent ritterlîchen wol.
swer mit im vehten sol,
der bedarf wol âventiure.
3910 er hât vert und hiure
manegem man den tôt getân,
die wir hie bestatet hân
zer linden, dâ daʒ mort geschiht :
(dar ist volle ein halbiu mîle niht :)
3915 di vermîdent, dêster rât mîn.
doch sult ir des gewis sîn,
ersleht iuch mîn her Iweret,
ir habent imer mîn gebet
und mînen vaterlîchen segen.'
3920 ,iwer genâde' sprach der degen :
,ouch nement mîner rede war :
swie eʒ umbe mich gevar,
Iweret der küene helt
der wirt des kampfes bezelt
3925 von mir oder ich stirbe.
swaʒ ich dar an erwirbe,
daʒ wirt des næhsten tages schin.
er ist mîn tôt ald ich der sîn.'
Der guote man sweig dar zuo.
3930 morgen reit der gast fruo.
der mære het er kûme erbiten,
wan er was ûʒ geriten
sô daʒ er niht erwunde,
ê er Iwereten funde,
3935 durch der merfeine clage.
als eʒ nâhte dem tage,
do bevalch er sich dem hoesten gote.
dar nâch wîste in ein bote
gein dem Schœnen walde.
3940 ich enweiʒ ob ich iu zalde,
wie des waldes site was.
er was grüene als ein gras
beidiu winter unde sumer.
dâ stuont manic boum sô frumer.
3945 der aldaʒ jâr obeʒ truoc,
zîtig unde guot genuoc,
und anderhalp doch bluote.
swes iemen was ze muote,
daʒ man solt eʒʒen,
3950 (des enwil ich niht vergeʒʒen)
dar nâch smahte daʒ obeʒ.
swer eʒ hoere, der lobeʒ,
wan eʒ was ein spæher site.
man buoʒte ouch den liuten mite

— Soyez-en remercié », lui répondit le jeune homme, « mais écoutez ce que je vais vous dire de mon côté : quel que soit le sort qui m'attende, je livrerai bataille à Iweret, le hardi guerrier ; sinon je préférerai mourir. On verra au cours du jour à venir ce que cela me rapportera. Il causera ma mort, ou moi la sienne. »

3929 L'homme de religion ne fit pas de commentaire. Le lendemain, l'étranger partit de bonne heure. Il bouillait d'impatience, car après avoir entendu les récriminations de l'ondine il s'était mis en chemin avec l'intention de ne pas prendre de répit avant d'avoir trouvé Iweret. Lorsque vint le jour il se recommanda au Très-Haut. Puis un homme dépêché à cet effet le mena jusqu'à la Belle Forêt. Je ne sais pas si je vous ai déjà parlé des particularités de cette forêt. Elle verdoyait comme pré hiver comme été. On y rencontrait une foule d'arbres qui, vertu remarquable, portaient sur un côté toute l'année durant des fruits mûrs et succulents et étaient en fleurs sur l'autre côté. Avait-on envie de manger quelque chose en particulier ? Les fruits – je tiens à mentionner le fait – prenaient alors le goût correspondant. Ceux qui m'écoutent sauront apprécier cette propriété, car elle n'est pas banale. Les fruits soulageaient en outre les gens de toutes sortes de maladies dès lors qu'ils étaient en mesure de se déplacer pour en manger. Il n'y avait aucune blessure, si grave fût-elle, qui ne guérît, tant que le corps soutenait encore l'âme, dès qu'on la pansait avec ces fruits. Si Iweret avait abattu tant d'hommes, cela tenait au fait – je me dois de vous le dire – que sa forêt renfermait des plantes dotées de si hautes vertus qu'il ne désirait rien plus ardemment que de pouvoir en goûter. C'est ainsi qu'il acquérait sa vigueur, sa vaillance et sa témérité exceptionnelles. En outre – ceci comptait pour beaucoup –, une vallée s'étendait devant le château ; il n'existait pas de plante portant des fleurs nobles, si menue, si longue ou si grande

3955 aller sühtegelich,
swer et mohte geregen sich
sô vil daȝ er daȝ obeȝ nôȝ.
enkein wunde was sô grôȝ,
der daȝ obeȝ drane bant,
3960 siu enheilte zehant,
unz oht der lîp die sêle truoc.
daȝ Iweret sô manegen sluoc,
(daȝ ist reht, daȝ ichȝ iu sage)
eȝ kom dâ von, in sîme hage
3965 stuonden würze alse hêr,
daȝ er gerte nihtes mêr
wan daȝ er drane gesmahte.
sô wart er ûȝ der ahte
starc, küene unde geil.
3970 ouch half dar zuo ein michel teil,
vor sîner bürge lac ein tal,
enkein krût ist sô smal,
noch sô lanc, noch sô breit,
daȝ deheinen edelen bluomen treit,
3975 daȝ enwære dâ in sölher art,
sô eȝ ie aller schœnest wart.
sus stuont diu heide für sich an.
daȝ si niemer gewan
wandel an ir stæte.
3980 swie daȝ weter tæte,
sô was der wert und der walt
alleȝ sumerlîch gestalt.
daȝ was billich genuoc.
swaȝ ungemüetes ieman truoc.
3985 der disiu beidiu durchgienc,
ein sölhe vreude er gevienc,
daȝ er trûrikheit vergaȝ.
den walt nante man durch daȝ,
Behforet, den Schœnen walt.
3990 sîn gezierde was sô manicvalt,
des uns diu sage niht verhilt.
lewen, bern, rôtwilt,
swîn und swaȝ man jagen wil,
des was dâ mêr danne vil
3995 ze rehter tagalte.
vil dicke man dâ valte
manegen grôȝen helfant.
des waldes art was sô gewant :
in schiet ein waȝȝer wol getân,
4000 unde muosten einhalp gân
diu tier : daȝ was ir urganc.
anderhalp was vogelsanc
und gefügel allerhande,

qu'elle puisse être, qui n'y fût représentée par quelque spécimen de la plus grande beauté. Cette partie non boisée se présentait de telle façon qu'elle offrait toujours fidèlement la même image. Le temps pouvait changer, la partie bordée d'eau et la forêt gardaient, elles, toujours leur aspect estival. Il ne pouvait qu'en être ainsi. Quiconque cheminait par ces deux endroits alors qu'il était en proie à quelque souci se voyait envahi par une joie telle que sa tristesse se dissipait. C'est pour cette raison que l'on appelait cette forêt Behforet[70]. Le conte ne nous cache pas ses multiples attraits. Lions, ours, cerfs et sangliers, gibiers de toutes sortes, on trouvait là à foison tout ce qu'il faut pour se livrer aux plaisirs de la chasse. On y abattait très souvent d'énormes éléphants. La forêt était disposée de la façon suivante : une belle rivière la coupait en deux ; les quadrupèdes étaient cantonnés dans une moitié, c'était là leur aire d'ébats. De l'autre côté, ce n'était que chants d'oiseaux et on y trouvait des volatiles de toutes les espèces connues, tout ce qui porte des plumes. Aucun de ces animaux ne sortait du domaine qui lui était assigné, ni dans un sens ni dans l'autre. Quant à la rivière, elle recelait en abondance des poissons de toutes sortes qui n'auraient pas déparé la table d'un roi. Comme vous avez pu le constater, cette forêt avait tout pour plaire.

70. Vers 3989. Avec une traduction incorporée, comme au v. 362 : « Behforet la Belle Forêt ».

die man noch ie bekande,
4005 swaȝ et hât gevidere.
her über noch hin widere
kom ir enwederȝ ûȝ ir zuht.
daȝ waȝȝer brâht ouch genuht
von allerhande vischen,
4010 die man ze küneges tischen
mit êren möhte bringen.
mit allen guoten dingen
was der walt vollekomen,
als ir wol hânt vernomen.
4015 Verdrieȝe iuch niht des man iu saget.
sô merkent von der schœnen maget,
diu Iweretes tohter was.
swaȝ man von wîbe ie gelas
oder imer mê sol gelesen,
4020 so endorfte kein vrowe wesen
hübscher noch sô wol getân.
siu was gar alles valschen ân.
zuht enwisse nieman baȝ.
beidiu nît unde haȝ,
4025 daȝ was des sin niht kunde.
von ir rôsevarwen munde
kom nie wort eȝn wære guot.
man gesach si nimer ungemuot,
wan ie mit schœnen vreuden leben.
4030 swaȝ siu mohte gegeben
durch êre, des was siu bereit.
siu was lôs mit senftikeit,
wîse, reine was ir lîp.
siu êrte man unde wîp
4035 dar nâch si wirdic wâren.
des endorfte nieman vâren,
daȝ siu sölhes ie wurde gezigen,
daȝ ir liep wære verswigen.
gelücke was ir schirmschilt.
4040 swem nu des lobennes bevilt,
der mac mich wol gesweigen.
alliu tugent was ir eigen,
diu wîbes namen wol gezimet.
swer aber mich gerne vernimet,
4045 dem sag ich von der vrowen mêr.
siu was frümic unde hêr,
von küneges künne hôch erborn.
swaȝ siu gesprach, daȝ was gesworn :
sô stæte wârn ir sinne,
4050 wan daȝ si sît diu minne
brâht an sölhiu mære,
der si doch gern enbære.

4015 Si tous ces propos ne vous ennuient pas, écoutez bien ce que je vais vous dire de la belle demoiselle, la fille d'Iweret. Peu nous importe ce que l'on a pu lire ou que l'on lira encore au sujet de femmes : aucune dame ne pouvait être plus courtoise ni aussi belle. Elle était dépourvue de toute perfidie. Personne ne s'entendait mieux qu'elle aux bonnes manières. En revanche, elle ignorait deux choses : l'envie et la rancune. De sa bouche couleur de rose ne sortaient que des paroles bienveillantes. On ne la voyait jamais chagrine, elle respirait toujours la joie. Elle était toujours prête à offrir ce qui honore. Elle était gaie, sans tomber dans l'exubérance, avisée et vertueuse. Elle témoignait des attentions à tous et à toutes en proportion de leurs mérites. C'est en pure perte que l'on aurait cherché à l'accuser d'avoir commis des actions telles qu'elle aurait préféré les tenir cachées. La fortune était son bouclier. Ceux qui maintenant seraient lassés d'entendre ces éloges peuvent parfaitement m'arrêter [et je n'aurais plus qu'un mot] : elle possédait toutes les bonnes dispositions qui honorent le nom de femme. Si certains toutefois m'écoutent avec plaisir, je leur parlerai davantage de cette dame. Elle avait de grandes qualités, elle était noble, issue d'un haut lignage royal. Ses paroles étaient autant de serments, tant sa loyauté était grande. Toutefois l'amour la mit par la suite dans une situation qu'elle aurait bien voulu éviter. Ni sa sagesse ni sa science ne lui furent alors d'un quelconque secours, car personne n'est assez savant pour pouvoir se défendre des attaques de l'amour, à moins que Dieu, qui peut imposer sa volonté à toute chose, ne l'en préserve. Voulez-vous savoir le nom de la demoiselle ? Je vais vous le dire, n'ayez crainte : cette incarnation du rêve de perfection s'appelait la belle Iblis[71]. Dieu avait mis son soin à

71. Vers 4060. Hahn a retenu à juste titre (lien avec Hybla) la leçon de W pour ce nom ; P présente presque toujours la forme non syncopée (et plus proche d'un anagramme de Sibile) : *ibelis*.

do enhalf si wîsheit noch ir list,
wan nieman alsô kündec ist,
4055 der sich der minne müge erwern,
in enwelle got dervor ernern,
der alliu dinc wol mac gezamen.
welt ir der juncfrowen namen,
den sage ich iu, des sint gewis :
4060 siu hieʒ diu schœne Iblis,
der erwunschte lîp von sælikheit.
an si was gotes vlîʒ geleit
an aller slahte getât.
swes muot in sölher wîse stât,
4065 daʒ er mir gelouben mac,
dem sage ich wes diu vrowe pflac.
Siu het gespiln hundert,
alle ûʒ gesundert
von drîen künicrîchen :
4070 die wâren billîchen
hübsch unde wol getân.
die muosen tegelîchen gân
mit der vrowen in daʒ tal
und brâchen bluomen über al
4075 und mahten schapellîn dâ mite.
hie von huop sich der site,
daʒ es guote liute niht enlânt,
si entuon eʒ swâ die bluomen stânt.
ob uns die meister niht enlugen,
4080 sô se einen bluomen ûʒ zugen,
sô stuont ein ander zehant
dort, dâ man den erren vant.
daʒ hete got alsô gelân.
diz selbe tal wol getân
4085 heiʒet hiut und imer mê
nâch der vrowen vâls Iblê,
wan siu dar an gerne was
vil dicke sô siu bluomen las
und sô sich senet ir muot,
4090 als eʒ den vrowen lîhte tuot.
Welt ir vernemen fürbaʒ,
sô wil ich iu sagen daʒ,
wie Iweretes hûs stuont.
als uns diu buoch kunt tuont,
4095 eʒ lac harte schône.
diu rîche Dôdône
hieʒ diu burc mit wârheit
und was michel vlîʒ an si geleit.
wan der berc was niht ze smal,
4100 siu lac hôhe ob dem tal,
erbûwen wol mit sinnen.

la parer de toutes les qualités. Je vais dire à ceux qui sont disposés à me croire quelles étaient les occupations de cette dame.

4067 Elle avait cent compagnes, toutes choisies parmi la fleur de trois royaumes. Personne ne s'étonnera qu'elles aient été belles et courtoises. Elles avaient pour tâche quotidienne de se rendre dans la vallée avec la demoiselle et elles y cueillaient des fleurs de toutes sortes pour s'en faire des couronnes. C'est là l'origine de la coutume qui veut que les gens dignes d'estime fassent de même partout où poussent des fleurs. Si les maîtres ne nous ont pas menti, dès qu'elles cueillaient une fleur, une autre poussait au même endroit. Dieu en avait ainsi disposé. Cette belle vallée s'appelle aujourd'hui et s'appellera toujours « vallis Iblé »[72], ceci en l'honneur de la dame, car celle-ci y séjournait très fréquemment et avec plaisir quand elle cueillait des fleurs et quand son cœur, comme c'est souvent le cas chez les dames, se gonflait d'une attente vague.

4091 Si vous voulez en apprendre davantage je vous parlerai du château d'Iweret. Les livres nous disent qu'il était merveilleusement bien situé. Ce château, je puis vous l'assurer, s'appelait la puissante Dodone[73], et on avait consacré beaucoup de soin à sa construction. Il surplombait considérablement la vallée, car la hauteur sur laquelle il se trouvait n'était pas exactement un monticule, et il était

72. Vers 4086 : « la vallée d'Iblis ». *Vâls* : émendation suggérée par Lachmann, sans doute pour des raisons métriques. Leçon de W : *vallis yble*, de P : *vallis vbele*. Les ressources morphologiques de l'allemand (morphème -e [ou -en] pour la déclinaison des noms propres féminins aux cas obliques) sont utilisées sans trop de façons (voir aussi v. 4219, 8782) pour permettre la jonction avec Hybla, nom d'une ville de l'ancienne Sicile (voir Introduction 4.2). La forme *Hible* (var. *hyblae*) apparaît dans les *Itineraria Antonini*, *Itineraria Romana I*, p. 12.
73. Vers 4096. Temple de l'ancienne Grèce (Épire), oracle de Zeus (interprétation du bruissement des feuilles du chêne sacré, du vol et du roucoulement des colombes). La tradition mentionne aussi un bassin de cuivre (non destiné, semble-t-il, à la pratique divinatoire, mais produit d'une offrande), associé à une statue représentant un homme tenant à la

ûȝenân und innen
schein siu betalle hêrlich.
niden was der esterich
4105 von marmelsteine gemaht.
diu mûre was der selben slaht.
geschâzavelt genôte,
wîȝ unde rôte,
wârn die steine gevieret.
4110 diu mûre was gezieret
harte wol von golde.
dâ der wirt sîn solde
und dâ sîn wonunge was,
daȝ was ein rîche palas,
4115 michel unde mære.
man seit uns, daȝ er wære
mit maneger schônheit geladen.
dar inne stuont ein slâfgaden,
des mûre wârn ônichelîn.
4120 der esterich der muose sîn
lûter von cristallen
und von edelen kôrallen.
dâ wâren striche an gemaht
von jaspidê maneger slaht.
4125 dâ was grôȝ rîcheit schîn.
die siule wâren silberîn.
da enmitten lâgen steine :
saffîre vil reine,
smâragden und rubîne,
4130 topaȝjen und sardîne,
grânât und ametisten,
die wâren al mit listen
nâch ein ander an geleit.
swenne Iweret dar în schreit,
4135 so envorht er nieman, hôrt ich sagen.
daȝ himelze was durchslagen
von golde und von gesteine.
saffîre reine,
die weiȝ ich und noch mêre wol
4140 der ich ein teil nennen sol :
dâ lac kalcedon, berillus,
ônix und crisolitus,
jâchant und karfunkel :
dâ von wart niener tunkel
4145 in der kemenâten.
noch was siu baȝ berâten,
als ich iu zellen mac.
daȝ spanbette, dâ ûf lac
der wirt und sîn kint reine,
4150 daȝ was von helfenbeine

savamment bâti. Il n'était que splendeur, à l'extérieur comme à l'intérieur. Le sol était en marbre, tout comme les murs. Les dalles, joliment disposées en damier, faisaient alterner le blanc et le rouge. Les murs étaient recouverts d'une très belle mosaïque[74] d'or. L'endroit qui revenait au seigneur du lieu et où il séjournait était une salle magnifique, vaste et imposante. On nous dit qu'elle recelait de multiples splendeurs. On y trouvait une chambre à coucher dont les murs étaient d'onyx. Le sol – qui s'en étonnera ? – était constitué par un revêtement transparent de cristal et de corail pur ; il était veiné de filets de jade aux teintes les plus variées. Cette pièce offrait le spectacle de la splendeur. Les colonnes étaient en argent. Des pierres précieuses y étaient insérées : saphirs d'une grande pureté, émeraudes et rubis, topazes et sardoines, grenats et améthystes, toutes serties dans une disposition savante. Quand Iweret pénétrait dans cette pièce il ne craignait personne, ai-je entendu dire. Le plafond était incrusté d'or et de pierreries, de saphirs d'une belle eau, que je sais pouvoir mentionner, et de bien d'autres pierres encore que je vais vous nommer en partie : il y avait là des calcédoines, des bérils, des onyx et des chrysolithes, des hyacinthes et des escarboucles. De ce fait, l'obscurité ne régnait jamais dans la pièce. Celle-ci était encore mieux aménagée que je ne puis vous le conter. Le lit de sangle où reposaient le châtelain et sa noble fille était fait d'ivoire et d'or rouge. Il était incrusté de pierreries choisies par Iweret. Il était recouvert d'une courtepointe de samit vert comme gazon. La literie était douce au toucher, tout

main un fouet dans lequel étaient sertis des osselets. Sous l'effet du vent, le fouet frappait le bassin, ce qui produisait des sons très prolongés. Voir : Veit Rosenberger, *Griechische Orakel. Eine Kulturgeschichte*, Darmstadt, Wissenschaftliche Buchgesellschaft, 2001, p. 62 et suiv. On reconnaît, passablement transposés, ces éléments dans la mise en scène des « trois coups » préparant l'entrée en lice du héros contre Iweret, seigneur de Dodone (v. 3899-3907 ; 4198-4203 ; 4314 et suiv. ; 4362 et suiv.). Voir Introduction 4.2 ; C. B. Lewis, 1932, notamment p. 67-78.

74. Vers 4110 : *gezieret* est une émendation suggérée par Lachmann. W, P : *gemuosieret*, que nous traduisons.

und von rôtem golde.
die steine die er wolde,
die wâren dar an geleit.
ein kulter was dar ûf gespreit
4155 von samît grüene als ein gras.
diu bettewât vil linde was,
der pfülwe und ouch daȝ küssîn :
diu zieche guot sîdîn :
wîȝ unde reine,
4160 niwe und cleine
was daȝ lîlachen.
mit gemellîchen sachen
trûte her Iweret
sîn tohter, wan siu dicke tet
4165 des er gelachen mohte.
swaz ze den êren tohte,
des was diu burc berâten
mit der kemenâten,
an gesinde und an aller habe.
4170 ich zalt iu wunder noch dar abe,
wan daȝ ich iht anders sagen sol.
Dôdône stuont ze wunsche wol,
wan der wirt het genuoc
swes waȝȝer oder lant truoc
4175 und swes sîn lîp gedâhte.
die burc er vollebrâhte,
daȝ ir nihtes enbrast.
siu was guot unde vast,
besazt mit burgæren :
4180 ich hôrte sagen, ir wæren
sehzic unde lützel mêr.
si wâren rîch unde hêr
und heten vreude under in :
der tac was dâ schiere hin.
4185 ouch hôrte man der glocken schal
in der burc über al,
sô man an den zimbel sluoc,
dâ von ich ê hân genuoc
gesaget, ob irȝ hânt vernomen.
4190 nu ist unser ritter komen.
als er kom zuo der linden,
sîn ros begund er binden
zuo des boumes aste,
sanfte und niht ze vaste,
4195 wan er wolt eȝ wider hân genomen,
swenn er den wirt sæhe komen.
den schilt leit er ûf daȝ sant.
dô nam der edel wîgant
den hamer in die hant sîn

comme l'oreiller et le coussin, qui étaient recouverts d'enveloppes de bonne soie. Les draps, neufs et fins, étaient d'une blancheur immaculée. Le seigneur Iweret cajolait sa fille en père tendre[75], car elle lui donnait de nombreuses joies. Que l'on considère les membres de la maisonnée ou les biens matériels de toutes sortes, le château, tout comme la chambre, avait tout ce qui fait la réputation d'une demeure. Je vous conterais encore d'autres merveilles à ce sujet si je ne devais pas entamer un autre propos. Rien ne laissait à désirer à Dodone, car son seigneur disposait en abondance de tout ce que portaient la terre et l'eau et de tout ce qu'il pouvait souhaiter. Il avait veillé à ce que le château ne souffrît d'aucune imperfection ; celui-ci était bien construit, puissamment fortifié et habité par un peu plus de soixante personnes, à ce que l'on m'a dit. Ces dernières étaient nobles et puissantes et vivaient dans la gaieté ; chez eux la journée était vite passée. Ajoutons que dès que l'on frappait la cymbale dont j'ai longuement parlé, s'il vous en souvient encore, on l'entendait dans tout le château. Mais voici que notre chevalier est arrivé. Une fois parvenu près du tilleul, il attacha son cheval au tronc de l'arbre en faisant un nœud lâche, peu serré, car il voulait reprendre sa monture dès qu'il verrait arriver le seigneur des lieux. Il posa son écu sur le sol. Puis le noble guerrier saisit le marteau et frappa un coup si fort sur la cymbale que celle-ci retentit bruyamment et que l'on entendit le son dans tout le château et dans toute la forêt. Ensuite il délaça prestement son heaume, le posa dans l'herbe et se dirigea vers la fontaine. Une fois

75. Vers 4162 et suiv. La traduction explicite ce qui est contenu dans le mouvement de ces deux vers dont le premier bride la spéculation que suscite le second. *Trûte* (< P), comme *minnet[e]*, leçon de W, sont des termes appartenant au vocabulaire amoureux ; S. Singer (1912, p. 144) a perçu dans ce passage une allusion à des relations incestueuses entre Iweret et sa fille. *Gemellîchen* (« plaisant », « amusant ») est une émendation lachmannienne. P : *mit getruwelichen sachen* : de façon loyale ; W : *mit gewerlicher sachen* : en ne s'exposant pas.

4200 und sluoc an daȥ zimbellîn
sô vaste, daȥ eȥ lûte schal
und manȥ hôrt über al
in der burc und in dem walde.
dâ enstrict er abe balde
4205 sîn helm und satzt in an daȥ gras.
er gienc hin, dâ der brunne was.
als er zuo dem waȥȥer kam,
die kupfen er abe nam,
der degen ellende,
4210 und twuoc sîne hende
und kuolt sich undern ougen.
des enist dehein lougen,
er enschine vreudebære.
nu vernement vremdiu mære.
4215 In der næhesten naht,
dô Iweret morgen vaht
mit unserm guoten knehte,
dô troumde vil rehte
der schœnen maget Iblê,
4220 wie si durch den schœnen clê
zuo der linden kæme gegân.
dâ sach siu einen ritter stân,
des gebærde was sô guot,
daȥ siu herze unde muot
4225 und alle ir sinne
kêrt an sîne minne,
und was diu holtschaft vil grôȥ.
deheines dinges si verdrôȥ
wan daȥ siun dâ vor nie gesach.
4230 swaȥ er tet unde sprach,
dâ was ir wundersanfte mite.
si marcte lîp unde site
und satzt in in ir herzen schrîn.
waȥ solte seltsæner sîn !
4235 ditz was unser helt balt :
er was rehte gestalt
als er in ir herzen was.
sît manȥ an den buochen las,
sô sî eȥ iu für wâr gesaget,
4240 vor liebe wachet diu maget.
Dô diu vrowe sich versan
und siu gedâht an den man
der ir vor was erschinen,
den troum erscheinde siu ûf inen
4245 dar nâch als eȥ nu ist komen.
siu sprach ‚von mir wirt genomen
nimer man, des muoȥ ich jehen,
wan den ich hînaht hân gesehen.‘

arrivé là, le vaillant étranger enleva sa coiffe de mailles, se lava les mains et se rafraîchit le visage. Croyez-moi, on ne pouvait qu'avoir plaisir à le regarder. Mais écoutez maintenant une histoire peu ordinaire.

4215 Dans la nuit qui précéda le combat entre Iweret et notre chevalier, Iblis, la belle jeune fille, fit un rêve dans lequel elle se voyait très distinctement traverser la belle prairie et arriver jusqu'au tilleul. Elle apercevait à cet endroit, debout, un chevalier qui avait si noble apparence que son cœur, son esprit et tout son être s'emplissaient d'amour pour lui et qu'elle concevait un penchant très doux à son égard. Sa seule contrariété était de ne jamais l'avoir vu auparavant. Tous ses gestes, toutes ses paroles faisaient naître en elle un bonheur merveilleux. Elle observait son physique et son comportement et l'enfermait au fond de son cœur. Peut-on imaginer chose plus étrange ? Il s'agissait de notre hardi jeune homme, et l'image qu'elle portait en son cœur correspondait fidèlement à la réalité. Puisque les livres nous l'affirment, il n'y a pas lieu d'en douter. Tel fut le bonheur ressenti par la jeune fille qu'elle s'éveilla.

4241 Lorsqu'elle retrouva la conscience claire et qu'elle se mit à penser à l'homme qui lui était apparu en songe, la demoiselle interpréta son rêve en lui donnant le rôle qu'il venait effectivement de s'attribuer, comme nous l'avons vu. Elle déclara : « Je ne prendrai jamais d'autre époux que l'homme que j'ai vu cette nuit. » Elle se promit mentalement de se rendre à l'endroit qui avait servi de cadre à l'apparition du chevalier lorsque la cymbale retentirait. Mettant cette décision en pratique, elle arriva près du tilleul après que notre ami eut frappé la cymbale, et il n'était pas tard.

mit gedanken wart siu des in ein.
4250 dâ ir der ritter vor erschein
daȥ si die stat êrte
und imer dar kêrte,
sô man den zimbel ruorte.
den muot si vollefuorte
4255 und kom zuo der linden fruo genuoc,
dô unser friunt den zimbel sluoc.
Nu wil ich iu kurzlîche sagen,
eȥ endorfte nie wîp getragen
hêrer cleit, dan siu truoc.
4260 eȥ dûht iuch lîht ein ungefuoc,
ob ich dâ von iht seite.
ir pfert und ir gereite
daȥ was schœne unde guot.
siu hete noch den selben muot,
4265 des siu in dem troume pflac.
siu bôt dem helde guoten tac,
den siu bî denn brunnen vant
wan siu sach wol zehant,
daȥ eȥ der selbe ritter was.
4270 siu erbeiȥte zuo im an daȥ gras
und gruoȥt in harte schône.
dô neic er ir ze lône,
wan im seit daȥ herze sîn,
daȥ eȥ wær diu künigin.
4275 Als er ir schœne gesach,
nu mugent ir hœren, wie er sprach
‚genâde, vrowe wol getân !
woltent irȥ für guot hân,
ich seit iu gerne mînen muot.
4280 ir sint sô schœne und sô guot,
als ich die liute hœre jehen
und als ich selbe hân gesehen,
daȥ ich durch deheine schulde
wan benamen durch iwer hulde
4285 und umb iwern schœnen gruoȥ
gewinnen oder verliesen muoȥ.
ist eȥ wâr, sô man mir seit,
sô ist mir der tôt bereit
ald ir und dar zuo michel guot.
4290 ob mir got genâde tuot,
wa geschach ie deheim man baȥ?
self iu got, ensint mir niht gehaȥ !‘
‚waȥ ræch ich an iu,‘ sprach diu maget,
‚ist eȥ als mir min herze saget
4295 und als eȥ iwerm libe zimet?‘
swelch vrowe sich des an genimet,
daȥ siu gerne wol tuot. swâ siu kan,

4257 Je vous dirai pour être bref qu'il est impossible que jamais femme ait porté des habits plus somptueux que ceux dont elle était revêtue. Si je vous en parlais vous seriez facilement portés à croire que je me moque de vous. Son cheval et le harnachement de ce dernier étaient beaux et sans défaut. La jeune fille était encore animée des sentiments qu'elle avait nourris dans son rêve. Elle souhaita le bonjour à l'homme qui se trouvait près de la fontaine, car elle vit aussitôt qu'il s'agissait du même chevalier. Elle mit pied à terre près de lui et lui fit un très beau salut auquel il répondit en s'inclinant, car son cœur lui soufflait qu'il se trouvait en présence de la princesse.

4275 Écoutez ce qu'il dit dès qu'il remarqua sa beauté : « Merci, belle dame ! J'aimerais vous faire part de mes intentions, si vous ne le prenez pas en mauvaise part. Vous êtes si belle et si noble – j'ai entendu les gens le dire et je le vois bien par moi-même – que je n'engagerai le combat qui verra ma victoire ou ma défaite que pour gagner votre faveur et votre bienveillance. Si ce que l'on me dit est vrai, le sort me réserve soit le trépas, soit votre main et une profusion de richesses. Si Dieu se montre clément envers moi, quel homme aura connu plus grand bonheur ? Par Dieu, ne m'en veuillez pas ! — Quel reproche pourrais-je vous faire », répondit la jeune fille, « si mon cœur me dit vrai et si vous êtes l'homme que vous semblez être ? Les dames qui s'attachent à agir en bien là où elles le peuvent accordent leur estime à tous les hommes courtois, et vous pourriez être de ceux-là. Toutefois, je m'en veux de ne pas pouvoir vous cacher, alors que je vous connais si peu, que jamais, autant qu'il me souvienne, aucun homme ne m'a paru aussi beau. » Il la crut volontiers et l'écouta attentivement. Elle lui raconta en détail ce qu'elle avait vécu dans son songe. « Renoncez par égard pour moi à l'aventure ! », lui dit-elle. Il lui répondit qu'il ne pouvait pas abandonner ce projet.

diu êret alle hübsche man :
der muget ir wol einer sîn.
4300 joch zürn ich an die sælde mîn,
daʒ ich iuch niht mêre h ân gesehen
und ich iu doch muoʒ verjehen,
dar nâch als ich mich enstân,
mich endûht nie man sô wol getân.‘
4305 er geloubt ir wol, und nam ir war.
siu seit im an ein ende gar,
wie ir in dem troume was gesîn.
‚ir sult durch den willen mîn
der âventiure abe gân.‘
4310 er sprach, ern möht ir niht verlân.
doch wart ir bete harte vil.
er sprach ‚vrowe, ich enwil :
ich hæte sîn unêre.‘
er sluoc den zimbel sêre
4315 in verdrôʒ daʒ Iweret niht kam.
den schilt er ze halse nam
und was in alle wîs bereit.
dô weinde diu vrowe gemeit,
wan siu den strît ungerne sach.
4320 siu saʒ nider unde sprach
‚nu helf iu got beiden :
ich kan iuch niht gescheiden.
daʒ ist des schult, ich enmac.
nu gelepte ich nie sô leiden tac.‘
4325 siu want ir wîʒen hende.
ir clage was ân ende.
siu dinget unde vorhte,
wer dâ den schaden worhte.
Dô siu alsô riuwelîche saʒ,
4330 diu minne schuof, daʒ siu vergaʒ
ir wîsheit und ir witze.
siu gewan ein sölhe hitze,
diu senendem muote nâhen lit.
‚ritter, ob ir hübsch sît,
4335 sô sulnt ir mich bedenken niet.
mîn herze mir an iuch geriet :
dâ wider kan ich niht gestreben.
die wîle ich imer mac geleben,
sô muoʒ ich iuch minnen.
4340 nu füert mich mit iu hinnen,
schœneʒ bilde, reiner lîp.‘
er sprach ‚nein ich, liebeʒ wip.‘
‚jâ ir, sældehafter man.‘
‚ich bin der niht wol vliehen kan.‘
4345 durch wîp man dicke wenken sol.‘
‚joch erwirbe ich iuch ze rehte wol.

Elle l'en pria néanmoins instamment. « Dame », dit-il, « je ne le veux pas ; ce serait me déshonorer. » Il donna un coup violent sur la cymbale ; il était contrarié de ne pas voir arriver Iweret. Il pendit l'écu à son cou, fin prêt maintenant. La belle jeune fille se mit à pleurer, car ce combat la chagrinait. Elle s'assit et dit : « Que Dieu vous vienne maintenant en aide à tous deux. Je ne peux pas choisir entre vous, car je ne sais pas en fonction de quoi le faire. Vraiment, jamais je n'ai vécu un aussi triste jour ! » Elle tordait ses blanches mains et ne cessait de se lamenter. Partagée entre la crainte et l'espoir, elle se demandait lequel causerait la perte de l'autre.

4329 Alors qu'elle était prostrée dans son chagrin, l'amour lui fit perdre sa sagesse et son droit sens. Elle fut prise d'un de ces échauffements qui guettent les cœurs amoureux et s'écria : « Chevalier, si vous êtes courtois vous ne me jugerez pas mal. Mon cœur s'est porté vers vous et je ne puis y résister. Je vous aimerai aussi longtemps que je vivrai. Emmenez-moi d'ici, vous êtes si beau, vous êtes si noble ! — Non, femme chère à mon cœur ! — Si, homme fortuné ! — Je suis de ceux qui ne savent pas vraiment fuir. — On doit souvent reculer pour faire plaisir aux femmes. — Croyez-moi, je vous conquerrai selon les bonnes formes. Tous les gages d'affection que vous me donnerez ensuite me réjouiront l'âme et le corps. Si vous m'aimez, comme vous le dites, je serai heureux de vous montrer que je n'hésite pas à affronter pour vous les épreuves auxquelles un chevalier doit faire face. » La demoiselle lui dit quel homme redoutable était son père. « Personne ne l'a encore vaincu, et pourtant on s'y est beaucoup essayé. Seigneur, tenez compte de moi si mon amour signifie quelque chose pour vous. — Il faut que la chose se fasse à un moment quelconque », répondit le noble guerrier qui, sur ces mots, frappa un coup furieux sur la cymbale. La très noble princesse s'évanouit alors

swaȝ ir mir danne liebes tuot,
des vreut sich lîp und ouch mîn muot.
ob ir mich minnent, als ir jehent,
4350 sô ist mir liep, daȝ ir gesehent,
daȝ ich durch iuch getar wol
bestân swaȝ ein ritter sol.‘
diu vrowe saget im mære,
daȝ ir vater wære
4355 ein alsô vreislicher man :
‚im gesiget nie nieman an
und ist vil an in versuochet.
ob ir mîner minne ruochet,
herre, sô gedenkent mîn.‘
4360 ‚daȝ dinc muoȝ etswenne sîn‘
sprach der edel wîgant.
dâ mite ruort er zehant
den zimbel als er wuote.
do geswant von unmuote
4365 der vil edelen künigin.
siu vorht irs vater unde sîn.
der helt si an den arm nam,
unz daȝ siu zuo ir selber kam
und ir wart ein wênic baȝ.
4370 zehant er ûf sin ors gesaȝ.
des trûrten ir sinne.
siu sprach ‚ôwê Minne,
war umbe hâstu mich geschant ?
daȝ mir von minnen ie geswant.
4375 daȝ enwær mîns rehtes niht.
ich minnen den, der mir verziht
daȝ er mich füere hinnen.
waȝ sol ich an im minnen?
wê, waȝ sprich ich, tumbeȝ wîp!
4380 beidiu tugent und sînen lîp,
diu muoȝ ich imer minnen.
von liebe möht ich brinnen.
minne tuot mir alsô heiȝ,
daȝ ich itze lützel weiȝ
4385 und mich al mîn last niht vervât.
Minne, tuo mir selhen rât,
daȝ ich dir diene imer mê!
ach leider, wê mir ôwê !
Minne ist nieman bereit,
4390 eȝ enkome von grôȝer sælekheit.
swen Minne ie herzeliche traf,
den vervie nie krût noch würze saf.
doch dês al ein, möht ich komen
ze dem schœnen tal, mir möhten fromen
4395 mîn schœne bluomen etwaȝ.

d'angoisse ; elle craignait pour son père et pour lui. Le jeune homme la prit dans ses bras jusqu'au moment où elle retrouva ses esprits et se sentit un peu mieux. Il monta sans plus tarder sur son cheval. La jeune fille en fut affligée. « Hélas, Amour », dit-elle, « pourquoi m'as-tu infligé cette honte ? Qui aurait dit que l'amour me ferait m'évanouir un jour ! J'aime quelqu'un qui refuse de m'emmener d'ici. Que puis-je aimer en lui ? Malheur, que dis-je, sotte femme que je suis ! Il me faut l'aimer à tout jamais pour sa valeur et pour lui-même. Je crois que la passion pourrait me consumer. L'amour m'échauffe tant que je ne sais plus que faire maintenant et que tout mon savoir m'est sans utilité. Amour, aide-moi et je te servirai à tout jamais. Ah ! Hélas, malheureuse que je suis, hélas ! Amour n'accorde son assistance à personne, si ce n'est par fortune extraordinaire. Aucune herbe, la sève d'aucune plante ne peut secourir celui dont Amour a frappé au cœur. Néanmoins, si je pouvais me rendre dans la belle vallée, mes belles fleurs pourraient me rendre quelque service. Malheur ! Qu'est-ce qui me fait parler ainsi ? Même si je le pouvais vraiment, je ne le voudrais pas. L'amour m'apporte de telles satisfactions que je ne regrette pas d'avoir perdu mon discernement. Ma douce inconscience me conseille d'accorder la victoire et ma personne à cet homme merveilleusement beau. Nature m'y autorise. C'est à celui qui a élu domicile dans mon cœur que je souhaite le plus de chance ! Oh ! Amour, comme tu t'y entends en prodiges[76] ! »

76. L'Amour triomphe. De même que l'utilisation du bassin d'airain pendu à l'arbre comme gong ressemble fort à la transposition dramatique d'une bribe d'un savoir relatif au culte de Zeus à Dodone (voir note 73, p. 213), de même le monologue d'Iblis, et notamment sa conclusion, donne l'impression d'être un acte de soumission à cette « Vénus victorieuse d'Hybla » mentionnée par une inscription à Hybla Géréatis (*Veneri Victrici Hyblensi*). Voir Introduction 4.2 ; *Der Neue Pauly,* t. 5, 1998, p. 770 ; P. Lévêque, *La Sicile*, Paris, PUF, 1966 (*Nous partons pour…*), p. 216-218.

wê, war umbe sprich ich daȝ ?
möhte ich wol, in wolts niht tuon.
mir lât diu minne alsô enspuon,
daȝ ich die wîsheit wol verbir.
4400 mîn süeȝiu tumpheit râtet mir,
daȝ ich dem wunderschœnen man
mîns lîbes und des siges gan.
daȝ wert mir nâtûre.
mîns herzen nâchgebûre
4405 dem gan ich sælden aller meist.
ach Minne, waȝ du wunders weist!'
Dô sus alle ir sinne striten,
dô kom ir vater zuo geriten
ûf eime stolzen rosse grôȝ,
4410 gewâfent daȝ nie sîn genôȝ
mit beȝȝerm isen wart bereit.
sin ors was, sô man uns seit,
zundervar vil tiure.
mit einer îsern kovertiure
4415 eȝ was bedaht ûf den strît.
dar obe lac ein samît,
geworht grüene als ein gras.
sîn wâfen ouch dar an was,
rôte lewen von golde.
4420 sîn schilt was, als er wolde,
von sinopele rôt genuoc.
ein guldînen lewen er truoc,
der was ûf daȝ bret erhaben.
daȝ er zeiner banier solte haben,
4425 daȝ was ein van unz an die hant,
von dem besten saben, den man vant
in des küneges lant von Marroc.
des selben einen wâfenroc
fuort er und guldîn schellen dran.
4430 er schein ein engel, niht ein man.
an allem sime gereite.
ze einer hübscheite
fuort er sîdîn mouwen.
man möht in gerne schouwen
4435 swâ erȝ in guot meinde.
von kinde er wol bescheinde,
daȝ er gemuot was unde snel.
guldin was sîn gügerel,
ein boum mit löubern niht ze breit.
4440 ein grimel was dar an bereit
mit sîdînen weifieren.
sus pflac er sich zieren
beidiu an helm und an sporn.
im was an den gast zorn,

4407 Tandis qu'elle était en proie à ce débat, son père arriva, monté sur un haut et fier cheval, dans une armure telle que jamais aucun de ses pairs ne fut vêtu de meilleur fer. Son cheval avait, nous dit-on, une très belle robe de couleur feu et portait en prévision du combat un caparaçon de fer lui-même recouvert d'un samit vert comme gazon marqué également aux armes du seigneur, des lions d'or de couleur rouge. Son écu était, selon son désir, d'un beau rouge sinople[77] et était orné d'un lion d'or en relief. En guise de bannière, il tenait un étendard qui était fait du meilleur lin[78] que l'on puisse trouver au royaume du Maroc et qui lui tombait sur la main. Il portait une cotte d'armes de la même étoffe ; des grelots d'or y étaient fixés. On aurait dit un ange plutôt qu'un homme, à voir son équipage. Par raffinement courtois il portait des manches de soie. On aurait pu le contempler avec plaisir partout où il aurait manifesté des sentiments pacifiques. Depuis son enfance il avait donné bien des preuves de sa hardiesse et de sa vaillance. Son cimier était en or et représentait un arbre moyennement feuillu. Une bande d'étoffe décorée de guipure de soie y était fixée[79]. Il aimait porter cet ornement au heaume comme aux éperons. Sa fierté lui inspirait de la colère à l'égard de l'arrivant. Mais ce qui l'attendait, c'était la mort.

4447 Lorsqu'il arriva à la hauteur du jeune guerrier qui se tenait, fin prêt, près de la fontaine et du tilleul, on n'assista pas à un concours d'amabilités. Le seigneur des lieux, qui était profondément irrité, dit sur un ton peu amène : « Qui a frappé la cymbale ?

77. Vers 4421 : *sinopel* désigne un pigment rouge, latin *sinopis* < grec *sinôpis* « terre de Sinope », port de l'ancienne Paphlagonie (Turquie actuelle), sur la mer Noire, puis la couleur correspondante.
78. Vers 4426. Hahn a établi le texte à partir de W : *savin*. L'autre leçon : *samit* (G ; P : *semit*) est parfaitement acceptable.
79. Vers 4440 et suiv. Le substantif *grimel* (W et P) n'est pas attesté ailleurs. A. Schultz, *Das höfische Leben*, II, 1880, p. 86, note 1, estime qu'il faut lire *gimpel*, mot correspondant à l'ancien français *guimple*. – *Weifieren* : nous suivons la proposition conjecturale du *Lexer*.

4445 als im sin übermuot gebôt.
im was niht vor wan der tôt.
Dô er den jungen wîgant
wol gewarneten vant
zuo der linden bi dem brunnen,
4450 dô enwart dâ niht begunnen
minnenclîcher gruoʒe.
der wirt sprach unsuoʒe,
wan er ein grimmic herze truoc.
‚wer ist der den zimbel sluoc;?‘
4455 der gast sprach ‚daʒ hân ich getân.‘
‚durch waʒ?‘ ‚ich moht es niht gelân.‘
‚welt ir mîn âventiure nemen?‘
‚jâ ich.‘ ‚des lât iuch niht gezemen.‘
‚ichn mageʒ mit êren niht versagen.‘
4460 ‚nu waʒ welt ir hie bejagen?‘
‚ein schœne wîp und iwer lant.‘
dô zurnt Iweret zehant.
Diu sper si nider halten.
gelücke muos es walten,
4465 swer eʒ dâ hin trüege.
do enwolte der gefüege
dem eltern niht entwîchen.
si lieʒen dar strîchen
mit verhancten zoumen diu marc.
4470 ir übermuot der was starc,
dâ von si wol geluste
einer ritterlîchen juste.
daʒ geschach ân arge liste.
ir enwedere vermiste,
4475 beide si wol stâchen,
daʒ die schefte brâchen
und die schever hôhe vlugen.
für wâr wir daʒ sagen mugen,
daʒ si diu swert zuhten.
4480 diu ros ouch wider ruhten,
wan se ûf die hehsen wâren komen.
die zwêne tiurlîche gomen
gesâʒen kûme beide.
zehant erschrac von leide
4485 Iweret umbe daʒ,
wan im dâ vor nie gesaʒ
kein ritter mit der wârheit,
der im ze rosse widerreit.
Ze hôher buoʒe stuont der strit.
4490 si vâhten wol ze beider sît
und dâhten niht wan an die nôt,
daʒ er benamen læge tôt,
der dem andern wære entwichen.

— C'est moi », répondit l'étranger. « À quelle fin ? — Je ne pouvais pas ne pas le faire. — Voulez-vous tenter mon aventure ? — Oui. — Laissez cela de côté. — Je ne puis y renoncer sans me déshonorer. — Que pensez-vous donc obtenir ici ? — Une belle femme et vos terres. » À ces mots, Iweret entra en fureur.

4463 Ils baissèrent leur lance. Le sort allait décider qui des deux allait l'emporter. L'avenant jeune homme ne songea pas à battre en retraite devant son aîné. Ils lancèrent leurs chevaux à bride abattue. Leur ardeur était grande et leur rendait fort agréable l'idée de disputer une joute selon les règles de la chevalerie. L'assaut ne fut entaché d'aucune feinte perfide. Aucun des deux ne manqua l'adversaire ; ils frappèrent l'un et l'autre si bien que le fût de leur lance se brisa dans un jaillissement d'éclats. Nous pouvons vous affirmer qu'ils tirèrent leur épée. Quant aux chevaux, qui avaient plié sur les jarrets de derrière, ils se redressèrent. Pour un peu les deux vaillants combattants auraient vidé les étriers. Iweret frémit aussitôt sous l'outrage ; jamais auparavant en effet – c'est la vérité – aucun des chevaliers qui s'étaient élancés contre lui n'était resté en selle.

4480 L'enjeu du combat était élevé. Ils se battaient bien chacun de leur côté, habités par la seule et effrayante pensée que celui qui romprait le combat serait sans doute possible bientôt étendu raide mort. Frappant d'estoc et de taille, les deux hommes voyaient souvent jaillir de leurs heaumes des gerbes d'éclairs. Les épées tranchantes qu'ils tenaient au poing s'entrechoquaient à grand bruit. Leurs hauberts, tailladés, se démaillaient et les lambeaux arrachés à leurs cottes d'armes voltigeaient autour d'eux. Quand les combattants en venaient au corps à corps, leurs écus se heurtaient si violemment que l'on aurait cru entendre des coups de tonnerre. Ils se malmenèrent tant que

von slegen und von stichen
4495 sâhen si beide dicke
des wilden fiures blicke,
die ûʒ den helmen sprungen.
diu scharpfen swert erclungen
in beiden an den handen.
4500 die brünjen sich entranden,
daʒ sich die ringe zecluben
und die wâfenrocke stuben
harte wîten umbe sie.
sô eʒ an ein dringen gie,
4505 sô hôrte man der schilte stôʒ,
als eʒ wære ein duner grôʒ.
si hiwen sich sô sêre,
daʒ si diu ros niht mêre
ze samen bringen mohten.
4510 dô wart dâ erst gevohten.
Bêde wurfen si sich abe.
dô sprach Iweret ,ich habe
gestriten mit kinden unz her.
ditz ist ein man, idoch muoʒ er
4515 beidiu wip unde lant
sô tiure koufen, daʒ sîn pfant
dar umbe hôhe stênde wirt
und eʒ in iemer mêre swirt.
dâ mite sluoc er vaste
4520 dem unkunden gaste
niderhalp der hant
durch den underen rant
den dritten teil des schiltes hin.
dô huop sich zorn under in
4525 und wart in beiden alsô heiʒ,
daʒ in beiden der sweiʒ
ûʒ der mâʒe wê tet.
des wart der küene Iweret
geslagen durch sîn barbel,
4530 daʒ der degen alsô snel
bluoten begunde
zer nasen und zem munde
durch die vintâlen nider.
der rîche wirt sluoc dâ wider
4535 den gast ûf die molte.
der helt sich des erholte
und spranc schiere her dan,
daʒ er dem bluotenden man
durch helm und durch die hûben sluoc
4540 eine tiefe wunden wît genuoc.
daʒ swert er kûme wider gezô.
Iweret der gerte dô

bientôt ils ne purent plus lancer leurs chevaux l'un contre l'autre. C'est alors que le combat commença vraiment.

4511 Ils sautèrent tous deux à bas de leur selle. « Jusqu'à ce jour je ne me suis battu que contre des enfants », déclara Iweret. « C'est un homme que j'ai devant moi, mais il devra toutefois payer la femme et la terre à si haut prix que le gage qu'il devra donner lui coûtera cher et lui pèsera toujours. » Sur ces mots, il frappa rudement le bas de l'écu de l'inconnu, sous la poignée, et en trancha le tiers. La fureur s'empara alors des combattants qui s'échauffèrent tant que la sueur les fit cruellement souffrir. Le hardi Iweret reçut à ce moment-là un coup à travers sa barbière[80], le sang se mit à couler du nez et de la bouche du très vaillant guerrier et à dégoutter de la ventaille[81]. Mais le puissant seigneur riposta et fit mordre la poussière à l'étranger. Celui-ci se releva, d'un bond il fut sur son adversaire et, tranchant heaume et coiffe, il lui fit une blessure bien large et profonde. C'est à peine s'il put retirer son épée. Iweret voulut alors conclure une trêve avec son jeune adversaire, mais le guerrier qui n'avait jamais connu la défaite ne connaissait pas les paix peu glorieuses. Tous deux firent alors pleuvoir les coups sur les hauberts. Je pourrais vous parler longuement du challenger. Finalement, Iweret reçut un coup qui l'étendit sur le sol, bien contre son gré. L'étranger saisit l'occasion et

80. Vers 4529 *barbel* : Ancien français : *barbiere* (*Parzival* : *barbier[e]*). Ou : mentonnière, partie métallique fixée au heaume, percée d'œillères et de trous pour la respiration, couvrant le bas du visage (et offrant donc une protection plus complète que le casque conique pourvu d'un nasal). J. Bumke, *Höfische Kultur*, I, p. 215, note qu'il s'agit d'une innovation technique attestée par les sceaux français à partir de 1190 et vite empruntée en Allemagne (1re attestation : un sceau équestre du duc d'Autriche Léopold VI, datant de 1197). Le *Lanzelet* nous donne donc à comprendre que l'armement d'Iweret est moderne.
81. Vers 4533. W : *vintallen* ; P : *fentelle* ; G : *fantalien*, des trois leçons la forme la plus proche du terme de départ, le mot de l'ancien français *ventaille*. La ventaille peut être la partie inférieure de la coiffe de mailles qui peut se relever et se lacer ou, comme c'est probablement le cas ici, la partie de la barbière/mentonnière ajourée qui permet la respiration.

eines vrides an den jungen.
dem degen unbetwungen
4545 was niht swacher suone kunt.
si sluogen beide zestunt
manegen slac ûf die brünnen.
von dem wider wünnen
möht ich manic mære sagen.
4550 hie wart Iweret geslagen,
daȝ er undankes nider kam.
der vremde es guote war nam
und enlieȝ in wider ûf niht komen,
ê er im hæte benomen
4555 beidiu lîp und êre.
nu waȝ welt irs mêre
wan dêr imȝ houbet abe sluoc ?
ein vrœlich gemüet er truoc
und gie hin dâ diu vrowe lac.
4560 der was geswunden al den tac
und enwisse niht von der geschiht,
wer dâ wol vaht oder niht.
Die maget er ûf habete,
mit brunnen er si labete
4565 und trôstes als er kunde.
diu vrowe dô begunde
ir vriundes vil genôte warn.
siu sprach ‚wie ist eȝ gevarn? ‘
‚vil wol‘ sprach der sælige :
4570 ‚ich hân erworben iuch mit sige
und wil iuch imer liep han.
ir sult triuwe an mir begân :
daȝ zimt wol iwer gebürte.
guot antwürte
4575 vreut den ellenden man.
vrowe, nu gedenkent dran
und sprechent mir güetlîchen zuo.
ob ich imer an iu missetuo,
sô müeȝ ich sîn verwâȝen.
4580 wie möht ich hân verlâȝen,
dô ich gesach iwern lîp,
ich enwurbe daȝ ir mîn wîp
von rehte solten werden?
Iwereten den werden
4585 getorste niht ein zage bestân,
wan daȝ ichȝ durch iuch hân getân.
sît ir den vater hânt verlorn,
sô rechent selbe den zorn
swie ir gebietent an mir.
4590 zwâre ir sint mir lieber zwir,
danne ir im wurdent ie.‘

lui ôta la vie et l'honneur sans lui laisser le temps de se relever. Il lui trancha la tête, que voulez-vous de plus ? La joie au cœur, il se rendit à l'endroit où était étendue la demoiselle. Elle était restée évanouie pendant tout ce temps et ne savait pas qui combattait bien ou mal.

4563 Il releva la jeune fille, la rafraîchit avec de l'eau et la secourut du mieux qu'il put. La demoiselle prit alors clairement conscience de la présence de son ami. Elle demanda : « Comment cela s'est-il passé ? — Fort bien », lui répondit-il avec son heureux naturel. « Je vous ai conquise en remportant la victoire et je veux à tout jamais vous porter de l'affection. Témoignez-moi la loyauté qui sied à votre naissance. Des paroles bienveillantes réjouissent le cœur de l'étranger. Dame, songez-y et parlez-moi en amie. Que je sois maudit si je me rends coupable du moindre manquement envers vous ! Comment aurais-je pu, après vous avoir vue, ne pas tout mettre en œuvre pour faire de vous ma femme à part entière ? Un couard n'aurait pas osé affronter le valeureux Iweret ; ce que j'ai fait, je l'ai fait pour vous. Puisque vous avez perdu votre père, soulagez votre colère en faisant de moi ce qu'il vous plaira. Mais, soyez-en sûre, je vous chéris deux fois plus qu'il ne l'a jamais fait. » La demoiselle fit bon accueil à ces propos. Sachez bien qu'elle ne pouvait pas réagir autrement, car la passion l'y contraignait, même si, en femme qu'elle était, elle ne manqua pas de verser des larmes. L'amour l'habitait toute entière. On dit que rien n'égale sa puissance ; vous le croirez d'autant plus volontiers qu'elle oublia bien vite qu'il avait tué son père. Si de toute sa vie une personne ne fait pas volontairement du tort à une autre et met tout son cœur à la servir, ce serait folie si elle ne recevait pas la récompense d'un pardon. Mais je reviens à mon conte pour répondre à vos prières. Écoutez maintenant ce que fit la demoiselle.

diu vrowe daȝ für guot enpfie.
wiȝȝent wol, daȝ tet ir nôt,
wan ez ir diu liebe gebôt,
4595 doch si daz niht vermite,
siu weinde nâch der wîbe site.
diu minne was ir alleȝ bî.
si jehent, daȝ niht sô starc sî.
daȝ geloubent alle deste baȝ,
4600 wan si sô schiere vergaȝ,
daȝ er ir vater het erslagen.
der nu dem andern zallen tagen
mit willen nimer leit getuot
und er allen sînen muot
4605 im ze dienste hât bereit,
daȝ wære ein unverwiȝȝenheit
ob genâd dâ lôn verbære.
her wider an daȝ mære
grîfe ab ich durch iwer bete.
4610 nu hœrent wie diu vrowe tete.
Siu bat den helt daȝ er niht bite
und er von der linden rite,
wan siu vorht ir vater man.
der ritter selbe sich versan
4615 und dâhte wie siuȝ meinde.
diu maget im dô bescheinde
mit triwen rehte stætikheit:
eȝ wær im liep oder leit,
Siu enwolte nimer von im komen.
4620 den selben muot hât er genomen,
daz er sô holt niemanne wart.
nu was in gâch an die vart
und riten von dem walde dan.
do begegent in der guote man
4625 von der Jæmerlîchen urbor
mit einer bâre, als er dâ vor
nâch den tôten was gevarn.
er wolt in gerne bewarn,
als manegen den er ê begruop.
4630 sîn hende er ûf ze gote huop,
der selbe êwarte :
in wunderte harte,
wie eȝ gevarn wære.
in dûht ein vremde mære,
4635 daȝ unser ritter genas
und Iweret tôt was.
Der priester kêrte dannen.
diu vrowe enbôt ir mannen
bî dem abbte zehant,
4640 daȝ si burc unde lant

4611 Elle pria le jeune homme de ne pas s'attarder et de s'éloigner du tilleul, car elle craignait les gens de son père. Le chevalier, quant à lui, réfléchit et se demanda où elle voulait en venir. La jeune fille l'assura alors de la sincérité de son attachement, déclarant qu'elle ne le quitterait jamais, qu'il en ait joie ou déplaisir. Il avait lui-même conçu les mêmes sentiments, si bien qu'il n'avait jamais ressenti pareille inclination pour quiconque. Il leur tardait maintenant de se mettre en chemin et ils quittèrent la forêt. Ils rencontrèrent alors le bon abbé de la Terre de Lamentation, conduisant une bière comme il l'avait fait auparavant quand il venait chercher les morts. Il voulait témoigner à notre ami les mêmes égards qu'à ceux qu'il avait enterrés précédemment. L'ecclésiastique leva les mains au ciel. Il était on ne peut plus étonné de voir quel tour les choses avaient pris. Il lui semblait extraordinaire que notre chevalier eût survécu et qu'Iweret eût trouvé la mort.

4637 Le prêtre s'éloigna. La demoiselle chargea l'abbé de commander à ses gens de veiller en toute loyauté sur le château et les terres : elle reviendrait quand elle le jugerait opportun. Ses vassaux ne trouvèrent rien à redire à ce message, à ceci près qu'ils auraient aimé savoir qui avait abattu leur seigneur. Personne ne put leur dire qui il était et où il allait. Le bon abbé déclara solennellement que c'était l'homme le plus beau qui eût jamais porté le nom de chevalier. « Il a de bonnes manières et il se comporte de telle façon que nous devrions nous réjouir s'il pouvait devenir notre seigneur. » Puis on enterra Iweret à l'endroit qu'aurait dû occuper notre chevalier. Comment faire pour ne pas vous dire où se rendirent le chevalier étranger et la jeune fille qu'il avait conquise sous le tilleul ?

behielten wol nach êren
si wolte wider kêren,
swenn eȝ ir rehte kæme.
diu botschaft was genæme
4645 allen ir holden,
wan daȝ si wiȝȝen wolden,
wer ir herren hæte erslagen.
do enkund in nieman gesagen,
wer er was und war er fuor.
4650 der guote man vil tiure swuor,
eȝ wære der schœneste man,
der ritters namen ie gewan.
‚sîn gebærd ist guot, und wirbet sô,
wir solten imer wesen vrô,
4655 môht wir in ze herren haben.‘
nu wart Iweret begraben
dâ unser ritter solte ligen.
wie solt daȝ werden verswigen,
war der vremde ritter kam
4660 und diu maget die er zer linden nam?

Nu ritens eine wile,
wol eine welsche mîle,
und kômen ûf ein breide.
dâ erbeiȝtens beide
4665 under eine grüene linden.
si enwolten niht erwinden,
ê si gesâȝen ûf daȝ gras.
swes ê von in gegert was,
des wart dô begunnen.
4670 doch wirs niht enkunnen
gesagen noch gezellen.
si wurden gesellen,
als in diu minne geriet.
innân des sô ditz geschiet
4675 und in daȝ mære wol behaget,
sô sehents eine schœne maget,
diu zuo in gerne wolte sîn.
ein harmblankeȝ miullîn
reit diu wol getâne.
4680 do bekante si nâch wâne
der helt, dem liebe was geschehen :
wan er het si dâ vor gesehen
bî der merfeine.
eȝ was der vrowen eine
4685 von der Meide lande.
bî namen er si nande
und hieȝ si willekomen sîn
im und sîner friundîn.

Des genâdet im diu stæte.

4661 Ils chevauchèrent un moment, l'espace d'un bon mille welsche[82], et arrivèrent en rase campagne. Tous deux mirent pied à terre sous un tilleul verdoyant. Ils n'avaient pas voulu s'arrêter avant de trouver une prairie. Ils entreprirent alors ce à quoi ils aspiraient depuis un moment, mais nous ne pouvons ni le dire ni le raconter. Ils devinrent ami et amie comme le leur suggérait l'amour. Alors qu'ils se livrent à cette occupation et y trouvent grand plaisir, voici qu'ils voient arriver une belle jeune fille qui désirait se rendre auprès d'eux. La belle montait une mule blanche comme l'hermine. Le jeune homme, qui venait de connaître des moments agréables, pensa la reconnaître, car il l'avait vue autrefois dans l'entourage de l'ondine. C'était l'une des dames du Pays des Pucelles. Il l'appela par son nom et lui souhaita la bienvenue, en son nom propre et en celui de son amie.

82. Vers 4662 : *welsche mîle*. Correspond au *milliarum Gallicum* selon le *Lexikon des Mittelalters*, VI, col. 471 et suiv., art. « Meile » (H. Witthöft) ; mais il y avait aussi le *milliarum Italicum*, terme dont la traduction allemande devrait être également *welsche mîle*. Les deux variétés de « mille welsche » semblent valoir d'après certaines sources à peu près la moitié d'un « mille allemand » (*milliarium Teutonicum*). Comprendre sans doute : les jeunes gens mettent entre eux et le lieu du combat un bon mille, mais de l'espèce courte (le « mille welsche » est dit aussi *kurze mîle*). Dans le choix de la mesure de distance, le récit semble manifester la recherche d'un équilibre entre les différents paramètres que sont la prudence, la décence et l'ardeur amoureuse.

4690 ‚ob ichʒ erwünschet hæte‘
sprach siu ‚sô fund ich iuch niht baʒ.‘
als siu zuo in gesaʒ,
siu hieʒ den ellenden
sich vreuwen unde menden
4695 und saget im dienst und alleʒ guot
von der küniginne wol gemuot,
diu in zôch und tugende lêrte
und ir vlîʒ an in kêrte
und diu im gab zem êrsten swert.
4700 ‚ sît ir mîn vrowen hânt gewert
des si iuch bat‘ sprach der bote,
‚sô dankent ir unde gote,
daʒ ir sît sus wol gedigen.
iwer name was iuch ê verswigen :
4705 den vernement durch mîne bete :
ir sint geheiʒen Lanzilete,
von gebürte sælic unde grôʒ.
ich weiʒ nienâ iwern genôʒ.
iwer vater der hieʒ Pant.
4710 Genewîs was sîn lant :
daʒ ist iwer rehteʒ erbe :
eʒ wirt in unbederbe,
die sich des hânt underwunden.
der man wirt nimer funden,
4715 der iu eins tages an gesige.
daʒ ist wâr, wan ichs iu verpflige
von mîner vrowen wârheit.
eʒ ist ir alleʒ vor geseit,
waʒ wunders iu geschehen sol.
4720 iwer muoter hât gedienet wol
an allen dingen mit ir tugent,
daʒ ir an alter und an jugent
von rehte müeʒet sælic sîn,
Clârîne diu künigîn.
4725 eʒ gelebete nie vrowe baʒ.
diu welt was ein teil gehaʒ
iwerm vater, wân er zornes pflac.
er wart, als ich iu sagen mac,
erslagen von sînen mannen.
4730 mîn vrowe fuort iuch dannen
und hât iuch zartlîch erzogen.
dâʒ ich iu niht hân gelogen,
des sol mîn wortzeichen sîn
den ich hie bringe dirre schrîn.
4735 ein guot gezelt dâ inne lît.
daʒ ir von rehte sælic sît,
daʒ ist an dirre gâbe schîn.‘
do genâdet er der künigîn.

4689 La fidèle demoiselle le remercia et dit : « Je n'aurais pas pu rêver d'un meilleur moment pour vous rencontrer. » Descendant de cheval près d'eux, elle dit à celui qui n'avait pas de patrie qu'il pouvait se laisser aller à l'allégresse et lui transmit l'hommage et les meilleurs vœux de la reine qui l'avait élevé et lui avait donné une bonne éducation, qui l'avait entouré de ses soins et lui avait fait don de sa première épée. « Puisque vous avez accordé à ma maîtresse ce dont elle vous avait prié », déclara la messagère, « rendez grâces à elle et à Dieu d'avoir connu une telle réussite. Votre nom vous était resté caché jusqu'à ce jour, apprenez-le maintenant, s'il vous plaît. Vous vous appelez Lanzilet[83], et vous êtes de haute et noble naissance. Je ne connais personne qui soit votre égal. Votre père s'appelait Pant, et son royaume, dont vous êtes l'héritier légitime, Genewis. Ceux qui se le sont approprié ne tireront pas profit de leur acte. Il ne se trouvera jamais d'homme pour vous vaincre. Ce que je dis est vrai, car je vous l'assure au nom de la vérité que détient ma dame. On lui a prédit toutes les merveilles qui vous arriveront. L'excellence que votre mère, la reine Clarine, a montrée à tous égards vous vaut – ceci s'applique à votre jeunesse et s'appliquera à votre vieil âge – le juste bénéfice de vivre sous d'heureux auspices. Jamais dame ne mena vie plus exemplaire. Votre père s'était quelque peu attiré l'inimitié des gens, car il était sujet à l'emportement. Il a été, je puis vous le dire, tué par ses vassaux. Ma dame vous a emmené de là-bas et vous a tendrement élevé. Le coffret que voici vous prouvera que je n'ai pas menti. Il contient une belle tente ; ce présent montre que c'est à bon droit que la fortune vous sourit. » Il exprima sa reconnaissance envers la reine. Ces nouvelles l'avaient empli de joie. Son épouse, la douce Iblis, les entendit aussi

83. Vers 4706 : *Lanzilete*. Le -e est (ici) un ajout de l'éditeur (pour la rime). La forme avec le -i médian restera unique. La forme courante dans W et P est : *lantzelet* (avec ou sans majuscule).

der mære vreute sich sîn lîp.
4740 gerne hôrt eȝ ouch sîn wîp,
Iblis diu guote,
und wart ir wol ze muote,
daȝ ir sô rehte was geschehen.
dar nâch îlten si besehen
4745 daȝ gezelt, wân si der bote bat.
ez was ein wünneclîchiu stat,
dâ si wârn geseȝȝen:
des muge wir niht vergeȝȝen.
diu heide was von bluomen gar
4750 rôt, wîȝ, weitvar,
brûn, grüene unde gel,
swarz, mervar, wolkenhel,
tusenvêch, trûbeblâ,
stahelbleich, îsengrâ,
4755 purpurbrûn, sîdeval.
die vogel mit ir süeȝen zal
die vlugen ûf daȝ schœne velt.
da enmitten satzte sin gezelt
Lanzelet der milde.
4760 daȝ gewürhte was sô wilde,
daȝ Salomôn und Dârîus
und der rîche künec Augustus,
den diente al diu erde,
die enmöhten nâch sîm werde
4765 daȝ gezelt vergelten borwol,
als ich iu bescheiden sol.
swelch man ie sô sælic wart,
daȝ er drîn getet eine vart,
der was imer mê gesunt
4770 und erschein im an der selben stunt
sîn vriunt derm aller holdest was.
daȝ ober teil was ein spiegelglas,
ûȝân und innen ebenclâr.
alsô grôȝ als ein hâr
4775 gewunn eȝ nimer einen krac
weder durch wurf noch durch slac.
sus was eȝ obene gemaht.
ein guldîn knopf het eȝ bedaht,
der was lobebære.
4780 von golde ein ar vil mære
was dar ûf gemeȝȝen.
an dem was niht vergeȝȝen
swaȝ ze meisterlîchen dingen touc :
ân daȝ ein, daȝ er niht vlouc,
4785 sô stuont er als er lebete,
vogelîche er swebete.
sîn gezierde was niht cleine.

avec plaisir, et elle se réjouit de voir sa propre vie prendre un tour aussi heureux. Puis, à l'invitation de la messagère, ils coururent regarder la tente. C'était un endroit merveilleux que celui où ils avaient mis pied à terre. La campagne, couverte de fleurs, n'était que couleurs : rouge, blanc, bleu pastel, brun, vert et jaune, noir, vert glauque, blanc nué, dégradés de jaune, bleu raisin, blanc acier, gris fer, brun pourpre, jaune soie[84]. Les oiseaux voletaient au-dessus de la belle prairie en faisant retentir leur doux babil. C'est là, en plein milieu, que Lanzelet le magnifique installa sa tente. Elle était si extraordinairement ouvragée que – je dois vous le signaler – ni Salomon, ni Darius ni le grand roi Auguste qui exercèrent leur domination sur la terre entière[85] n'auraient jamais pu fournir la somme qu'elle représentait. Dès que quelqu'un avait le bonheur de pouvoir y pénétrer, il restait en bonne santé tout le reste de sa vie et la personne à laquelle il portait le plus d'amitié lui apparaissait en image. Le haut de la tente était un miroir qui jetait le même éclat au-dedans qu'au-dehors. Ni les projectiles ni les coups n'auraient pu y faire une fente aussi fine qu'un cheveu. Voilà pour la partie supérieure, qui était coiffée d'une admirable boule d'or. Celle-ci portait un magnifique aigle d'or, sculpté avec le plus grand art qui soit. Il semblait vivant, à ceci près qu'il ne volait pas ; il paraissait planer comme un oiseau. La parure qui le rehaussait n'était pas négligeable. On lui avait mis en guise d'yeux deux escarboucles de la plus belle eau, si bien que la nuit

84. Ici aussi on peut avoir l'impression de se trouver devant une réminiscence littéraire liée au culte de Vénus à Hybla et mise en récit. Voir *La Veillée de Vénus [Pervigilium Veneris]*, IIe siècle après J.-C. (avec son « refrain » : « Aimez demain, vous qui n'avez jamais aimé ; / Vous qui avez aimé, aimez encor' demain »), éd. et trad. R. Schilling, Paris, Les Belles Lettres, 1944, v. 49-52 : « Vénus a prescrit que son tribunal se dresse parmi les fleurs de l'Hybla. Elle présidera en personne et énoncera ses lois, assistée des Grâces. Hybla, répands à profusion tes fleurs, toute la moisson fleurie de l'année ! Hybla, revêts une robe de fleurs, qui s'étende à toute la plaine de l'Etna ! »

85. Vers 4763 : *den*. W : *den zwein* ; la remarque ne s'applique qu'aux deux derniers souverains nommés. P : *dem* ; la remarque ne concerne qu'Auguste. Hannink (p. 76) voit dans ce vers une allusion à Luc 2, 1 et pense que P offre la meilleure leçon.

zwên karvunkel reine
wârn im für ougen gemaht.
4790 dâ von gesach man durch die naht
als eȝ wære ein sunnen schîn.
ouch was im der munt sîn
gemaht daȝ er ginte hô,
sô man eine keten zô.
4795 er was innân aller hol
und sanc prîslîchen wol
einen wunderlîchen dôn.
sîn zunge was ein abestôn,
ein stein hizze rîche.
4800 der brinnet êwiclîche,
für daȝ er einest wirt enbrant.
der liuhtet ouch in daȝ lant
und behabet sîn perze
baȝ danne ein michel kerze.
4805 ditz was der pavelûne huot.
niderhalp was siu harte guot,
mit berlen gezieret.
diu winde was gevieret.
(siu was hoch unde wît.)
4810 ein teil was ein samît,
rehte grüene als ein gras.
manic bilde drane was
mit starken listen gemaht.
eȝ was verre beȝȝer slaht
4815 dan ze Kriechen dehein pfellel sî.
daȝ ander teil was dâ bî
ein rîcher triblât,
brûn sô man uns gesaget hât :
dar an rôtiu bilde,
4820 glîch vogelen und wilde,
meisterlîche wol geworht.
daȝ gezelt stuont unervorht
vor aller slahte wetere.
guldîn was daȝ etere,
4825 dâ mite zesamene was genât
der samît und der triblât.
ich sages iu niht nâch wâne,
von rôtem barragâne
was diu dritte sîte.
4830 siu lûhte harte wîte
in dem grüenesten clê.
im kunde nimer werden wê,
dem daz in teile was getân,
daz er drîn mohte gân ;
4835 er hât an sælden grôȝen prîs.
eȝ was ein irdisch paradîs,

on y voyait comme en plein jour. Son bec était fait de telle sorte qu'il s'ouvrait largement quand on tirait une chaîne. L'aigle était creux à l'intérieur et faisait entendre une belle et étrange mélodie. Sa langue était une abestos, une pierre ardente qui brûle éternellement dès le moment où elle est allumée ; elle jette une grande clarté alentour et son éclat bleuâtre[86] est plus intense que celui d'un grand cierge. Ainsi se présentait le faîte de la tente. La partie inférieure était très belle, ornée de perles. Elle comportait quatre pans hauts et larges. D'un côté, c'était un samit vert comme gazon, savamment brodé de nombreux motifs, de loin supérieur dans sa façon à tel ou tel paile de Grèce. Le deuxième pan, attenant, était un splendide triblat[87], chatoyant à ce qui m'a été dit, décoré de dessins rouges représentant des oiseaux et des quadrupèdes – un travail de maître. La tente ne redoutait aucune intempérie. Un ourlet d'or rattachait le triblat au samit. Le troisième pan – je n'invente rien – était de futaine[88] rouge ; ressortant sur le vert on ne peut plus soutenu de l'herbe, son éclat se répandait au loin. Quiconque recevait le privilège de pouvoir entrer dans la tente était à l'abri de la souffrance ; il pouvait être fêté comme étant un heureux mortel. On ne peut que le constater : la tente était un paradis sur terre. Le quatrième pan était fait de

86. Vers 4803 : *perze*. W : *perze*, P : *perse*. *Perze* n'est pas attesté par ailleurs. La formation du mot a été élucidée par M. Kantola (1980 et 1982, p. 145-148). Il faut partir de l'ancien français *pers* (bleu, bleuâtre), emprunté en moyen-néerlandais sous la forme *peers* (*pers*, *paers*). Le mot rimait en néerlandais avec *keers* (la bougie, le cierge). *Keers* avait un équivalent en haut-allemand : *kerze* (<*z*> représentant l'affriquée [ts]) ; *peers* n'en avait pas, mais le transfert de la rime a produit par alignement le mot-hapax *perze*. P *perse* rappellerait la rime primitive, ou serait une correction (sur le plan du lexique, au détriment de la rime) due à un copiste connaissant le mot néerlandais (1982, p. 147). Il s'agit là selon M. Kantola d'un des nombreux indices tendant à prouver que le *Lanzelet*, sous la forme que nous lui connaissons, serait non pas directement l'adaptation d'un récit français, mais la transposition d'une version néerlandaise de ce récit. Voir Notice 3.3.

87. Vers 4817 : *triblât* : étoffe teinte en trois couleurs, dont l'une est le pourpre, voir *Mediae Latinitatis Lexikon Minus* II, p. 1359, art. « *triblattus* ».

88. Vers 4828 : *barragân* ; ancien français *barracan*, espagnol *barragán* < arabe *barrakàn*. Allemand moderne : *Barchent*. C'est le tissu appelé en médio-latin *fustaneus*, tissu croisé (chaîne en fil de lin, trame en coton) ou fait de coton seulement. Voir : Kühnel, *Kleidung und Rüstung*, p. 23, art. « Barchent ».

des muoz man jehen zwâre.
von wîȝem visches hâre
was daȝ vierde ende,
4840 mit wilder wîbe hende
geworht mit guoter ruoche.
ez was deheime tuoche
niender gelîche getân,
vil spæher danne ferrân;
4845 und die zoten niht ze lanc ;
wünneclich der inganc.
es geloubt eim kinde niht sîn vater,
diu tür was ein guldîn gater.
dâ stuonden buochstaben an,
4850 der ich gemerken niene kan,
wan einer sprach dâ bevor
‚quid non audet âmor :
waȝ getar diu minne niht bestân ?'
der ander sprach, daȝ ist mîn wân,
4855 ‚minne ist ein wernder unsin.'
sît ich zellende worden bin,
sô stuont dar nâch geschriben
‚minne hât mâȝe vertriben.
sine mugent samen niht bestân.'
4860 in ditz gezelt moht nieman gân,
der guoten liuten lotter truoc.
der zeltstange ich niht gewuoc
daȝ meinet ungefüegiu diet,
di geloubent mir des mæres niet.
4865 doch sag ich iu, daȝ siu was
verre grüener danne ein gras,
lûter, sleht, smaragdîn.
diu grœȝe mohte wol sîn
als zweier spannen enge.
4870 zweir sperscheft was diu lenge.
siu wuohs noch swie man wolde.
die stecken wârn von golde,
die dar zuo tohten,
diu wintseil geflohten
4875 von cleiner bortsîden.
ir sult des niht vermîden,
irn merkent mîne rede hie :
swâ ein nât über dander gie
und sich zesamene prîste,
4880 dar über gienc eine lîste,
der ich vergeȝȝen niht enmac.
ich sage iu waȝ dar an lac.
dâ was geworht von golde,
als ein wîse meister wolde,
4885 seltsæniu kunder,

fourrures blanches de poisson[89] soigneusement travaillées par des femmes sauvages. Aucun drap n'avait l'aspect de cette matière, qui était bien plus belle que la ferrandine[90]. Les poils n'étaient pas trop longs. L'entrée de la tente était une merveille. Un père n'en croirait pas son enfant[91]. La porte était une grille d'or et portait des inscriptions que je n'arrive pas à bien identifier. L'une d'elles, toutefois, placée en tête, disait : « *quid non audet amor* : quelles audaces l'amour n'a-t-il pas ? » Une autre disait, je crois : « Amour est une folie constante[92]. » Puisque j'ai commencé à en parler[93], ajoutons qu'il y avait écrit ensuite : « Amour a chassé Mesure. Ils ne peuvent pas faire bon ménage ensemble. » Aucune personne portée à jouer des tours à des gens de bonnes mœurs ne pouvait pénétrer dans la tente. Je n'ai pas mentionné le mât de la tente. La remarque viendra de personnes sans éducation qui ne croient pas ce que je rapporte. Je vous dirai néanmoins qu'il était plus vert que gazon, brillant, lisse et constitué d'émeraudes. Il n'excédait pas deux empans en épaisseur et était haut de deux longueurs de lance. Mais il pouvait s'allonger autant qu'on le désirait. Les piquets qui allaient avec la tente étaient en or, les cordes étaient faites de bandelettes tressées en fine soie brodée[94]. Ne manquez pas de bien m'écouter maintenant : toutes les coutures qui se superposaient ou s'imbriquaient l'une

89. Vers 4838. Peaux de phoques, ou de loutres.
90. Vers 4844 : *ferrân*. Selon A. Schultz, I, 1879, p. 268, une étoffe légère faite de laine et de soie ; ancien français : *ferrandine*.
91. Vers 4847. Leçon de P. W dit à l'inverse : « Un enfant ne croirait pas son père. »
92. Vers 4855. Leçon de W ; P : *ein süsser unsin* (« une douce folie »).
93. Vers 4856. Émendation de Hahn à partir de W : *sit ich ze ellende worden bin* (P : *sit ich ellende worden bin*) ; *zellen* signifie « parler », « raconter » (anglais : *to tell*). Mais on peut, avec O. Hannink (p. 76) découper le texte différemment en rattachant le v. 4856 au vers précédent, conserver l'une ou l'autre des leçons des manuscrits et comprendre : « depuis que je suis exilé ». La mention de l'exil, qui peut sembler assez abrupte, s'explique aisément si l'on admet que l'on se trouve ici, dans ce contexte lettré, devant une citation de style goliardique plus ou moins bien intégrée. L'étudiant assume par définition et les assauts de l'amour et les inconvénients de l'expatriation. Voir par ex. *Carmina Burana* 118, 119.
94. Vers 4875 : *bortsîde* est de la soie utilisée comme bordure de vêtement, donc ornée, brodée d'or ou d'argent (« l'orfroi » des textes français de l'époque).

vische, merwunder,
tier, gefügel unde man.
diz was alleȝ dar an,
mit spæhen listen erhaben,
4890 hol und innân ergraben.
sô der wint kom drîn gevlogen,
so begund eȝ alleȝ sament brogen,
als eȝ wolte an die vart.
ieglîcheȝ sanc nâch sîner art
4895 und half dem arn, der oben schrê.
von dem gezelt sag ich niht mê
wan einr nâtûre der eȝ wielt :
swenne manȝ zesamene vielt,
sô wart eȝ sô gefüege,
4900 daȝ eȝ lîhte trüege
ein juncvrowe in ir handen.
si endorfte nimer ganden
daȝ spæhe zeltgeriusche.
diz ist niht ein getiusche,
4905 eȝ ist wâr und ungelogen.
swenne eȝ wart ûf gezogen,
so enswârt eȝ an nihte.
swenne manȝ ûf gerihte,
sô wart eȝ als eȝ solte,
4910 dar nâch sîn herre wolte,
beidiu hôch unde wît.
daȝ besuohten zer selben zît
Lanzelet und Iblis :
diu giengen drîn, des sît gewis,
4915 und sâhen in daȝ spiegelglas.
daȝ under in niht valsches was,
des muosen si von schulden jehen.
wan er enkunde niht ersehen
wan der vrowen bilde.
4920 Iblis diu milde,
ich weiȝ ir rehte alsam geschach,
daȝ si ir selben niht ensach
niht wan ir gesellen.
für wâr lât iu zellen,
4925 wær er über tûsent mîle gesîn,
si ensæh doch niht wan sînen schîn.
Es müesen wîse liute jehen,
dô Lanzelet het ersehen
daȝ gezelt, daȝ er sich mante.
4930 den boten er heim sante
wider in der Meide lant.
der wol gezogen wîgant
enbôt der merminne,
daȝ sîu ûf leit in ir sinne

dans l'autre étaient cachées par des galons, je ne puis omettre d'en faire état. Je vais vous dire quels ornements portaient ceux-ci. On y voyait, façonnés dans l'or, comme en avait décidé un maître habile, des créatures étranges, des poissons, des monstres marins, des quadrupèdes, des oiseaux et des humains. Tout cela y était fort joliment taillé en creux. Quand le vent s'engouffrait dans la tente, toute cette faune se mettait à s'agiter comme si elle voulait s'en aller. Tous chantaient à leur façon et prêtaient main-forte à l'aigle qui poussait son cri sur le faîte. De cette tente, je ne dirai rien de plus, sinon pour mentionner une particularité : quand on la pliait, elle devenait si légère qu'une demoiselle aurait pu aisément la porter dans ses mains et n'aurait jamais eu à se plaindre des bruissements insolites de la tente. Ce n'est pas là mensonge, mais vérité prouvée : quand on hissait la tente, son poids n'augmentait pas le moins du monde. Quand on l'avait montée, elle prenait les dimensions qui convenaient à son propriétaire, en hauteur comme en largeur. Lanzelet et Iblis la visitèrent alors ; ils y entrèrent, soyez-en assurés, et regardèrent dans le miroir. Ils ne purent que constater qu'il n'y avait entre eux pas la moindre insincérité. Lui ne vit que l'image de la dame, et je sais qu'Iblis, la généreuse, fit une expérience identique et qu'elle vit non son reflet, mais celui de son ami. Sachez en toute vérité que même si elle s'était trouvée à mille lieues de là elle n'aurait vu que l'image de celui-ci.

4927 Les gens avisés devront reconnaître que lorsqu'il eut vu la tente Lanzelet ne perdit pas la tête. Il fit reprendre à la messagère le chemin du Pays des Pucelles. Le guerrier aux belles manières la chargea de demander à l'ondine de formuler le vœu de son choix, car il s'efforcerait de réaliser ce souhait même s'il devait pour cela voir la mort de près. Dame Iblis lui fit dire de son côté qu'elle désirait bénéficier de sa bienveillance. Le seigneur Lanzelet offrit un anneau merveilleux à la jeune fille qui

4935 swaȥ siu selbe wolte,
wan er daȥ tuon solte,
geriet eȥ nâch unz an den tôt.
vrowe Iblis ir ouch enbôt,
daȥ siu in ir hulde wolte sin.
4940 von golde ein sælde vingerlin
daȥ gab der herre Lanzelet
der meide, dium den dienst tet
und diu in sînes namen berihte
ze sîner vriundîn angesihte.
4945 diu miete muost ir wol behagen.
siu jach, eȥ het in an geslagen
von dem aller miltesten man,
den diu welt ie gewan.
der künec Artûs von Kardigân
4950 der was sîn œhein sunder wân :
diu âventiure seit uns daȥ.
mir ist leit, daȥ ich vergaȥ,
daȥ vingerlîn was der geschiht,
man verzêh im betlîches niht,
4955 swer eȥ an der hant truoc.
diu waget danket im genuoc
und fuor dannen siu was komen.
sus hete Lanzelet vernomen,
daȥ er was Artûses swester barn.
4960 nu dâhte er, daȥ er wolte varn
da er Wâlweinen funde,
wan er im baȥ guotes gunde
danne deheim sîm mâge.
alsus reit er mit vrâge
4965 dâ er in schierste wânde sehen.
nu eȥ alsus was geschehen,
daȥ er balde für sich reit
und sîn vriundîn gemeit,
do begegent in ein valet :
4970 den gruoȥte her Lanzelet
und vrâget in um mære.
der knappe sprach, er wære
von Karidôl niuwens komen :
dâ heter ein wunder vernomen
4975 ‚dâ von alliu wîsiu diet
grôȥes übels sich versiet
diu künegin lebet in grôȥer clage.‘
Lanzelet sprach ‚nu sage,
waȥ betiutet eȥ?‘ ‚ich tuonȥ iu schîn.‘
4980 er sprach ‚der künic Valerîn
von dem Verworrenen tan
der ist betalle ein müelich man :
der kom ze Kardigân geriten.

lui avait rendu le service de lui révéler son nom en présence de son amie. Cette récompense ne pouvait que lui plaire ; elle déclara qu'il tenait de l'homme le plus généreux qui ait jamais vécu en ce monde. Le roi Arthur de Kardigan était son oncle, aucun doute n'était permis. Le conte nous dit – je suis fâché d'avoir omis de le rapporter – que cet anneau était ainsi fait que l'on ne pouvait refuser aucune requête raisonnable à la personne qui le portait au doigt. La jeune fille se confondit en remerciements et s'en alla dans la direction d'où elle était venue. Ainsi Lanzelet avait appris qu'il était le neveu d'Arthur. Il résolut alors de se mettre à la recherche de Walwein, car il portait à celui-ci plus d'affection qu'à aucun de ses parents. Il se mit donc en route, s'informant ici et là, en prenant la direction de l'endroit où il pensait le trouver le plus rapidement. Alors qu'il chevauchait déjà gaillardement avec sa belle amie ils rencontrèrent un page. Le seigneur Lanzelet le salua et lui demanda de quelles nouvelles il était porteur. Le page répondit qu'il arrivait tout juste de Karidol ; il y avait entendu une chose extraordinaire « dont toutes les personnes avisées redoutent des suites désastreuses. La reine est plongée dans une grande désolation ». Lanzelet lui dit : « Dis-moi, de quoi s'agit-il ? — Je vais vous le dire. Le roi Valerin[95] de la Forêt emmêlée[96] est vraiment un homme peu commode. Il est venu à Kardigan et a prié le roi de lui donner sa garantie

95. Vers 4980. Nom rapproché par Singer (1912, p. 157), puis Richter (1934, p. 75 et suiv.) de celui de Valerius/Valesius, qui introduisit le culte de Proserpine à Rome.

96. Vers 4981. Dans *Die Krone* de Heinrich von dem Türlin, le rôle du « rival » d'Arthur et du futur ravisseur de la reine est tenu par *Gasoein* (var. *Gasozin*) *de Dragoz* (éd. Knapp/Niesner, v. 4775) ; voir : Christine Zach, 1990, p. 84-88. Un personnage du même nom figure dans différents récits comme membre de la cour du roi Arthur, notamment dans le *Lancelot* (*Gasoain d'Estrangot*) et d'abord dans *Érec et Énide* (éd. Fœrster, v. 1710 : *Garravains* [var. *gorsoein*] *d'Estrangot*). Selon O. Warnatsch (*Der Mantel*, p. 126, note 2), *d'Estrangot* serait une déformation de « *d'estreint gaut* » (« de la forêt serrée, difficilement pénétrable ») ; « von dem Verworrenen tan » pourrait dès lors fort bien être une traduction fidèle d'un tel toponyme français. Si tel était le cas, et si le nom de *Valerin* est effectivement une résurgence d'une tradition légendaire italique (l'enlèvement de Proserpine), nous aurions affaire à nouveau, après l'épisode de Behforet, à un assemblage italo-breton.

do begund er den künic biten,
4985 daȝ er im gæbe geleite,
daȝ er mit gewarheite
redete swaȝ er gerte.
der künec in dô gewerte,
daȝ er vride hæte,
4990 swaȝ rede er tæte,
und er niht zürnen wolde.
Valerîn sprach, er solde
Ginoveren billîcher hân
danne Artûs âne wân,
4995 wan siu im gemehelt wære,
ê siu wurde hîbære.
Artûs sprach und al sîn diet,
si enwisten umb die rede niet.
dô sprach der künic Valerîn
5000 „entriuwen, herre, siu ist mîn.
ich wil beherten mîn reht
mit kampfe als ein guot kneht,
und swer dâ wider strîten wil,
der neme der rede ein kurzeȝ zil.
5005 ob er ist mîn genôȝ,
wær er als ein rise grôȝ,
ich getar in harte wol bestân.
doch wil ich ein gedinge hân,
daȝ mit mir ze rehte
5010 niht wan einer vehte.
mit mîner wârheit, ich verpflige,
ob ich verliuse den sige,
sô lâȝ ich mîne vrowen vrî.
ob aber ich sô sælic si,
5015 daȝ mir daȝ heil gevalle,
sô lânt mich rîten alle
und gebent mir die künigîn.“
der künec Artûs sprach „daȝ sol sîn.“
dirr rede ist im ein tac geleit.
5020 er muoȝ es imer sîn gemeit,
swer die künigîn fürstât,
ob er guot gelücke hât :
dem wirt dicke wol gesprochen.
von morne über ein wochen
5025 hât Valerîn den kampf genomen.‘
‚möht ich enzît dar imer komen?‘
sprach Lanzelet der stæte.
daȝ er der reise hæte
genuoc, sô was des knappen sage,
5030 beidiu ze naht und ze tage.
Daȝ ist ein vremde mære,
wer Valerîn wære ;

qu'il pourrait dire sans risque ce qu'il avait à déclarer. Le roi lui assura alors qu'il le laisserait en paix quoi qu'il puisse dire et qu'il ne s'emporterait pas. Valerin déclara qu'il avait sans conteste plus de droits qu'Arthur sur Ginovere. Celle-ci, en effet, lui avait été donnée en mariage avant qu'elle ne fût nubile. Arthur et tous ses gens dirent qu'ils n'en avaient jamais entendu parler. En vérité, seigneur, dit le roi Valerin, elle m'appartient. Je tiens à défendre mes droits en combat singulier, en bon chevalier ; si quelqu'un veut relever le défi, qu'il ne perde pas de temps en longs discours. S'il est de mon rang, je me fais fort de lui faire face, dût-il avoir la taille d'un géant. Toutefois je tiens à poser en condition de ne pas avoir à affronter plus d'un adversaire, comme il est juste. Je donne ma parole que si la victoire m'échappe je tiendrai ma dame quitte. Mais si j'ai le bonheur de voir la chance me sourire, alors laissez-moi tous partir et donnez-moi la reine. — Ainsi en sera-t-il, répondit le roi Arthur. On a fixé un jour pour régler ce différend. Le champion de la reine aura lieu de se réjouir à tout jamais s'il a la chance de son côté ; il recueillera beaucoup de louanges. Valerin se présentera au combat demain dans une semaine. — Pourrai-je jamais arriver à temps ? », demanda le fidèle Lanzelet. Il n'aurait pas trop de ses jours et de ses nuits pour faire le voyage, lui dit le page.

des vrâget Lanzelet der degen.
der knappe sprach ‚ich wil verpflegen,
5035 er ist ein künic wol gemuot
und hât ein burc alsô guot,
ze der niht ze bietenn ist.
si ervorhte aller manne list
sô grôȝ niht als umb ein hâr.
5040 ich wil iu sagen für wâr,
vor der burc lit ein hac,
dâ nieman durch komen mac
vor grôȝem ungezibele.
da ist alleȝ ein genibele
5045 niden an der halden.
von würmen manicvalden
ist der hac behüetet harte.
eȝ ist gar ein würmegarte.
dâ durch gât ein strâȝe :
5050 die würme nement die mâȝe,
daȝ si nimer koment dran,
ê Valerîn der küene man
in gebiutet daȝ si komen.
mêr enhân ich niht vernomen,
5055 wan daȝ ich in sagen sol,
din burc ist obenân wol
erbûwen harte schône.
siu ist aller veste ein krône
und liuhtet als diu sunne.
5060 da ist ûf ein guot brunne.
der wirt ist selbe ein frumer man.
dâ zem Verworrenen tan
sô heiȝt diu burc und daȝ hûs.
min herre der künic Artûs
5065 der enhât in sime rîche
kein burc, diu ir gelîche.
er mac es wol angest hân,
swer Valerînen sol bestân,
unde muoȝ sich leides nieten.
5070 dâ mite sult ir mir gebieten,‘
sprach der knappe wol gezogen,
‚wan zwâre diz ist niht gelogen.‘
Dô hieȝ Lanzelet zestunt
den knappen weren wol gesunt.
5075 und reit er naht unde tac,
daȝ er lützel ruowe pflac,
und sin friundin alsam.
an dem fünften tage er kam
ze des herzogn hûs vom Wîȝen sê.
5080 der was des vordern tages ê
gegen dem kampfe geriten.

5031 Ce Valerin était un personnage étrange. Le vaillant Lanzelet s'enquit de sa personne. « Je m'en porte garant », dit le page, « c'est un roi valeureux qui possède une forteresse si parachevée que rien ne peut y être ajouté. Elle ne saurait craindre si peu que ce soit aucun artifice humain. Je vous le certifie, devant le château s'étend un taillis que personne ne peut traverser, car il est peuplé d'une foule de bêtes rampantes. Le bas de la pente est complètement recouvert par la brume. Le taillis est bien gardé par des serpents de toutes sortes. C'est une véritable fosse à serpents. Une route le traverse, mais les serpents suivent des parcours qui les en tiennent éloignés tant que Valerin, cet homme hardi, ne les fait pas venir. Je n'en ai pas appris davantage, à part ceci, dont je dois vous faire part : le château, qui se dresse sur le sommet, est bâti de magnifique façon. C'est le fleuron de toutes les forteresses et il resplendit comme le soleil. Il y a là-haut une bonne fontaine. Le seigneur lui-même est un homme de valeur. La Forêt emmêlée, tel est le nom du château et de la demeure. Mon seigneur le roi Arthur ne possède pas dans son royaume de château qui puisse rivaliser avec celui-ci. Celui qui affrontera Valerin peut à bon droit redouter cette épreuve et il devra s'attendre à en pâtir. Maintenant, donnez-moi congé », dit le page dans sa civilité, « car assurément rien de ceci n'est mensonger. »

5073 Lanzelet souhaita alors bonne chance au page et chevaucha nuit et jour sans guère prendre de repos ; son amie était au même régime. Le cinquième jour, il arriva au château du duc du Lac blanc. Ce dernier était déjà parti la veille pour assister au combat. La duchesse pria le couple accablé de fatigue de bien vouloir lui dire qui ils étaient, car elle n'avait sur sa foi jamais vu de personnes d'aussi belle mine. Lanzelet lui donna des renseignements sur sa personne ; elle sut alors sur-le-champ à qui elle avait affaire et ne connut jamais de jour plus heureux.

do begund diu herzogîn biten
die müeden gesellen,
daȝ sir geruohten zellen,
5085 wer si wæren beide,
wan si mit wârheide
sô schœne liute nie gesach.
Lanzelet ir verjach,
wieȝ umb in was gewant.
5090 dô bekande siun zehant
und gelebte nie liebern tac.
siu sprach ‚Lanzelet du Lac,
dîn vater der was der neve mîn
und ist diu liebe muoter dîn
5095 mînes herren künne.
ez ist mir ein michel wünne,
daȝ du dîne friundin
bî mir hie lâȝest sîn,
unz si geruowe eteswaȝ.
5100 ich enstên an dîner gæhe daz,
daȝ du gerne woltest sehen
den kampf, der dâ sol geschehen.
doch kumestu kûme dar enzît.
zwei geruowetiu râvît
5105 diu lîhe ich dir an dîne var
und einen ritter der dich dar
zuo dem kampfe bringet alsô fruo,
ê man grîfe dar zuo.
die stiure tuon ich gerne dir,
5110 daȝ frou Iblis bî mir
dîn gûetlîche bîte.
zehant nâch dem strîte
sô kum her wider durch mîne bete.‘
dô lobet ir daȝ Lanzelete,
5115 er sprach, wie gerne erȝ tæte.
dâ mite fuor der stæte
balde ûf sîne strâȝe.
ob ichȝ ungesaget lâȝe,
sô sult ir doch wiȝȝen daȝ,
5120 daȝ nie deheiner vrowen baȝ
noch sô schône wart gepflegen.
nu ist Lanzelet under wegen
und gâhete für sich harte.
zuo der Wahsenden warte
5125 kam er von geschihten.
nu lât mich iuch berihten,
wieȝ um die warte was gewant.
man sach übr alleȝ Engellant
und noch verrer dannen.
5130 zwein vehtenden mannen

« Lanzelet du[97] Lac », dit-elle, « ton père était mon parent et ta mère bien-aimée appartient au même lignage que mon seigneur. Ce sera pour moi une grande joie que tu laisses ton amie ici auprès de moi jusqu'à ce qu'elle ait pris un peu de repos. Je devine à ta hâte que tu désires voir le combat qui est annoncé. Mais tu auras peine à arriver à temps. Je vais te prêter pour le voyage deux chevaux frais et un chevalier qui te conduira sur les lieux du combat avant que celui-ci ne commence. Je désire t'accorder cette aide afin que dame Iblis puisse attendre paisiblement ton retour. Je te demande de revenir ici aussitôt le combat fini. » Lanzelet le lui promit en disant qu'il le ferait avec le plus grand plaisir. Puis cet homme fidèle se mit rapidement en route. Bien que je ne vous en parle pas, sachez que jamais dame ne fut traitée avec plus d'égards et autant de considération. Voici Lanzelet en chemin. Il avançait à grande allure. Le hasard l'amena jusqu'à l'Observatoire grandissant[98]. Laissez-moi vous parler de cet observatoire. Le regard y découvrait toute l'Angleterre et portait encore bien plus loin. La butte offrait à peine assez de place pour deux combattants, mais elle grandissait à l'occasion et cent chevaliers pouvaient y tenir un tournoi. On trouve là facilement la possibilité de satisfaire les plus grandes exigences en fait de prouesse. Une armée importante se massait sur les bords d'une rivière qui coulait là ; une autre armée se portait à sa rencontre. Chaque homme ne pouvait pas apercevoir plus d'un adversaire, quoi qu'il en eût. « Je tenterais bien l'expérience pour voir si ce que l'on dit est vrai ou faux », dit Lanzelet ; « l'ennui est que

97. Vers 5092. Première apparition du *cognomen* sous sa forme française. Leçon de P. W (toujours) : *de*.
98. Déjà rapproché par W. Richter, p. 77, d'une notice des *Otia Imperialia* (*Tertia Decisio*, chap. 58). Dans la traduction d'A. Duchesne, 1992, p. 70 : « Il y a en Catalogne un rocher qui présente une surface plane assez étendue ; on aperçoit en son sommet, aux alentours de midi, des chevaliers qui joutent à la manière des preux. Mais si quelqu'un s'en approche, plus rien de cela n'apparaît. » Malgré la transcription de la vision en action, la scène reste également assez fantomatique dans le *Lanzelet*. Sur le *Lanzelet* et les *mirabilia*, voir Introduction 3.1.

was der bühel kûme wît.
er wuohs zetelîcher zît :
dâ turnierten hundert rîter an.
swaȝ vorderungen ieman kan
5135 erdenken ze manheit,
des wirt er dâ wol bereit.
bî einer rivier, diu dâ vlôȝ,
kom dar ein kreftic her grôȝ
gegen dem reit ein anderȝ dar.
5140 ein einic man wart niht gewar
wan eines andern ob er wolte.
Lanzelet sprach ‚ich solte
wol versuochen dize mære,
ob eȝ wâr oder gelogen wære,
5145 wan daȝ wir sêre hân getrabet.‘
nu siht er wâ ein riter habet
bi dem furte an dem gevilde
mit gevaȝȝetem schilde.

Nu vernement wie im dô geschach.
5150 si sprangten beide in den bach
und kômn sô vaste ein ander an,
daȝ Lanzelet den lantman
verre von dem rosse warf
und stach im eine wunden scharf,
5155 daȝ er sêre bluoten began
und den bach zetal ran.
ine weiȝ selbe wa er gelac.
dô nam Lanzelet du Lac
ein ros ûȝ der mâȝe guot,
5160 daȝ der degen wol gemuot
nie kein beȝȝerȝ überschreit,
daȝ er ze Kardigân reit.
früeje vor der sunnen schîn
dô was der künic Vallerin
5165 gewæfent in eim ringe.
mit lîhtem dinge
möht ich niht gesagen daȝ,
wie rehte riterlich er saȝ,
alsô daȝ im nihtes brast.
5170 eȝ endorfte nie kein fremde gast
gegen grôȝeme dinge baȝ gehân.
bi im stuont sîn kastellân,
bereit und ûf den strît bedaht.
nu heten sich hin für gemaht
5175 beidiu riter unde frouwen,
die den kampf wolten schouwen.

Nu saȝ Wâlwein der reine
ûf der Eren steine.
von dem ist iu gesaget gnuoc,

nous avons derrière nous une rude chevauchée. » C'est alors qu'il aperçoit un chevalier qui se tenait, l'écu au poing, sur la terre ferme, près du gué.

5149 Sachez maintenant quel tour les choses prirent pour lui. Tous deux sautèrent dans la rivière et fondirent si impétueusement l'un contre l'autre que Lanzelet projeta le chevalier du lieu à une bonne distance de son cheval et lui fit une profonde blessure, si bien que l'autre se mit à saigner abondamment et fut entraîné par le courant ; je ne sais pas moi-même où il s'arrêta. Lanzelet du Lac conquit ainsi un cheval qui était si bon que le vaillant guerrier n'en avait jamais enfourché de meilleur, et il le monta pour aller à Kardigan. C'était de bonne heure, avant le lever du soleil ; le roi Valerin se tenait en armes à l'intérieur d'un cercle. J'aurais de la peine à dire quel beau chevalier il faisait, dans un équipage qui ne laissait rien à désirer. Aucune personne étrangère au lieu n'aurait pu avoir plus fière allure au moment d'affronter une redoutable épreuve. Son destrier de Castille était à son côté, prêt à être monté et couvert d'un caparaçon de combat. Les chevaliers et les dames qui voulaient assister au combat s'étaient maintenant avancés.

5177 Walwein, l'irréprochable, était, quant à lui, assis sur la Pierre d'Honneur[99]. On vous a assez dit qu'elle ne supportait pas le contact de personnes portées à la félonie ou à la méchanceté. Ginover, la reine et sa suzeraine, était assise près de lui. Elle lui avait mis un de ses houseaux de sa propre main, comme plus d'un vaillant guerrier avait pu le voir. C'est à ce moment que Lanzelet arriva, fendant la foule, et mit pied à terre près de la pierre. Il alla vers Walwein, avec la permission de la reine, qui lui souhaita la bienvenue. Et tout le monde fut parfaitement satisfait de voir que la pierre supportait

99. Vers 5178. Parallèle dans le *Wigalois* de Wirnt von Grafenberg, v. 177 et suiv. (avec plus de détails, mais sans le nom).

5180 daʒ er den man niht vertruoc,
an dem was falsch oder haʒ.
Ginovere bi ime saʒ,
sîn frowe diu künegîn.
sîu hete im ein der hosen sîn
5185 mit ir handen an geschuot.
daʒ sach manic helt guot.
dô kom Lanzelet geriten
durch daʒ volc in almiten
und erbeiʒte bî dem steine.
5190 er gie zuo Wâlweine
mit urloube der künegîn:
diu hieʒ in willekomen sîn.
ouch dûhtes alle guot genuoc,
daʒ in der stein sô wol vertruoc.
5195 des wart sîn guot war genomen
beidiu von swachen und von fromen
durch sîn grôʒe sælikheit
und benamen um sîn schônheit.
Dô was Wâlwein vil frô,
5200 daʒ er lebende noch dô
sînen gesellen vant.
si bekanden sich zehant.
dô manet in her Lanzelet,
dô si schieden, daʒ er tet
5205 im sicherheit mit stæte,
swes er in gebæte,
daʒ er daʒ lieʒe werden wâr.
daʒ wart Wâlweine niht swâr.
der zühte rîche Lanzelete
5210 kêrte vlêhen unde bete,
daʒ er in den kempfen lieʒe sîn.
,neinâ, trût geselle mîn,'
sprach Wâlwein zuo sînem gaten,
,ich enmages mit êren niht gestaten :
5215 ich het es missewende.'
dô sagete unz an ein ende
Lanzelet gar sin dinc.
um in wart ein michel rinc :
si begunden zuo im gâhen,
5220 die in ê turnieren sahen
da er Wâlweines vater vienc.
vil wol im al sîn dinc ergienc.
sîn geslehte erkande man zehant.
Dô der künec Artûs bevant,
5225 deiʒ in zein ander stuont alsô,
dô wart er inneclîche frô
und ander die mâge sîn.
dâ wart ein michel liebe schîn.

aussi bien son contact. Tous, les gens de valeur comme les médiocres, portèrent leur attention sur lui ; cela tenait à sa grande capacité de réussite et encore plus à sa beauté.

5199 Walwein fut très heureux de retrouver vivant son compagnon. Ils se reconnurent aussitôt. Le seigneur Lanzelet lui rappela alors que, lorsqu'ils s'étaient séparés, Walwein lui avait donné la loyale assurance qu'il lui accorderait tout ce qu'il lui demanderait. Walwein en convint sans regret. Lanzelet, qui s'entendait à bien parler, le pria et le conjura de le laisser être le champion. « Il n'en est pas question, beau doux ami », répondit Walwein à son compagnon, « je ne puis l'accepter sans nuire à ma réputation ; cela me causerait du tort. » Lanzelet raconta alors son histoire du début à la fin. Un grand cercle se forma autour de lui ; ceux qui l'avaient vu à l'œuvre lors du tournoi au cours duquel il avait fait prisonnier le père de Walwein accoururent vers lui. Tout lui réussissait et on constata très vite à quel lignage il appartenait.

der hof fröute sich gar.
5230 Lanzelet beredete eȝ dar,
daȝ in der künec zer selben stat
und al sin massenîe bat,
daȝ er væhte für die künegîn.
do ergap sich an die triwe sîn
5235 Ginovere diu milde,
daȝ er daȝ unbilde
widerreden solte.
daȝ er dâ tuon wolte,
des was Wâlwein gerende,
5240 sînen mâc wart er werende,
daȝ er sich lieȝ fürtreten
den sæligen Lanzeleten,
wan er erkante sîne kraft
an turnei und an rîterschaft.
5245 dô Falerîn die fröide ersach,
ich wil iu sagen, wie er sprach,
daȝ im alsô mære
ein sô der ander wære
und daȝ im daȝ wær ein wünne,
5250 daȝ si wæren küneges künne.
Ditz mære was da nieman leit.
dô wart Lanzelet bereit
gelîch eim guoten knehte.
‚nu erschein eȝ got ze rehte'
5255 sprach diu milte künegîn.
dâ muose michel riuwe sîn,
wan ze diseme tegedinge
sâȝen dâ ze ringe
tûsent frowen unde mê
5260 den tet diu fürsorge wê
und diu bitter leides grimme.
mit weinlîcher stimme
wunschtens alle heiles
der künegîn, diu unveiles
5265 um êre nie kein guot gewan.
swelch sinnic herze sich versan,
daȝ solt ir gerne gnædic sîn.
nu rennt der künic Valerîn
und Lanzelet ein ander an,
5270 zwêne kreftige man :
die muosen gezimieret sîn,
daȝ cristen man noch sarrazîn
nie sölhes niht gesâhen.
si begunden beide gâhen,
5275 ze ritterschefte was ir ger.
si sâhen hin unde her
schœne vrowen umbe sich.

5224 Lorsque le roi Arthur découvrit quels liens les unissaient, il en eut le cœur réjoui, comme ses parents, du reste. On assista à de grands témoignages d'affection. Toute la cour était en fête. Lanzelet se montra persuasif, si bien que le roi et toute sa maison lui demandèrent alors de combattre pour la reine. Ginovere, la généreuse reine, s'en remit à sa loyauté afin qu'il repousse l'injuste revendication. Ce que Lanzelet voulait faire, Walwein le désirait aussi, mais puisqu'il s'agissait d'un parent il accepta de céder sa place à Lanzelet, l'homme à l'heureuse destinée, car il savait combien celui-ci excellait dans les tournois et les exercices de chevalerie. Quand Valerin vit toutes ces démonstrations de joie il déclara, je vous le rapporte, qu'il ne faisait pas de différence entre l'un et l'autre et qu'il était ravi de les savoir de sang royal.

5251 Les choses avaient pris un tour qui ne déplaisait à aucune des personnes présentes. Lanzelet fut équipé comme il convient à un bon chevalier. « Que Dieu montre maintenant de quel côté est le droit », dit la bonne reine. L'affliction ne pouvait qu'être grande, car il y avait là, réunies en cercle, plus de mille femmes qui assistaient au jugement. L'inquiétude et l'amertume cruelle que suscite le sentiment d'outrage les tourmentaient. La voix entrecoupée de pleurs, elles souhaitaient toutes que le sort fût favorable à la reine, qui n'avait jamais acquis à vil prix ce qui pouvait servir sa réputation. Quiconque considérait son cas dans son cœur et dans sa raison ne pouvait ressentir que de la bienveillance envers elle. Mais voici que le roi Valerin et Lanzelet, deux combattants redoutables, vont s'élancer l'un contre l'autre. Leur équipement était sans conteste rehaussé de parures telles que jamais chrétien ni Sarrasin n'en vit de pareilles. Tous deux se mirent en mouvement, tout à leur désir de faire chevalerie. Ils se voyaient entourés de tous côtés par de belles dames. Je puis vous l'assurer en toute sincérité, leur ardeur en était accrue d'autant. Ils

entriwen des verpflig ich mich,
si wâren deste küenre vil.
5280 nu griffens an daȝ nîtspil,
wan si wolten eȝ niht sûmen.
si bâten in ûȝ rûmen
und dahten sich gelîche
mit den schilten rîterlîche.
5285 die zwêne degen wol geborn
nâmen diu ros mit den sporn
und fuortens an ein ander sân.
dô muose ietweder enphân
ungeselleclîcheȝ phant.
5290 zuo den vier nagelen gegen der hant
dâ stâchens durch die schilte,
daȝ den degenen milte
die starken schefte zercluben
und die spelteren ûf stuben.
5295 ir enweder kom dâ nider.
zwei ander sper si nâmen sider
und justierten mêre.
dô wurden aber sêre
diu ros zesamene gesant
5300 unde mit den sporn gemant,
daȝ si sich ein ander stieȝen.
die küenen aber niht lieȝen,
si zebrâchen die schefte
und zugen dô mit crefte
5305 diu swert von den scheiden.
nu vernement von in beiden.
Uns zalt diu âventiure daȝ,
eȝ gevæhten nie zwên rîter baȝ
ze rosse noch ze fuoȝe.
5310 si pflâgen unmuoȝe
mit ir ellenthaften handen.
beide si zetranden
die ringe mit den swerten,
wan si gelîche gerten
5315 des siges und der êre.
si sluogen alsô sêre
ûf helme und ûf die schilte,
daȝ daȝ viur wilde
wadelende drûȝe vlouc
5320 und sich von den slegen bouc
ir ietweders stahelvaȝ.
Lanzelet do niht vergaȝ
der gewonlîchen slege sîn:
er treip den künic Valerîn
5325 umbe in manege kêre
und wundet in als sêre,

commencèrent alors leur jeu périlleux, car ils ne voulaient pas attendre plus longtemps. Ils demandèrent qu'on leur fît place et se couvrirent tous deux de leur écu, en chevaliers accomplis. Les deux guerriers de haute naissance éperonnèrent leurs chevaux et les lancèrent l'un contre l'autre. Force fut à chacun de recevoir de l'autre un gage peu amical. Ils transpercèrent leurs écus entre les quatre clous du milieu et les guerriers à l'ardeur généreuse virent les solides hampes de leurs lances se briser et voler en éclats. Aucun des deux ne fut désarçonné. Ils prirent alors deux autres lances et continuèrent à jouter. Une nouvelle fois, les chevaux furent lancés l'un contre l'autre et pressés de l'éperon au point qu'ils se heurtèrent. Mais ceci n'empêcha pas les hardis combattants de briser leur lance et de tirer d'un bras vigoureux l'épée du fourreau. Écoutez maintenant ce qu'ils firent l'un et l'autre.

5307 L'histoire nous dit que jamais deux chevaliers ne combattirent mieux à cheval et à pied. Leur bras vaillant ne se ménageait pas. Chacun tailladait de son épée la cotte de mailles de l'autre, car ils étaient portés par le même désir de victoire et de gloire. Ils frappaient si violemment sur leurs heaumes et leurs écus que le feu en jaillissait en gerbes ardentes et que le couvre-chef d'acier de l'un et l'autre se déformait sous l'effet des coups. Lanzelet ne manqua pas d'asséner les coups dont il était coutumier. Il fit faire au roi Valerin plusieurs fois le tour du cercle et le blessa si grièvement que celui-ci resta étendu à ses pieds. Valerin avait perdu tant de sang qu'il ne tenait plus à la vie. Le glorieux Lanzelet le contraignit à se constituer prisonnier sur parole. Valerin se soumit. Il se mit à la merci du jeune homme qui l'avait vaincu et jura solennellement qu'il n'offenserait jamais plus la reine. Le loyal Lanzelet laissa la vie sauve à son adversaire, car il n'était pas avide de sang et ne désirait pas le tuer. Tous ceux qui, dans

daʒ er vor im muose ligen.
er wart des bluotes ersigen
alsô daʒ im der lîp was leit.
5330 dô twanc in umbe sicherheit
Lanzelet der mære,
daʒ er sîn gevangen wære.
dô wart gihtic Valerîn.
ûf die genâde sîn
5335 ergab er sich dem jungen,
der in hâte betwungen,
und swuor des harte sêre,
daʒ er nimer mêre
der künegîn leit getæte.
5340 Lanzelet der stæte
enruohte daʒ der helt genas,
wand er niht mortgire was
und er in ungerne sluoc.
des dûhtes allesament genuoc,
5345 die dâ frum wolten wesen.
der künec Artûs lie'n ouch genesen
durch sîne tugende stæte,
swie er in erzürnet hæte.
er êrte Lanzeleten dran,
5350 der im den sige an gewan.
dêswâr er bete es êre.
eʒ gerouw in aber sît sêre :
wan Falerîn tet dâ nâch
künec Artûs einen leiden schâch,
5355 dar an er sîne triwe brach.
daʒ man im ê wol sprach,
daʒ was dô alleʒ verlorn.
wan swer die triwe hât verkorn,
der hât die beste habe verlân;
5360 des sulnt die guoten sich verstân.
Dô dem künege Artiure
geschach diu âventiure,
dar er sîn êre behielt,
grôʒer vreuden er dô wielt
5365 und Ginover diu künigîn
und al diu massenie sîn.
di genâdeten alle sêre
Lanzelet der êre
und lieʒ man Valerîn zehant.
5370 dar nâch wurden gesant
driu hundert ritter wol getân
und mîn herre Wâlwân,
daʒ vrowe Iblis kæme
unde zuo ir næme
5375 die herzogîn vom Wîʒen sê.

l'assistance, tenaient à se comporter dignement trouvèrent les conditions du règlement suffisantes. Fidèle à ses nobles principes de conduite, le roi Arthur laissa lui aussi la vie à Valerin malgré la colère que celui-ci avait éveillée en lui. Il témoignait ainsi son estime pour Lanzelet, qui lui avait donné la victoire. Ce geste était tout à son honneur. Plus tard, cependant, il s'en repentit amèrement, car Valerin joua par la suite un vilain tour au roi Arthur et se parjura. C'en fut totalement fait alors du bon renom dont il avait joui jusque-là. Quiconque en effet trahit sa parole perd le plus précieux des biens. Les gens de valeur comprendront ce que je dis.

5361 Le roi Arthur avait eu le bonheur de sauver son honneur et il s'en réjouit grandement avec Ginovere, la reine, et toute sa cour. Ils remercièrent tous chaleureusement Lanzelet de ce qu'il avait apporté à leur honneur et on libéra alors Valerin. Puis on dépêcha auprès d'Iblis trois cents fringants chevaliers et monseigneur Walwein[100] avec mission de lui demander de venir et de se faire accompagner de la duchesse du Lac blanc. Jamais vous n'avez entendu parler d'un accueil plus amical. Il serait trop long de vous conter comment Iblis fut accueillie et vous vous ennuieriez. Monseigneur le roi Arthur alla la saluer avec un équipage magnifique, des chevaux couverts de belles housses et des bannières éclatantes ; jamais en effet il n'avait eu d'hôte plus cher en sa demeure. L'anxiété qui pesait sur Ginovere depuis qu'elle avait été offensée la quitta. Elle prodigua à Iblis de nombreuses marques d'estime et toutes deux, Iblis et la reine, passèrent ensemble des heures radieuses. Elles se lièrent aussi intimement que peuvent le faire deux dames dotées de toutes les qualités.

100. Vers 5372. Texte édité et manuscrits : *Walwan* (voir note 43, p. 139). Nous unifions la forme du nom.

ir enfrieschent nie mê
sô minnenclîchen anpfanc.
eȝ wær ze sagenne ze lanc,
wie Iblis wart enpfangen :
5380 des müese iuch belangen.
mit zierde maneger slahten,
mit rossen wol bedahten
und mit rîchen banieren
begund si salûieren
5385 mîn herre der künic Artûs,
wan er gewan in sîme hûs
nie deheinen liebern gast.
Ginovere lieȝ des klupfes last,
den si dâ vor von leide truoc.
5390 siu bôt ir êren genuoc
und wurden beide gelîche
schœner vreuden rîche,
Iblis und diu künegîn.
swâ mite heinlich suln sîn
5395 zwô frowen an tugenden vollekomen,
des wart sich von in an genomen.
Ich envriesch sô grôȝe fröude nie.
der künec Artûs dô niht enlie
von sînem hove scheiden
5400 weder lieben noch leiden
innerthalb vier wochen.
des wart im wol gesprochen,
sô daȝ er lobes ist unverhert.
da wart durch êre vil verzert.
5405 daȝ was Lanzeletes scholt.
im wâren al die liute holt,
die zuo êren hügende wâren :
wider die kund er gebâren
sô daȝ ze hove nieman baȝ.
5410 der künic Artûs dô vergaȝ
durch sines neven güete
swaȝ im ze widermüete
ie geschach von kinde.
ze liebem ingesinde
5415 wart Lanzelet enphangen.
nu eȝ alsus ist ergangen,
daȝ ein alse vorder man
durch sîne wirde gewan
stuol zer tavelrunde,
5420 dar nâch in kurzer stunde
bevalch er sîne friundin
sîner frowen der künegîn
und saget er âne vrâge
Wâlweine sînem mâge,

5397 Je n'ai jamais entendu parler de pareilles réjouissances. Le roi Arthur ne permit à personne, ami ou ennemi, de quitter sa cour pendant quatre semaines. Il en fut loué et on peut donc dire que sa réputation n'a subi aucune atteinte. Il fit de grandes dépenses pour maintenir son renom. Tout cela, on le devait à Lanzelet. Tous ceux qui avaient le souci de l'honneur lui portaient de l'affection ; il savait les traiter avec une prévenance inégalée à la cour. L'excellence de son neveu fit oublier au roi Arthur tous les désagréments qu'il avait pu connaître depuis son enfance. Lanzelet fut admis au sein de son proche entourage. C'est ainsi que cet homme de si grande valeur a gagné par sa prouesse un siège à la Table ronde. Peu de temps après, Lanzelet recommanda son amie à sa dame, la reine, et confia spontanément à Walwein, son parent, qu'il voulait se rendre à Pluris. Il le pria de veiller sur ses intérêts et réussit à force d'habileté à cacher son départ à presque tout le monde.

5425 daz er ze Plûrîs wolte varn.
er bat im sîn dinc bewarn
und geschuof daȝ mit listen,
daȝ eȝ lützel liute wisten.
Nu ist Lanzelet bereit.
5430 im ist van Plûrîs geseit,
eȝ sî ein schœniu burc vast,
erbûwen daȝ ir niht gebrast.
dar under lac ein market guot,
dâ bi ein heide wol gebluot
5435 von bluomen alder welte.
mit einem schœnen zelte
was diu wise gezieret.
vil wol geparelieret
was diu pavelûne hêr
5440 mit hundert schilten, niht mêr ;
die hiengen nâch ein ander gar,
mit fremden wâfen missevar
si lûhten an daȝ grüene gras.
ein künegîn ûf der burc was,
5445 diu hât den site ûf geleit
durch eine fremede spâcheit,
ir gehügede zeiner stiure.
eȝ hieȝ ir âventiure,
der hübschen küniginne.
5450 eȝ wâren ir sinne,
daȝ siu niemer man genæme,
eȝ enwær daȝ einer kæme,
für ander man sô wol gemuot,
der an den hundert rittern guot,
5455 von der schilten ich ê sagete,
einen selben ruom bejagete,
daȝ ers alle nider stæche
eines tages und alsô bræche
die âventiur ze Plûrîs :
5460 und swem geviele dirre prîs,
dem gæb diu künegîn hêre
lip, guot und êre
und hæte niht vor im gespart.
swelhes rîters schilt geruort wart,
5465 der muos die êrste juste nemen.
die andern muosten in gestemen,
sin gesæhn wie im gelunge.
der schilte rüerunge
pflac daȝ getwerc, dem ê vertruoc
5470 Lanzelet, daȝ eȝ in sluoc,
dô er zem êrsten ûȝ reit.
für wâr sî iu daȝ geseit,
daȝ er niht lenger hât gebiten :

5429 Lanzelet est maintenant prêt. Il a entendu dire que Pluris était un beau et solide château, construit de façon parfaite. En contrebas, il y avait un marché prospère, avec à proximité une prairie bien fleurie qui portait toutes les fleurs de la terre. Une belle tente ornait ce pré. Cette tente de grand prix était décorée de cent écus, pas un de plus, bien alignés l'un après l'autre, dont les curieuses armoiries multicolores tranchaient sur le vert de l'herbe. Une reine demeurait dans le château ; c'est elle qui avait instauré cette coutume, par une étrange fantaisie, de façon à s'assurer des distractions. On en parlait donc comme de son aventure, l'aventure de la reine courtoise. Celle-ci était déterminée à ne jamais prendre d'époux, à moins que ne dût survenir un homme, surpassant tous les autres en vaillance, qui se couvrirait de gloire aux dépens des cent valeureux chevaliers, propriétaires des écus déjà mentionnés, en les désarçonnant tous en un seul jour et en mettant ainsi à bas l'aventure de Pluris. À celui à qui reviendrait cet honneur l'auguste reine ferait don de sa personne, de ses biens ainsi que d'un état prestigieux et elle n'aurait rien à lui refuser. Le chevalier dont on frappait l'écu devait livrer la première joute. Les autres devaient réfréner leur ardeur tant qu'ils ne constataient pas le résultat de sa prestation. C'était le nain dont Lanzelet avait subi les coups sans riposter lorsqu'il s'était mis pour la première fois en chemin qui était chargé d'observer quel écu était frappé. Sachez en toute certitude que Lanzelet n'a pas attendu plus longtemps ; il s'est mis une nouvelle fois en route et est arrivé à l'endroit dont je vous parle, à Pluris. Là, il a eu tôt fait d'apprendre ce qu'il en était de l'aventure. Il mit pied à terre sur l'herbe verte.

er ist aber ûȝ geriten
5475 und ist her ze Plûrîs komen.
dâ hât er schiere vernomen,
wieȝ um die âventiure was.
er erbeiȝte an daȝ grüene gras.
Dô lieȝ er im balde zouwen :
5480 daȝ gezelt begunder schouwen
und die rîter die dâ sâȝen.
di enwolten des niht lâȝen
si enbüten der kûnigîn ir frouwen,
daȝ si her abe rite schouwen ;
5485 dâ wær ein riter wol getân
ûf der âventiure wân,
der si nemen wolte.
si enbuten ir, siu solte
komen mit ir menigîn.
5490 diu künegîn sprach ‚daȝ sol sîn.‘
wie wol siu sich bedâhte.
[manque un vers]
daȝ ie mit keiner frowen kam.
dô Lanzelet daȝ vernam,
5495 sîn manheit aber dar an schein.
er ruorte der selben schilte ein,
der an der pavelûne hienc.
daȝ getwerc dô hin gienc
und saget daȝ ze mære,
5500 swes der schilt wære,
daȝ der solte rîten dan.
niht ich iu gezellen kan,
wer die hundert riter wæren :
eȝ müese iuch beswæren
5505 und billîch erdrieȝen.
ich saget, wie si hieȝen,
wan daȝ mir si nieman nande.
in allem diseme lande
was nieman frümer denne sie.
5510 doch dês al ein, in missegie
allen sampt, da’n ist niht wider.
Lanzelet stach si nider
von den rossen ûf daȝ gras,
alse vil sô ir was,
5515 daȝ ir deheiner nie gesaȝ.
diu künigîn marcte daȝ.
si jach, da Lanzelet der degen
hæte gar des wunsches segen
von manlîcher tiure,
5520 wand er ir âventiure
alsô ritterliche bræche.
si bat in, daȝ er ân widerspræche

5479 Il alla vite en besogne. Il tourna son regard vers la tente et les chevaliers qui s'y trouvaient. Ceux-ci s'empressèrent de faire demander à leur dame, la reine, de descendre pour assister à ce qui allait se passer : en effet, un chevalier de belle prestance se trouvait là ; il avait été attiré par l'aventure et allait la tenter. Ils demandèrent à la reine de venir avec sa suite. « Ainsi en sera-t-il fait », dit-elle. Elle veilla soigneusement [...][101] qui accompagna jamais une dame. Quand Lanzelet le sut, il manifesta une fois de plus sa vaillance. Il frappa l'un des écus accrochés à la tente. Le nain alla voir et annonça que le propriétaire de l'écu devait monter en selle. Ce que je ne peux pas vous dire, c'est qui étaient ces cent chevaliers. Cela ne pourrait que vous ennuyer et vous semblerait à bon droit fastidieux. Je vous dirais bien leurs noms, mais personne ne me les a donnés. Il n'y avait pas de chevaliers plus vaillants dans tout ce pays. Néanmoins ils connurent tous sans exception l'infortune, cela ne fait aucun doute. Lanzelet les jeta tous autant qu'ils étaient à bas de leur cheval et les étendit sur l'herbe ; aucun ne resta en selle. Ceci n'échappa pas à la reine ; elle déclara que le vaillant Lanzelet portait la marque de la perfection guerrière pour avoir remporté son aventure avec autant de panache. Elle le pria de se rendre sans protester avec elle dans son château. Celui-ci était dans toutes ses parties d'une grande splendeur ornementale[102] et pourvu de tous les biens dont les personnes avisées savent s'entourer. Lanzelet, cet homme heureux en amour, dut prendre femme une nouvelle fois. Je ne sais s'il le fit à contrecœur, car la reine était une belle fille ; elle aurait pu rendre tout guilleret un homme à demi mort. Les noces furent joyeuses, nous dit-on. Une foule de dames et de hardis guerriers y prirent part. Ces festivités durèrent jusqu'au vingtième

101. (Après vers 5491.) W présente ici une lacune, qui se réduit peut-être à un seul vers. P n'est ici d'aucun secours, puisqu'il n'offre pas de parallèle pour les v. 5479-5625.
102. Vers 5524 : *kurc* (« d'une haute qualité ») est un ajout suggéré par Lachmann (pour la pureté de la rime). Lire plutôt d'affilée : *durch und durch/gezieret*, etc.

füere mit ir ûf die burc.
diu was durch und durch kurc,
5525 gezieret wünneclîche
und aller habe riche,
als si wîse liute biuten.
dô muose aber briuten
der wîpsælige Lanzelet.
5530 ich enweiȝ, ob erȝ ungerne tet,
wan diu künegîn was ein schœne maget.
si müeste wol sîn behaget
eim man der halbtôt wære.
daȝ diu hôchzît wære
5535 frœlich, daȝ ist uns gezalt.
manic frowe und degene balt,
der was dâ ûȝer mâȝe vil.
nu werte dirre wünne spil
unz an den zweinzigesten tac.
5540 har zuo geriet der geiselslac,
der Lanzelete wart geslagen.
eȝ enkan iu nieman gesagen,
wie cleine dinc dem man gefrumet
und waȝ im wol ode übel kumet.
5545 Dô Lanzelet del Lac
bî der künegîn gelac,
do begunde siu in minnen.
siu vorhte in ir sinnen,
ob er ir entrunne,
5550 daȝ si nimmer gewunne
deheinen man sô wol getân.
daȝ muose ir an ir herze gân.
dar umbe schuof siu im zuo
beidiu spâte unde fruo
5555 vierzic riter die niht tâten
wan daȝ si Lanzeleten hâten
in ir heimlîcher pflege
die wâren bî im alle wege,
daȝ er in niht moht entrîten.
5560 er muose zallen zîten
ân aller slahte wâfen sîn.
in enlieȝ diu wîse künegîn
sô vil niht sô ein meȝȝer tragen.
alsus muos er bî ir tagen
5565 unz gegen eime jâre.
er gebârte untâre
von êrst unz hin ze leste
do begunde der muotveste
werben vil güetlîchen.
5570 sus wolt er si beswîchen,
diun ûȝ der mâȝe minnete,

jour. Telles furent les suites du coup de fouet qu'avait reçu Lanzelet. Personne ne peut dire ce qu'une bagatelle peut entraîner ni ce qui fera notre bonheur ou notre infortune.

5545 Lanzelet du[103] Lac partagea la couche de la reine et celle-ci se mit à l'aimer. Elle craignait en elle-même de ne plus jamais trouver un époux d'aussi belle mine s'il venait à lui faire faux bond. Le cœur lui poignait à cette pensée. Aussi assigna-t-elle à son service toute la journée quarante chevaliers qui n'avaient d'autre office que de le surveiller discrètement. Ils le suivaient pas à pas pour lui ôter toute possibilité de fuite. Il ne pouvait porter la moindre arme à aucun moment. Cette reine prévoyante ne lui permit même pas de posséder un couteau. Il lui fallut ainsi séjourner près d'un an auprès d'elle. Il se montra d'humeur morose du premier jusqu'au dernier jour. Puis, dans son inébranlable détermination, il se fit très aimable ; il espérait tromper ainsi celle qui lui vouait un amour sans bornes, car il projetait de retourner dans la demeure de son oncle, le puissant roi Arthur. Mais que faisait ce dernier pendant ce temps ? Comme personne, ni parmi ses barons ni parmi ses parents, ne pouvait lui dire dans quel endroit de la terre Lanzelet du Lac se trouvait, cet homme à l'honneur sans tache lança au dire du conte des invitations pour la Pentecôte suivante en demandant à tous ceux qui en entendraient parler de se rendre à la fête qu'il organisait. Que Dieu le tienne toujours en estime ! Il envoya ses messagers, une foule de pages portant des lettres d'invitation, dans des pays étrangers, au-delà des mers. La fièvre des préparatifs s'était emparée de tout le pays. Jeunes et vieux se firent faire des habits magnifiques. On leur avait assuré, et ils entendaient tout le monde le dire, que le roi Arthur allait ouvrir ses trésors et distribuer son or

103. Vers 5545 : *del* est une émendation. W (seul témoin ici) : *delac*. Ceci vaut aussi pour le v. 5578.

wand er heim sinnete
in sînes œheimes hûs.
der riche künic Artûs
5575 waȥ tet der ze disen tagen ?
dô im nieman kunde gesagen,
weder lantman noch der mâc,
wâ Lanzelet del Lac
in der welte wære,
5580 dô luot der êrbære
nâch der âventiure sage
zuo dem næsten phingesttage
daȥ alle die dar kæmen
die sîn hôchzît vernæmen.
5585 got müeȥ in immer êren.
sîn boten hieȥ er kêren
in fremdiu lant über mer,
garzûne ein michel her :
bî den sant er manegen brief
5590 daȥ lant al zesamene swief
von der rüstungen.
die alten zuo den jungen
mahten seltsæniu cleit.
in was daȥ für wâr geseit
5595 unde hôrten alle sprechen,
der künic Artûs wolte brechen
sîne treskameren umbe daȥ,
daȥ man in lobete dester baȥ,
und wolte teilen sîn golt.
5600 dar zuo bôt er micheln solt,
daȥ man dar gerne kæme
und mengelich næme
swes sô er gerte.
wan mans in gewerte
5605 als vil sô in geluste,
der künec Artûs sich ruste.
er gewan wol tûsent kastelân.
noch dô wolt er mêr hân
zwelf hundert râvîde unde mêre.
5610 ouch begieng ein michel êre
Ginovere diu künegîn
nuschen, bouge, vingerlîn,
der gewan si ûȥ der mâȥe vil.
die rede ich iu kürzen wil,
5615 wan ich daȥ wol bescheide :
ditz tâten siu beide,
Artûs und diu künegîn,
daȥ si deste werder möhten sîn
in allen den landen,
5620 und daȥ si ouch bekanden,

afin de porter plus haut encore sa renommée. Il cherchait par ces grandes libéralités à susciter l'envie de venir, les uns et les autres devant prendre ce qu'ils désiraient ; on leur donnerait en effet autant qu'il leur plairait. Le roi Arthur prit ses dispositions. Il se procura un bon millier de chevaux de Castille ; il tint ensuite à y ajouter plus de douze cents chevaux arabes. La reine Ginovere, de son côté, se montra également d'une largesse insigne. Elle rassembla une très grande quantité de fermoirs, de bracelets et de bagues. Je ne vais pas m'étendre plus longuement sur ce sujet, mais sachez tout de même ceci : si tous les deux, Arthur et la reine, agissaient ainsi, c'était pour acquérir un surcroît de renommée par tous les pays et pour voir en même temps si quelqu'un pourrait leur dire où se trouvait Lanzelet, qu'ils croyaient avoir perdu. Ils ne le faisaient pour aucune autre raison.

ob iemen sagete mære,
wâ Lanzelet wære,
den si verloren wolten hân.
diz wart umb anders niht getân.
5625 Vrou Iblis diu guote
diu lebte in unmuote
und in herzesender nôt.
si was vil nâch vor leide tôt
und von jæmerlîchem sêre.
5630 man gesach si niemer mêre
frô, sît Lanzelet du Lac
ir ze rehte niht enpflac.
ir clage was ân ende,
swie siu âne missewende
5635 dâ ze hove lebete.
ir herze in riuwe swebete
als eȝ den minnæren tuot.
si enwiste waȝ ir wære guot.
doch hœr ich jehen, den sô geschiht,
5640 die envolgen dicke râtes niht.
Hie sült ir wol merken daȝ,
wie Lanzelet betwungen saȝ
in sînem künicrîche.
er lebete wunderlîche,
5645 wîlent trûric, wîlent frô.
iedoch stuont sîn herze sô,
swie frœlîche er die zît vertribe,
daȝ er niemer dâ belibe,
ern gesæhe sîne friundîn
5650 swenn eȝ mit fuoge möhte sîn.
einen list er derdâhte,
den er ouch vollebrâhte :
er bat die küneginne
daȝ siu durch sîne minne
5655 die âventiure lieȝe stân,
als siu ê hæte getân.
er dingete, daȝ kæme
eteswer der si næme.
der ouch dâ von wurde wert.
5660 swes er hæte gegert,
daȝ muose gar getân sîn.
von Plûrîs diu künegîn
diu schônde sîner hulde,
swie lützel er ir gulde.
5665 sine wist ab sînes willen niet,
daȝ er diz durch daȝ geriet,
daȝ er mit entrunne
swenn er des state gewunne.
in dirre vâre stuont sîn leben.

5625 Iblis, la noble dame, vivait dans la tristesse et souffrait dans son cœur. Pour un peu, elle serait morte de chagrin, de douleur et d'affliction. On ne l'avait jamais vue heureuse depuis que Lanzelet du Lac ne veillait plus sur elle comme il le fallait. Elle ne cessait de se lamenter bien qu'elle ne subît aucun mauvais traitement à la cour. Elle avait le cœur noyé de tristesse, comme c'est le cas chez les amants séparés. Elle ne savait pas ce qui pourrait la soulager. Mais j'ai entendu dire que ceux qui se trouvent dans cet état sont rarement prêts à suivre les conseils des autres.

5641 Écoutez bien ce que faisait Lanzelet, prisonnier dans son royaume. Il menait une existence étrange, tantôt triste, tantôt joyeuse. Mais bien qu'il connût des moments agréables, il était déterminé dans son cœur à ne plus rester là et à revoir son amie s'il pouvait le faire tout en respectant les convenances. Il imagina un stratagème qu'il mit effectivement en œuvre. Il pria la reine de remettre en vigueur, par amour pour lui, l'aventure telle qu'elle existait auparavant. Il espérait que quelqu'un viendrait la tenter et se mettrait en valeur à cette occasion. Tous ses désirs devaient être entièrement exaucés. La reine de Pluris cherchait à se ménager sa faveur bien qu'il ne la payât guère de retour. Mais elle ne connaissait pas ses intentions et ignorait qu'il lui faisait cette suggestion pour pouvoir s'échapper dès que l'occasion s'en présenterait. Il se nourrissait de cette attente. Il s'était beaucoup dépensé pour acquérir de la gloire, mais malgré tous ses hauts faits le souvenir d'Iblis ne s'effaçait jamais de son esprit. Il n'avait pas de pensée plus chère, il faut le lui accorder. Mais laissons-le séjourner là et écoutez ce qui allait se passer au château de Kardigan.

5670 er hâte vil durch ruom gegeben :
und swaȥ er tet ze guote,
sone kom ûȥ sînem muote
vrowe Iblis ze keiner stunt.
im was niht sô liebes kunt,
5675 des sol man im getrûwen.
nu lâȥen wirn hie bûwen
und hœrent wieȥ süle ergân
ûf der burc ze Kardigân.
Eȥ ist komen ein schœner tac,
5680 an dem der âbent gelac
der pfinxtlîchen zîte.
dô sach man harte wîte
daȥ volc zuo sîgen.
ich enwil es niht verswîgen,
5685 daȥ her beleip âne zal
ûf dem berc und in dem tal
al umb die burc ze Kardigân.
man möhte dâ gesehen hân
maneger pavelûne huot
5690 von pfelle und manege hütten guot,
wan dâ rîche künege wâren
und fürsten in den vâren,
daȥ si grôȥes schalles pflâgen.
die naht si schône lâgen
5695 nâch ir muotwillen wol.
swaȥ man ze rehte haben sol
ze grôȥen hôchzîten,
des was âne strîten
mit schœnen zühten dâ genuoc.
5700 man ensach deheinen unfuoc,
dâ von sich ieman clagete.
des morgens, als eȥ tagete,
dô sach man sich pînen
die sunnen ûf schînen
5705 lûterlîche und clâre.
dô hôrte man zwâre
manege schœne messe.
noch dô nieman wesse
dehein sô vorder mære,
5710 daȥ man offenbære
dem wirte sagen solte,
wand er niht enbîȥen wolte,
é er daȥ dinc vernæme,
daȥ ze sagenne gezæme
5715 sîner massenîe und allen dien,
die sich dâ nâch wolten zien,
daȥ si sich êren vliȥȥen.
sît si niht enbiȥȥen,

5679 La veille de la Pentecôte est arrivée, et avec elle une belle journée. On voyait affluer les gens de très loin à la ronde. Je ne vous le cacherai pas : une foule innombrable occupait la colline et la vallée tout autour de Kardigan. On aurait pu apercevoir dans ces lieux nombre de toits de tente de paile et beaucoup de jolies huttes de ramée, car il y avait là de puissants rois et des princes décidés à mener grand train. Ils passèrent la nuit agréablement et selon leur goût. On trouvait là sans conteste, à profusion et dans un style parfait, tout ce que l'on est en droit d'attendre lors de grandes fêtes. On ne nota aucune incongruité qui fît l'objet d'une plainte. Le matin, lorsque le jour se leva, on vit le soleil mettre tous ses efforts à briller d'un clair et vif éclat. On entendit en vérité plus d'une belle messe, mais, ceci fait, personne ne connaissait encore de nouvelles assez intéressantes pour être rapportées publiquement au roi ; celui-ci, en effet, ne voulait pas manger avant d'avoir entendu relater un fait digne d'être raconté à son entourage et à tous ceux dont la conduite était réglée par le souci de l'honneur. Puisqu'on ne passait pas à table, il y eut des behourds et des danses, dans la lumière que prodiguaient de nombreuses dames auxquelles on jetait de doux regards. Le roi Arthur fit ouvrir les chambres de son trésor et distribua avec allégresse tout ce que l'on désirait recevoir. Personne n'eut besoin de se hâter ou de bousculer son voisin. Chacun fut servi, et on n'entendit pas de protestations. Jamais, je crois, on ne distribua autant d'habits, de chevaux, de pièces et d'objets précieux.

sô was dâ buhurt unde tanz
5720 und maneger frouwen widerglanz,
die man güetlîchen an sach.
der künic Artûs zebrach
sîne treskameren alle
und gebete mit schalle
5725 swaȝ man wolt enpfâhen.
da endorfte nieman gâhen
noch für den andern dringen:
man gab in sunderlingen
dâ enwas kein widersatz.
5730 gewant ros unde schatz,
des enwart nie eines tages sô vil
gegeben, als ich wænen wil.
Ginovere diu künegîn
diu lieȝ ir milte wesen schîn.
5735 siu gab ze dem anpfange
mentel vil lange,
gezobelt wol unz an die hant,
mit den besten dachen diu man vant
in allen künicrîchen,
5740 mit invillen richen,
und swaȝ ein frowe geben sol.
dâ mite beharte siu wol
ir êre ze vlîȝe.
früegem imbiȝe
5745 begund eȝ harte nâhen.
die riter dô sâhen
von verre rîten die maget,
diu Lanzelete hât gesaget
sîn gesleht und sînen namen.
5750 dô sprach diu massenîe alsamen
‚jeneȝ mac wol ein bote sîn,
daȝ ist an sîner gæhe schîn.
er bringet niwiu mære.‘
Wâlwein der êrbære
5755 begie sîn zuht, des hab er danc :
er fuort die maget durch daȝ gedranc
zuo des wirtes angesihte.
dô sprach siu in alrihte
mit gezogenlîchen worten,
5760 daȝ eȝ die fürsten hôrten
‚künec, du müeȝest gêret sîn
von got (und ouch din künegîn,)
und allen den du guotes ganst.
wan duȝ wol verschulden kanst
5765 mit guote und mit dem lîbe dîn :
des wünschet dir diu frowe mîn,
ein wîse merminne.

5733 La reine Ginovere donna des preuves de sa largesse. Au moment de l'accueil, elle fit don de ce qu'il appartient à une dame d'offrir, notamment des manteaux de bonne longueur ornés de parements de zibeline descendant jusqu'au poignet ; le dessus était fait dans les plus belles matières que l'on pouvait trouver par tous les royaumes et ils étaient richement doublés. Elle veilla ainsi soigneusement à maintenir sa renommée. L'heure du déjeuner était toute proche lorsque les chevaliers virent arriver au loin la jeune fille qui avait révélé à Lanzelet son lignage et son nom. Toute la cour s'écria d'une même voix : « Ce doit être un messager, on le voit à sa hâte ; il nous apporte des nouvelles. » Le glorieux Walwein remplit ses devoirs de courtoisie, grâce lui en soit rendue. Il conduisit la jeune fille à travers la foule et la mena devant le roi. Elle prit aussitôt la parole en s'exprimant en termes choisis et de façon à être entendue des princes : « Sire, que Dieu et tous ceux à qui tu veux du bien te bénissent, toi et la reine, car tu as assez de biens et de valeur pour les payer de retour. C'est ce que te souhaite ma dame, une sage ondine. C'est une reine plus courtoise qu'aucune personne au monde. Elle t'envoie un présent magnifique, aucun homme sensé ne le contestera dès qu'il le verra. Il n'est personne à qui elle veuille plus de bien. Elle nourrit ces sentiments, noble roi, à condition que tu veilles à conserver ta réputation, et maintenant fais ce que je vais te demander. — Il me déplairait fort de m'y refuser », répondit le maître des lieux, le puissant roi Arthur, car il était sûr qu'elle ne lui adresserait pas une requête autre que raisonnable.

si ist ein küneginne,
hübescher dan nu iemen lebe.
5770 si sendet dir ein stolze gebe :
daʒ enmac widerreden niht
kein wîse man, der si gesiht.
guotes gan siu niemen baʒ.
ûf ein gedinge tuot si daʒ,
5775 daʒ du, künic hêre,
wol bewarst din êre,
und tuo ein dinc des ich dich bite'
,wie ungerne ich daʒ vermite'
sprach der wirt dâ ze hûs,
5780 der rîche künic Artûs,
wand er niht zwîfels hæte,
daʒ si iht wan fuoge bæte.
Swaʒ er gesprach, daʒ was gewis.
nu lac mîn frowe Iblis
5785 von jâmer siech und ungesunt.
si enwas dâ niht zer selben stunt,
dô diu maget kom geriten.
diu enmöhte niemer hân vermiten,
si enhæte si bekennet,
5790 gegrüeʒet und genennet,
wan si sament wârn gesîn,
do ir Lanzelet daʒ vingerlîn
gab, daʒ ir wol behagete.
als ich iu nu sagete,
5795 sô sült ir fürbaʒ verstân,
wie der megede ernde was getân,
sît irʒ hœrent gerne.
mit eime riemen von Iberne
was si begürtet harte wol.
5800 als ich iuch berihten sol,
ir roc was gezieret,
wol gefischieret
rîterlîche an ir lîp,
alse Franzoise wîp
5805 pflegent, die wol geschaffen sint.
diz selbe wîse hübsche kint
daʒ truoc an dem gürtel sîn
ein mæʒigeʒ teschelin
daʒ was harte wæhe,
5810 geworht mit fremeder spæhe.
dar ûʒ nam diu maget sân
ein mantel wunderlich getân :
der wuohs in allen gâhen,
daʒ siʒ an sâhen :
5815 er wart lanc unde breit.
für wâr sî iu daʒ geseit,

5783 Ses paroles étaient autant de garanties. De son côté, ma dame Iblis, rendue dolente et malade par le chagrin, ne quittait pas la chambre. Elle n'était pas là au moment où la jeune fille était arrivée ; sinon celle-ci n'aurait en aucun cas manqué de la reconnaître, de la saluer et de l'appeler par son nom, car elles s'étaient rencontrées lorsque Lanzelet lui avait fait présent de l'anneau, anneau qu'elle avait trouvé fort à son goût. Vous allez maintenant apprendre, comme je l'ai déjà annoncé, quelle fut la requête de la jeune fille, puisqu'il vous plaît de l'entendre. Elle portait une très belle ceinture d'Iberne[104]. Je dois vous le rapporter, sa robe était richement ornée et enserrait élégamment son corps, comme c'est la mode parmi les Françaises bien faites de leur personne. Cette jeune fille courtoise et sage portait à la ceinture une petite aumônière, très jolie et ouvrée avec un art étonnant. La jeune fille en sortit un manteau aux propriétés extraordinaires : ses dimensions se mirent à augmenter très rapidement et tous purent le voir devenir long et large. Il présentait, je vous l'assure, tous les coloris que jamais homme eût vus ou connus. Sur cet habit peu commun étaient brodés avec une habileté consommée toutes sortes de quadrupèdes, d'oiseaux et de monstres marins. On y voyait tous les animaux que l'on connaît sur terre, sous terre ou entre terre et ciel et qui portent un nom, et ils semblaient vivants. Par un effet de nigromance, tantôt ils restaient en place, tantôt ils se déplaçaient. Lorsque la cour et le roi Arthur eurent contemplé ce spectacle, la jeune fille s'adressa à nouveau à ce dernier et dit : « Sire, prends ce manteau et donne-le à celle parmi toutes ces dames à qui il conviendra. Pour ma part, j'aimerais voir à qui il siéra. Et chaque fois qu'il ne tombera pas bien tu devras le donner à la dame suivante. C'est le vœu de ma

104. Vers 5788. C'est-à-dire d'Irlande ; voir *Die Krône*, v. 8276.

daȝ al diu varwe dran erschein,
die eht menschen dehein
ie gesach oder erkande.
5820 an diseme fremeden gewande
was geworht aller slahte
mit wîses herzen ahte
tier vogel merwunder.
swaȝ ûf der erde od drunder
5825 und zwischen himel ist erkant,
daȝ eht mit namen ist genant,
daȝ stuont dran als eȝ lebte.
so eȝ iezuo hie swebte,
sô ruct ez aber fürbaȝ.
5830 ein zouberlist geschuof daȝ
von nigromanzîe.
dô diz diu massenîe
und künic Artûs ersach,
diu maget im aber zuo sprach
5835 ‚künec, du solt den mantel nemen
und gib in dâ er müge gezemen
under allen den frouwen.
ouch wil ich gerne schouwen,
wer diu sî, der er kome.
5840 und swâ er sîe dehein frome,
dâ solt dun geben fürbaȝ :
des gert mîn frowe und ich baȝ,
wan du eȝ hâst gesprochen.‘
‚es enwirt niht zerbrochen,‘
5845 sprach Artûs , eȝ müeȝe ergân
swaȝ ich dir gelobet hân.‘
dâ mite gienc diu frowen schar
ûȝ der massenîe dar,
die dâ stætelîchen wolten sîn.
5850 der künec sprach zuo der wirtîn
‚dês al ein, swieȝ ergê,
versuocht wie iu der mantel stê,
legent in snelleclîchen an.
ich bin der iu sîn wol gan,
5855 wan mir nieman lieber ist.‘
dâ wider was dehein frist,
Ginovere leit den mantel an,
dâ von se ein teil schame gewan,
wan ir daȝ selbe gewant
5860 ob den enkelen erwant
alsô daȝ eȝ ir niht tohte.
der bote vrâcte, ob er mohte
sagen, waȝ eȝ betûte.
der wirt sprach harte lûte,
5865 daȝ eȝ manic fürste vernam,

maîtresse, et encore plus le mien, car tu as donné ta parole. — Cette parole ne sera pas reprise », dit Arthur, « il en sera fait comme je te l'ai promis. » À ce moment les dames qui voulaient que l'engagement pris soit respecté sortirent des rangs. Le roi dit à la maîtresse des lieux : « Quel qu'en soit le résultat, essayez le manteau ; revêtez-le rapidement, je serais heureux de vous le donner, car je n'ai de plus grande affection pour personne. » Voilà qui ne souffrait aucun délai. Ginovere passa le manteau, ce qui tourna quelque peu à sa honte. Le manteau, en effet, ne lui descendait pas jusqu'aux chevilles et ne lui convenait donc pas. La messagère demanda au roi si elle pouvait dire ce que cela signifiait. Celui-ci déclara haut et fort, si bien que de nombreux princes l'entendirent, qu'il ne lui en voudrait absolument pas et que ses commentaires ne lui attireraient aucun ennui. « Il est certain », dit la jeune fille, « que Ginovere est courtoise et noble ; elle a veillé à ne pas faillir en actes et ne s'est jamais conduite que de façon honorable. Toutefois les inconstances du cœur l'ont poussée à fauter en pensée. Un mari est bien inspiré s'il veille soigneusement sur son épouse en lui témoignant la plus grande bienveillance. Si la reine avait été l'objet d'une surveillance abusive[105], elle aurait souvent fait ce que sa volonté de ne pas déchoir lui a fait éviter. Une surveillance sévère inspirée par la suspicion rend volages les femmes fidèles, c'est une issue aussi certaine que la mort. » La reine ôta le manteau pour le remettre à d'autres et le roi Arthur déclara : « Que toutes les dames de ma maison l'essayent sans exception, si Dieu y consent. Prêtez-vous y de bon cœur, vous devriez vous y plier d'autant plus volontiers que je l'ai promis

105. Vers 5876. Le texte édité suit le ms. P. Traduction : « Si la reine avait été moins surveillée … » La leçon *minre* de P n'est pas logique au milieu de ce passage qui met en garde contre les dangers d'une surveillance excessive. Nous avons traduit la leçon de W : *unreht*.

er wurd ir niwer drumbe gram
und ir schadet diu rede niht ein hâr.
diu maget sprach , daȝ ist wâr,
Ginovere ist hübsch unde guot,
5870 an den werken hât siu sich behuot,
daȝ siu niewan wol getete.
doch ist siu durch zwîfels bete
an den gedenken missevarn.
ein sælic man sol wol bewarn
5875 sîn wîp mit allem guote.
swer der künegîn minre huote,
sô hæt siu dicke daȝ getân,
daȝ si sus durch êre hât verlân.
starkiu huote und ungetriuwer muot
5880 diu machent stætiu wîp unguot :
daȝ ist gewis sam der tôt.
diu küngîn den mantel von ir bôt
und sprach der künic Artûs
‚die vrowen gar in mîme hûs
5885 die müeȝen in versuochen,
und wil es got geruochen.
dâ von lânt iu alle enspuon.
ir sult eȝ deste gerner tuon,
wan ichȝ für iuch hân gelobet.
5890 diu des niht tuot, diu ertobet
unde hât gevelschet mich.‘
dô bedâhtens alle sich,
daȝ si gerner wolten dulden
laster zuo den schulden,
5895 dan si von im imer mêre
gewunnen liep noch êre.
Dô der künec die rede getet,
dô antwurt im Orphilet,
der fürste, ein bescheiden man
5900 , so ich imer meist gevlêhen kan,
sô bite ich mîne vriundin,
daȝ siu nu diu êrste welle sîn.
swaȝ siu unz her getân hât,
ob siu michs fürder mâle erlât,
5905 sô sî mit triuwen diz verkorn.‘
diu rede was der vrowen zorn ;
den mantel siu doch an swief.
dô wart er ir alsô tief,
daȝ er ir verre nâch gienc,
5910 wan ein ort, daȝ vor ir hienc,
daȝ was sô sêre ûf gangen,
daȝ eȝ niht mohte gelangen
wan ein lützel für daȝ knie.
vil harte wundert es sie,

pour vous. Celle qui refusera fera folie et m'aura rendu parjure. » Toutes se dirent alors qu'elles préféraient encourir la honte pour prix de leurs fautes plutôt que de se voir refuser à tout jamais son amitié et l'honneur de sa faveur.

5897 Quand le roi eut fini de parler, le prince Torfilaret[106], un homme avisé, lui répondit : « C'est avec la plus grande insistance que je demanderai à mon amie de bien vouloir être la première. Je lui pardonnerai sincèrement tout ce qu'elle a pu faire jusqu'à présent si elle m'épargne ces choses à l'avenir. » Ces paroles déplurent fortement à la dame, qui enfila cependant le manteau. Celui-ci descendit si bas qu'il traînait loin derrière elle, à l'exception d'un pan, sur le devant, qui remontait si haut qu'il ne parvenait pas à dépasser le bas du genou. Tous ceux qui virent le manteau réduit à ces dimensions en furent stupéfaits. La messagère s'empressa de dire : « Je vais vous le dire sans plus de façons : cette dame aime trop son mari et, dès qu'il ne lui prodigue plus les attentions auxquelles il l'a accoutumée, elle appelle de toutes ses fibres des amours étrangères. Je ne vais pas lui faire des remontrances qui m'attireraient son inimitié ; je dirai simplement que le manteau conviendra mieux à une autre. »

106. Vers 5898. Hahn a adopté la leçon de W : Orphilet. Orphilet est certes un personnage déjà rencontré en chemin. Toutefois il n'avait jamais été question de sa qualité de prince. P lit : *torfilaret*. Richter (p. 57) estimait que la leçon de P est plus authentique. Nous le suivons. Dans le *Conte du Mantel* (éd. Wulff, v. 30), récit fortement apparenté à cet épisode du *Lanzelet*, une des dames qui essayent le manteau est l'amie de *Tor le fil Ares*. Nous retrouvons ce nom dans l'épisode très comparable de l'épreuve de la coupe dans *Die Krône* : *des chünges sun Filares* (var. *sylares*). On peut ainsi estimer raisonnablement que ce nom était lié à un rôle en rapport avec une épreuve de vertu ou d'excellence. Il apparaît aussi, sans qu'il soit fait allusion à un tel rôle, dans la liste des noms d'*Érec et Énide* : *Torz li fiz au* [var. *le*] *roi Arès* (éd. Fœrster, v. 1528 ; 1728).

5915 di den mantel sô kurzen sâhen.
diu maget sprach in allen gâhen
‚ich wil iu sagen über lût,
der vrowen ist ir man ze trût ;
und swenn er ir abe gât
5920 des er si gewenet hât,
sô müeʒen alle ir sinne
an vremder liute minne
sich senlîchen vlîʒen.
ich enwil ir niht verwîʒen
5925 dâ von siu mir si gehâʒ :
einer andern stât der mantel baʒ.
Dô diu rede alsus ergienc,
Wâlwein den mantel enpfienc
und bat sîne vriundîn,
5930 daʒ siu durch den willen sîn
den mantel umbe wolte nemen.
dô muost er ir vil nâch gezemen,
als eʒ wære ein reitcleit.
diu maget sprach ‚iu sî geseit,
5935 kœme der mantel nieman baʒ,
sô trüege in billîch âne haʒ
diu vrowe diu in an hât :
siu lebt ab der er baʒ stât.‘
Dô sprach der arcspreche Keiîn
5940 ‚an des mantels lenge ist schîn,
daʒ er mime wîbe zimet.‘
zehant ouch si den mantel nimet.
daʒ volc es alles war nam.
ich wæn err vorne wol kam,
5945 gegen irm man dâ er saʒ.
Kaiîn sprach ‚er kumpt ir baʒ
dan allen disen vrouwen.
wer mac dar an schouwen
buoʒwirdiges iht umb ein hâr ?‘
5950 der mantel hinden was für wâr
an den gürtel ûf gerumpfen hô.
swie vil man in nider zô,
sô dent er sich fürnamens niet.
dô sprach alliu diu diet
5955 ‚daʒ ist ein wol stândeʒ cleit.‘
als Kaiîn sach die wârheit,
dô wart er vor schame rôt.
sîn wîp er hieʒ und gebôt,
daʒ siu ginge zuo der künigîn,
5960 und wes siu wert wolte sîn,
daʒ siu wânde daʒ ir kæme
daʒ siner frowen missezæme
durch deheines lasters âhte.

5927 Lorsqu'elle eut prononcé ces paroles, on tendit le manteau à Walwein ; celui-ci pria son amie de lui faire la faveur de revêtir le manteau, qui se trouva lui tomber à peu de choses près comme un manteau de voyage. « Sachez », dit la messagère, « que si le manteau n'allait mieux à personne elle mériterait sans conteste de le porter. Mais elle existe, la personne à qui il ira mieux. »

5939 Keiin le médisant intervint alors : « Je crois voir à la longueur du manteau qu'il irait bien à mon épouse », dit-il. Et voici que celle-ci revêt aussitôt le manteau sous les regards très intéressés de l'assistance. Je crois que devant, du côté où se trouvait le mari, il tombait bien. « Il lui va mieux qu'à toutes ces dames », déclara Keiin. « Qui pourrait y voir la trace de la moindre peccadille ? » En réalité, derrière, le manteau était remonté jusqu'à la ceinture. Tous les efforts déployés pour le tirer par le bas ne l'allongeaient en rien. « Voilà un manteau bien seyant », déclara d'une seule voix l'assistance. Lorsque Keiin vit ce qu'il en était réellement, il devint rouge de honte. Il intima à son épouse l'ordre d'aller rejoindre la reine et lui demanda quelle opinion elle avait donc d'elle-même pour penser que ce qui n'allait pas à la reine, qui n'avait pourtant rien à se reprocher, pourrait lui convenir, à elle. Prenant à nouveau la parole, celle qui avait apporté le manteau reprocha à la dame d'être toujours prête à accorder ses faveurs, de faire sans réticences tout ce qu'on lui demandait et de ne se refuser à aucune sollicitation.

diu aber den mantel brâhte,
5965 diu zêch si, daȝ siu gerne
willic wer ze werne
und daz siu gereche tæte
swes man si gebæte
und, swie man eȝ versuohte ,
5970 daȝ siu des alles ruohte.
Dô Kaiîns vriundîn misselanc,
mit zühten dô her für dranc
Loifilol der stæte,
der sîn wîp geminnet hæte
5975 ê siu wurde geborn ein jâr.
er gezurnde nie für wâr
mit ir des siu sich kunde enstân.
des wânde er dô genoȝȝen hân
und wolt ir triuwe schouwen.
5980 under allen den vrouwen
was borvil ieman baȝ getân.
ir keiniu wart des vor gelân,
diu ir man holder wære.
daȝ verdient der êrbære
5985 mit triuwen als ein hübsch man.
nu leit er ir den mantel an.
dô stuont er ir ze wunsche wol
wan als ich iu sagen sol :
da enwas nieman ze stunde,
5990 der ir den nüschel kunde
gelegen wol ze rehte.
daȝ was dem guoten knehte
swære und âne mâȝe leit
und ouch der vrouwen gemeit.
5995 diu maget diuȝ alleȝ beschiet,
diu versweic die massenîe niet,
wâ von daȝ dinc was komen.
siu sprach , diu vrowe hât genomen
gewerp unt dienstes genuoc,
6000 dâ von siu in in herzen truoc
wünne und dicke hôhen muot.
doch was siu des vil wol behuot,
daȝ siu durch iemans minne
nâch tumbes herzen sinne
6005 diu werc ie getæte,
swie vil man sis gebæte,
wan daȝ siuȝ tete umbe daȝ,
daȝ ir gemüete deste baȝ
ze vreuden stüende und ouch ze spil.
6010 für wâr ich iu daȝ sagen wil,
eȝ ist noch maneger vrouwen site,
diu wænet tiuren sich dâ mite.

5971 Après l'essai malheureux de l'amie de Keiin, Loifilol le fidèle, qui s'était épris de sa femme avant que celle-ci n'eût atteint sa première année, s'avança en homme de savoir-vivre. Jamais, en vérité, il ne s'était emporté contre elle, autant qu'elle pût s'en souvenir. Il pensait qu'elle avait su le lui rendre et voulait avoir la preuve de sa fidélité. Parmi toutes ces dames il n'y en avait guère de plus belle et pour ce qui est de l'affection qu'elles portaient à leurs maris, aucune d'elles ne la surpassait. Loifilol, cet homme à l'honneur sans tache, lui en témoignait en homme courtois une sincère reconnaissance. Il l'aida alors à passer le manteau, qui se révéla lui aller à merveille à un détail près : personne parmi les personnes présentes ne put mettre le fermoir comme il le fallait. Le bon chevalier, tout comme la dame, en fut attristé et très affecté. La jeune fille qui donnait toutes les explications ne cacha pas le fond de l'affaire aux membres de la cour : « Cette dame », dit-elle, « a accepté le service dévoué de plus d'un homme ; elle en a tiré de la joie et de nombreux moments d'exaltation. Cependant elle s'est bien gardée, si fort qu'on l'en priât, de passer aux actes pour l'amour d'un homme comme le font celles qui cèdent aux mouvements irraisonnés de leur cœur ; elle ne s'est conduite ainsi, en effet, que par enjouement et par manière de divertissement. Je tiens à vous affirmer que c'est encore la coutume de bien des femmes ; elles pensent accroître ainsi leur réputation, mais c'est tout le contraire qui arrive, elles s'abaissent considérablement, car c'est une honte et un déshonneur pour une femme que d'accepter les dons d'un homme sans le payer de retour. »

nein, siu swechet sich vil sêre :
eȝ ist laster und unêre,
6015 swelch wîp des mannes gâbe enphât
und im doch ungelônet lât.
Dô hieȝ der künic Gîvreiȝ
sîn vriundîn treten in den kreiȝ.
als siu den mantel an genam,
6020 al umbe und umbe err rehte kam,
wan ein michel loch gie drîn :
daȝ solte vermachet sîn
mit eim uoseȝȝel breit,
der ir doch was unbereit.
6025 diu maget sprach ‚diz betiutet daȝ,
diu vrowe ist ir man gehaȝ
durch daȝ er ist undære,
swie doch vil beȝȝer wære
ein mæȝlich man mit fuoge
6030 danne grôȝer manne gnuoge.‘
diu vrowe den mantel von ir tet.
Dô hieȝ der herre Kailet
sîn vriundîn in an legen.
für wâr wir iu daȝ sagen megen,
6035 der brach der nüschel zehant :
dâ mite wart daȝ bekant,
daȝ er mit ir ze vil um fuor.
diu maget des vil tiure swuor,
eȝ wære ein unwîsheit,
6040 swer sîm wîbe tæte leit
und ir niht êren lieȝe
und si dâ wesen hieȝe,
dâ siu niht gerne wære.
diu nâhe gânde swære
6045 tuot manegen nüschel brechen.
man sol dem übel sprechen,
der weder lützel noch vil
sînem wîbe entwîchen wil.
der mantel an die erde sleif.
6050 diu maget in ir teschen greif
und zôch ein nüschel her ûȝ.
Dô hieȝ der wîse Maldûȝ,
sô daȝ cleit genüschet wære,
daȝ sîn vriundîn niht verbære
6055 si enleite in balde an den lîp.
ditz was daȝ minneste wîp
under allen den vrouwen.
hie sült ir wunder schouwen.
dô siu den mantel an getete
6060 mit vorhten unde mit gebete
und mit ir wibluppe,

6017 Le roi Guivreiz demanda alors à son amie d'entrer dans le cercle. Lorsqu'elle eût revêtu le manteau, on vit qu'il lui allait bien sous tous les angles, mais qu'il était percé d'un grand trou. Il aurait fallu une pièce de bonne largeur pour le boucher, mais la dame n'en avait pas sous la main. « Cela signifie », dit la messagère, « que cette dame en veut à son mari d'être petit, bien qu'un homme de taille médiocre mais doté de bonnes manières vaille beaucoup plus qu'une foule de grands gaillards. » La dame enleva le manteau.

6032 Le seigneur Kailet dit alors à son amie de le revêtir. Aussitôt, je m'en porte garant, le fermoir se brisa. On sut ainsi qu'il la faisait trop voyager. La messagère assura avec solennité qu'il est mal avisé celui qui, loin d'honorer sa femme, l'offense en la forçant à demeurer en des lieux où il ne lui plaît pas de séjourner. Plus d'un fermoir se brise sous l'effet de cette profonde peine. Il faut blâmer celui qui ne veut s'éloigner ni peu ni prou de sa femme. Le manteau glissa à terre. La messagère plongea la main dans son aumônière et en tira un fermoir.

6052 Puis le sage Malduz engagea son amie à ne pas manquer de passer le manteau dès que le fermoir serait en place. C'était la plus petite de toutes les dames. Apprenez ici une chose étrange : lorsque, fébrile, la crainte au cœur, la prière aux lèvres, elle eut revêtu le manteau on aurait dit que c'était un pourpoint, car il ne descendait en aucune façon au-dessous de la ceinture bien qu'elle fût la plus petite. « Je puis vous affirmer que c'est là une chose singulière », dit la messagère. « Personne dans toute cette assistance n'est plus prompt à la raillerie. Je vous le dis, car c'est là mon rôle : elle passe tout le monde en revue en prodiguant commentaires et insinuations. C'est toute la raison de ce qui lui arrive maintenant. »

dô wart er als ein juppe,
daȝ er ir fürnamens nie
für den gürtel nider gie,
6065 doch si diu minnest wære.
diu maget sprach ‚ich bewære,
daȝ diz ist ein vremde dinc :
über allen disen rinc
kan nieman spotten alsô wol ;
6070 daȝ sage ich iu, wan ichȝ tuon sol :
siu lât alle liute
mit worte und mit gediute
durch ir hende gegân,
dâ von ist ir ditz getân.‘
6075 Dar nâch hieȝ her Iwân
sîne vriundîn ûf stân :
dar an schein sîn gelimpf.
ich sage iu einen schœnen schimpf :
siu was sô lanc, daȝ siu erschein
6080 des houptes lenger dan ir kein.
als siu sich in den mantel twanc,
dô wart er ir alsô lanc,
daȝ er nâch ir lag gespreit
ûf der erde drîer hande breit
6085 mit unebem schrôte.
des nâmens war genôte.
diu maget sis aber beschiet,
siu sprach ‚ern kumet ir ouch niet :
siu ist ze alwære.
6090 swes ir ze muote wære,
daȝ enlieȝe siu durch nieman.
er ist tump, der niht entwîchen kan
und der an sîme strîte
belîbet zaller zîte.‘
6095 Als ir unz her hânt vernomen,
der mantel wære genuogen komen
vil wol unz an ein cleine.
Enîte diu reine
und Wâlweines vriundîn,
6100 der vrowen mohte manegiu sîn,
diu in vil wol haben solte,
wan daȝ diu maget enwolte,
diu in dar brâhte.
als eȝ dô izuo nâhte,
6105 daȝ von rehte enbiȝȝen solte sîn
Artûs und al sîn menegîn
und diu maget von dem Sê,
(zwei hundert vrowen unde mê
versuochtenȝ nâch ir werde)
6110 der bote noch dô gerde,

6075 Ensuite ce fut le seigneur Iwan qui, démontrant son sens des convenances, demanda à son amie de se lever. Je vais vous rapporter un trait plaisant : la dame était si grande qu'elle dépassait toutes les autres d'une tête, mais lorsqu'elle eut réussi à entrer dans le manteau celui-ci devint si long qu'il traînait en plis irréguliers trois empans derrière elle. Les spectateurs ne manquèrent pas de le remarquer. La messagère leur donna à nouveau une explication : « Il ne lui convient pas non plus », dit-elle, « car elle est trop bornée. Personne ne pourrait l'amener à renoncer à ce qu'elle s'est mis en tête. Il est sot celui qui ne sait pas céder et qui ne démord pas un instant de son point de vue. »

6095 Comme vous avez pu l'entendre dire jusqu'à ce point, le manteau aurait très bien convenu à beaucoup, à telle vétille près. L'irréprochable Enite, l'amie de Walwein et bien d'autres encore auraient pu l'obtenir à bon droit si la jeune fille qui l'avait apporté ne s'y était pas opposée. Alors qu'approchait l'heure à laquelle Arthur, toute la cour et la jeune fille du Lac auraient dû normalement avoir fini de manger – plus de deux cents dames avaient essayé le manteau dans l'ordre qui correspondait à leur rang –, la messagère présenta encore une requête et demanda au roi de faire amener une belle dame qui n'était pas apparue avec les autres ; elle avait en effet appris de bonne source que la fidèle Iblis, en personne loyale, était en proie au chagrin d'amour et ne se montrait pas de toute la journée. Elle dut venir néanmoins, c'était le désir de la cour, car elle n'avait jamais commis de perfidie. En pénétrant dans le cercle, elle salua la jeune fille qui avait fait, comme elle en avait le pouvoir, des révélations étonnantes. L'envoyée de l'ondine, ravie, la salua et la pressa au nom de Dieu de passer le manteau. Iblis ne se fit pas davantage prier et elle le revêtit devant tout le monde. Tous, hommes et femmes, déclarèrent alors que c'était assurément le vêtement le plus seyant qu'une femme ait jamais

daȝ der künic hieȝe für gân
eine vrowen wol getân,
diu niht was mit den andern komen,
wan siu hete wol vernomen,
6115 daȝ Iblis diu getriuwe
durch senelîche riuwe,
als ir stæte wol gezam,
des tages niht hin vür kam.
doch dês al ein, siu muoste her :
6120 daȝ was der massenîe ger,
wan siu begie nie valschiu dinc.
als si dô kom in den rinc,
dô gruoȝte siu die selben maget,
diu dâ hâte gesaget
6125 wunder als siu kunde.
mit lachendem munde
neig ir der merfeine bote
und beswuor si bî gote,
daȝ siu den mantel an leite.
6130 diu vrouwe dô niht enbeite,
siu leit in vor in allen an.
dô sprach wîp unde man,
eȝ wære mit der wârheit
daȝ aller beste stênde cleit,
6135 daȝ ie dehein vrowe getruoc.
der aber von nîde des gewuoc,
daȝ dar an iht missezæme,
ê man daȝ volle vernæme,
sô schicte sich der mantel dar
6140 alsô daȝ im niht enwar.
Dô wart mîn her Wâlwein
mit ganzer volge des in ein,
daȝ dem mantel niht enwürre.
nu velsch in der getürre,
6145 wan eȝ nieman frumer tuot.
er dûht ouch Keiînen guot.
er sprach zuo sîner vriundîn
‚ir müeȝent mir wol liep sîn,
wan ir iuch hânt des wol bewart,
6150 daȝ ir in der merren schar vart.
daȝ in der tiufel henke,
der dis gwerbes imer gedenke
wan ze guote und âne haȝ.‘
dô lobtens allesament daȝ
6155 durch des küneges êre,
daȝ es nimer mêre
ze übele wurde gedâht.
diu den mantel hâte brâht,
diu saget in ze mære,

porté. Et si, poussé par la jalousie, quelqu'un s'avisait d'y trouver un défaut le manteau changeait de forme avant même que la critique ne fût entièrement formulée, de sorte qu'il ne péchait en rien.

6141 Monseigneur Walwein convint alors sans faire la moindre réserve que le manteau était exempt de tout défaut. L'accuse d'insincérité qui ose, les gens de valeur, eux, s'en garderont. Keiin lui aussi trouva le manteau seyant et il dit à son amie : « J'ai toutes les raisons de vous porter de l'affection, car vous avez bien réussi à vous placer dans les rangs de la majorité. Que le diable pende celui qui évoquera cette affaire autrement qu'en bonne part et qu'en toute bonhomie. » Tous jurèrent alors que, par égard pour la réputation du roi, ils n'en parleraient jamais en mauvaise part. Celle qui avait apporté le manteau leur annonça que Lanzelet était prisonnier à Pluris et raconta comment il avait remporté l'aventure en désarçonnant cent chevaliers et était devenu contre son gré l'amant d'une reine. Elle ajouta que l'aventure avait été maintenue pour permettre à un chevalier de s'illustrer à Pluris. Au moment où elle entama ce sujet, les chevaliers et les dames accoururent pour la voir ; leur colère première se dissipa, tous oublièrent leur honte et se réjouirent d'apprendre que Lanzelet était encore en vie et bien portant. La messagère de la sage ondine prit congé à ce moment-là. Elle recommanda l'amie de Lanzelet au Très-Haut. Elle ne voulut pas rester plus longtemps malgré les invitations du puissant roi ; il lui importait peu de savoir si on l'aimait ou pas. Dame Iblis, l'irréprochable, l'embrassa avec une affection sincère et remercia avec reconnaissance du don de ce manteau neuf la puissante reine qui lui avait envoyé ce présent ; la sage ondine ne la connaissait certes pas, mais elle lui avait fait cette faveur par affection pour son ami.

6160 daȝ Lanzelet wære
ze Plûrîs gevangen
und wie eȝ was ergangen,
dô er die âventiure brach
und hundert ritter nider stach,
6165 und wie er pflæge minne
mit einer küniginne
anders danne er gerte.
siu saget ouch, daȝ noch werte
diu âventiure umbe daȝ,
6170 daȝ sich ein ritter deste baȝ
ze Plûrîs möhte bejagen.
dô siu daȝ begunde sagen,
dô îlten si an schouwen
ritter unde vrouwen.
6175 si lieȝen gar den erren haȝ,
sîner schame kindegelich vergaȝ
und wurden von dem mære vrô,
daȝ Lanzelet noch dô
lebet unde was gesunt.
6180 urloup nam dô zestunt
der wîsen merfeine bote.
sin bevalch dem oberesten gote
Lanzeletes vriundîn.
siu enwolte dâ niht lenger sîn
6185 durch des rîchen küneges bete ;
sweder man si liep ald anders hete,
daȝ huop ir harte cleine.
vrowe Iblis diu reine
diu kuste si mit triuwen.
6190 umb irn mantel niuwen
genât siu minneclîche
der küniginne rîche,
diu ir die gâbe sande
und si niht bekande,
6195 wan daȝ diu merminne wîs
si êrte durch ir âmîs.
Der mantel het noch einen site,
swer in truoc, daȝ er vermite
jâmer unde senedeȝ clagen.
6200 des bedorfte wol in disen tagen
Iblis der er wol gezam.
als diu maget enwec kam,
dô huop sich rede manicvalt,
wie Lanzelet dem helde balt
6205 die sælde got gefuogte,
der tûsent man genuogte.
si wundert, wes im waere
diu gevancnisse swære.

6197 Le manteau avait en outre la propriété de préserver du chagrin et du mal d'amour la personne qui le portait. Dame Iblis, à qui il convenait bien, en avait grand besoin à cette époque. Lorsque la messagère fut partie une discussion animée s'engagea : comment se faisait-il que Dieu avait accordé à Lanzelet, cet homme hardi, une dose de chance qui aurait suffi à un millier de personnes ? Les gens se demandaient pourquoi sa captivité lui pesait. Il y avait là une foule de chevaliers qui auraient aimé connaître toute leur vie ce genre d'adversité et passer le temps comme il le faisait, d'après le récit qui leur avait été donné. Mais écoutez maintenant ces paroles véridiques : cette cour, rapporte-t-on, se poursuivit pendant plus de trente jours dans la plus grande liesse. Pour autant que je puisse l'affirmer, on ne nous a jamais conté à ce jour – je ne sais dans quelle mesure vous me croirez – qu'Arthur, le puissant roi, ait jamais réuni par la suite une assemblée aussi importante et aussi joyeuse que celle-là, au cours de laquelle toutes les dames avaient essayé le manteau. Je ne vous parlerai plus maintenant des invités et de leurs faits et gestes ultérieurs ; je me contenterai de mentionner qu'ils partirent quand ils jugèrent que l'heure en était venue.

dâ was ritter harte vil,
6210 die imer in dem leitspil
gerne wolten sîn beliben
und die zît hin hân vertriben
als in von im was geseit.
nu vernement nâch der wârheit :
6215 dirre hof wert nâch der sage
mê danne drîʒec tage
mit voller vreude für sich an.
dar nâch als ichʒ gesagen kan
und als vil ir mirs gelouben welt,
6220 uns ist nie vor gezelt,
daʒ Artûs, der künic hêr,
sô grôʒen hof ie mêr
gewunne mit sölhem schalle
sô hie, da die vrowen alle
6225 den mantel hæten getragen.
dâ mite wil ich gedagen
der geste und wie si wurben sît,
wan si riten dô sis dûhte zît.
Wâlwein und Karjet,
6230 dô die vernâmn, daʒ Lanzelet,
ir muomen sun, gevangen lac,
vil nâhe in daʒ ze herzen wac.
dâ von gerten si zehant,
daʒ Erec und Tristant,
6235 die zwêne degene alse wîs,
mit in gegen Plûrîs
in recken wîs wolten varn,
wan si mit sæʒe noch mit scharn
dâ niht erwerben kunden.
6240 die gesellen dô funden
an ein ander des si bâten.
dô si diz gelobet hâten,
dô wart her Walwein
mit den drîn des enein,
6245 daʒ si niemannes biten
und geswæslîchen riten
gegen der âventiure.
si vermâʒen sich vil tiure.
als in ir herze geriet,
6250 enwære Lanzelet dâ niet
gevangen als in was gesaget,
si hæten doch gereche bejaget
eteslîche werdikheit.
sus hâtens al ir vlîʒ geleit
6255 deste mê dar an,
daʒ er kæme mit in dan :
des woltens immer wesen frô.

6229 Walwein et Karjet furent très peinés d'apprendre que Lanzelet, leur cousin, était retenu prisonnier. Aussi demandèrent-ils sur le champ à Erec et à Tristant[107], ces deux guerriers si expérimentés, de les accompagner dans l'action qu'ils allaient mener à Pluris, ceci de façon autonome, car ni un siège ni l'assistance de troupes ne leur serait utile en l'occurrence. Les deux hommes constatèrent après s'être concertés qu'ils étaient l'un et l'autre prêts à accepter cette offre. Lorsqu'ils eurent pris cet engagement Walwein convint avec ses trois compagnons qu'ils n'attendraient personne et partiraient en secret affronter l'aventure. Ils espéraient très fermement dans la hardiesse de leur cœur qu'ils sauraient bien s'illustrer de quelque façon au cas où Lanzelet ne serait pas prisonnier en cet endroit comme cela leur avait été dit. Leur détermination était donc grande et ne pouvait que croître si Lanzelet trouvait l'occasion de s'enfuir en se joignant à eux : ce serait pour eux une source permanente de joie. Ils convinrent de ne pas dire, au cas où ils le verraient, qu'ils le connaissaient et avaient eu de ses nouvelles. Ces résolutions prises, les voici arrivés dans la belle prairie de Pluris, là où se dressait la tente si joliment ornée d'écus. Ils mirent tous pied à terre et observèrent le champ, la tente et les écus en essayant de se faire une idée des particularités du lieu. La nouvelle ne tarda pas à parvenir à la forteresse : des étrangers étaient arrivés, quatre beaux chevaliers auxquels leurs montures et leurs équipements richement parés donnaient un aspect si courtois que personne ne pouvait prétendre sans mentir avoir jamais vu des hommes ayant aussi fière allure et faisant plus belle figure sur un cheval. On ne manqua pas non plus de dire ce qui les amenait : ils étaient venus avec l'intention d'affronter l'aventure et aucun ne voulait

107. Hahn a choisi la leçon de P ; W a *Tristrant*, la forme qui est nettement dominante dans les témoins anciens de la première version en langue allemande de l'histoire de Tristan et Yseut, le récit de Eilhart von Oberg (~1170, ou entre 1185 et 1190).

si wurden des in ein alsô,
ob sie in immer gesæhen,
6260 daȝ sie des niht verjæhen.
daȝ in ir kein bekande
und daȝ die wîgande
von im niht hæten vernomen.
mit der rede sint si komen
6265 ze Plûrîs ûf daz schoene velt,
dâ mit den schilten daȝ gezelt
harte wol gezieret was.
si enbeiȝten alle ûf daȝ gras
und schoweten daȝ gevilde,
6270 daȝ gezelt und ouch die schilde,
und wie der site wære.
dâ kômen schiere mære
alhin ûf die veste,
dâ wæren komen geste,
6275 schoener ritter viere,
hübsch mit geziere
an ross und an gereite,
sô daȝ mit wârheite
nieman kunde gezellen
6280 von sô stolzen gesellen,
die degenlîcher ie geriten.
ouch enwart dâ niht vermiten,
man sagete, wes in was gedâht :
ir wille hætes ûȝ brâht
6285 ûf der âventiure wân
und daȝ ir keiner wolte lân,
er versuohte sîn heil.
dô wart Lanzelet vil geil
und bat im schiere rüegen,
6290 waȝ wâfens sie trüegen.
Der bote hât in des bereit,
er sprach ‚der ritter einer treit,
der mich gruoȝte schône,
einen lewen mit einer crône,
6295 von golde erhaben harte wol.
der schilt ist als ich sagen sol
ûȝ und inne harte rîch,
von lâsûre al gelîch.
der ander einen arn treit
6300 von golde, dêst ein wârheit.
von dem kan ich niht mê gesagen.
den dritten ritter sah ich tragen
von harm einen schilt wîȝ :
dar ûf ist in allen vlîȝ
6305 ein mouwe von zobel gemaht.
der vierde schilt der ist bedaht

renoncer à tenter sa chance. Lanzelet en fut tout réjoui et demanda qu'on lui dise vite quelles armoiries ils portaient.

6291 Le messager put lui donner satisfaction et dit : « L'un des chevaliers, qui m'a fait un beau salut, porte un lion surmonté d'une couronne, le tout en or et travaillé en relief. L'écu, je dois le dire, est d'azur des deux côtés, à l'intérieur comme à l'extérieur. Le second, je puis l'affirmer, porte un aigle d'or. Je ne peux pas en dire plus sur son compte. Quant au troisième chevalier, j'ai vu qu'il portait un écu d'hermine blanche. Un manchon de zibeline du meilleur effet y est fixé. Enfin, l'écu du quatrième est garni d'une panthère. » Lanzelet[108] les reconnut alors tous les quatre et n'eut pas besoin de poser de questions pour savoir parfaitement qu'il s'agissait de ses parents et de ses bons compagnons. Il en éprouva de la joie, mais il ne la laissa pas paraître et il demanda à la noble reine de se préparer en hâte et de descendre avec sa suite de chevaliers et de dames jusqu'à la tente. Il déclara : « Nous avons été privés de notre aventure l'an dernier et cette année même. Aujourd'hui nous allons rattraper cela. Dieu fasse que nos gens[109] me fassent honneur à l'occasion de ces joutes. » Là-dessus ils descendirent vers le lieu enchanteur. Mais ils ne savaient pas qu'il désirait que la chance fût du côté des Bretons nouvellement arrivés, car tous ceux qui l'entendirent s'associèrent à son souhait. Je crois que c'est encore la coutume aujourd'hui que d'approuver son maître. Eux, en tout cas, ne savaient pas lire dans son cœur.

108. Vers 6309. Nous ne traduisons pas *der milte* (« le généreux, le libéral »), car l'attribut est ici appelé uniquement par la rime.
109. Vers 6324. Que veut dire « nos gens » pour Lanzelet ?

mit eime pantiere.‘
do erkantes alle viere
Lanzelet der milte,
6310 ritter unde schilte,
und wisse wol âne vrâge,
daȝ si wâren sîne mâge
und sîne gesellen guote.
des wart im wol ze muote,
6315 er entet ab niene dem gelîch,
und bat die künigîn rîch,
daȝ siu ir balde lieȝe zouwen
und mit rittern unde vrouwen
gein der pavelûne riten.
6320 er sprach ‚wir sîn vermiten
beidiu vert und hiure
an unser âventiure.
daȝ wirt gebüeȝet hiute.
got gebe, daȝ unser liute
6325 sô gerîten daȝ ichs êre habe.
dâ mite fuoren si hin abe
gein der wünnenclîchen stat.
doch enwistens niht dêr heiles bat
den Britûnen die dâ kâmen,
6330 wan alle die in vernâmen,
die stuonden im des wunsches bî.
ich wæn eȝ noch ein site sî,
daȝ man den wirten nâch giht.
si erkanten aber sîns herzen niht.
6335 Dô si die unkunden
grüeȝen begunden,
ritter unde vrouwen,
dô mohten si wol schouwen,
daȝ si stolz wâren unde starc.
6340 ir iegelîcher sich verbarc,
als si der rede iht wisten.
mit wîslîchen listen
enpfiengen si die gruoȝe.
idoch in der unmuoȝe
6345 hieȝ in diu künegîn schenken.
do begunde sich bedenken
der ellenthafte Karjet.
nâch sînem willen er tet,
den er ûȝ fuorte :
6350 der schilte er einen ruorte,
der an der pavelûne hienc,
dâ von diu êrste just ergienc.
des gesindes ein vorder man
der rante Karjeten an.
6355 den stach er balde dernider

6335 Lorsqu'ils les saluèrent les chevaliers et les dames eurent tout loisir de voir que les étrangers respiraient la fierté et la force. Ceux-ci firent semblant de ne pas savoir de quoi il retournait. Ils acceptèrent les paroles de bienvenue en se gardant habilement de manifester leurs intentions. La reine toutefois s'empressa d'ordonner qu'on leur serve à boire. Le valeureux Karjet songea alors à ce qui l'avait amené. Mettant son projet en pratique, il frappa l'un des écus pendus à la tente. Ce fut le signal de la première joute. L'un des membres les plus éminents de l'entourage de la reine s'élança vers Karjet. Ce dernier eut tôt fait de le désarçonner, lui et beaucoup d'autres ensuite, si bien qu'en très peu de temps soixante-quatre hommes furent jetés à terre comme le premier. Puis un autre prit son élan. Quand ils arrivèrent à la hauteur l'un de l'autre Karjet voulut bien viser et serra sa lance ; mais son cheval se cabra, et ce mouvement fit passer le coup à côté, l'autre chevalier continuant sur sa lancée. Ils se heurtèrent tous deux. En personne de bonne éducation, la reine dit aux guerriers étrangers : « Ce chevalier mérite d'être loué pour les joutes que nous venons de voir. Je dois dire en toute justice qu'il a bien joué de la lance. Toutefois il n'a pas remporté mon aventure, qui restera en vigueur tant que d'autres voudront la tenter. »

und der andern sô vil sider,
unz ir vil schiere
sehzic unde viere
vielen als der êrste man.
6360 dar nâch rant in einer an :
als si zesamen kâmen,
dô wolte Karjet râmen,
daz er sîn sper behafte.
sîn ros ûf gnafte,
6365 daʒ im der schuf den stich benam
und der ritter für kam.
beide si sich underranden.
dô sprach zuo den wîganden
diu wol gezogen künigîn
6370 ‚dirr ritter muoʒ wol gêret sîn
der juste der wir hân gesehen.
ich muoʒ im von schulden jehen,
daʒ er wol hât gestochen,
doch hât er niht zerbrochen
6375 mîn âventiur sin müeʒe wern
unz daʒ ir ander liute gern.‘
Der rede antwurt Erec
‚vrowe, si varnt niht sô enwec,
ich versuoche waʒ diu rede sî.‘
6380 er stach ir sibenzic unde drî
nider snellîche,
Erec der tugende rîche,
wan in ritterschefte niht bevilt.
er stach ir einen ûf den schilt,
6385 daʒ daʒ gestelle gar zerbrach
und man den schilt vallen sach
verre und der man gesaʒ.
ein ungelücke fuocte daʒ.
sus muost im misselingen.
6390 in disen teidingen
wart Lanzelet und Wâlwein
alles ir dinges enein,
des borvil ieman warte.
Tristant sich ouch niht sparte,
6395 er enwolte niht lenger bîten
und begunde balde rîten
gegen den hûsgenôʒen.
er tet in schaden grôʒen :
im gesaʒ von niunzigen enkein,
6400 geloubent mirs, wan ir ein.
ich wil iu sagen wie eʒ geschach.
sîn sper er gar durch in stach,
daʒ der edel wîgant
für sich reit unz an die hant

6377 Erec fit cette réponse : « Dame, sachez qu'ils ne seront pas tenus quittes avant que je n'aie tâté de la chose. » Erec, cet homme de grande valeur, inlassable dans les jeux de chevalerie, jeta vaillamment à terre soixante-treize adversaires. Il frappa l'écu de l'un deux de telle manière que les enarmes[110] se brisèrent complètement et que l'on vit l'écu voler au loin tandis que le cavalier restait en selle. La malchance l'avait voulu ainsi, et Erec échoua donc dans son entreprise. Pendant tout ce temps Lanzelet et Walwein, que personne n'observait, combinaient leur affaire dans le détail. Tristant ne resta pas inactif de son côté ; sans plus attendre, il se porta rapidement vers les gens du château. Il fit de grands ravages parmi eux ; de quatre-vingt-dix adversaires aucun ne lui résista, sauf un. Je vais vous dire comment cela arriva. Le noble guerrier transperça de part en part son adversaire de sa lance et, dans son élan, il l'enferra jusqu'à la poignée tandis que le blessé, retenu par la lance, ne pouvait se dégager ni dans un sens ni dans l'autre ; il resta en selle, bien malgré lui. Il aurait pourtant mieux valu qu'il vidât les étriers. C'est ainsi que Tristant échoua dans sa tentative, et il dut abandonner.

110. Vers 6385 : *gestelle* (ou *armgestelle*) : courroies servant de poignée et permettant de tenir l'écu.

6405 und der wunde von dem sper
mohte komen hin noch her.
sîns undankes er gesaȥ :
er wære doch gevallen baȥ.
alsus muoste Tristant
6410 vervælet hân, daȥ er derwant.
Dô sprach her Wâlwein
‚des ist zwîfel enkein,
ich müeȥe ouch mîn heil besehen.‘
dô muostens im alle jehen,
6415 daȥ er wol pungierte
und alsô justierte,
daȥ niht dervor mohte wern.
si begunden wünschen unde gern
sîns lîbes und ouch sîner site.
6420 si jâhen daȥ er wol rite
unde sô daȥ nieman baȥ.
der hundert ritter im gesaȥ
enkeiner wan als ich iu sol
sagen. dô er harte wol
6425 niun und niunzic nider gestach,
dô daȥ der zehenzigest ersach,
dô rant er Wâlweinen an.
dô wolt in der küene man
mit dem sper treffen hô.
6430 dô geriet der stich alsô,
daȥ er in ze hôhe stach
und im den helm durchbrach
ob den ringen durch die batwât.
do enwas des dehein rât,
6435 die riemen brâchen von dem sper,
der helm viel und gesaȥ er,
daȥ Wâlwein sîn niht nider stach.
der gast gezogenlîchen sprach
‚mir was nâch gelungen wol.
6440 sô aber daȥ dinc niht wesen sol,
so enhilfet niht swaȥ ieman tuot.
ein versuochen ist etswenne guot.‘
Dô in alsus missegie
an cleinen dingen, als ir hie
6445 von mir nu niuwes hânt vernomen,
dô was in doch baȥ bekomen
dan jenen die man dâ nider stach.
nu hœrt, wie Lanzelet sprach
zuo der künegîn diu sîn huote
6450 ‚vrowe, mir ist ze muote,
daȥ ich trûric imer lebe,
eȥ ensî daȥ dîn genâde gebe
mir ein urloup, daȥ ich hiere

6411 Monseigneur Walwein déclara alors : « Il n'y a pas d'hésitation possible, il va falloir que moi aussi je tente ma chance. » Tous durent alors convenir qu'il menait parfaitement ses assauts et joutait si bien que personne ne pouvait lui résister. Ils souhaitèrent ardemment posséder et sa force et son habileté. Ils dirent qu'il était un jouteur accompli et que personne ne le surpassait. Des cent chevaliers, aucun ne resta en selle, ou presque, comme je vais vous le conter : lorsqu'il eut désarçonné de belle façon quatre-vingt-dix-neuf d'entre eux, le centième, voyant son tour venu, s'élança vers Walwein. L'homme hardi qu'était ce dernier voulut le frapper dans la partie supérieure du corps. Mais le coup fut porté trop haut, au-dessus de la cotte de mailles, et traversa le heaume et la coiffe de l'adversaire. Il n'y avait aucun remède à cela ; les courroies se brisèrent sous le choc de la lance, le heaume tomba, mais le cavalier resta en selle. Walwein ne l'avait donc pas jeté à terre. L'étranger déclara sans irritation : « J'ai été bien près de réussir. Mais si une chose ne doit pas se faire tous les efforts ne mènent à rien. Néanmoins il n'est pas mauvais parfois d'essayer. »

niht wan einest justiere.
6455 wan alle, die sich iht verstânt,
die jehent, daȝ die recken hânt
vervâlt von ungelücke grôȝ.
ich gesach nie keinen ir genôȝ.
si füerent grôȝen ruom hin,
6460 dâ von ich immer trûric bin,
ob ichs ein teil niht widertuo.
si kômen leider her ze fruo.
daȝ bedenke, hêriu künigîn.
daȝ du imer sælic müeȝest sîn !
6465 si wænent wir sîn alle zagen.
ich enkan dir rehte niht gesagen,
was du dîns gefüeres drane begâst,
ob du mich justieren lâst
wider der selben ritter ein.
6470 eȝ ist ein spot und ein mein,
daȝ si als guote knehte
wider ritter rehte
gelestert und gehœnet hânt.
ob sis alsus hin gânt,
6475 daȝ tuot mir inneclîche wê
und wolte nemelîchen ê
lebende werden begraben,
dann ich diz laster müese haben,
daz si mîn êre fuorten hinnen.‘
6480 mit zorne und mit minnen
beretter daȝ siun rîten lieȝ.
vil tiure er ir gehieȝ
mit sîner manne sicherheit,
dar zuo swuor er ir einen eit,
6485 daȝ er isâ wider kæme
als er eine just genæme
wider ir deheinen dier dâ sach.
sîne triuwe er niht enbrach,
wan erȝ biȝ an sînen tôt vermeit :
6490 alsus behielt er sînen eit.
dô er den urloup gewan,
dô schuohte er sîne hosen an
und wâfent sich in sîn harnas,
der im vor behalten was.
6495 er endorfte niht wîȝer sîn.
dô gap im diu künigîn
einen wâfenroc sô vremde,
daȝ beȝȝern roc noch hemde
dehein künic nie getruoc.
6500 des cleinœdes was ouch genuoc
des siu im vil hieȝ dar tragen.
dâ von wil ich lützel sagen,

6443 Ils avaient ainsi échoué à peu de choses près, comme je viens de vous le conter, mais leur sort était tout de même plus enviable que celui de ceux qui avaient été désarçonnés. Écoutez maintenant ce que Lanzelet dit à la reine qui le tenait sous bonne garde : « Dame, je crois que je vivrai toujours dans la tristesse si tu ne me fais pas la faveur de m'accorder la permission de jouter simplement une fois. Car tous ceux qui s'y entendent un peu disent que ces guerriers n'ont échoué que par une malchance insigne. Je n'ai jamais vu personne qui puisse leur être comparé. Ils vont s'en aller en emportant une grande gloire et je serai toujours affligé si je n'en regagne pas une partie. Ils ne sont venus, hélas, que trop tôt. Réfléchis à cela, noble reine, et que la fortune te sourie toujours[111] ! Ils croient que nous sommes tous des lâches. Je ne peux pas t'expliquer vraiment quelle source de profit ce sera pour toi si tu me laisses jouter contre l'un de ces chevaliers. C'est une raillerie et une traîtrise du sort qu'ils aient pu infliger à d'aussi bons combattants un affront et un déshonneur incompatibles avec le rang de chevalier. Je ressentirai une profonde douleur s'ils partent d'ici de cette façon et je préférerais cent fois être enterré vivant plutôt que de subir l'outrage de les voir emporter mon honneur ! » Faisant ainsi alterner l'emportement et la persuasion, il obtint qu'elle le laissât jouter. Faisant de ses hommes les garants de cette promesse, puis le lui jurant personnellement, il donna à la reine l'assurance solennelle qu'il reviendrait dès qu'il aurait disputé une joute contre l'un de ceux qu'il apercevait là. Il ne se parjura pas, car il se garda bien de le faire jusqu'au jour de sa mort. Il resta ainsi fidèle à son serment. Quand il eut obtenu cette permission, il chaussa ses houseaux et revêtit son haubert, que l'on avait conservé et qui ne pouvait pas être plus blanc. Puis la reine lui donna une cotte d'armes

111. Vers 6464. Formule du type : « Bon vent », qui peut être utilisée comme vœu ou comme formule d'adieu cavalière. Dans le contexte, la formule est parfaitement ambiguë, comme le « nos gens » du v. 6324.

wan erȝ niht sô hôhe wac
als vil doch tiure dran lac.
6505 ir wiȝt wol, durch ein swacheȝ geben
muoȝ maneger mit vreuden leben,
und fromet ein grôȝ gâbe niht
dâ man sich triuwen niht versiht.
Nu grîfen wider an daȝ liet.
6510 diu künigîn vermeit niet
siun kuste ir gesellen.
unlange twellen,
des bat in diu vrowe hêr.
doch enweiȝ ich ob er imer mêr
6515 gesunt her dan gewende.
die recken ellende
die wârn mit grôȝeme nîde.
ungerne ich doch vermîde
ich ensage iu noch fürbaȝ.
6520 dô er ûf sîn ors gesaȝ,
dô lieȝ ouch her Tristant
sîn ros springen zehant,
als er justieren solte.
Lanzelet niht wolte
6525 ze Plûrîs langer wirt sîn :
daȝ wart dô snelleclîchen schîn.
als er sîn ros ersprancte,
Tristant wider wancte.
do begunde in Lanzelet jagen.
6530 nu vluhens alle als zagen,
die vier hergesellen.
daȝ begunde missevellen
der vrowen und ir gesinden,
dô er niht wolt erwinden.
6535 des gewan diu künigîn zehant
sô grôȝe riwe, daȝ ir geswant
und daȝ siu viel in unmaht.
diu tôtvinster naht
der bitterlîchen minne
6540 diu benam ir die sinne
und ir varwe und ir kraft :
siu was mit leide behaft.
Als ir der sin wider kan,
dô wâren die fünf man
6545 ir ûȝ den ougen entriten.
do begund siu vlêhen unde biten
starclîche ûȝ der ahte
alle die siu mahte,
daȝ man ir man vienge ;
6550 und swenn eȝ alsô ergienge,
der si mit im beriete,

d'une qualité si extraordinaire que jamais roi ne porta cotte ou chemise plus belle. Elle lui fit donner encore beaucoup d'autres présents, mais je n'en parlerai guère, car il n'y attacha pas un intérêt à la mesure de leur valeur, qui était grande. Vous savez bien qu'un don modeste peut remplir de joie de nombreuses personnes tandis qu'un présent somptueux n'apporte rien si on n'y pressent pas la marque d'une affection sincère.

6509 Mais revenons au récit. La reine n'oublia pas de donner un baiser à son compagnon. La très noble dame le pria de ne pas s'attarder. Toutefois, je[112] ne sais pas s'il pourra retourner sain et sauf auprès d'elle. Les guerriers venus d'ailleurs étaient pleins de la fureur de vaincre. Cependant il me déplairait de ne pas vous conter la suite. Dès que Lanzelet fut en selle, le seigneur Tristant fit s'élancer son cheval, comme s'il allait disputer une joute. Lanzelet ne tenait pas à rester plus longtemps seigneur de Pluris, il eut tôt fait de le montrer. Quand Lanzelet eut lancé son cheval Tristant tourna bride ; Lanzelet se mit à sa poursuite et on vit les quatre guerriers prendre la fuite comme des couards. Lorsque la dame et ses gens virent que Lanzelet ne voulait pas s'arrêter, ils en conçurent un grand dépit. La reine éprouva sur-le-champ une telle souffrance qu'elle eut une faiblesse et tomba évanouie. La nuit sombre comme la mort de l'amertume amoureuse l'avait privée de ses sens, de ses couleurs et de ses forces. Le chagrin s'était emparé d'elle.

112. Vers 6514-6519. Le texte édité, que nous traduisons, suit W. Leçon de P pour les v. 6514 et suiv., et 6518 et suiv. (à comprendre comme une réponse de Lanzelet à la reine et non comme un commentaire du narrateur), Hannink, p. 76 et suiv. : *jo enweis ich ob ich iemer mer / gesund har denne gewunder / ... / ungerne ich sie doch mide / mit der rede ging er hin baz* = « En fait, je ne sais pas si je pourrai revenir sain et sauf. [Ces guerriers venus d'ailleurs étaient pleins de la fureur de vaincre.] Cependant il me déplairait de renoncer à les affronter. Après avoir prononcé ces paroles il se mit en mouvement. » Si l'on corrige *gewunder* (avec une finale qui répète la rime du couplet précédent) en *gewende*, on peut considérer que nous nous trouvons devant deux variantes de dignité équivalente, bien que de tonalité différente. On a le choix entre un Lanzelet retors (P) et un narrateur pince-sans-rire (W).

dem gæb siu guote miete,
ein herzogentuom des siu pflac.
ir gebot dô nieman verlac,
6555 der et ze rosse mohte komen.
des wart manigem benomen
beidiu lîp und êre.
eȝ engestriten nie mêre
ritter als balde.
6560 si muosens einem walde
danken und der vinstern naht,
daȝ man niht mê mit in vaht.
Alsus kômens kûme hin.
dâ nâch, als ich bewîset bin,
6565 sô ritens ûf ein montâne.
die rihte gein Britâne,
der enmohtens niht gevâren,
wan si verirret wâren :
dô si des âbendes striten,
6570 al die naht si für sich riten
unz morgen fruo an den tac.
dô kômens dâ ein burc lac
ûf eim bühel niht ze hô :
dâ gein kêrten sie dô.
6575 der wirt der der bürge pflac,
der was, als ich iu sagen mac,
wîse biderbe unde guot,
hübsch unde wol gemuot,
an allen dingen vollekomen.
6580 swaȝ er hâte vernomen
daȝ zêren und ze lobe stuont,
daȝ warp er sô die frumen tuont.
er versuohtes ie sîn ahte,
wan er tet als er iht mahte
6585 dehein wort gesprechen.
er was in den gerechen,
swaȝ im ze tuonne gezam,
daȝ er daȝ alleȝ vernam
mit einer hande getiute.
6590 eȝ enwurden nie liute
baȝ enpfangen dan die fünf man.
der wirt sich schiere versan
an allem ir gebâren,
daȝ si müede wâren.
6595 dô schuof er in gemaches vil.
er hieȝ als ich iu sagen wil
der wîse stumme Gilimâr.
er was sô snel, daȝ ist wâr,
daȝ ûf zwein füeȝen nie
6600 dehein man sneller gegie.

6543 Lorsqu'elle revint à elle les cinq hommes étaient déjà hors de vue. Elle supplia et implora avec une extrême véhémence tous ceux auxquels elle put s'adresser de capturer son époux, ajoutant que, si cela arrivait, elle donnerait une bonne récompense, un duché qu'elle possédait, à celui qui le lui rendrait. Aucun de ceux qui purent trouver un cheval n'ignora son injonction. Beaucoup y perdirent et la vie et l'honneur. Jamais chevaliers ne combattirent plus hardiment [que les cinq hommes]. Ils ne durent qu'à la proximité d'une forêt et à l'obscurité de la nuit de ne plus avoir à se battre.

6563 Ils s'étaient donc tirés d'affaire, mais de peu. Selon ce qui m'a été dit, ils s'étaient engagés sur les pentes d'une montagne. Ils ne pouvaient pas prendre la route qui menait droit en Bretagne, car ils s'étaient égarés. Ils chevauchèrent pendant toute la nuit qui suivit les combats, jusqu'au petit matin. Ils arrivèrent alors en un endroit où ils aperçurent un château qui se dressait sur une colline assez peu élevée. Ils prirent cette direction. Le châtelain était, je puis vous le dire, un homme avisé, vaillant et bon, courtois et vif, pourvu de toutes les qualités. En homme de mérite, il s'efforçait de faire tout ce qui était réputé rapporter éloges et honneur. Il se mettait constamment à l'épreuve en faisant comme s'il ne pouvait pas prononcer la moindre parole. Quoi qu'il dût faire, il était capable de se faire comprendre par un simple geste. Jamais personne ne fut mieux reçu que les cinq hommes. Le seigneur vit tout de suite à leur aspect qu'ils étaient fatigués et veilla à leur bien-être. On l'appelait, je tiens à vous le dire, Gilimar le muet avisé. Il était, sans mentir, si agile que jamais homme ne courut plus vite sur ses deux jambes. Il guerroyait beaucoup, car il était à la tête d'une marche. Beaucoup d'hommes étaient prêts à se mettre à son service par considération pour sa ténacité. Il avait acquis une haute réputation bien que ses vassaux lui fissent reproche de ce mutisme qu'il observait pour

er urliugete starke.
wan er pflac einer marke,
im was manic man bereit
durch sîn unbedroȝenheit.
6605 swie in sîn lantliut zige,
daȝ er durch eine vrowen swige,
mit êren hât er sich bejaget.
ditz hân ich iu durch daȝ gesaget,
wan er sîner geste wol pflac.
6610 nu muose Lanzelet du Lac
und die viere, sîne gesellen
bî Gilimâre twellen,
unz daȝ die tiurlîche gomen
ir müede heten überkomen
6615 und in diu ros wol mahten.
wer möhte daȝ geahten,
waȝ sî schœner mære sageten,
die wîle daȝ si tageten
ûf des stummen veste?
6620 Wâlwein tet daȝ beste,
er begunde Lanzelete enbarn,
wie eȝ umb den mantel was gevarn
von êrste unz hin ze leste.
nu enwolten ouch die geste
6625 belîben niht mêre.
durch sîn selbes êre
fuor der wirt mit in dan
und kondewiert die vremden man
mit manegem guoten knehte,
6630 unz daȝ si kômen rehte
zuo ir bekennigen wegen.
dô bâten si sîn got pflegen
und aller der sînen.
dô lieȝ er aber schînen
6635 daȝ er verstandenlîchen fuor.
mit sînen bærden er swuor,
daȝ er den helden mære
sîns dienstes willic wære.
Ich enweiȝ wie iu daȝ behaget,
6640 daȝ ich sô kurze hân gesaget
von dem hübschen swîgære.
vernement irȝ niht für swære,
sô wær von im ze sagenne guot.
ir wiȝȝent wol, wie minne tuot,
6645 swâ si den liuten an gesiget,
daȝ si deheiner mâȝe pfliget,
wan siu aller vreude nimt den zol.
daȝ schein an disem ritter wol.
er dienet einer vrowen clâr

l'amour d'une dame. Si je vous ai conté tout cela, c'est parce qu'il prit bien soin des visiteurs. Lanzelet du Lac et les quatre autres, ses compagnons, purent ainsi séjourner chez Gilimar jusqu'à ce que ces hommes valeureux furent remis de leurs fatigues et que leurs chevaux eurent retrouvé leurs forces. Qui pourrait dire quels beaux récits ils se firent durant leur séjour dans la forteresse du muet ? Walwein surpassa tout le monde en racontant à Lanzelet l'histoire du manteau du début à la fin. Les visiteurs ne voulurent pas ensuite demeurer plus longtemps. Veillant à sa bonne renommée, le seigneur se mit en route avec eux et accompagna avec une suite de chevaliers les étrangers jusqu'à ce que ceux-ci retrouvent des chemins familiers. Ils le recommandèrent alors à Dieu, lui ainsi que tous les siens. Gilimar montra une nouvelle fois qu'il avait du savoir-vivre. S'exprimant par gestes il jura aux guerriers de grande réputation qu'il était toujours prêt à être leur serviteur.

6639 Je ne sais s'il vous a plu que je vous parle aussi brièvement de ce muet courtois ; il mériterait qu'on parle de lui, si ce n'est pas abuser de votre patience. Vous connaissez bien cette habitude qu'a l'amour d'ignorer toute mesure quand il a mis les gens à sa merci et de prélever un lourd tribut sur toutes les joies. Le cas de ce chevalier en était l'illustration. Il avait servi pendant de nombreuses années une dame avec constance et fidélité, je peux vous l'affirmer[113]. Il ne se priva pas de parler d'elle, si bien que les gens dressèrent l'oreille, l'un disant, en exprimant ses soupçons : « C'est celle-ci », tandis que l'autre répliquait : « Non, je crois qu'il le fait pour celle-là, qui est si courtoise et si parfaite. » On

113. Vers 6649 : *clâr* est une émendation suggérée par Lachmann. Nous traduisons la leçon des deux manuscrits W et P : *daz ist war* tout en admettant que cette leçon n'est pas d'une parfaite orthodoxie métrique.

6650 mit stæter triuwe manic jâr.
mit rede er ir niht vergaȝ,
unz die liute marcten daȝ
und zêh in einer ,eȝ ist diu,‘
der ander sprach ,nein siu :
6655 ich wæne erȝ alȝ durch jene tuot,
diu ist sô hübsch und sô guot.‘
sus wart er maniges bezigen.
do enmoht daȝ mære niht geligen :
etslîcher riet die wârheit.
6660 daȝ wart der vrouwen geseit,
des enbôt sium dise buoȝe.
durch enkein unmuoȝe
enwolter si zebrechen niet.
ditz mære merke hübschiu diet,
6665 wan es im sît wol gelônet wart.
eȝ ist der rehten minne art,
daȝ getriuwen liuten wol geschiht
und er sichs lange rüemet niht,
der mit valsche dient od dienst nimet,
6670 wan eȝ weiȝgot niht enzimet.
des selben Lanzelet verjach,
do er Gilimâres triuwe sach.
Wa gehôrt ir ie gezellen
von stolzern gesellen
6675 dan ouch die vremden geste,
die von des stummen veste
mit vreude niuwens sint geriten ?
swie vil si müeje hânt erliten,
des was in nu vergeȝȝen.
6680 die helde vermeȝȝen
wâren geil und harte vrô.
wan daȝ kumt dicke alsô,
so dem man iht leides sol geschehen,
daȝ im des muoȝ sîn herze jehen
6685 dâ vor mit ungedultikheit.
die herren, von den ich hân geseit,
den wart nie baȝ ze muote :
wan diu heide gruote
und sungen in dem walde
6690 diu vogellîn vil balde :
in ganzer vreude ir hüge lac,
sît Lanzelet du Lac
sîn selbes man sîn mahte :
ouch was ir aller ahte,
6695 daȝ si enzît kœmen heim.
Wâlwein sprach ,mîn œheim
sol den wîȝen hirȝ jagen.‘
dô er in daȝ begunde sagen,

lui imputa ainsi une foule de liaisons. L'affaire ne pouvait rester dans l'ombre ; quelqu'un découvrit la vérité. On en fit part à la dame, qui lui imposa cette pénitence. Pénitence qu'il ne voulut rompre sous aucun prétexte. Que les personnes courtoises se pénètrent de cette histoire, car Gilimar fut par la suite bien récompensé. Telle est la nature de l'amour quand il se montre juste : les personnes fidèles trouvent le bonheur et celui qui sert ou accepte un hommage de façon malhonnête n'a guère l'occasion de s'en vanter longtemps, car c'est une attitude blâmable, Dieu en est témoin. C'est ce que dit Lanzelet quand il constata la fidélité de Gilimar.

6673 Où avez-vous jamais entendu parler de compagnons plus débordants d'entrain que ces visiteurs qui viennent de quitter dans la joie la forteresse du muet ? S'ils ont été à la peine, ils l'ont oublié maintenant. Les intrépides guerriers se sentaient légers et étaient très joyeux. Il arrive souvent, pourtant, lorsqu'un coup du sort doit nous atteindre que notre cœur nous en avise auparavant de façon pressante. Jamais les seigneurs dont je vous ai parlé ne furent de plus belle humeur. En effet, la campagne verdoyait et les oiseaux chantaient gaiement dans la forêt ; Lanzelet du Lac avait pu redevenir son propre maître et cela leur mettait le cœur en fête. Ils étaient tous également soucieux de rentrer chez eux à temps. « Mon oncle doit chasser le cerf blanc », dit Walwein. Quand il eut prononcé ses paroles ils pressèrent l'allure. Voici maintenant qu'ils se sont si bien rapprochés qu'ils seraient aisément arrivés au château de Kardigan, leur demeure, le troisième jour. Ils se confiaient qu'ils auraient du plaisir à revoir leurs compagnons. Alors qu'ils étaient tout à la joie de cette évocation, ils rencontrèrent en chemin un page qu'ils reconnurent. Ils l'appelèrent par son nom et lui demandèrent de leur dire où se trouvait le roi ; ils voulurent aussi savoir si leurs parents se portaient bien ou non. Ils posèrent

dô was in ernst unde gâch.
6700 nu sint si komen alsô nâch,
daʒ si vil sanfte an dem driten
tage wæren heim geriten
ûf die burc ze Kardigân.
si jâhen, daʒ si wolten hân
6705 gern ir gesellescha ft gesehen.
als si des begunden jehen
und si wâren geil zunmâʒe,
dô kam in ûf der strâʒe
ein garzûn, den si bekanten.
6710 bî namen si in nanten
und vrâgten in um mære,
wâ der künic wære,
und was ouch daʒ ir frâge,
obe sich ir mâge
6715 wol gehapten alde wie.
noch dô versuochter sie :
mit weinenden ougen
er sprach ‚es ist kein lougen,
gehôrt irs niht ze disen tagen,
6720 sô wil ich iu daʒ grœste sagen,
daʒ wir alle ie vernâmen.‘
die helde sich des erkâmen
und sprâchen, si enwisten niht
von einer grôʒen ungeschiht.
6725 Dô huop er an und seit in sus :
er sprach ‚mîn herre der künec Artûs
mit alder massenîe sîn
und mîn vrowe diu künegîn,
die wolten ir spil begân :
6730 den wîʒen hirʒ si wolten vân
und daʒ der künec dâ næme
von rehte, als im gezæme,
der schœnsten kus, daʒ was sîn lôn.
sîn vater Utpandragôn
6735 der het eʒ alsô ûf geleit.
die selben gewonheit
behielt der sun imer sît.
nu ist verendet der nît,
der dâ von solte komen.
6740 mîn vrowe diu künegîn ist genomen
mîm herren künec Artiure.
daʒ hât der ungehiure,
der künic Valerîn getân.
ich verstân mich wol und ist mîn wân,
6745 der künec sî selbe sêre wunt.
dar zuo ist mir unkunt,
wie vil der ritter sî erslagen,

encore d'autres questions[114]. Il leur dit, les yeux pleins de larmes : « Si vous ne l'avez pas encore appris à l'heure qu'il est, je vais vous dire la nouvelle qui est, sans mentir, la plus confondante que nous ayons tous jamais entendue. » Les autres, saisis, dirent qu'ils n'avaient pas entendu dire qu'il s'était produit un grand malheur.

6725 Le page commença alors son récit et leur dit ceci : « Mon seigneur, le roi Arthur, ainsi que toute la cour et ma dame la reine s'apprêtaient à se livrer à leur distraction ; ils voulaient prendre le cerf blanc et le roi devait recevoir en récompense, comme cela lui revenait de droit, un baiser de la plus belle. Son père, Utpandragon, en avait disposé ainsi ; le fils avait toujours respecté cette coutume depuis. Maintenant, la querelle qui devait en résulter n'aura pas lieu. Mon seigneur le roi s'est vu enlever sa dame la reine par le roi Valerin, ce monstre. Je crois, et je ne pense pas me tromper, que le roi lui-même a reçu de mauvaises blessures. En outre, je ne puis vous dire combien de chevaliers ont été tués parmi ceux qui accompagnaient le roi à la chasse. Jamais personne n'aurait pu prédire que notre joie serait ainsi anéantie. » Les hardis membres de la cour mirent pied à terre. Il faudrait plus qu'un talent médiocre pour évoquer comme il faut l'affliction qui s'étaient emparée d'eux. Ils apprirent en détail comment cela était arrivé et où le roi Valerin avait emmené la reine. Ils durent ainsi abandonner à nouveau leur belle humeur jusqu'au moment où Dieu daigna effacer leur douleur.

114. Vers 6716. Vers émendé à la suggestion de Lachmann. Sens possible : « Il mit pour un temps encore leur curiosité à l'épreuve. » (?) Nous avons pour notre part tenté de trouver un sens à la leçon de P : *noch do versüchten sie*. Version différente, plus courte (et claire) dans W pour les v. 6713-6716 : *und waz er nuowes sagete / der chnappe nicht gedagete* : « [où se trouvait le roi] et quelles étaient les nouvelles. Le page ne resta pas muet, etc. ».

die mit dem künege wâren jagen.
eȝ was vil ungehœret,
6750 daȝ alsus zestœret
unser vreude solte werden.‘
do erbeiȝten zuo der erden
die küenen hûsgenôȝe.
ungehabe sô grôȝe,
6755 die si heten under in,
der enkunde iu niht ein kranker sin
ze rehter mâȝe verjehen.
wenne diz wære geschehen
und war der künic Valerîn
6760 wære komen mit der künigîn,
daȝ wart in alleȝ kunt getân.
nu muostens aber ir vreude lân,
unz daȝ si got sô gêrte,
daȝ er ir leit verkêrte.
6765 Dô diu fünf degene hêr
gewunnen michel herzesêr
von sölhem niumære,
daȝ ir vrowe wære
Ginovere gevangen,
6770 und wie eȝ was ergangen
dem künege und ouch den sînen,
dô lieȝen si wol schînen,
daȝ in sô leide nie geschach.
michel was ir ungemach
6775 als helde die sich lasters schament.
nu sâȝens ûf alle sament
und riten harte balde
gerihte von dem walde,
unz si ze lande kâmen,
6780 dâ si dâ vernâmen
von vriunden, dieȝ in tâten kunt,
daȝ der künec was helflîche wunt
und er schiere wære genesen,
wan daȝ er trûric muose wesen
6785 von ander ungeschihte.
die recken man dô berihte,
daȝ der künic was gevallen
mit den sînen allen
für daȝ Verworren tan
6790 und aldes werkes des ie man
ze gesæȝe erdenken kunde,
daȝ man des dâ begunde,
doch eȝ lützel töhte.
der künec sprach, swie er möhte
6795 deheine wîle geleben,
so enwurde der burc niht vride geben,

6765 Les cinq nobles guerriers furent profondément peinés de découvrir que leur dame, Ginovere, était captive ainsi que d'apprendre ce qui était arrivé au roi et à ses gens, et on vit bien à leur comportement qu'ils n'avaient jamais été aussi cruellement affectés. En hommes qui rougissent sous l'outrage ils ressentaient une grande souffrance. Ils remontèrent ensuite tous en selle, quittèrent la forêt à grande allure, en prenant au plus court, et arrivèrent bientôt dans leur pays, où des proches leur apprirent que les blessures du roi n'étaient pas fatales et qu'il s'en serait remis rapidement si un autre malheur ne l'avait pas tourmenté. On raconta aux arrivants que le roi et tous ses hommes s'étaient portés devant la Forêt emmêlée et que l'on avait mis en œuvre tous les moyens auxquels on peut imaginer de recourir lors d'un siège, mais sans le moindre succès. Le roi déclara qu'à chaque instant qu'il lui serait encore donné de vivre il ne laisserait aucun répit à la forteresse aussi longtemps que son épouse s'y trouverait. Le roi Valerin s'en moquait éperdument. Lui et ses gens ne craignaient pas le moins du monde le roi Arthur ; dans la forteresse ce n'était que behourds, danses et jeux. Valerin, cet homme plein de détermination, donna à la reine l'assurance formelle – engagement auquel il se tint effectivement – qu'il ne lui causerait aucun tort et ne ferait rien contre sa volonté : il désirait simplement la prier d'amour en toute bienséance. La noble reine vivait dans le tourment ; sa réputation aurait été fortement compromise si Dieu ne l'avait pas tenue en sa garde. Mais voici que Lanzelet et ses compagnons sont arrivés sur les lieux du siège. Il aurait donné tous les hauts faits qu'il avait accomplis s'il avait pu en échange combattre et venir à la rescousse au moment où la reine avait été enlevée.

unz daȥ sîn wîp dâ wære.
diz was vil ummære
dem künege Valerîne.
6800 er und al die sîne
vorhten in borvil.
buhurt tanzen unde spil,
des pflâgens ûf der veste.
Falerîn der muotveste
6805 der küniginne gehieȥ,
daȥ er ouch vil wâr lieȥ,
mit triuwen and mit sicherheit,
daȥ er ir dehein leit
undankes tæte,
6810 wan daȥ er si bæte
mit zühten umb ir minne.
diu edel küniginne
lebet in unmuote.
wan daȥ si got behuote,
6815 sô wær ir êren vil benomen.
nu sint zuo dem gesæȥe komen
sîne gesellen unde Lanzelet.
swaȥ er ze manheit ie getet,
daȥ wolter alleȥ hân vermiten
6820 durch daȥ er möhte hân gestriten
und err ze stiure wære gesîn,
dô geroubet wart diu künigîn.
Sît eȥ alsus ergangen was,
do erbeiȥten samen an daȥ gras
6825 die viere unde Wâlwein.
der ritter was dâ enkein
wan die des benamen jâhen,
daȥ si si gerne sâhen.
si liefen gein den gesten,
6830 wan si die muotvesten
ir gevertes wol erkanden.
der schade zuo den schanden
wart in gar kunt getân.
do begunden die recken gân
6835 dâ si den künic funden
von trûren ungesunden.
nu wart ir zuht wol schîn :
helme und ouch diu hüetelîn
diu wurden schiere ab genomen.
6840 dô si der künic sach komen,
ûf stuont der êrbære,
swie trûric er wære,
und kustes alle zehant.
er claget in, daȥ er wære geschant
6845 und wieȥ im was ergangen.

6823 Les choses en étaient donc à ce point; les quatre hommes et Walwein mirent pied à terre. Il n'y eut là aucun chevalier qui ne dît son plaisir de les voir. Ils coururent vers les arrivants, car ils avaient parfaitement deviné ce qui amenait ces hommes résolus. Ils leur firent part longuement du dommage et de l'outrage qu'ils avaient subis. Les cinq hommes se rendirent ensuite auprès du roi, qu'ils trouvèrent malade de douleur. On put alors se convaincre de leur bonne éducation: ils eurent tôt fait d'ôter heaume et coiffe. Quand le roi les aperçut, cet homme à l'honneur sans tache se leva malgré son abattement et les embrassa tous sur-le-champ. Il se plaignit devant eux de la honte qui l'avait atteint et leur expliqua comment cela était arrivé. On voyait les larmes couler sur ses joues. Les cinq ne purent s'empêcher de verser des pleurs douloureux. Tous ceux qui participaient à l'expédition firent de même. Quel homme aurait pu ne pas ressentir de chagrin dans ces circonstances et manifester ainsi une cruauté de loup ? Les guerriers pleurèrent et le bruit de leurs lamentations se répandait au loin. Ils montraient sincèrement que le malheur les avait touchés au plus vif. Je ne sais qu'ajouter sinon qu'on voyait là le spectacle de l'affliction et du désespoir. Bien des chevaliers auraient préféré mourir plutôt que d'endurer l'outrage qu'avaient subi ces guerriers, les meilleurs du monde. Les cris répondaient aux gémissements. Je vais vous dire ce qui causait le chagrin de ces chevaliers. Comme le roi leur avait dit que la joie l'avait abandonné, ils ne pouvaient plus eux-mêmes ne connaître que la peine. Ils se tordaient tous les mains. Au même moment, un homme animé d'une grande colère arriva sur le lieu du siège, suivi de trois mille chevaliers. Il avait l'intention, en personne loyale, de prêter main-forte au roi de Kardigan, car ce malheur le chagrinait. Ce jeune homme était paré de toutes les qualités. Nous avons rarement entendu parler dans quelque récit que ce soit d'un chevalier plus courtois; on en eut souvent la preuve. Le roi

man sach im von den wangen
die zeher nider vliezen.
die recken dô niht liezen
sin weinten bitterlîche :
6850 sam tâten al gelîche
die in der reise wâren.
wer kunde des gevâren
durch sîne wolflîche site,
der dâ trûren vermite?
6855 dô wart von jâmer ein schal,
daz ez harte verre hal,
dô die recken weinden.
mit triuwen si bescheinden,
daz in daz leit ze herzen wac.
6860 ich enweiz waz ich iu sagen mac
wan dâ was riuwe unde nôt.
manec ritter wære gerner tôt,
dan er des lasters het erbiten,
daz die wîgande liten,
6865 die besten von der welte.
mit manegem widergelte
was dâ schal und wüefe.
ich sage iu waz dâ schüefe
der guoten knehte ungemach.
6870 als in der künic des verjach,
daz er die fröide het begeben,
sô muosen si mit swære leben,
ir hende se alle wunden.
isâ ze den selben stunden
6875 kom zuo dem gesæze geriten
ein helt mit zornigen siten,
der driu tûsent ritter brâhte.
getriuwelîchen er gedâhte,
daz er ze staten wolte stân
6880 dem künege von Kardigân,
wan in truopte diz undinc.
dirre selbe jungelinc,
was an tugenden vollekomen.
wir hân selten vernomen
6885 von keiner slahte mære,
daz dehein ritter wære
hübscher : daz wart dicke schîn.
künec Artûs was der vater sîn
und Ginovere sîn muoter.
6890 dirre helt guoter
der hiez Lôût der milde.
er claget daz unbilde
umb sîner muoter nôtzüge.
ez ist ein wârheit, niht ein lüge,

Arthur était son père, Ginovere sa mère. Ce noble guerrier s'appelait Lout[115] le Libéral. Il se lamenta de la monstruosité que constituait l'enlèvement de sa mère. C'est la vérité, non un mensonge : il s'arrachait les cheveux et déchirait ses vêtements. Lorsqu'il vit Lanzelet et ses compagnons il tomba aux genoux du premier. Il poussait des cris de fureur. Tous les chevaliers en ressentirent de la douleur, car il faut que vous sachiez que jamais jeune homme ne fut plus couvert d'éloges depuis le jour de son adoubement jusqu'au moment où il partit, comme nous dit le conte, avec Arthur, son auguste père, pour un pays dont les Bretons attendent toujours qu'ils reviennent tous deux puisqu'ils prétendent avec insistance qu'ils les reverront. Mais vous connaissez l'histoire pour l'avoir souvent entendue et je laisserai donc aux intéressés le soin d'en parler. Écoutez maintenant ce qui se passa durant ce siège, qui se déroula sous le signe de la désolation. Au cas où je ne l'aurais pas dit, sachez que jamais on ne vit plus d'hommes d'une valeur aussi insigne avoir le visage rougi par les larmes qu'au cours de cette opération.

115. Vers 6890 : *Lôût* : prononcer lo : out. *Lohût* dans l'*Erec* de Hartmann von Aue. Le *Loholz* (*Érec et Énide*), *Lohot* des récits français, lesquels, lorsque le personnage est un peu plus qu'un simple nom, rapportent qu'il mourut jeune, de mort violente. Mesurée à ce rôle fantomatique, la place que Lout occupe dans le *Lanzelet* peut être qualifiée de considérable.

6895 daȝ er sich roufte unde brach.
dô er Lanzeleten sach
und ander sîne gesellen,
er begunde im fuoȝvellen.
der degen wüeteclîchen schrê.
6900 daȝ tet den rittern allen wê,
wan ich wil iu wærlîche sagen,
für daȝ er swert begunde tragen,
daȝ nie kein kindischer man
kürlobes mê gewan,
6905 unz daȝ er in ein lant gereit,
als uns diu âventiure seit,
mit Artûs sînem vater hêr,
dâ ir noch beider immer mêr
die Britûne bîtent,
6910 wan si dar umbe strîtent,
daȝ si noch süln wider komen.
daȝ mære hânt ir dicke vernomen,
dâ von lâȝ ich eȝ an sie.
nu merkent wie eȝ ergie
6915 ze dem leitlîchen sæȝe.
ob ich der rede vergæȝe,
sô sult ir doch wiȝȝen daȝ,
daȝ nie maneger ouge naȝ
von sô ûȝ genomen helden wart
6920 als an der selben hervart.

Lôût der getriuwe
hete grôȝe riuwe
durch sîner muoter ungemach.
den rittern er zuo sprach :
6925 er nant ir ein teil bî namen
und claget in laster unde schamen
,edel ritter alle,
daȝ worden sint ze schalle
mîn vater und diu muoter mîn,
6930 daȝ sol iu geclaget sîn
ûf gnædeclîche triuwe.
diu clagelîche riuwe
sol durch nôt erbarmen
die rîchen zuo den armen,
6935 wan ir des wol gedenket,
daȝ nie man wart beschrenket,
der sich an mînen vater lie.
stæte vreude hât sich hie
ze ungehabe verkêret.
6940 mîn muoter hât gêret
nâch sînem werde manegen man.
swâ siu sich ie gesûmde dran,
daȝ muost âne ir danc geschehen.

6921 Le fidèle Lout était extrêmement affligé de l'infortune de sa mère. Il s'adressa aux chevaliers en appelant certains d'entre eux par leur nom, se lamenta devant eux de cet outrage infamant et leur dit : « Nobles chevaliers, permettez-moi de vous prendre tous à témoin du scandale dont sont victimes mon père et ma mère et d'en appeler à votre bonne grâce et à votre loyauté. Cette déplorable infortune ne pourra qu'éveiller la commisération de tous, petits ou puissants, car vous n'avez pas oublié que mon père n'a jamais trompé ceux qui lui avaient accordé leur confiance. Un bonheur sans nuage vient de se transformer en misère. Ma mère a accordé à maintes personnes les marques de considération qui correspondaient à leur rang ; si elle y a jamais failli, ce fut contre son gré. Vous avez tous bien vu également comment mon père bien-aimé, Arthur, traitait les chevaliers en sa maison. Si la largesse et la bonté dont il a fait preuve afin de s'assurer une bonne renommée dans le siècle ne lui servent de rien autant dire que jamais plus personne ne devra s'appliquer à agir au mieux. » Lanzelet lui fit alors cette réponse : « Cousin, mettez un terme à cette plainte et croyez bien ce que je vais vous dire. Rien n'arrive qui ne doive arriver. J'ai vu les gens qui nous entourent et je suis convaincu que si le reste du monde les affrontait sur un pré bien dégagé après leur avoir infligé une injure aussi grande que celle que Valerin nous a fait subir ils n'hésiteraient pas à faire face vaillamment. Il se trouve cependant que son château est si puissamment défendu qu'aucun homme vivant n'a assez de ressource pour causer la moindre frayeur à ses occupants. Pour autant que je puisse en juger, je ne vois pas ce que vous pourriez faire de mieux que de prendre patience et de demander conseil aux princes afin d'examiner la situation qui nous afflige. » Tous, les rois et l'ensemble des barons, se rangèrent à son avis et allèrent délibérer sans plus attendre.

ouch hânt ir alle wol gesehen,
6945 wie mîn lieber vater Artûs
die ritter hielt in sîme hûs.
sol in diu milte niht vervân
und diu tugent, die er hât begân
durch weltlîche êre,
6950 so ensol sich nimer mêre
man gevlîȝen, daȝ er wol getuo.‘
dô sprach Lanzelet dar zuo
‚neve, stillent iwer clage
und geloubent mir daȝ ich iu sage.
6955 eȝ geschiht niht wan daȝ sol geschehen.
ich hân die liute hie ersehen,
daȝ ich des gewis bin,
hielt aldiu welt engegen in
ûf einer slehten heide
6960 und hæten sin ze leide
als vil als Falerîn getân,
sie getorstens wol bestân.
nu ist aber sîn burc sô starc,
daȝ nieman lebender ist sô karc,
6965 den si umb ein hâr entsitzen.
ich enkan nâch mînen witzen
erdenken niht sô guotes
sô daȝ ir iwers muotes
gedultic sint und nement rât
6970 von den fürsten umbe die getât,
dâ von wir sîn unvrô.‘
des volgeten sie alle dô
und giengen zeim gespræche gar,
die künege und ouch der herren schar.
6975 Dô si zesamen wâren komen,
dô wart dâ manic rede vernomen,
wan dâ saȝ manic wîser man.
ze jungest stuont von in dan
der listige Tristant.
6980 er sprach ‚uns ist wol erkant,
daȝ mîn vrowe lebet gesunt.
dar zuo ist uns allen kunt,
daȝ ir ie was bereit
witze und grôȝiu sælikheit
6985 durch die tugent, der siu waltet :
dâ von ouch siu behaltet
ir êre unz an ir ende.
dâ von rât ich, daȝ besende
mîn herre, der künic mære,
6990 Malducken, den zouberære
von dem Genibeleten sê.
der kan zoubers michels mê

6975 Lorsqu'ils furent réunis beaucoup prirent la parole. Il y avait là en effet un grand nombre de personnes avisées. Tristant, cet homme de ressource, se leva le dernier et s'avança. « Nous savons bien », dit-il, « que notre reine est saine et sauve. Aucun de nous n'ignore non plus que, de par la perfection qui est la sienne, elle n'a jamais manqué d'intelligence et que la fortune lui a toujours souri. C'est du reste ce qui lui permettra de préserver son honneur jusqu'au bout. Je conseillerai donc à mon seigneur, le noble roi, de faire venir Malduc, l'enchanteur du Lac embrumé. Il est plus expert en enchantements qu'aucune autre personne vivant dans les pays alentour. Il nous permettra de surprendre ce renard de Valerin et tous ses acolytes. Si Dieu nous accorde cette chance nous prendrons son château grâce à l'aide de Malduc. » Erec fil de roi Lac lui répondit aussitôt : « Je crains que notre seigneur ne puisse faire venir cet homme ; nous lui avons en effet causé du tort à maintes reprises. Son père est mort de ma main ; ensuite, Walwein a tué son frère ; et de plus, mon seigneur, le roi Arthur, l'a chassé du pays où il avait longtemps séjourné en s'adonnant à ses artifices. Néanmoins, s'il peut nous être de quelque secours en cette occasion, nous devrions agir vite et offrir, dans la mesure du possible, les réparations qui effaceraient le préjudice subi. »

dan ieman in den rîchen.
mit dem suln wir beswîchen
6995 Falerînen den kargen
mit allen sînen wargen.
ist daȝ uns got heiles gan,
wir gewinnen im die burc an
von Maldukes râte.'
7000 dô antwurte drâte
Erec fil de roi Lac
,ich wæne, mîn herre enmac
den man niht her besenden :
wir sîn im manegen enden
7005 dicke ze unstaten komen :
sîm vater hân ich den lîp genomen :
dô sluoc Wâlwein den bruoder sîn :
ouch hât in der herre mîn
der künic Artus vertriben
7010 vome lande dâ er was beliben
mit sime galster manegen tac.
doch dês al ein, ob er uns mac
ze disen dingen iht vervâhen
sô sulen wir gerne gâhen
7015 und süenen uns swie wir megen.
daȝ wir daȝ lasten nider gelegen.'
Zehant berieten sie sich.
si endûhte niht sô wætlich
sô daȝ man wurbe umb den man.
7020 si kômen alle dar an,
daȝ der künic niht vermite
wan daȝ er selbe vierde rite
nâch dem gougelære
und er daȝ her mære
7025 enpfulhe dem sune sîn.
dô wart aber wol schîn,
daȝ im diu künegîn liep was.
von dem her er ûȝ las
die er ze manheit het erkant :
7030 daȝ was Karjet und Tristant
und Lanzelet : sie drîe
nam er von der massenîe.
ze der verte was er gereht.
nu reit er in den foreht,
7035 der nâch bi Kardigân lac.
als in erschein der vierde tac,
der strâȝe si vermisten,
daȝ si lützel wisten,
wâ si wâren in dem walde.
7040 dô riten si für sich balde
unz ze dem Schrîenden mose.

7017 Ils débattirent aussitôt de ces propositions. Ils pensèrent que le mieux était de demander le concours de cet homme. Ils estimèrent tous que le roi ne devrait pas manquer de se rendre lui-même, accompagné de trois personnes, auprès du magicien et de confier la noble armée à son fils. Le roi donna alors une nouvelle preuve de son amour pour la reine. Il choisit dans l'armée des hommes dont il avait reconnu la prouesse, à savoir Karjet et Tristant, ainsi que Lanzelet. Il prit ces trois-là parmi les membres de sa maison. Il était prêt pour le départ. Il s'engagea alors dans la forêt qui se trouvait à proximité de Kardigan. À l'aube du quatrième jour ils perdirent leur route et ne surent plus dans quelle partie de la forêt ils se trouvaient. Ils continuèrent hardiment leur chemin et arrivèrent devant le Marais hurlant. Que ceux que cela intéresse écoutent conter les particularités de ce marais[116]. Aucun cheval ne pouvait le franchir sans encombre, à supposer qu'il pût même le traverser. Bien des gens, qui sont encore en vie, nous ont assuré qu'il y a là un grand lac. Il en sort un ruisseau aux eaux claires auquel cependant aucun animal en vérité n'a jamais bu, si grande que pût être sa soif. Les poissons qui y vivent sont tous, au choix, aussi grands ou aussi petits les uns que les autres (les Anglais en ont beaucoup de la sorte) ; ils sont longs comme le bras. À certains moments, par je ne sais quel attribut naturel, l'eau est si chaude que tous les

116. Autre exemple (voir « l'Observatoire grandissant ») de l'appétence du récit pour la topographie merveilleuse ; voir Introduction 3.1. Ce marais a plusieurs propriétés remarquables et il se peut que la « notice » du *Lanzelet* soit composite. Aux points de comparaison mentionnés par Richter (p. 75 et suiv.), dont la *Decisio* 19 des *Otia imperialia* de Gervais de Tilbury concernant des marais dangereux (voir la traduction de Annie Duchesne, p. 36 : « L'Averne »), on peut ajouter l'évocation du Brecknock Mere (lac du pays de Galles connu également sous le nom de lac de Llangor) dans l'*Itinerarium Kambriæ* de Giraud de Barri (livre I, chap. 2). Entre autres particularités, conte Giraud, ce lac, « également appelé *Clamosus* », émet en hiver, lorsqu'il est gelé, des bruits effroyables comparables aux mugissements d'un grand troupeau de bétail que l'on pousse dans une direction. Giraud n'écarte pas pour sa part une explication scientifique : craquements de la glace, explosion de poches d'air formées dans la glace.

swer nu welle, der lose,
wie eȝ stuont umb daȝ mos.
dar über mohte dehein ros
7045 borwol oder nimer komen.
wir hân mit wârheit daȝ vernomen
von manegem man, der noch lebet,
daȝ dâ ein michel sê swebet.
dar ûȝ rinnt ein ahe clâr,
7050 der nie dehein tier für wâr,
swie sêre eȝ durste, getranc.
die vische sint ebenlanc
und ebenkurz, die drinne gânt :
die Engellende ir vil hânt :
7055 si sint lanc als ein arm.
diu ahe ist wîlent als warm,
von neiȝwaȝ nâtûre,
daȝ al die nâchgebûre
und die trünne der tiere
7060 vliehent harte schiere
ein tageweide und mêre :
und schrît daȝ mos sô sêre,
daȝ al diu tier sterbent,
diu sô tœrlîche werbent,
7065 daȝ si der stunde hânt erbiten.
idoch von disen vremden siten
sô wirt daȝ waȝȝer alsô heiȝ,
daȝ dâ von tiergelich wol weiȝ,
daȝ in der lîp niht mêre frumet,
7070 swenne daȝ geschrei kumet.
nu lânt mich iuch berihten :
drî tage vor sunegihten
sô schrît daȝ mos und selten mêr.
man siht dâ vogele alsô hêr,
7075 der vil ûf dem sêwe swebet,
daȝ er nimer jâr gelebet,
der in iht ze leide tuot.
hie von ist sagehaft der fluot.
Do der künec Artûs ze der ahe kam
7080 und er rehte vernam,
wâ er was in den walden,
dô muos er ûf halden
und eine wîle stille haben.
dô sach er einen ritter draben
7085 über daȝ Schrîende mos.
sô rehte snel was sîn ros,
daȝ man die slâ niht kunde spehen.
als er den künic het ersehen,
do erkant er in, daȝ was reht :
7090 wan der selbe guote kneht,

riverains et les troupeaux de bêtes fuient en toute hâte à une journée au moins de cet endroit. Le marais pousse des hurlements si effroyables que tous les animaux qui commettent la folie de rester sur place ce moment en meurent. Toutefois, en vertu de ces étranges propriétés, l'eau devient si chaude que toutes les bêtes savent parfaitement qu'elles seront perdues dès que retentiront les cris. Laissez-moi maintenant vous conter ceci : le marais hurle trois jours avant la Saint-Jean et ne le fait guère à d'autres dates. On voit, volant en grand nombre au-dessus du lac, des oiseaux si magnifiques que ceux qui leur portent atteinte meurent dans l'année. C'est ce qui fait la notoriété de ces eaux.

7079 Lorsque le roi Arthur arriva au bord de l'eau et découvrit dans quelle partie de la forêt il se trouvait il n'eut plus qu'à s'arrêter et à faire une halte. Il vit alors un chevalier traverser le Marais hurlant ; son cheval était si rapide que l'on ne pouvait pas déceler ses traces. Le chevalier aperçut le roi et le reconnut, ce qui n'était que de juste puisque, quel que fût l'endroit où il séjournait en été, il passait toujours l'hiver à la cour d'Arthur. Il souhaita la bienvenue au roi et à ses trois compagnons. Il pouvait du reste leur être d'un grand secours dans la traversée de ce terrain mouvant. Il s'appelait Dodines le Sauvage aux larges mains[117]. Il mettait à feu et à sang les terres du roi d'Irlande. Quand il enfourchait son cheval, il ne se souciait pas le moins du monde de choisir sa route, car sa monture avait une allure telle qu'elle ne faisait pas jaillir la rosée sous ses sabots lorsque Dodines le Sauvage la faisait hardiment courir sur le sable[118] ou à

117. Sur ce personnage, voir : G. Huet, « Deux personnages arthuriens », *Romania* 43, 1914, p. 966-102.

118. Vers 7108 : *kes* peut être une variante de *kis* (gravier, sable), mais le mot est aussi attesté sous la forme que l'on rencontre dans le *Lanzelet* au sens de glacier (Alpes bavaroises, tyroliennes, carinthiennes) ; voir *Bayerisches Wörterbuch*, t. I, p. 1300 et suiv. Injection de topographie alpine lors de l'adaptation (voir Introduction 3.1) ?

swa er den sumer hin vertreip,
den winter er imer beleip
bî Artûses massenîe.
den künic und die drîe
7095 hieȝ er sîn willekomen.
ouch moht er in wol gevromen
über daȝ tiefe gevilde.
er hieȝ Dodines der wilde
mit den breiten handen.
7100 den künec von Irlanden,
den brant er unde herte.
er gap umb sîn geverte
niht ein hâr, ist uns geseit,
swenn er sîn ros überschreit :
7105 wan daȝ hete sölhen ganc,
daȝ er daȝ tou niht erswanc,
swenn eȝ der wilde Dodines
stolzlîche ûf daȝ kes
und über daȝ mos rande :
7110 dâ sîne vîande
von tiefe muosen swanken,
dâ sach man eȝ niht wanken,
daȝ eȝ im iht möhte werren.
dô fuorte sînen herren
7115 Dodines der helt balt
ûf sîn hûs. daȝ was gestalt
bî dem mose ûf einen stein.
eȝ enwart nie burc dehein
erbûwen baȝ noch alsô wol.
7120 dise veste nam des landes zol,
wan im der walt was undertân.
als ein kerze gedrân
was der stein âne mûre,
ein turn von nâtûre,
7125 daȝ nie kein beȝȝerre wart,
innen hol und ûȝen hart
als ein gellendiu fluo.
dar ûf umbe die zuo
was gemaht guot gesæȝe.
7130 wie ungern ich vergæȝe,
daȝ Artiure dem künege hêr
wart gegeben nie mêr
diu wirtschaft noch sô voller rât
von zame noch von wiltbrât,
7135 als im gap der wilde.
dar nâch reit der milde,
der riche künic Artûs,
von sînes lieben vriundes hûs
gein dem furte hin dan,

travers le marais. Là où le sol mouvant faisait irrémédiablement trébucher ses adversaires, on ne le voyait pas s'enfoncer et éprouver des difficultés. Dodines, l'intrépide guerrier, conduisit son seigneur vers son château, qui se dressait sur un rocher, près du marais. Jamais on ne vit de château mieux ou même aussi bien construit. Cette forteresse prélevait son tribut sur le pays environnant, car Dodines contrôlait la forêt. Le rocher, rond comme un cierge, dépourvu d'enceinte, formait une tour naturelle, telle qu'il n'y en eut jamais de meilleure ; il était creux au-dedans et dur au-dehors, comme une de ces grottes cachées derrière la falaise où résonne l'écho. En haut, sur le pourtour, on avait construit de belles habitations. Quel serait mon regret si j'oubliais de vous dire que jamais Arthur, l'auguste roi, ne se vit offrir meilleure chère ni autant de viandes et de venaison que chez le Sauvage ! Puis Arthur, ce roi généreux et puissant, quitta la demeure de son ami cher pour gagner le gué, à l'endroit où la rivière sortait du lac. Le cours d'eau était large et profond, son courant était en outre si rapide que personne ne se risquait à la franchir autrement qu'en empruntant un pont – c'est ce qui m'a été dit – auquel on accédait depuis le chemin et qui s'appelait la Passerelle fumante[119]. À cet endroit, les voyageurs durent, comme ils ne trouvaient pas de meilleure solution, recouvrir la tête des chevaux en l'entourant de bandelettes. Arthur, l'illustre roi, estima que c'était un grand avantage que d'être conduit jusqu'au château de l'enchanteur par Dodines. Il s'en réjouit, et les siens plus encore. Ils arrivèrent ainsi sur les rives du Lac embrumé. Les lieux se présentaient de la façon suivante : un château se trouvait au milieu de la partie qui appartenait au magicien. Un pont le reliait à la terre ferme, mais personne ne pouvait le

119. Voir Introduction 3.1.

7140 dâ diu ahe von dem sêwe ran.
daʒ waʒʒer was grôʒ unde tief,
dar zuo eʒ als drâte lief,
daʒ nieman dran getorste komen
wan, als ich eʒ hân vernomen,
7145 zeiner brücke gein dem wege :
diu hieʒ ze dem Stiebenden stege.
dâ muosen die recken
den rossen bedecken
diu houbet und bewinden,
7150 wan si enkunden vinden
deheinen rât der beʒʒer wære.
Artûsen den künic mære
dûhte daʒ ein grôʒ gewin,
in fuorte Dodines hin
7155 zuo der burc des zouberæres.
dô was er vrô des mæres
und die sîne michels mê :
ze dem Genibeleten sê
riten si ize an den sant.
7160 umb den was eʒ sô gewant.
dâ sîn der gougelære pflac,
ein hûs enmitten drinne lac.
von dem lande gienc ein brücke dar :
der enwart nieman gewar
7165 wan alse Malduc gebôt.
nu hielt Artûs durch nôt
gein der burcstrâʒe.
ich enweiʒ wer in în lâʒe.
Morne nâch des küneges ger
7170 dô reit über die brügge her,
als eʒ vruo was ertaget,
des wirtes tohtr, ein schœniu maget,
hübsch und êrbære.
siu fuort ein sperwære,
7175 von maneger mûʒe wol getân.
man sach ir pferit schône gân.
mit dem selben stolzen kinde
liefen zwêne winde,
wan siu durch baneken ûʒ reit.
7180 als uns daʒ welsche buoch seit,
so endorfte siu niht wîser wesen,
wan siu hâte gelesen
diu buoch von allem liste,
dâ von siu wunder wiste.
7185 âne Fêmurgân die rîchen
sô enkund sich ir gelîchen
kein wîp, von der ich ie vernam.
als siu für die brücke kam,

voir si Malduc n'en décidait pas ainsi. Arthur fut ainsi contraint de s'arrêter sur la route du château. Je ne sais qui pourrait le faire passer.

7169 Le matin, comme pour répondre au souhait du roi, la fille du châtelain, une belle jeune fille, courtoise et estimable, passa le pont peu après le lever du jour. Elle portait au poing un épervier que de nombreuses mues avaient rendu magnifique. On pouvait admirer l'allure de son palefroi. Deux lévriers couraient aux côtés de cette pimpante jeune fille, car elle sortait pour se divertir. Elle ne pouvait être plus savante, nous dit le livre français ; elle avait lu en effet les livres contenant tous les savoirs et était ainsi devenue experte en magie. Si l'on excepte la grande Femurgan[120], aucune femme, à ma connaissance, ne pouvait souffrir la comparaison avec elle. Lorsqu'elle arriva au bout du pont, la jeune fille rencontra les nobles étrangers et les salua, car elle vit à leur mine qu'ils étaient tous de lignée princière. Notez à cette occasion qu'elle possédait une faculté dont beaucoup de femmes disposent encore : elle reconnut le roi au portrait qui lui en avait été fait. « Seigneur », dit-elle, « vous tirerez profit du salut que je vous ai adressé aujourd'hui. Si je ne vous avais pas salué vous auriez été perdu. Vous aurez toutefois la vie sauve pour la seule et bonne raison que votre cœur a toujours été disposé à la largesse dans une mesure inégalée ; vous faites bien de vous conduire ainsi et, sur ma foi, cela vous honore. » Arthur, loin de ses terres maintenant, la remercia avec chaleur. Il lui conta son malheur du début à la fin. Il pouvait bien lui en parler, car elle avait déjà appris ce qui était arrivé. Il lui offrit une bonne récompense si elle acceptait de l'aider, ce qui amena l'excellente demoiselle à lui promettre d'un cœur sincère de faire office d'intermédiaire auprès de son père, le magicien.

120. Vers 7185. P : *femurgane* ; W : *femurganen*. La fée Morgue, Morgane.

dâ siu die rîchen geste vant,
7190 diu maget gruoȝte si zehant,
wan siu sach an ir gebâren,
daȝ si alle fürsten wâren.
dar zuo merkent einen list,
der noch an manegem wîbe ist :
7195 dar nâch als ir was gesaget,
sô bekande diu maget
des küneges antlütze.
siu sprach ,herre, iust nütze,
daȝ ich iuch hiute gegrüeȝet hân.
7200 und het ich es niht getân,
sô müesent ir verlorn wesen.
idoch sult ir wol genesen
durch niht wan umbe daȝ,
daȝ iwer herze ie baȝ
7205 für ander man ze milte stuont,
dar an ir harte rehte tuont :
dêst wâr, ir hânt es êre.'
des gnâdet ir sêre
Artûs der ellende.
7210 er begund ir an ein ende
alliu sîniu dinc clagen.
er moht ir lîhte gesagen,
wan siu het eȝ ê vernomen,
wie im sîn dinc was komen.
7215 dô bôt err rîche miete,
daȝ siu im har zuo riete.
durch daȝ lobet im diu guote
mit getriuwelîchem muote,
daȝ siu sîn bote wære
7220 zuo ir vater dem gougelære.
Dô reit von den helden
diu frowe zuo ir selden,
dâ siu den gougelære vant.
diu tohter kuste in zehant
7225 und begunde in allen gâhen
in güetlîch umbevâhen.
siu sprach ,vater herre,
ich wil dich manen verre,
daȝ ich dir ie was undertân :
7230 des solt du mich genieȝen lân
und solt mich einer bete wern
der ich an dich wil gern.'
,ich tuon. sage waȝ eȝ sî.'
,hie haltent ritter nâhe bî'
7235 sprach diu maget wol getân,
,den solt du einen vride lân :
daȝ ist wol mîn wille.'

7221 La demoiselle quitta alors les voyageurs, rentra en sa demeure et alla trouver le magicien. La fille embrassa aussitôt celui-ci et s'empressa de lui nouer affectueusement les bras autour du cou. « Seigneur père », dit-elle, « je voudrais te rappeler de la façon la plus nette que je t'ai toujours été dévouée. Tu devrais m'en récompenser et m'accorder une requête que je désire te présenter. — C'est entendu. Dis-moi de quoi il s'agit. — Des chevaliers se trouvent près d'ici », dit la belle jeune fille. « Accorde-leur un sauf-conduit, tel est mon souhait. » Le père ne parla pas avant d'avoir tout entendu et appris que le roi Arthur était arrivé en s'en remettant à sa bonne grâce et qu'il désirait le dédommager des torts et de l'outrage qu'il avait subis s'il l'aidait à soulager son tourment en recourant à ses sortilèges. « S'il m'assure qu'il agira ainsi », dit le châtelain, « j'essayerai volontiers de faire ce que je peux, malgré la grande peine que me causent les dommages qui m'ont été infligés. Tout ce que je veux, c'est qu'on me donne deux hommes, étant entendu que le roi viendra me les livrer sans conditions quand j'aurai mené à bien son affaire, ou qu'on les fera venir jusqu'ici si je réussis à lui rendre son épouse, comme il le souhaite. Lui-même doit se souvenir parfaitement des torts qu'ils m'ont causés. Je veux parler de Walwein et d'Erec. Va maintenant, ma fille, et assure-leur que tel est le salaire que j'exige du roi. C'est à cette seule condition que je t'accorderai ce que tu demandes. »

do gesweic der vater stille
unz er vernam daʒ mære,
7240 daʒ der künic Artûs wære
ûf genâde dar komen
und er im büeʒen ze vromen
wolte laster unde leit,
daʒ er im sîn arebeit
7245 mit listen hulfe minren.
,wil er mich des ginren,
daʒ er daʒ tuo' sprach der wirt,
,swie harte mich mîn schade swirt,
so versuoch ich gerne swaʒ ich kan.
7250 ich enwil ab niht wan zwêne man,
daʒ mir der künec die bringe
ân allerslahte gedinge,
swenn ich sîn dinc gelende,
ald daʒ man mir se sende
7255 her heim, ob ich in hân gewert
sînes wîbes als er gert.
er mac sich selbe wol enstân,
waʒ si mir leides hânt getân.
daʒ ist Wâlwein und Erec.
7260 nu rît, tohter, dînen wec
und gib in des die triwe dîn,
daʒ ditz diu miete müeʒe sîn,
der ich an den künic ger.
niht anders wil ich sîn dîn wer.'
7265 Mit der rede reit diu maget
dâ ir daʒ leit was geclaget
von dem künege und ouch der unfuoc.
des lônes siu im zuo gewuoc
des ir vater gerte.
7270 ,swie gerne ich in des werte'
sprach der künec erbolgen,
,si enwoltens lîht niht volgen :
eʒ wære ein ungefüegiu bete.'
dô antwurt im Lanzelete
7275 ,herre, irn dürfent des niht jehen,
wan ir dicke hânt gesehen,
daʒ Erec und Wâlwân
durch iuch din dinc hânt getân,
daʒ in der lîp ze wâge stuont.
7280 daʒ selbe si noch hiute tuont,
hinder uns an der reise.
ouch enist kein vreise
wan die ich selbe gerne lite,
dâ ich mîne vrowen mite
7285 von ir kumber möhte ernern.
al des selben wil ich swern

7265 Munie de cette réponse, la jeune fille se rendit à l'endroit où le roi avait invoqué devant elle l'outrage qu'il avait subi ainsi que l'énormité de cet acte. Elle lui fit part de la compensation qu'exigeait son père. « Même si je souhaitais le lui accorder », dit le roi, pris de colère, « il n'y aurait guère de chances qu'ils l'acceptent ; ce serait une requête malséante. » Lanzelet lui répondit alors : « Seigneur, vous ne devez pas parler ainsi, car vous avez pu constater fréquemment qu'Erec et Walwein ont mis leur vie en jeu pour vous. Ils n'agiront pas autrement aujourd'hui qu'ils sont restés derrière nous et ne participent pas à l'expédition. J'ajoute qu'il n'est pas de danger que je n'encourrais personnellement d'un cœur léger si je pouvais de cette façon arracher ma dame à son tourment. Je suis prêt à jurer que les deux hardis guerriers que cette épreuve attend ne penseront pas autrement. » Tristant, un homme éloquent, conseilla également au roi de faire sans tarder ce que lui avait suggéré le valeureux Lanzelet. Quant à Dodines et Karjet, ils soutinrent qu'Erec et Walwein avaient un tel souci de l'honneur qu'ils ne connaîtraient jamais d'autre trépas qu'une mort glorieuse et digne d'eux. Ils persuadèrent ainsi tous le roi d'accepter les exigences de Malduc ; ils savaient en effet avec la plus grande certitude que ces braves seraient prêts à faire tout ce qu'il leur demanderait. La jeune fille obtint de son père, après avoir sans relâche plaidé habilement en ce sens, qu'il parte avec le roi, non sans qu'il ait obtenu l'assurance qu'il ne lui serait fait aucun mal. Quand le roi Arthur donnait sa parole, il ne se serait dédit pour personne au monde. Une fois cet accord passé, ils partirent en parcourant une campagne bien dégagée. Dodines le Sauvage fit passer le roi par de si bons chemins que celui-ci fut bientôt rentré chez lui sans avoir eu à franchir de pont ou de passerelle. Lorsqu'ils apprirent son retour, ses chevaliers lui réservèrent un accueil tel que jamais homme n'en reçut de meilleur. Leur liesse

von den zwein helden balt,
ûf die diu nôt ist gezalt.‘
dem künege riet ouch Tristant,
7290 ein wortwîser wîgant,
daȥ er albalde tæte
als im gerâten hæte
der tugenthafte Lanzelet.
Dodines und Karjet
7295 die wolten eȥ dâ für hân,
daȥ Erec und Wâlwân
sô wol nâch êren wurben,
daȥ si nimer ersturben
wan rehte und sæleclîche.
7300 sus überrettens algelîche
den künec, daȥ er gewerte
Malducken des er gerte.
wan si wisten wol die wârheit,
daȥ im die helde wærn bereit
7305 ze tuonne swes er in gewuoc.
diu maget eȥ dô zesamene truoc
mit wîslîchem rate,
fruo unde spâte,
daȥ ir vater mit dem künege reit,
7310 und doch mit der gewarheit,
daȥ im arges niht geschach.
swaȥ der künec Artûs gesprach,
daȥ zerbræch er durch nieman.
mit der rede riten si dan
7315 über ein sleht gevilde.
Dodines der wilde
der fuort den künec sô guoten wec,
âne brücke und âne stec,
daȥ er schiere heim kam.
7320 als daȥ diu ritterschaft vernam,
dô wart nie man enpfangen baȥ.
si erscheinden an ir fröide daȥ,
daȥ eȥ im dicke wol ergât,
swer die sîne willic hât.
7325 Ze dem sæȥe was niht der mære,
diu si dûhten sagebære
ir herren, dô er wider kam.
der künec Artûs die fürsten nam
und kunt in, waȥ dâ was gelobet.
7330 ‚ir hætent anders getobet‘
sprâchens algelîche.
Erec der tugentrîche
und der hübsche Wâlwein,
die wurden beide des enein,
7335 ob eȥ ir vrowen iht vervienge,

montra que celui qui rencontre le soutien spontané des siens est souvent bien servi dans l'existence.

7325 Les assiégeants n'avaient à rapporter aucune nouvelle qui leur semblât digne d'être contée à leur seigneur à son retour. Le roi Arthur réunit les princes et leur fit part de l'engagement qu'il avait pris. « C'eût été folie que d'en décider autrement », dirent-ils unanimement. Le valeureux Erec et le courtois Walwein s'accordèrent tous deux à dire que, si leur dame y trouvait avantage et quel que fût le sort qui pût les attendre, ils iraient se constituer prisonniers à l'endroit assigné quand le roi en donnerait l'ordre. Ils s'en remettaient à la fortune, dussent-ils être écorchés vifs ou ébouillantés, ou connaître un autre sort. Ils se disaient avec philosophie que personne ne meurt plus d'une fois. Ils préféraient mettre en jeu leur vie et leur réputation plutôt que de voir leur dame la reine et la cour de Kardigan trouver une fin lamentable. Cette attitude leur valut de grandes louanges. La semaine suivante, Malduc porta un tel coup à Valerin que celui-ci en souffrit grand dommage. Écoutez maintenant pour savoir comment les choses en vinrent là.

swar zuo eȥ in ergienge,
daȥ si sich gerne wolten
antwürten swar si solten,
swenne eȥ in der künec gebüte ;
7340 ob man si schunde oder süte
od swie man sie hielte,
daȥ des gelücke wielte.
si bedâhten sich des wol,
daȥ nieman ersterben sol
7345 wan einest und niht mêre.
si wâgten lîp und êre
gerner dan daȥ solte sîn,
daȥ ir vrowe diu künigîn
und diu massenî ze Kardigân
7350 mit jâmer müese zergân.
hie von wart in wol gesprochen.
dar nâch zer næhesten wochen
tet der wîse Malduc
Falerîn einen sölhen zuc,
7355 dâ von er schaden vil gewan.
nu hœrent wie eȥ dar zuo kan.
Er begunde an den swarzen buochen
sîne liste versuochen
und schuof, daȥ die würme
7360 lieȥen ir gestürme,
die in der vorburc lâgen
und des hages pflâgen
in dem Verworrenen tan.
Malduc der wîse man
7365 der enswebete gar (da enist niht wider)
ûf der burc und dernider
alleȥ daȥ dâ lebete.
daȥ her dô hin ûf strebete
und vielen über die mûre.
7370 si brâhten imȥ ze sûre,
daȥ Artûs trûric was gewesen.
si enlieȥen nieman genesen,
swen si ûf der burc funden,
weder siechen noch gesunden :
7375 si muosen gar verlorn sîn.
dô wart der künic Falerîn
mit den sînen erslagen.
den müese man wol iemer clagen,
wan daȥ eȥ sêre missezimet.
7380 swer wîp gerne nôtes nimet,
eȥ ist laster und ein mein.
die tiursten wurden des in ein
und sprach der gougelære,
ob diu künegîn dankes wære

7357 Malduc consulta ses livres de magie noire pour y choisir ses artifices et fit en sorte que les serpents qui se trouvaient dans la basse cour et gardaient le taillis de la Forêt emmêlée perdent toute agressivité. Le savant Malduc plongea dans le sommeil – il n'y a guère de remède à cela – tout ce qui avait vie dans le château et en contrebas. L'armée monta alors à l'assaut et franchit le mur d'enceinte. Ils firent payer chèrement à Valerin l'affliction dans laquelle il avait jeté Arthur. Ils n'épargnèrent aucun des occupants du château, qu'ils fussent malades ou bien portants. Tous y passèrent. Le roi Valerin fut tué, de même que ses gens. Il faudrait à tout jamais regretter sa mort si cela n'était pas dans ce cas vraiment malséant. C'est un geste vil et félon que de vouloir conquérir une femme par la force. Les plus valeureux tombèrent d'accord sur ce point et le magicien déclara que si la reine s'était enfuie de son plein gré avec lui pour lui offrir sans résistance la douceur de son amour ils auraient certainement épargné Valerin. Et beaucoup, qui souffraient également des dérèglements de l'amour, exprimèrent la même opinion. Me croira qui voudra : le roi Arthur eut la noblesse de se ranger à cet avis.

7385 mit Falerîne entrunnen,
sô daȝ sium wolte gunnen
ir süeȝer minne unerwert,
sô hæten si in wol ernert.
des vermâȝen sich genuoge,
7390 den ouch mit unfuoge
din minne sêrte den muot.
der künic Artûs was sô guot,
daȝ er des selben sich vermaȝ.
swer welle der geloube daȝ.
7395 Dô Falerîn durch übermuot
verlôs lîp unde guot,
als ir wol hânt vernomen,
innân des was komen
mîn herre der künic Artûs
7400 in ein wünneclîcheȝ hûs,
dâ Ginovere inne lac.
ein wunder ich iu sagen mac :
siu selbe und drîȝic megede hêr,
wan ir was niht mêr,
7405 die sliefen alsô harte,
daȝ ir dehein warte
des schalles ûf der veste.
dô die vremden geste
die burc gar verwuosten,
7410 durch nôt si dô muosten
und ir undankes wachen.
daȝ kom von den sachen,
daȝ zouber was sô grimme,
enwær Malduckes stimme,
7415 sô wæren si verdorben gar.
der half in daȝ in niht gewar.
Die vrowen fuorte man hin abe
und wart diu burc mit aller habe
verderbet, daȝ siu nider gelac.
7420 beidiu berc unde hac
die zerfuorte man durch nît,
daȝ dervon nieman sît
dem andern mohte geschaden.
alsus wart leides entladen
7425 der milte künec von Kardigân,
wan daȝ er angest muose hân
umb den tiurlîchen solt,
den Malduc dâ verholt
hete mit den listen sîn.
7430 Ginovere diu künigîn
bat den zouberære,
als liep siu im wære
und durch aller vrowen willen,

7395 Tandis que Valerin, comme vous l'avez bien noté, payait son outrecuidance de la perte de sa vie et de ses biens le roi Arthur était entré à l'intérieur d'une salle magnifique dans laquelle se trouvait Ginovere. Je puis vous conter une merveille : comme les trente nobles jeunes filles qui se trouvaient avec elle, elle dormait d'un sommeil très profond, au point qu'aucune d'elles n'avait entendu le tumulte qui régnait dans la forteresse. Mais lorsque les assaillants se mirent à dévaster le château de fond en comble il fallut les réveiller de force. La faute en était au sortilège, qui était si opiniâtre que si Malduc n'avait pas prononcé quelques paroles elles auraient toutes péri. Il fit en sorte qu'il ne leur arrivât rien.

7417 On fit descendre les dames et on détruisit le château et tout ce qu'il contenait jusqu'à ce qu'il n'en restât rien. Dans leur rage, les vainqueurs dévastèrent aussi la colline et la forêt afin que personne ne puisse désormais nuire aux autres. C'est ainsi que le magnanime roi de Kardigan fut délivré de son tourment, si l'on veut bien oublier qu'il éprouvait de l'angoisse en songeant au prix élevé qu'il allait devoir payer en rétribution des artifices de Malduc. La reine Ginovere demanda à Malduc, au nom de toutes les dames et de la sympathie qu'il pouvait avoir pour elle, de bien vouloir apaiser sa colère, de choisir ce qui lui plairait parmi tout ce qu'elle possédait et d'épargner en revanche aux fidèles guerriers un voyage qui mettait en péril leur vie et leur honneur. Mais toutes ses prières furent vaines et elle dut cesser d'intercéder.

daʒ er geruohte stillen
7435 sîn zorn und daʒ er solte
nemen swaʒ er wolte
under allem daʒ siu hæte,
daʒ er die helde stæte
erlieʒe sölher reise,
7440 diu in stüende zuo der vreise
ir lîbes unt ir êre.
doch enbat siu nie sô sêre,
daʒ siʒ iht mohte vervân.
des muose siu die rede lân.
7445 Dô wart daʒ scheiden alsô,
daʒ dâ von trûric und unvrô
al die rîter muosen sîn.
daʒ wart an manegen dingen schîn,
mit klägelîchem wuofe,
7450 mit weinen und mit ruofe,
mit sölher ungehabe,
ob si stüenden ob dem grabe,
so enwære ir riuwe niht mêr.
daʒ ane sehende herzesêr
7455 was dem gougelær ein wint.
er fuort die herren an den sint.
sus muosen sie rîten
âne widerstrîten,
her Wâlwein und Erec,
7460 mit dem gougelær enwec,
mit Artûses geleite,
ze sînre gewarheite,
da er si in einen turn warf.
ich wæn ich iu niht sagen darf,
7465 waʒ si dâ ungemaches liten.
ir gesellen ouch niht vermiten,
in enwær daʒ herze swære,
swie liep in doch wære,
daʒ ir vrowe was wider komen.
7470 eʒ ist selten vernomen
von liuten dehein merre clage,
dan dâ was ze manegem tage
nâch des küneges mâgen.
ich wil iu âne vrâgen
7475 schiere lâʒen werden kunt,
daʒ Ginovere in kurzer stunt
kom wider heim ze Kardigân.
der vreude, die si mohten hân
mit fuoge, der begunden sie.
7480 Lanzelet dô niht enlie
durch wîp noch durch ander guot,
im wære trûric der muot,

7445 Les adieux furent tels qu'ils remplirent de tristesse et de chagrin tous les chevaliers présents. On le vit à de nombreux signes. Lamentations, gémissements, pleurs et cris, ils manifestaient une telle douleur que leur affliction n'aurait pas été plus grande s'ils s'étaient trouvés sur le bord d'une tombe. Ce spectacle de désolation ne fit pas la moindre impression au magicien. Il s'en alla en emmenant les seigneurs. Ainsi le seigneur Walwein et Erec durent partir avec l'enchanteur sans opposer de résistance. Malduc, qui bénéficiait du sauf-conduit donné par Arthur, les conduisit jusqu'à sa place forte, où il les enferma dans une tour. Il serait superflu, je crois, de vous dire les tourments qu'ils y subirent. Leurs compagnons ne purent pas de leur côté s'empêcher d'avoir le cœur serré malgré toute la joie que leur procurait le retour de la reine. Rarement on a entendu des personnes se lamenter plus qu'on ne le fit là-bas pendant des jours et des jours sur le compte des parents du roi. Je vous apprendrai sans plus tarder, et sans attendre que vous me le demandiez, que Ginovere rentra peu de temps après à Kardigan, ce que l'on fêta dans les limites de la bienséance. Aucune femme ni aucune autre source de bonheur ne pouvait chasser la tristesse du cœur de Lanzelet ; celui-ci savait quelles épreuves on était en train d'infliger à Walwein et à son compagnon Érec, qui allaient subir des tortures avant de mourir de faim. Le roi et tous ses gens étaient très abattus, car ils n'espéraient pas pouvoir leur venir en aide. La situation était angoissante. Toutes les propositions que l'on faisait à Malduc pour qu'il libère en échange les seigneurs ne servaient à rien, sinon à le déterminer à les maltraiter davantage. Monseigneur Lanzelet trouva alors cent chevaliers intrépides, prêts à risquer leur vie et leurs biens pour lui, qui lui assurèrent, lorsqu'ils le virent ainsi rongé par le chagrin, qu'ils étaient décidés à mourir pour lui. Aucune personne n'est en effet assez invulnérable pour ne jamais connaître la colère, la douleur profonde ou les

do er bekante die nôt,
wie man eȝ Wâlweine bôt
7485 und Erec sîme gesellen,
daȝ man si wolte quellen,
unz si hungers sturben.
vil leitlîche dô wurben
der künec und alliu sîn diet,
7490 wan si trûten in gehelfen niet.
eȝ was ein angestlîchiu nôt.
swaȝ man Malducke bôt
daȝ er die herren lieȝe,
daȝ vervie niht zir genieȝe,
7495 wan daȝ ern deste wirs tet.
dô vant mîn her Lanzelet
hundert ritter wol gemuot,
die beidiu lîp unde guot
durch in ze wâge lieȝen
7500 und im daȝ gehieȝen,
si wolten durch in sterben,
dô si in sâhen werben
von jâmer seneclîche.
wan nieman ist sô rîche,
7505 in ensweche an sîner hübscheit
ein zorn und ein herzeleit
und nâhe gândiu riuwe.
als Lanzelet die triuwe
an als guoten knehten vant,
7510 dô beriet er sich zehant
mit in, daȝ si niht enbiten,
wan daȝ si ie die naht riten
(und tages læ gen verborgen)
unz fruo an den morgen,
7515 ê eȝ die lantliute vernæmen,
und alsô zesamen kæmen
ze dem sê, dâ diu burc lac,
der der gougelære pflac.
do vertriuweten si ze handen,
7520 daȝ si den sê swanden
und ir lîp ze wâge sazten,
oder si gelazten
den kargen gougelære
an etslîchem mære.
7525 Man saget uns, dô Tristant
die heinlîche reise bevant,
daȝ er Karjeten nam
zuo im und îlende kam
an die ritterschaft geriten.
7530 ouch enwart daȝ niht vermiten,
ze der reise kæm ein vremde man,

atteintes de l'affliction qui entament sa sérénité courtoise. Lorsqu'il eut découvert le fidèle attachement de ces chevaliers, Lanzelet tint aussitôt conseil avec eux et ils décidèrent de se mettre en route sans plus attendre, de chevaucher toujours de nuit, jusqu'à l'aube, en restant caché pendant la journée, de façon à arriver ainsi, avant que les gens du pays ne l'apprennent, sur les rives du lac où se trouvait le château du magicien. Ils firent le serment par les mains qu'ils traverseraient le lac à la nage en risquant leur vie ou qu'ils infligeraient en tout cas quelques déboires au perfide magicien.

von dem ich iu wol sagen kan.
und hât diu âventiure reht,
der selbe was ein guot kneht,
7535 der langeste gîgant,
der ie mit wârheit wart bekant
ûf allem ertrîche.
nu vernement bescheidenlîche
und bedenkent mich der rede niet.
7540 von im kündet uns daȝ liet,
von daȝ er êrst geborn wart,
sô wuohs er für sich alle vart
mânedeclîches eine spange.
der hieȝ Esêalt der lange.
7545 der selbe was von kinde
des küneges Artûses gesinde,
wan er in durch ein wunder zôch,
er was gewahsen alsô hoch,
daȝ er verre langer schein
7550 danne türne dehein ;
und was im doch dar zuo gereit
ze der länge grôȝ behendikeit
und hübschlîche gebære.
swelch man küener wære,
7555 der müese schaden dran gevân.
er mohte rîten niht, wan gân,
und was snel unde balt.
sibenzehen jâr alt
was er dô zer selben stunt,
7560 dô im diu reise wart kunt,
die Lanzelet sô stille warp,
dâ von manic man verdarp
in des zouberæres hûs.
mîn herre der künic Artûs
7565 wart der reise niht gewar,
ê si zesamene kœmen gar,
die ir vriunt wolten lœsen.
die frumen, niht die bœsen,
wurden an die vart gebeten
7570 durch den milten Lanzeleten,
der zageheit niht erkande.
si huoben sich ûȝer lande.
die hundert ritter und der helt,
von des lenge ich hân gezelt,
7575 die sint bereit an die vart.
nu waȝ sol daȝ mê gespart ?
Die die strâȝen kunden,
die wîsten sâ ze stunden
die ritterschaft ûf den wec
7580 gegen der burc, ûf der Erec

7525 On nous conte que Tristant eut vent de cette expédition décidée dans le secret, qu'il se fit accompagner de Karjet et rejoignit rapidement la troupe des chevaliers. Un homme peu commun, dont je suis tout à fait en mesure de vous parler, ne manqua pas non plus de participer à l'expédition. Si l'histoire dit le vrai, c'était un chevalier, le plus grand géant que l'on ait sans mentir vu sur toute la terre. Écoutez-moi patiemment et ne me soupçonnez pas d'y mettre du mien. Le conte nous apprend que depuis le jour de sa naissance il grandissait d'un empan chaque mois. Il s'appelait le grand Ésealt. Il appartenait depuis son enfance à la maison du roi Arthur. Ce dernier l'avait élevé pour montrer ensuite ce prodige. Ésealt était si grand qu'il dépassait de beaucoup la plus haute des tours ; toutefois, en plus de sa taille, il possédait une grande agilité et des manières courtoises. Quiconque aurait prétendu être plus hardi que lui aurait dû en pâtir. Ne pouvant monter à cheval il se déplaçait à pied et il était vaillant et plein d'ardeur. Il avait dix-sept ans au moment où il eut connaissance de l'expédition que Lanzelet avait mise sur pied si discrètement et qui fit beaucoup de victimes au château de l'enchanteur. Mon seigneur, le roi Arthur, ne devina rien de l'entreprise avant que tous ceux qui voulaient délivrer leurs amis ne fussent réunis. En l'honneur du généreux Lanzelet, qui ignorait ce qu'était la couardise, on n'invita que les braves, pas les poltrons, à participer à l'expédition. Ils se disposèrent à quitter le pays. Voici les cent chevaliers et l'homme dont je vous ai déjà dit la taille prêts à partir. Pourquoi attendraient-ils désormais plus longtemps ?

und Wâlwein der geselle sîn
dulten jæmerlîchen pîn,
der sölhen helden niht gezam.
welt ir hœren wie eʒ kam,
7585 sô sult ir dar zuo gedagen.
eins morgens do eʒ begunde tagen,
dô wârens alle an dem sê,
vor tage ein lützel ê.
dô was daʒ genibel sô dicke,
7590 daʒ si kûme bî dem blicke
die burc kuren nâch wâne.
idoch lûht in der mâne,
als eʒ der rîche got gebôt.
nu was in schiffe harte nôt,
7595 diu in doch wâren unbereit.
Lanzelet dô niht enbeit,
er sprancte vor in an den wâc,
und dar nâch Karjet, sîn mâc.
dô wart Tristande gâch
7600 und al den rîtern dar nâch :
si sprancten manlîch an die fluot.
Esêalt der helt guot
balde in den sê spranc.
dô half si daʒ er was sô lanc,
7605 wan er behuote die schar,
daʒ si gesunt unde gar
kômen über des sêwes fluot :
neben den rittern er wuot
und nam ir vil guote war :
7610 als ir eime iht gewar,
zehant er im ze staten kan :
er enthielt ros unde man,
unz si über kômen gar.
ê es ieman wurde gewar,
7615 dô wâren die geste
bî des gougelæres veste.
dô nam si aber Esêalt
und huop ir ie zwêne mit gewalt
über der bürge zinne.
7620 dô galt man mit unminne
dem wirte daʒ mein,
daʒ Erec und Wâlwein
lebten mit leide.
man vant die helde beide
7625 in swære boyen versmidet.
hie wart eʒ ungevridet,
dô si wurden ûf verlâʒen,
wan si niht vergâʒen
ir nôt und der harnschar :

7577 Ceux qui connaissaient le chemin indiquèrent alors à la troupe comment se rendre au château où Erec et son compagnon Walwein enduraient de terribles souffrances, outrageantes pour de tels hommes. Si vous voulez savoir comment les choses se passèrent, il va vous falloir faire silence. Un matin, alors que le jour se levait, ils se trouvèrent tous au bord du lac, un peu avant qu'il ne fît clair. La brume était si épaisse à ce moment-là que leur regard pouvait à peine deviner le château. Mais la lune brillait, comme en avait décidé le Tout-Puissant. Ils avaient grand besoin de bateaux, mais ceux-ci leur faisaient défaut. Sans plus attendre, Lanzelet lança devant eux son cheval dans l'eau, suivi de Karjet, son parent. Tristant s'empressa d'en faire autant, imité par tous les chevaliers. Ils se lancèrent courageusement à cheval dans les flots. Le vaillant Ésealt sauta hardiment dans le lac. Sa grande taille leur fut utile, car il veilla à ce que la troupe traverse sans dommage les eaux du lac. Il marchait auprès des chevaliers et les surveillait avec vigilance. Dès que l'un d'eux se trouvait en difficulté il venait à son aide et soutenait monture et cavalier jusqu'à ce qu'ils eussent achevé la traversée. Les assaillants se retrouvèrent près de la forteresse du magicien avant que personne ne s'en fût aperçu. Ésealt les empoigna une nouvelle fois et les fit passer par dessus les créneaux du château en soulevant à chaque fois deux hommes à la force des bras. On fit alors payer durement au châtelain la vilenie qu'il avait commise en maltraitant Erec et Walwein. On trouva les deux hommes pris dans des fers pesants. Leur délivrance n'amena pas la fin des combats, car ils n'oublièrent pas la misère et les tourments qu'ils avaient connus. Ils massacrèrent tout le monde, le seigneur et ses gens, en n'épargnant que la demoiselle, sa fille, à qui ils ne firent rien en raison de l'aide amicale qu'elle avait apportée aux prisonniers. À plusieurs reprises, en effet, ses lamentations et ses protestations avaient

7630 si ersluogens alle gar,
den wirt und daȝ gesinde,
wan der maget, sîm kinde,
der si niht tâten.
wan siu het berâten
7635 die helde güetlîche.
si wæren nemelîche
ê ze tôde dicke erslagen,
wan ir wuofen und ir clagen :
hie mite vriste si diu maget.
7640 des sî ir gnâde gesaget
und allen vrowen, die sô lebent,
daȝ si sendem leide trôst gebent ,
und die swære gemüete
senfternt durch ir güete.
7645 Dô eȝ alleȝ für was
und dô nieman genas
des zouberærs gesindes
wan eine sînes kindes,
der schœnen juncvrouwen,
7650 dô diu begunde schouwen,
daȝ si die burc branden,
dô half siu den wîganden
in vil kurzen stunden,
daȝ si die brücke funden,
7655 diu über daȝ breite waȝȝer gie.
ein michel vreude gevie
die ritterschaft über al.
si vorhten ungelückes val,
ob si aber swanden den sê
7660 swâ si heten geriten ê
mit kumberlîchen zîten.
nu mugens ûȝ rîten
âne vorhte guoten wec.
der herre Wâlwein und Erec
7665 die sint nu ledic unde vrî.
diu maget was in alleȝ bî.
ouch lônten si der stæten
mit manegen guottæten
des siun ze liebe ie getete.
7670 wan eȝ kumet dicke âne bete
lôn des vriunt dem andern tuot.
der des gedenket, daȝ ist guot.
Die helde riten heinwert.
swes si hæten gegert,
7675 daȝ was in alleȝ widervarn.
des kargen gougelæres barn,
die brâhten si ze hûse
dem künige Artûse,

empêché qu'on ne les mît à mort. La jeune fille les avait sauvés de cette façon. Que grâce lui soit rendue, à elle et à toutes les dames qui agissent de telle sorte qu'elles apportent la consolation aux cœurs qui souffrent et soulagent avec charité les esprits affligés.

7645 Lorsque tout fut fini et que de tout l'entourage de l'enchanteur seule sa fille, la belle demoiselle, eut survécu, celle-ci, voyant qu'ils mettaient le feu au château, aida promptement les vainqueurs à trouver le pont qui enjambait la vaste étendue d'eau. Une grande joie s'empara de tous les membres de la troupe. Ils avaient craint de connaître un mauvais sort s'ils avaient dû traverser à nouveau le lac comme ils l'avaient fait si péniblement auparavant, sur leur cheval. Désormais ils peuvent partir sans crainte et suivre un bon chemin. Le seigneur Walwein et Erec sont maintenant libres et maîtres de leurs mouvements. La jeune fille était tout le temps en leur compagnie. De leur côté, ils eurent pour cette personne loyale quantité de gestes amicaux pour la remercier de toute l'attention qu'elle leur avait manifestée. Et en effet quiconque rend service à un ami reçoit souvent sa récompense sans avoir à la réclamer. Il fait bien celui qui sait s'en souvenir.

daȝ siu sîn gesinde wære
7680 durch ir êrbære,
wan siu was ein wîsiu maget.
hie sol niht werden verdaget,
daȝ mîn her Lanzelet,
der ie daȝ beste tet
7685 mit tugenden manicvalden,
der nam Esêalden
unde bat in für gân
hein hin ze Kardigân
und enbôt dem künege mære,
7690 wie im sîn reise wære
komen zuo der sælikheit.
Esêalt dô niht vermeit,
er tete als im wol zam.
schiere er hin hein kam.
7695 er lieȝ im zowen deste baȝ
und sagete dem künege daȝ,
wie den helden was gelungen.
die alten zuo den jungen
gewunnen grôȝe mende,
7700 dô er si an ein ende
des mæres hæte bereit.
Iblis dô vil kûme erbeit,
wenne Lanzelet kæme.
waȝ botenbrôtes ouch næme
7705 der michel man, daȝ lât iu sagen.
im hieȝ diu künigîn dar tragen
einen schilt vollen goldes.
dô vreut sich sînes soldes
Esêalt der rîche.
7710 aber d'andern gelîche
die wârn des niumæres vrô :
wan eȝ kumet dicke alsô,
dâ eim manne leide geschiht,
dar umbe gæbe ein ander niht :
7715 wan eȝ ist ouch ein leit,
niht al der liute, ist uns geseit.
Nu sult ir alle gedenken des :
von welhem dinge oder wes
solte sich der künic hêr
7720 baȝ gehaben imer mêr
dan von dem mære, do erȝ vernam,
daȝ sîn gesinde wider kam,
Erec und Wâlwein ?
Artûs wart des enein,
7725 daȝ er gegen den sînen rite
unde niemer vermite,
er begundes salûieren

7673 Les guerriers prirent le chemin du retour. Ils avaient obtenu tout ce qu'ils avaient désiré. Ils ramenèrent la fille du perfide magicien auprès du roi Arthur pour qu'elle fît partie de sa maison ; ils estimaient en effet qu'elle ferait honneur à celle-ci, car c'était une jeune fille pleine de savoir. Je ne tairai pas ici le fait que Lanzelet, qui s'était toujours comporté au mieux en manifestant une foule de qualités, prit Ésealt à part et le pria d'aller au-devant d'eux à Kardigan pour annoncer à l'illustre roi que son expédition avait trouvé une heureuse fin. Ésealt ne manqua pas de se montrer à son avantage. Il rentra promptement en allant encore plus vite que de coutume et annonça au roi le résultat de l'entreprise. Tous, jeunes et vieux, furent au comble de la joie quand ils eurent entendu son récit jusqu'au bout. Iblis eut peine à patienter jusqu'au retour de Lanzelet. Laissez-moi vous dire quelle récompense le géant obtint pour avoir apporté ces nouvelles. La reine fit apporter un écu plein d'or. Le noble Ésealt reçut son salaire avec joie, mais tous les autres furent également heureux d'apprendre la nouvelle toute fraîche. Je vous le dis parce qu'il arrive souvent que l'on ne se soucie pas du malheur qui frappe le voisin : n'est-ce pas, nous dit-on, un malheur qui frappe un seul, et non tout le monde ?

mit tûsent banieren,
mit rossen wol bedahten,
7730 wan si wol haben mahten,
beidiu die sînen und ouch er,
wâfenrocke unde sper,
diu besten von den landen.
gegen den wîganden
7735 reit er einen halben tac.
dô wart Lanzelet du Lac
enpfangen harte schône,
mit sölher êren krône,
dês einen swachen man bevilte.
7740 maneger mit vreuden spilte,
dens êdes niht geluste.
der künec si alle kuste,
die waʒʒermüeden helede.
hin heim ûf sîne selede
7745 fuort er die lieben vriunde sîn.
Ginover diu künigîn
gelebete vrœlîcher nie,
wan si die herren enpfie
sô se aller beste mahte.
7750 die rede lânt ûʒ der ahte,
wurden ie liut enpfangen baʒ.
von mändeltrehenen wurden naʒ
der schœnen vrowen ougen schîn.
der selbe site muoʒ imer sîn,
7755 daʒ von liebe und ouch von leide
diu ougen truobent beide.
Nu, waʒ sol der künic tuon,
der durch êre und durch ruon
hât manegen hof gewunnen ?
7760 er wolt nu aber kunnen,
ob er iht vriunde hæte.
Artûs der êren stæte
begunde manegen fürsten laden.
er übersach wol allen schaden,
7765 den ein bœse herre entsitzet,
der von swachem bruche switzet,
derme guote dient und eʒ im niet,
nu kom dar al des landes diet,
künege, grâven, herzogen.
7770 oder uns hânt diu buoch gelogen,
sô wart dâ diu schœnest hôhgezît,
diu weder vor oder sît
in sô kurzer vrist moht ergân.
man möhte dâ gesehen hân
7775 buhurt tanzen unde spil,
des grôʒ hof niht enbern wil,

7717 Veuillez tous maintenant considérer une chose : qu'est-ce qui aurait pu réjouir à tout jamais l'auguste roi plus que la nouvelle du retour des membres de sa maison qu'étaient Erec et Walwein ? Arthur résolut d'aller à la rencontre de ses gens et de les saluer dûment en déployant mille bannières, en montant des chevaux recouverts de belles housses. Ses hommes comme lui-même possédaient assez de cottes d'armes et de lances, les meilleures que l'on trouvait dans ces contrées. Il chevaucha pendant une demi-journée à la rencontre des guerriers. Lanzelet du Lac reçut un accueil magnifique et fut couvert de tant d'honneurs qu'un homme médiocre aurait croulé sous leur poids. Plus d'un qui auparavant n'avait guère goût à la vie avait maintenant le cœur en fête. Le roi embrassa tous ces guerriers fatigués par la traversée du lac. Il conduisit ses amis très chers en sa demeure. Ginovere, la reine, ne connut jamais plus grand bonheur et elle fit tout pour bien accueillir les seigneurs. Si l'on vous dit que l'on a déjà vu plus bel accueil ne le croyez pas. Les yeux des belles dames se mouillèrent de larmes sous l'effet de l'exultation. Il en sera toujours ainsi : et le chagrin et la joie privent le regard de son éclat.

7757 Et maintenant, que va faire le roi, lui qui a déjà réuni tant d'assemblées pour acquérir honneur et renom ? Il voulut savoir une fois de plus s'il avait encore des amis. Arthur, cet homme toujours soucieux de son honneur, invita un grand nombre de princes. Il ne songea pas un instant aux frais qui en résulteraient, ceux qui effrayent les seigneurs mesquins qui tremblent de faire une petite dépense et qui sont au service de l'argent, au lieu de se servir de celui-ci. Tous les vassaux arrivèrent alors, rois, comtes, ducs. Si les livres ne nous ont pas menti, sachez qu'on tint alors la plus belle fête que de tout temps on ait pu préparer en un temps aussi court. On aurait pu y assister à des behourds, des danses et des jeux, toutes choses dont l'on n'aime guère

wir suln lange rede lân,
wan Erec und Wâlwân
gewunnen süeȝes lobes kraft
7780 umb die erren geselleschaft,
von der diu künegîn wart erlôst.
jo enzimet nieman untrôst
wan bœsen liuten eine.
die recken wac daȝ cleine,
7785 daȝ si vor liten nôt,
sît manȝ sô manegem rîter bôt
durch ir willen schône.
er verzaget niht an lône,
swer sô setzet sînen muot,
7790 daȝ er den frumen dienst tuot,
Nu hœrt die rede fürbaȝ.
künec Artûse wart nie baȝ
in sînen tagen ze muote.
sîn herze an vreuden bluote,
7795 wan er sach die künegîn
und die lieben mâge sîn
vor im vrô und gesunt.
nu jach ir algemeiner munt,
die geste und daȝ gesinde,
7800 daȝ Lanzelet von kinde
wær ein der sæligeste man
über al die welt. swes er began,
dar an behart er wol den strît.
sîn heil verdruht im ouch den nît,
7805 daȝ seltsæn ist und unvernomen,
wan die bœsen haȝȝent ie die fromen.
gelücke huote sîn dar an.
sich entwarf des nieman,
ern wære mit der wârheit
7810 sô vollekomen an manheit,
daȝ kein ritter beȝȝer wære.
ouch sagete man ze mære,
waȝ im âventiure was geschehen.
wellents frume liute jehen,
7815 sô heter sîn dinc sô vollebrâht,
daȝ sîn zem besten wirt gedâht.
Dô diu hôhgezît ergie
und menlich sîn dinc an vie
als in sîn wille leite,
7820 Lanzelet dô seite
genâde sîner vriundîn,
daȝ siu sô dicke tæte schîn
ir wîplîche güete.
sich vreute sîn gemüete,
7825 daȝ ir ir dinc sô wol gezam

être privé lors d'une grande assemblée. Nous laisserons là les longs discours, mais nous dirons cependant que l'on loua avec émotion Erec et Walwein du dévouement qui avait permis dans un premier temps de libérer la reine. La désolation ne convient, on le sait, qu'aux âmes mal trempées. Ces braves se soucièrent peu de leur misère passée dès lors que l'on offrait en leur honneur du bon temps à tant de chevaliers. Qui s'applique à servir les personnes de mérite ne désespère pas d'obtenir sa récompense.

7791 Mais écoutez maintenant la suite. De sa vie, jamais le roi Arthur n'avait été de meilleure humeur. Son cœur s'épanouissait d'aise, car il voyait devant lui la reine et ses chers parents, tous joyeux et bien portants. C'est alors que les invités et les membres de la cour déclarèrent d'une même voix que Lanzelet était depuis son enfance l'un des hommes qui à travers le monde entier avaient reçu en partage la destinée la plus heureuse. Tout ce qu'il entreprenait, il le menait à bonne fin. Chose rare et inouïe, puisqu'aussi bien les médiocres détestent toujours les gens de valeur, sa bonne étoile l'empêchait d'être en butte aux jalousies. La fortune y veillait. Personne ne contestait qu'il fût en vérité d'une vaillance si parfaite que nul ne le surpassait. On se raconta aussi ses différents exploits. Si les gens de mérite veulent bien nous l'accorder, nous dirons qu'il avait conduit sa vie de telle façon qu'il jouissait d'une réputation insigne.

und ir der mantel rehte kam,
den ir gap diu merfeine.
eines nahtes lâgen eine
Iblis und Lanzelet.
7830 als er dô manege rede getet
mit sîner vriundinne
von hübscheit und von minne,
dô vrâgt er si ze leste,
waʒ siu mæres weste
7835 aller vremdest nâch ir wâne.
dô sprach diu wolgetâne
,ich enweiʒ verre noch bî
kein mære, daʒ sô vremde sî
sô daʒ, dô de uns wære entriten,
7840 do begunde mîn herre biten,
swer sîn ze vriunde geruohte,
daʒ dich der genôte suohte.
dâ von ritens in diu lant.
dô kom der snelle Roidurant
7845 in einen wilden foreht.
dâ vant der selbe guote kneht
einen grôʒen wurm, der was gebart,
daʒ nie tier sô vreislich wart.
er sprach rehte als ein man.
7850 er ruofte den recken dicke an,
daʒ ern durch got kuste.
den degen des niht geluste,
er dûht in ungehiure.
er saget eʒ ze âventiure
7855 hie heime, wie im was geschehen.
dô fuor den selben wurm sehen
vil nâch diu massenîe gar.
swenn er der ritter wart gewar,
sô bat er daʒ sin kusten.
7860 die helde sich dan rusten
mê ze flühte danne zim.
trût geselle, daʒ vernim,
durch waʒ ich dir daʒ hân gesaget.
und ist daʒ dir wol behaget
7865 swaʒ ich dir gedienen kan,
sô solt du êren mich dar an,
daʒ du in imer mîdest.'
,ine weiʒ waʒ du lîdest'
sprach Lanzelet der stæte.
7870 ,ob michs imer man gebæte,
vil lîhte ich eʒ verbære.'
er begunde dem mære
volgen mit listen nâch :
(im wart zer âventiure gâch :)

7817 Une fois la fête terminée, chacun étant retourné aux occupations qui lui plaisaient, Lanzelet remercia son amie d'avoir donné tant de preuves de l'excellence propre aux personnes de son sexe. Il se réjouissait en son cœur en pensant qu'elle s'était montrée à ce point à son avantage et que le manteau offert par la fée s'était trouvé lui aller à la perfection. Une nuit, Iblis et Lanzelet, couchés, conversaient dans l'intimité. Après avoir longuement parlé avec son amie de courtoisie et d'amour, il lui demanda finalement de lui raconter l'histoire la plus extraordinaire, selon elle, qu'elle eût jamais entendue[121]. La belle dame lui dit : « Il n'existe pas à ma connaissance loin à la ronde de prodige égal à celui-ci : après que tu nous eus quittés mon seigneur pria tous ceux qui voulaient bien se considérer comme ses amis de mettre toute leur ardeur à te chercher. Ils s'en allèrent donc de ci de là. C'est ainsi que le vaillant Roidurant entra dans une forêt sauvage. Ce chevalier y trouva un énorme serpent, la bête la plus effrayante qui fût jamais. Il parlait tout comme un être humain. Il conjura à maintes reprises le guerrier de l'embrasser pour l'amour de Dieu. L'autre n'en eut guère envie, il trouvait la bête hideuse. Une fois rentré ici, il raconta ce qui lui était arrivé. Presque toute la cour partit alors voir ce serpent qui, dès qu'il aperçut les chevaliers, leur demanda de l'embrasser. Mais ils se préparèrent plus à prendre la fuite qu'à l'approcher. Écoute, doux ami, pourquoi je t'en ai parlé. Si les attentions que je peux t'accorder ont l'heur de te plaire tu devrais, en signe d'estime, éviter toujours

121. Début de la variante du « Fier Baiser » qu'offre le *Lanzelet*. Sur le lien entre ce motif et l'accession à la royauté, voir : Philippe Walter, *Le Bel Inconnu de Renaut de Beaujeu. Rite, mythe et roman*, Paris, PUF, 1996, chap. XI : « La conquête de la souveraineté ». Dans le *Lanzelet*, le « Fier Baiser » est à première vue essentiellement traité sur le mode des frivolités curiales : histoire extraordinaire au départ, cotation sur l'échelle de l'excellence chevaleresque chemin faisant, casuistique amoureuse pour finir. Mais le test de capacité, d'idonéité reste sous-jacent. Ce n'est pas un hasard si le baiser à la bête monstrueuse clôt les épisodes aventureux. Après cette manifestation de ses aptitudes uniques Lanzelet va songer à récupérer son héritage. Voir R. Pérennec, *Recherches*, 1984, II, p. 49-58.

7875 er sprach ‚nu sage fürbaʒ.‘
diu vrowe sprach ‚si sagent daʒ,
der wurm schüʒʒe als er vlüge,
den liuten er nâch züge
und vraget, wenne er wolte
7880 komen, der in solte
lœsen von der harnschar.‘
dô er alsus des mæres gar
an ein ende wart bereit,
zehant dar nâch er niht enbeit,
7885 selbe zehende reit er hin,
dâ im ein wunderlich gewin
von dem wurme geschach.
als schiere er in gesach
und in der wurm erhôrte,
7890 von vreude er sich erbôrte,
vil vremdeclîchen er schrê
als ein wildeʒ wîp ‚ôwê,
wie lange sol ich bîten din !‘
do erschrâken die gesellen sîn,
7895 die niune, und hielten hinder sich.
dô sprach Lanzelet ‚nu sprich,
wannen kom dir menschlich stimme ?
ich gesach nie tier sô grimme
noch als engeslîch getân
7900 aldes ich ervarn hân
in waʒʒer oder an lande.
hæt ichs niht immer schande,
sô wær ich gerne von dir.‘
‚neinâ, helt, daʒ verbir‘
7905 sprach der grôʒe serpant :
‚got hât liut unde lant
von manegem wunder gemaht,
mit sîner tougen bedaht.
der selben dinge bin ich ein.
7910 wan lebet nu ritter dehein,
der mich kuste an mînen munt !
sô wurde ich schœne und sâ gesunt.
ich enmohts ab nieman nie erbiten,
si envlühen gar mit unsiten,
7915 alle die mich ie gesâhen.
doch möhter gerne gâhen,
ein ritter, daʒ er kuste mich :
dâ mite beʒʒert er sich :
wan swem daʒ erteilet ist,
7920 der ist âne kargen list
der beste ritter, der nu lebet.
swie harte ir nu hin dan strebet,
mir vertrîbet etswer mîn sêr.

ce dragon. — Je ne sais pas ce qui te tourmente », dit le loyal Lanzelet. « Même si l'on m'assaillait de prières il n'y aurait guère de chance que je m'y risque. » Il essaya habilement d'en apprendre davantage – il brûlait de tenter cette aventure – et dit : « Continue ton récit. — On raconte », dit la dame, « que le serpent court si vite qu'on dirait qu'il vole, qu'il suit les gens pour leur demander quand viendra celui qui le délivrera de ce tourment. » Lorsqu'il eut appris tous les détails de l'histoire Lanzelet ne tarda pas et se rendit aussitôt après avec neuf hommes en un endroit où il tira un profit remarquable de la rencontre avec le serpent. Dès que celui-ci le vit et l'entendit approcher, il se dressa, tant sa joie était grande, et il cria avec la même voix étrange que les femmes sauvages : « Hélas ! Combien de temps devrai-je t'attendre ! » Les compagnons de Lanzelet furent saisis d'effroi et les neuf qu'ils étaient s'arrêtèrent en retenant leurs chevaux. Lanzelet demanda : « Dis-moi, d'où te vient cette voix humaine ? Je n'ai jamais vu de bête aussi terrible ni d'aspect aussi effroyable malgré tout ce que j'ai pu rencontrer sur terre et sur l'eau. Si ce n'était pas me couvrir à tout jamais de honte j'aimerais m'éloigner de toi. — Non, vaillant guerrier, garde-toi de le faire ! », dit l'énorme serpent. « Dieu, en ses voies mystérieuses, a créé des pays et des hommes qui sont autant de merveilles. J'en suis un exemple. Pourquoi n'existe-t-il pas de chevalier prêt à m'embrasser sur la bouche ? Cela me donnerait beauté et santé. Mais je n'ai pu le demander à personne sans que tous ceux qui m'aient vu n'aient pris une fuite peu glorieuse. Et pourtant un chevalier aurait de bonnes raisons de se hâter de m'embrasser : il y gagnerait du renom, car celui à qui il est donné de le faire est sans tromperie aucune le meilleur chevalier vivant. Quel que soit votre empressement à quitter ces lieux, chevaliers, quelqu'un me débarrassera de mon tourment. C'est pourquoi je te le demande, noble guerrier, fais-le au nom du Tout-Puissant, délivre-moi. Je ne plaisante

dâ von bit ich dich, degen hêr,
7925 tuo eȥ durch den rîchen got,
lœse mich. eȥn ist niht mîn spot,
wan ich wil dich manen mêre
durch aller vrowen êre,
bît niht unde küsse mich.‘
7930 dô sprach Lanzelet ‚daȥ tuon ich,
swaȥ imer drûȥ werde.‘
er erbeiȥte ûf die erde
und kuste den wirst getânen munt,
der im vordes ie wart kunt.
7935 zehant vlôch der wurm hin dan,
dâ ein schœne waȥȥer ran,
und badet sînen rûhen lîp.
er wart daȥ schœneste wîp,
die ieman ie dâ vor gesach.
7940 dô diz wunder geschach
und eȥ die niune gesâhen,
dô begundens gâhen
zuo dem küenen Lanzelete,
der sô frümeclîchen tete,
7945 daȥ er getorste bestân
daȥ dinc daȥ nie mê wart getân.
Dô Lanzelete niht enwar,
dô kêrt er und die ritter gar
alhin gein der schœnen fluot.
7950 dâ funden si die vrowen guot
wünnenclîche wol becleit.
wâ siuȥ næme, dêst uns ungeseit,
wan daȥ ein wunder dâ geschach.
diu vrowe zuo den helden sprach
7955 ‚got lâȥ in imer sælic sîn,
den tugentrîchen herren mîn,
der mich von leide hât erlôst.
ouch mac er haben guoten trôst
einer rede, der im diu sælde pfliget,
7960 daȥ er an allen dingen siget
und sich im niht erwern mac.‘
dô nam Lanzelet du Lac
die vrowen alsô wol getân
und fuorte si ze Kardigân.
7965 dô wart daȥ mære harte grôȥ.
die vremden vrowen niht verdrôȥ,
siu seite, waȥ ir wære geschehen.
si begund in offenlîchen jehen,
wer siu was und wie siu hieȥ.
7970 diu vrowe niht ungesaget lieȥ,
wâ von siu was beswæret.
hie mite was eȥ bewæret,

pas, je t'y exhorte au contraire au nom de la gloire de toutes les dames : n'attends pas plus longtemps et embrasse-moi. — Je le ferai », dit alors Lanzelet, « quelles qu'en doivent être les conséquences. » Il mit pied à terre et embrassa la bouche la plus hideuse qu'il eût jamais vue jusqu'à ce jour. Le serpent courut aussitôt jusqu'à une belle rivière et y baigna son corps écailleux. Il se transforma en la plus belle femme que l'on eût jamais vue jusque-là. Quand ce prodige eut lieu, les neuf autres, s'en apercevant, accoururent vers le hardi Lanzelet qui avait eu la vaillance et l'audace de réaliser cet exploit sans précédent.

7947 Sain et sauf, donc, Lanzelet se dirigea avec tous les chevaliers vers la belle rivière. Ils y trouvèrent la noble dame, vêtue de magnifiques habits. Où les avait-elle pris ? On ne nous dit rien à ce sujet, sinon qu'il se produisit là une merveille. La dame dit aux guerriers : « Que Dieu protège toujours le valeureux seigneur qui m'a délivrée de mon tourment ! Du reste, il peut se féliciter de posséder une chose que la fortune lui accorde : il est victorieux dans toutes ses entreprises et rien ne peut lui résister. » Lanzelet du Lac prit alors avec lui la très belle dame et la conduisit à Kardigan. Cela suscita une curiosité considérable. La nouvelle venue ne se fit pas prier pour conter ce qui lui était arrivé. Elle dit devant tout le monde qui elle était et comment elle s'appelait. La dame ne tut pas la cause de son infortune. La délivrance de la jeune fille apporta ainsi la confirmation qu'aucun chevalier de ce temps n'égalait Lanzelet. Il l'emportait en gloire sur tous ses compagnons, mais sans s'attirer leur animosité. J'aurais du mal à vous conter tous ses hauts faits, car il commença de bonne heure et continua longtemps dans cette voie, monseigneur Lanzelet du Lac.

dô diu magt alsô genas,
daʒ bî Lanzeletes zîten was
7975 dehein rîter alsô guot.
er behabet ân allen widermuot
den prîs vor sînen gesellen,
ich möht iu übel gezellen,
wie manege manheit er begienc,
7980 wan er früeje zuo vienc
und behart eʒ ouch vil manegen tac,
mîn her Lanzelet du Lac.
Durch der liute niugerne
so entouc mir niht zenberne,
7985 ich sage iu daʒ ze mære,
wer diu vrowe wære,
diu von dem wurme ein wîp wart.
waʒ sol daʒ langer gespart ?
ich beriht es iuch sâ.
7990 siu hieʒ diu schœne Elidîâ,
von Thîle eines küneges kint.
daʒ wiʒʒent wol die wîse sint
und die die welt hânt erkant,
daʒ Thîle ist ein einlant,
7995 ein breit insele in dem mer.
dâ ist von wunder manic her,
diu nieman kunde geahten.
ein wochen vor wîhnahten
sint sô kurz dâ die tage
8000 nâch Rômære buoche sage,
dâ manic wunder an stât,
daʒ ein loufer kûme gât
vor naht ein halbe mîle.
die tage sint ouch ze Thîle
8005 ze sumer langer danne hie.
ir envrieschent vremder mære nie
dan uns dannen sint geseit.
swelch wîp sich an ir hübscheit
verwurke und des gedenke,
8010 daʒ si den beschrenke,
der ir dienet umb ir minne,
daʒ kumet ir ze ungewinne.
siu unwirdet sich dermite,
wan daʒ ist des landes site,
8015 eʒ enwirt ir nimer jâr vertragen.
nu wær ze lanc, solt ich iu sagen,
waʒ diu vrowe het getân.
ir wart erteilet und gelân,
dar siu wære ein wurm unz an die stunt,
8020 daʒ si des besten ritters munt
von alder welte kuste.

7983 La curiosité des gens m'interdit de vous cacher qui était cette dame qui, de serpent, était devenue femme. Pourquoi attendre davantage ? Je vais vous le conter tout de suite. Elle s'appelait la belle Élidia[122] et était la fille d'un roi de Thile[123]. Les gens de savoir et ceux qui ont voyagé par le monde le savent bien : Thile est une grande île située au milieu de la mer. On y rencontre une foule de merveilles que personne ne saurait dénombrer. Une semaine avant Noël, les journées y sont si courtes, nous disent des livres romains riches en récits extraordinaires, qu'un coureur peut à peine parcourir une demi-lieue avant la tombée de la nuit. En été, en revanche, les jours sont plus longs à Thile qu'ici. Vous ne sauriez entendre de récits plus étranges que ceux que l'on nous fait au sujet de ce pays. La femme qui manque aux règles de la courtoisie auxquelles elle avait souscrit et qui songe à tromper celui qui la sert dans l'espoir d'obtenir son amour doit en pâtir. Elle ruine ainsi sa réputation, car la coutume du pays veut que l'on ne tolère jamais ce comportement aussi longtemps qu'une année. Si ce n'était pas trop long, je vous dirais quelle faute cette dame avait commise. Après un jugement elle fut condamnée à prendre la forme d'un serpent jusqu'au jour où elle recevrait le baiser du meilleur chevalier du monde. Aussi gagna-t-elle en rampant sur le ventre une forêt de Bretagne qu'elle savait parcourue par de nombreux chevaliers en quête d'aventure. Comme je vous l'ai déjà dit, elle fut délivrée de son malheur grâce à Lanzelet. Aussi bien les gens de mérite ont-ils toujours

122. Vers 7990 : *Élidia* : leçon de W. La leçon de P, *clidra*, rappelle fort le *celydra* des encyclopédies médiévales, qui désigne une variété de serpent monstrueux. Le *chelydros*, peut-on lire déjà dans le livre XII des *Étymologies* d'Isidore de Séville, doit son nom au fait qu'il vit et sur terre et dans l'eau. Le « serpent » du *Lanzelet* est également amphibie (v. 7936 et suiv.). Voir : Richter, p. 71-73 ; Claude Lecouteux, *Der Drache*, *Zeitschrift für deutsches Altertum und deutsche Literatur* 108, 1979, p. 13-31.

123. Vers 7991. Ms. : *thylen*. Le récit juxtapose sans doute des indications concernant d'une part Thulé (« *ultima Thule* », nom donné par les Anciens à la terre la plus septentrionale du monde connu), et, d'autre part, une île mentionnée par l'encyclopédiste latin Solin (IIIe-IVe siècle) et située selon ses dires en Inde (*Thilos*). Voir : Richter, p. 70 et suiv.

dâ von sleichs ûf ir bruste
ze Britân in ein foreht,
wan dar in manic guot kneht
8025 durch âventiure reit.
als ich dâ vor hân geseit,
sô wart sin erlœset von der nôt,
als Lanzelet gebôt.
ouch was daz ie der frumen rât,
8030 daz sich vor valscher missetât
wîp und man behuote,
wan ez kumet ze allem guote.
man saget uns ze mære,
daz diu vremde maget wære
8035 rihtære über die hübscheit.
swer in der massenîe streit
von ihte, daz an minne war,
daz beschiet siu schône unde gar,
wan siu sô grôz arbeit
8040 durch valsche minne vordes leit.
Von manegem wunder, daz er tet,
sô was mîn her Lanzelet,
als ich an dem mære vinde,
ein daz liebest gesinde,
8045 daz künic Artûs ie gewan.
doch enlebet dehein man,
der ie gewan zer welte muot,
ern habe gerne selbe guot,
wand ez erlât in blûger bete.
8050 hie von gedâhte Lanzelete
an sîn erbe ze Genewîs,
wan in dûhte ein unprîs,
daz ez stuont an vremder hant.
dô warp der küene wîgant
8055 ein hervart mit den vriunden sîn.
dar an wart ouch vil wol schîn,
daz er was ein geminnet man :
die schœnsten reise er gewan,
von der uns iender ist gezalt.
8060 Artûs der künic balt
brâht eine schœne schar,
driu tûsent ritter, wol gar
mit harnasch lûter als ein îs.
ouch fuort im der fürste wîs,
8065 dêst zwîfel dehein,
von Garnanz her Wâlwein
tûsent helde wol gemuot,
snel, küene unde guot,
zallen gerechen wol bereit.
8070 dô leit im eine schar breit

conseillé tant aux hommes qu'aux femmes de se garder de toute fausseté, car on en retire les plus grands avantages. On nous conte que la jeune fille étrangère remplit l'office de juge ès courtoisie. Quand un membre de la cour se plaignait d'un manquement en matière d'amour, elle tranchait le différend de façon pertinente et définitive, car elle avait souffert auparavant de grands tourments pour avoir manqué de loyauté en amour.

8041 Tous les exploits qu'il avait accomplis avaient fait de monseigneur Lanzelet, comme me dit le conte, l'un des hommes les plus chers que le roi Arthur eût jamais compté parmi les membres de sa maison. Mais il n'est sur terre aucune personne sensible à l'attrait du siècle qui ne désire posséder lui-même des biens qui le dispensent de présenter des requêtes embarrassées. C'est ainsi que Lanzelet se mit à penser à son héritage de Genewis, car c'était pour lui une honte que de le savoir aux mains d'étrangers. Le hardi guerrier prépara alors une expédition avec ses amis. On vit à nouveau fort nettement à cette occasion qu'il était très aimé. Il réunit la plus belle troupe dont on ait jamais entendu parler. Arthur, le vaillant souverain, lui fournit un beau contingent, trois mille chevaliers tous revêtus d'une armure brillante comme de la glace. Le seigneur Walwein de Garnanz, ce prince avisé, lui amena de son côté, cela ne souffre aucun doute, mille combattants pleins de détermination, hardis, fiers et valeureux, bien équipés à tout point de vue. Torfilaret de Walest lui procura un contingent important ; ses hommes ne manquaient de rien de ce qu'un guerrier bien armé se doit de posséder. Erec vint aussi se joindre à Lanzelet en lui amenant des guerriers de Destregals[124], son pays, huit cents

124. Vers 8076. W : *destragalis* ; P : *destragalis*. Patrie d'Érec également chez Hartmann von Aue (*Destregales*). Le sud du pays de Galles, c'est-à-dire la partie de ce pays située à main droite, comme l'indique le nom gallois, Deheubarth : « *Sudwallia, quam Kambri Deheubarth, id est, dextralem Walliae partem vocant* », note Giraud de Barri, *Itinerarium Cambriae* I, 2, p. 34.

Torfilaret von Wâlest :
die enheten deheinen brest,
swaʒ wol bereiten helden zam.
Erec im ouch kam,
8075 der fuorte wîgande
von Destregâls sîm lande,
aht hundert justiure ;
îsnîne kovertiure ;
mit brûnen scharpfen swerten,
8080 wan si des sturmes gerten
und in niht flühte was erkant.
von Kornwâl und von Irlant
kômen im zwei grôʒiu her
und von hinnen über mer
8085 manic fürste lobehaft.
sô schœne was diu ritterschaft,
daʒ siu niht, sô man uns saget,
wær vor alder welt verzaget.
Tristant brâhte ritter niet,
8090 wan er von Lohenîs schiet
daʒ er dâ niht mohte sîn
durch die liebe der künigîn,
Isalden sîner vrouwen.
doch moht mann gerner schouwen
8095 dan manegen an der reise :
ze nôt noch ze vreise
wart nieman frümer, sô man jach,
wan es im dicke nôt geschach
beidiu naht unde tac.
8100 mîn her Lanzelet du Lac
sprach sîn samenunge
dar alte unde junge
wol kunden komen von Kardigân,
ûf einen bühel wol getân,
8105 der hieʒ ze dem Wilden ballen.
wil eʒ iu wol gevallen,
sô sage ich iu ein schœnen list.
swer dannen eine mîle ist,
den dunket des nâch sîner spehe,
8110 wie er ein michel ros sehe,
gegoʒʒen ûʒer êre.
ê er danne ie mêr bekêre
darwert ein halbe mîle,
sô dunkt in an der wîle,
8115 wie eʒ ein cleiner mûl sî.
als er aber kumet nâher bî,
sô schînet eʒ als ein hunt.
dar nâch in kurzer stunt,
sô man beginnet nâher gân,

jouteurs, montés sur des chevaux caparaçonnés de fer et munis d'épées tranchantes et étincelantes, car ils aimaient la bataille et ignoraient ce que c'était de prendre la fuite. Lanzelet reçut l'apport de deux grandes armées venues de Cornouailles et d'Irlande et d'une foule de princes de grand renom, venus d'au-delà des mers. Les troupes avaient si fière allure qu'elles n'auraient pas craint, nous dit-on, d'affronter le reste du monde. Tristant, quant à lui, n'amena aucun chevalier, car il avait quitté le Lohenis, où l'amour qu'il portait à la reine, sa dame Isalde, lui interdisait de rester. Toutefois on était en droit de saluer sa participation à l'expédition plus que celle de beaucoup d'autres : nul ne se montrait, à ce que l'on disait, plus vaillant dans l'adversité et le danger, car il s'était fréquemment trouvé dans des situations périlleuses, tant le jour que la nuit. Monseigneur Lanzelet du Lac fixa comme point de ralliement un endroit que tous, jeunes et vieux, pouvaient atteindre facilement depuis Kardigan, une belle colline qui s'appelait le Ballon sauvage. Si cela vous agrée, je vais vous faire part d'une propriété remarquable de ce lieu : à une lieue de distance le regard croit y découvrir un grand cheval d'airain ; mais à peine s'est-on avancé d'une demi-lieue que l'on pense alors y voir une petite mule. Si on s'en approche encore, cela prend l'aspect d'un chien, puis d'un renard, si on continue à avancer. Mais très vite, en moins de temps qu'il n'en faut pour fermer l'œil, on ne voit plus rien d'autre qu'un objet rond comme une boule, qui n'avait jamais cessé de s'y trouver et qu'en raison de ses vertus merveilleuses aucune personne ne serait capable de soulever ou de déplacer, de quelque façon qu'elle s'y prenne. C'est là que se rassemblèrent toutes les troupes que le vaillant Lanzelet devait conduire vers son royaume de Genewis, dont il était l'héritier et où il avait autrefois échappé de peu à la mort.

8120 sô ist eȝ als ein fuhs getân.
vil schiere kumet eȝ dar zuo,
ê man diu ougen zuo getuo,
daȝ man dâ niht gesehen mac
wan ein gôȝ, daȝ ie dâ lac,
8125 als ein kugele gedrân.
eȝ enmöhte nieman ûf gehân
noch von der stat bringen,
mit keiner slahte dingen,
durch sîne wunderlîche kraft.
8130 her kam aldiu ritterschaft,
die Lanzelet der wîgant
solte füeren in sîn lant
ze Genewîs, daȝ sîn erbe was,
da er mit nôt dâ vor genas.
8135 Dô daȝ mehtige her
allenthalben von dem mer
ze Lanzeletes reise kam
und swaȝ rittern gezam
daȝ in des nihtes enbrast
8140 und sich manic frumer gast
ze vlîȝe wol geruste,
die herren dô geluste
und dûhte si gezæme,
daȝ man boten næme,
8145 die sich êren vliȝȝen
und die wæren verwiȝȝen :
die bat man für rüeren,
daȝ si in erfüeren
bescheidenlîch in allen wîs,
8150 waȝ rede die von Genewîs
Lanzelete verjæhen
umb sîn erbe, und ouch gesæhen,
wer im wolte gestân.
diu botschaft wart dô gelân
8155 an Iwân und an Gîoten.
die zwêne wâren die boten,
wan si wol reden kunden.
die helde in dô befunden
in kurzen zîten al daȝ dinc.
8160 si kômen an ein teidinc
unverwiȝȝen von geschihte,
dâ ein fürste berihte
die von Genewîs ze rehte.
dâ wârn ouch guote knehte
8165 und die herren vome lande,
vil küene wîgande.
swer et dar zuo tohte,
daȝ er gerîten mohte,

8135 Tandis que la puissante armée arrivait par mer de tous les horizons, pourvue de tout l'équipement qui convient à des chevaliers, pour se joindre à l'expédition menée par Lanzelet et que maints et maints hôtes de marque mettaient tout leur soin à bien se préparer, les seigneurs jugèrent désirable et opportun de désigner des messagers soucieux de leur honneur et habiles. On les pria de prendre les devants pour s'enquérir avec la plus grande circonspection de ce que les gens de Genewis pensaient des droits de Lanzelet à la succession et aussi pour voir quelles personnes étaient prêtes à se ranger de son côté. Iwan et Giot furent chargés de cette mission. On les choisit comme messagers parce qu'ils étaient éloquents. Les deux hommes furent bientôt munis des renseignements demandés. Ils arrivèrent par hasard, sans en avoir eu vent, au milieu d'une assemblée que tenait un prince pour instruire les gens de Genewis de la situation. Il y avait là aussi des chevaliers et les seigneurs du pays, des guerriers d'une grande bravoure. Tous ceux qui étaient capables de monter en selle étaient venus participer à ce conseil, car ils avaient appris de bonne source que Lanzelet était si vaillant qu'il ne les laisserait pas en paix tant qu'ils ne l'auraient dédommagé de l'outrage et des torts qu'il avait subis. Aussi étaient-ils pleins de crainte et d'inquiétude. Ils allaient débattre de la meilleure conduite à tenir lorsque Giot et Iwan – qui avait pour surnom Peneloi[125] – arrivèrent au milieu de cette noble assemblée. Écoutez ce qui se dit alors.

125. Vers 8183. La rime implique une prononciation Penelo-i. Cet Yvain-là n'est pas répertorié. T. de Glinka-Janczewski (p. 177) a proposé une explication : « pene »-« loi » : « qui trouble l'ordre ». Il pourrait dès lors s'agir d'Yvain l'Avoutre (= le Bâtard).

der was zuo dem gespræche komen,
8170 wan si heten wol vernomen
von Lanzelet diu mære,
daȝ er sô vrum waere,
daȝ er si niht ûf satzte,
ê daȝ man in ergatzte
8175 beidiu lasters unde schaden.
hie von wâren si geladen
mit vorhtlîcher swære.
waȝ in daȝ beste wære,
des giengen si ze râte.
8180 dô kam geriten drâte
an disen hof wolgetân
Gîôt und Iwân,
des zuoname was Penelôî.
nu hœrent waȝ diu rede sî.
8185 Dô si von den rossen giengen,
die ritter si enpfiengen
als helde lussam.
dô tâten si daȝ in gezam,
si vrâgten ze stunden,
8190 wen si dâ funden,
der des landes wære
oberster rihtære.
dô wart in bescheiden
ein herre, der in beiden
8195 daȝ mære rehte beschiet.
er sprach ‚hien ist küneges niet,
wan daȝ ich dar zuo bin erkant,
daȝ ich berihte ditz lant
niwan durch der fürsten bete.
8200 er ist geheiȝen Lanzelete,
der hie künic wesen sol.
wir bekennen sîn niht wol
wan daȝ wir daȝ hân vernomen,
er sî an tugenden vollekomen
8205 und an manheit sô behart,
daȝ nie beȝȝer ritter wart
geborn bî unsern zîten.
wir wellens gerne bîten
als lange als er gebiutet.
8210 ob er uns baȝ triutet
dan sîn vater der künic Pant,
sô mac er liute unde lant
nâch sîme gebote handeln.
wir suln eȝ gerne wandeln
8215 nâch genâden und nâch schulden,
swaȝ wir wider sînen hulden
an keinen dingen hân getân.

8185 Dès qu'ils furent descendus de cheval, ils reçurent de la part des chevaliers l'accueil que l'on accorde aux chevaliers de belle prestance. Fidèles à leur mission, ils demandèrent aux personnes présentes qui était le maître suprême du pays. On leur désigna un seigneur qui sut leur expliquer toute l'affaire. « Il n'y a pas de roi ici », leur dit-il ; « il se trouve simplement que j'ai été désigné, à la demande des princes, pour gouverner ce pays. Celui qui doit être roi ici se nomme Lanzelet. Nous ne savons pas grand-chose de lui, mais nous avons entendu dire qu'il est paré de toutes les qualités et qu'il est d'une vaillance telle que jamais meilleur chevalier n'a vu le jour à notre époque. Nous sommes prêts à l'attendre aussi longtemps qu'il lui plaira. S'il nous témoigne plus d'affection que son père, le roi Pant, il pourra gouverner ses sujets et son royaume comme il l'entendra. Nous sommes disposés, et il nous plaît de faire ce qui est aussi un devoir, à réparer tous les torts que nous lui avons infligés. Il pourra nous traiter de telle façon qu'il gagnera un surcroît d'éloges et que nous nous empresserons de le servir en conséquence. »

er mac diu dinc an uns begân,
daȝ man in lobet deste baȝ,
8220 und gedienen wir vil gerne daȝ.‘
Dô her Iwân und her Gîôt
vernâmen, daȝ man in bôt
sölhe rede, diu wol gezam,
und die besten, die ie man vernam,
8225 und daȝ arme und rîche
einmüeteclîche
mit gemeinem munde jâhen,
wolt eȝ in niht versmâhen,
sô diente daȝ gesinde
8230 des küneges Pantes kinde
gerne, wan daȝ wære reht,
dô antwurt in der guote kneht,
Iwân Penelôî
‚ob diu rede wâr sî,
8235 als wir von iu hân vernomen,
sô sîn wir durch daȝ ûȝ komen,
ich und her Gîôt,
daȝ wir sagen, waȝ iu enbôt
mîn herre Lanzelet du Lac.
8240 er ist enterbet manegen tac.
dar umbe lât er noch entuot,
er enbiutet minne und alleȝ guot
den herren die sich wol enstânt,
daȝ si im sîn lant genomen hânt,
8245 ob si sich erkennent dran.
und sint aber deheine man
von tumben sinnen sô balt,
daȝ si im sîn lant mit gewalt
iht langer nement, daȝ wil er clagen.
8250 ouch suln wir den widersagen
von im und von den vriunden sîn.
künec Artûs, der herre mîn,
der wil ouch sîn ir vîant.
dar zuo rîtet in diz lant
8255 manic fürste wol geborn.
si hânt lîp und guot verlorn,
die sich niht wellen süenen
wider Lanzeleten den küenen.‘
Dirr rede mengelich erschrac.
8260 nu hete Lanzelet du Lac
in dem lande ze Genewîs
einen mâc, der was ein fürste wîs,
genant der herzoge Aspjol :
der kunde sprechen harte wol.
8265 der selbe het behalten
mit tugenden manicvalten

8221 Lorsque les seigneurs Iwan et Giot virent qu'on leur tenait ces propos, qui étaient d'une grande correction, les meilleurs que l'on eût jamais entendus, et que tous, petits et puissants, affirmaient d'une même voix que les vassaux étaient prêts à se mettre au service du fils du roi Pant, comme le voulait le bon droit, si l'autre partie voulait bien l'accepter, Iwan Peneloi, ce bon chevalier, leur fit cette réponse : « S'il en va vraiment comme vous venez de le dire, je vous confierai que nous sommes venus, le seigneur Giot et moi, pour vous transmettre un message de mon seigneur, Lanzelet du Lac. Il est privé de son héritage depuis de nombreuses années. En ce domaine, son intention est double : il adresse ses amitiés et son meilleur salut aux seigneurs qui sauront reconnaître qu'ils lui ont pris ses terres ; s'il y a toutefois des personnes assez follement téméraires pour continuer à occuper ses terres par la force, il fera valoir ses droits. Nous sommes également chargés de leur déclarer la guerre en son nom et au nom de ses amis. Le roi Arthur, mon seigneur, désire aussi compter parmi leurs ennemis. Beaucoup d'autres princes de haute naissance envahiront ce pays. Ils ont déjà perdu leur vie et leurs biens, tous ceux qui ne veulent pas offrir réparation au hardi Lanzelet. »

8259 Ces paroles glacèrent plus d'un d'effroi. Il se trouvait cependant que Lanzelet avait un parent à Genewis, un prince avisé qui se nommait le duc Aspiol. Il était très éloquent. Sa bonté et sons sens de l'honneur l'avaient conduit à veiller sur la noble Clarine, la mère de Lanzelet. Cet homme au cœur noble et généreux fit cette réponse au nom des autres : « Seigneurs, nous sommes bien aise d'avoir vu ce jour et d'avoir eu le bonheur d'apprendre que nous allons enfin connaître le fils de ma dame et le souverain de ce pays. S'il en est que ce discours chagrine – ce que je ne crois pas, cependant –, ils sont bien sots et mal inspirés. Mes amis, qui sont de mon côté et ne me refusent rien, et moi-même

und nâch den êren sînen
die edelen Clârînen,
Lanzeletes muoter.
8270 der edel degen guoter
antwurte für die andern sô
,ir herren, wir sîn harte vrô,
daȝ wir den tac gelebet hân
und eȝ uns ist sô wol ergân,
8275 daȝ wir noch suln beschouwen
den sun mîner vrouwen
und des landes rihtære.
ist ab ieman swære
diu selbe rede, der ich dâ gihe,
8280 des ich mich doch niht versihe,
der ist tump und ungemuot :
wan ich hânȝ hie sô guot
und mîne vriunt, die mir gestânt,
die mir nihtes abe gânt,
8285 daȝ er nimer hinnen kæme
mit êren, ob ich vernæme,
daȝ sich mir ieman satzte wider.'
des antwurtens alle sider,
die fürsten, mit fuoge
8290 ,wir hân êren genuoge
an swaȝ dinges ir welt :
wan ir sint sô ûȝ erwelt
an lûterlîchen triuwen,
eȝ enmac uns niht geriuwen,
8295 swaȝ wir iu dienen, daȝ ist wol.'
dô bat der fürste Aspjol,
daȝ die herren alle swüeren,
ê daȝ si dannen füeren,
daȝ si enweder lieȝen vor
8300 burc lant noch urbor
unde dâ niht næmen abe,
wan daȝ si lîp und alle ir habe
antwurten âne gedinge
dem edelen jungelinge,
8305 Lanzelete ir herren :
so enmöht in niht gewerren
und eȝ wær in daȝ beste.
dô retten ouch die geste,
die boten und daȝ lantdiet,
8310 den fürsten wær sô wæge niet
sô rehter volge an der nôt.
dô tâten si daȝ in gebôt
der herzoge Aspjol von Tîmant :
alsô was sîn burc genant.
8315 Dô wart zesamene getragen

jouissons en effet ici d'une position si forte que si j'apprenais que quelqu'un m'opposait de la résistance je ne le laisserais pas s'en aller l'honneur sauf. » Réagissant avec discernement, tous les princes dirent alors : « Votre volonté est une garantie suffisante pour notre honneur, car votre loyauté sans tache vous confère une telle excellence que nous ne saurions avoir de regrets. Ce que nous pourrons faire pour vous sera bien. » Le prince Aspiol pria alors tous les seigneurs de jurer avant leur départ qu'ils ne garderaient par devers eux aucun château, aucune terre et aucun fief et que, sans rien excepter, ils se soumettraient au contraire, sans conditions, au noble jeune homme, leur seigneur Lanzelet. Ils s'épargneraient ainsi tout désagrément et s'en trouveraient au mieux. Les personnes de passage, les messagers et les arrière-vassaux déclarèrent alors que les princes ne pouvaient rien faire de mieux que d'accepter l'inévitable. Aussi ceux-ci firent-ils ce que leur enjoignait le duc Aspiol de Timant[126] – tel était le nom de son château.

126. Vers 8313. P : *jwant*.

ein suone als ich iu wil sagen,
daȝ von Genewîs die herren balt
in des herzogen gewalt
ergæben bürge unde lant,
8320 und swenne Lanzelet der wîgant
zuo in geruohte rîten,
so ensolten si niht bîten,
wan daȝs ân alle rede ir lîp,
dar zuo kint unde wîp
8325 antwurten swar er wolde.
von silber und von golde
butens im grôȝen hort
und sô êrbæriu wort,
diu in wol gezâmen.
8330 die boten des eide nâmen,
Gîôt und her Iwân,
daȝ eȝ mit triuwen wære getân.
Dô fuoren die boten ze stunden
dâ si Lanzeleten funden.
8335 si sageten im diu mære,
wie der rede wære.
der helt sich schiere beriet.
dô was dâ widerrede niet,
diu suone behaget in allen wol.
8340 vreuden wart diu reise vol,
daz si muosen rîten,
âne widerstrîten,
vrîlîch und âne widersatz,
dâ michel golt unde schatz
8345 wætlich was vil manegem man.
nu bunden si die banier an,
mit schalle si sich zierten.
die helde buhurdierten,
die Lanzelete mit gelfe
8350 wâren komen ze helfe,
wan si dâhten dar an,
daȝ eim iegelîchen man
ân vorhte vreude baȝ stât
danne dem der die sorge hât.
8355 Nu fuorte Lanzelet der helt
manegen ritter ûȝ erwelt
ze Genewîs, dar er gerne kam.
da enpfienc man in soȝ wol gezam.
sîne mâge wârn die erren,
8360 dar nâch die lantherren,
die im und sînen gesellen
durch ir tugentlîcheȝ ellen
erbuten sölhe wirdikheit,
daȝ uns niender ist geseit

8315 On mit alors au point l'accord suivant : les fiers seigneurs de Genewis confieraient leurs châteaux et leurs terres au duc, et dès que le vaillant Lanzelet voudrait bien se rendre vers eux ils devraient sans attendre et sans discuter se constituer en otages avec leurs femmes et leurs enfants à l'endroit qu'indiquerait Lanzelet. Ils offrirent à Lanzelet un important trésor, en or et en argent, et lui transmirent un message bien tourné et plein de déférence. Giot et le seigneur Iwan, les deux envoyés, leur firent jurer que tout ceci procédait d'une intention loyale.

8333 Les messagers s'en furent ensuite rejoindre Lanzelet et l'informèrent de leurs entretiens. Lanzelet eut tôt fait de réunir un conseil. Personne n'éleva d'objection, chacun étant satisfait des réparations offertes. Les membres de l'expédition exultèrent à l'idée qu'il allait leur être donné de se rendre, sans rencontrer d'opposition, d'obstacle et de résistance, en un endroit où de grandes richesses et beaucoup d'or attendaient chacun. Ils fixèrent alors les bannières aux hampes et s'équipèrent en menant grand bruit. Les guerriers qui étaient venus, pleins d'allégresse, soutenir Lanzelet tinrent un behourd, car ils n'oubliaient pas que la joie sied mieux à l'homme dépourvu de crainte qu'à celui que le souci ronge.

8355 Le hardi Lanzelet conduisit alors maints et maints chevaliers de haute valeur vers Genewis, pays qu'il gagna avec plaisir. Il y fut dignement accueilli. Ses parents en tête, puis les barons lui témoignèrent, à lui et à ses compagnons, en reconnaissance de leur excellence et de leur vaillance, des marques de considération telles que personne ne nous a jamais conté accueil plus grandiose. Monseigneur Lanzelet suivit alors constamment, sans se départir d'une sage prudence, les conseils du roi Arthur. Les princes ainsi que les chevaliers qui étaient habilités à le faire ne tardèrent pas à

8365 von rîcherme gruoȝe.
nu schuof mit guoter muoȝe
mîn her Lanzelet du Lac
beidiu naht unde tac
swaȝ im künic Artûs riet.
8370 die fürsten sûmden sich ouch niet
und die guoten knehte,
di eȝ solten tuon von rehte,
si satzten ûf vil schône
Lanzelete die krône
8375 nâch küniclîcher gwonheit.
si swuoren im des einen eit,
daȝs im nihtes abe giengen,
ir lêhen si enpfiengen
von dem künege wol gezogen,
8380 fürsten, grâven, herzogen,
vrîen unde dienestman.
einen grôȝen hof er gewan :
diu lantmenege zuo im sluoc.
die suone man sô zsamen truoc,
8385 daȝ man dem helde balt
übergulte zehenvalt
daȝ im was verseȝȝen.
do enwolt er niht vergeȝȝen
der an geborner miltikeit :
8390 golt silber pfeller breit
gap der edel wîgant
den guoten knehten, dier dâ vant
und ouch die mit im kâmen,
die guot umb êre nâmen
8395 oder durch geselleschaft.
hie behielt sîns lobes kraft
Lanzelet der rîche.
er wirbet sæliclîche,
swer mit frümikheit begât,
8400 daȝ er dâ heime wirde hât :
wan lop von lantliuten
sol nieman verkiuten.
Diz bedâhte Lanzelet du Lac
manegen wünneclîchen tac,
8405 do er sîn lant berihte.
er dankete der geschihte
sîm neven, der der triuwen wielt,
daȝ er im sîn muoter behielt,
diu ir kint vil gerne sach.
8410 ietwederȝ dem andern verjach
vil liebes unde leides.
nu manet ouch ir eides
Lanzelet der wîgant

couronner solennellement Lanzelet selon les rites royaux. Ils firent tous serment de ne lui manquer en aucune occasion. Princes, comtes, ducs, autres nobles[127] et ministériaux[128] reçurent leur fief de ce roi au fait des bons usages. Lanzelet réunit une grande cour, à laquelle se rendit la foule des gens du pays. On réalisa l'accord pris dans une mesure telle que le hardi Lanzelet reçut en compensation le décuple de ce qui ne lui avait pas été versé[129]. Il ne voulut pas alors se départir de sa largesse naturelle. Le noble guerrier distribua de l'or, de l'argent, de grandes pièces de paile aux chevaliers du pays comme à ceux qui étaient venus avec lui, offrant ces présents soit pour asseoir sa renommée, soit par amitié. Le puissant Lanzelet conserva ainsi sa haute réputation. Il agit avec bonheur celui qui acquiert par son mérite de la considération chez lui, car personne ne doit dédaigner d'être par ses gens vanté.

127. Vers 8381 : (*von*) *vrîen*. La terminologie allemande diffère de la terminologie française en raison du maintien de l'opposition liberté/non-liberté dans la définition des strates de l'aristocratie. Le terme *vrîe* (littéralement : « libres ») désigne des nobles situés à un étage moyen de cette classe sociale.
128. Vers 9381. Un *dienestman* fait partie juridiquement des « non-libres » (ce qui ne préjuge pas de la puissance et de l'influence dont peuvent disposer en réalité ces représentants de la strate inférieure de l'aristocratie). De là le terme de « chevalier serf » que l'on rencontre dans l'historiographie de langue française, à côté de « ministérial » ou de « ministériel ».
129. Comprendre : les sommes dues au roi de Genewis pendant toutes les années de vacance du pouvoir après la mort de Pant.

die fürsten wîten erkant,
8415 daȝ eȝ ir wille wære,
daȝ Aspjol der mære,
der getriuwe neve sîn,
und Clârîn diu künigîn
des landes die wîle solten pflegen,
8420 unz daȝ der tiurlîche degen
sîn kintheit überwunde
und ouch unz er befunde,
ob im die von Dôdône
jæhen der krône
8425 von Iwaretes lande.
dem edelen wîgande
fuocte sich sîn dinc ze heile :
im wâren an allem teile
die sîne vil gehôrsam.
8430 der herre dô urloup nam,
Lanzelet der stæte,
mit der reise, die er hæte
frœlîch in daȝ lant brâht.
swes dem helde was gedâht,
8435 des was ir wille wol bereit.
eȝ ist ein alt gewonheit,
daȝ man dem sæligen ie
gerne diende, swie manȝ an gevie.
Sus behabete sælde unde prîs
8440 der junge künec von Genewîs,
der wol gezogen wîgant.
als er nu bürge unde lant
ze stæte wol bewarte
und er vor nieman sparte
8445 swaȝ er gereites mohte hân,
dô was eȝ im sô wol ergân,
daȝ der ritter was enkeine,
im enwære grôȝ od cleine
sîner gâbe worden etswaȝ.
8450 dâ von wart er gelobet baȝ
danne kein sîn gelîche.
nu schieden minnenclîche
von im die fürsten mit ir scharn
und bâten in got bewarn.
8455 si gelobeten allesament daȝ,
daȝ si dehein künic baȝ
in sîn reise möhte bringen
ze angestlîchen dingen
danne Lanzelet der küene degen.
8460 dâ mite riten si ze wegen
aller menneglich hin heim.
aber Lanzeletes œheim

8403 Ceci, Lanzelet ne l'oublia pas durant toute la période de grand bonheur que représenta pour lui la mise en ordre des affaires de son royaume. Il remercia son parent d'avoir eu la fidélité de prendre soin de sa mère. Cette dernière vit son fils avec beaucoup de plaisir. Chacun conta à l'autre ses nombreuses peines et joies. Puis le hardi Lanzelet rappela aux glorieux princes leur serment et le désir qu'ils avaient exprimé de voir le noble Aspiol, son fidèle parent, et la reine Clarine gouverner le royaume jusqu'à ce que le vaillant guerrier soit devenu pleinement un homme fait et ait eu aussi le temps de voir si les gens de Dodone lui accorderaient la couronne dans le royaume d'Iweret. Tout prit un tour heureux pour le noble jeune homme : ses gens lui obéirent complètement en tout point. Le seigneur du royaume, le loyal Lanzelet, prit alors congé, accompagné des troupes qu'il avait conduites dans la joie jusqu'en cette terre. Elles étaient parfaitement disposées à faire selon sa volonté. C'est une vieille habitude : on a toujours aimé servir les privilégiés de la fortune, de quelque façon que ce fût.

8439 Ainsi la réussite et la renommée étaient-elles restées au côté du jeune roi de Genewis, cet homme aux belles manières. Il avait maintenant assuré solidement son contrôle sur ses châteaux et sur ses terres et distribué sans jamais lésiner les harnachements dont il pouvait disposer ; il avait eu la main si heureuse qu'il n'était pas de chevalier qui n'eût reçu de lui un don de plus ou moins grande valeur. Cela lui valut de recevoir plus de louanges qu'aucun de ses pairs. Les princes le quittèrent alors avec leurs troupes en lui prodiguant des marques d'amitié et en le recommandant à Dieu. Tous affirmèrent qu'aucun roi ne serait plus à même de les faire participer à une expédition périlleuse que le hardi Lanzelet. Là-dessus ils prirent tous le chemin du retour. Quant à l'oncle de Lanzelet, il accompagna avec ses gens Lanzelet lors de son retour en sa demeure.

fuort den helt dannen
ze hûs mit sînen mannen.
8465 dô brâht der künec von Genewîs
ze Kardigân sô hôhen prîs,
daȝ al die welt wunder nam,
daȝ im sîn dinc sô wol kam.
Nu lât iu grôȝ gelücke sagen.
8470 in disen wünneclîchen tagen,
dô der künic Artûs
mit Lanzelete was ze hûs,
ze Genewîs, als ir hânt vernomen,
indes wâren boten komen,
8475 vil küene wîgande,
von Iweretes lande.
die fuorten prîsant mære,
drîȝic soumære,
geladen mit rîchen krâmen,
8480 daȝ nie von Kriechen kâmen
noch von Salenicke
pfeller alsô dicke
und die besten die diu welt hât ;
samît unde ciclât,
8485 zobele, vederen hermîn,
die endorften niht beȝȝer sîn ;
und gesmîdes vil von golde ;
swaȝ man vrowen solde
wurken drûȝ od machen,
8490 des was mit vremden sachen
diu gezierde niht cleine ;
von edelem gesteine
was diu gâbe vollekomen.
die boten heten ouch genomen
8495 krâm, der was unkostebære
an sîm namen, doch er wære
sîner tiure maneger marke wert :
eȝ was ein nezze und daȝ swert,
daȝ Iweret der helt truoc,
8500 dâ mite er alle die ersluoc,
mit den er strîtes ie began,
wan daȝ der sælige man,
Lanzelet, dervor genas,
als sîn gelücke guot was.
8505 daȝ sahs was schœne unde hart,
daȝ nie künec sô rîche wart
wan dem eȝ wol gezæme.
daȝ netze was ouch genæme,
als eȝ von rehte solde,
8510 von sîden und von golde
harte wol gestricket.

Le roi de Genewis revint à Kardigan couvert d'une telle gloire que tout le monde s'émerveilla du degré de sa réussite.

8469 Laissez-moi vous parler maintenant d'une coïncidence étonnante. Durant la belle période où le roi Arthur séjournait, comme je vous l'ai déjà dit, chez Lanzelet, à Genewis, des messagers s'étaient mis en marche, de hardis guerriers venant du pays d'Iweret. Ils apportaient des présents somptueux, trente bêtes de somme chargées de marchandises d'un grand prix : des pailes, d'une épaisseur telle qu'il n'en vint jamais de pareils de Grèce ou de Salonique, les plus beaux du monde, des pièces de samit, de siglaton[130], de la zibeline et de l'hermine duveteuse d'une qualité insurpassable, et une grande quantité de bijoux en or. Il y avait là, rehaussé d'ornements merveilleux, tout ce que l'on peut faire ou ouvrer en ce métal à l'usage des dames. Des pierreries, enfin, complétaient ces présents. Les messagers s'étaient aussi munis d'objets dont le nom n'évoque en lui-même rien de précieux, mais qui auraient valu leur pesant de marcs si on avait voulu estimer leur valeur. Il s'agissait d'un filet[131] et de l'épée que portait le vaillant Iweret et qui lui avait servi à abattre tous ceux qu'il avait affrontés en combat, hormis Lanzelet, ce protégé de la fortune, à qui un destin favorable avait permis d'échapper à la mort. Belle et bien trempée, l'arme n'aurait pas déparé le roi le plus magnifique. Le filet aussi avait bel aspect, comme il se devait, et était fait de fils d'or et de soie très joliment tressés. De ravissantes montures en or dans lesquelles étaient enchâssées les plus belles pierreries du monde étaient disposées sur les mailles. Le filet était très solide et était destiné à être tendu

130. Vers 8484 : *ciclat* (afr. *siglaton*, *ciclaton*, lat. *cyclas*) : étoffe de soie pouvant être teinte en différentes couleurs ou être brochée d'or, voir Brüggen, *Kleidung*, p. 292.
131. Vers 8498 : *nezze*. On ne perçoit pas dans le récit une conscience absolument nette de la fonction de cet objet, qui devrait être une moustiquaire (voir v. 8517-8520) et qui est nommé plus clairement (*mückennetze*, v. 10360) dans le *Wigalois*.

ûf die maschen wârn geschicket
guldîne kasten reine,
dar inne edel gesteine
8515 von alder welt daȝ beste.
daȝ netze was vil veste,
gemachet wol ze der wîs,
daȝ mîn vrouwe Iblis
drunder ligen solte
8520 swenne siu ruowen wolte.
eȝ ist ein wârheit, niht ein spel,
daȝ netze was sinewel,
in einen knopf wol gemaht,
der was ein stein von vremder slaht
8525 und ist Galaȝîâ genant.
umb den ist eȝ sô gewant,
daȝ er ist kälter danne ein îs,
als in schreip ein künic wîs :
der bekant al edel gesteine,
8530 grôȝ unde cleine :
(er hieȝ Evax von Arabîâ.)
der sprach ,der stein Galaȝîâ
ist edel unde tiure.
und læger inme fiure
8535 ein jâr, ern wurde nimer warm.
swer in treit, dern wirt niht arm,
und swâ er bî den liuten ist,
da enschadet dehein zouberlist
den mannen noch den wîben.‘
8540 hie mite lân wir belîben
sîn nâtûre kalte,
wan mir nieman zalte
iht mêre von des steines kraft.
ein guldîn keten was gehaft
8545 dar an, diu dervon gienc,
dâ mite man daȝ netze hienc
hôhe ûf swie man gerte.
an dem krâme und an dem swerte
was harte schînbære,
8550 daȝ den boten liep wære,
daȝ si den helt erkanden,
der mit ellenthaften handen
den sige an Iwerete nam,
wan si enwisten war er kam.
8555 nu was in niwens kunt getân,
daȝ er wær ze Kardigân
mit ir lieben vrouwen,
di si gerne wolten schouwen,
durch daȝ si wârn gerüstet wol,
8560 als ich iuch berihten sol,

au-dessus de dame Iblis quand celle-ci voulait prendre son repos. Ce n'est pas une fable, mais la vérité même : le filet était de forme circulaire et enfermé dans une jolie boule faite d'une pierre d'une espèce rare nommée Galazia[132]. Celle-ci a la propriété d'être plus froide que la glace, si l'on en croit la description donnée par un prince fort savant qui connaissait toutes les pierres précieuses, les petites tout comme les grosses, et qui s'appelait Évax d'Arabie[133]. « La pierre Galazia », disait-il, « est noble et d'un grand prix. Quand même elle séjournerait dans le feu durant un an, elle ne s'échaufferait pas. Celui qui la porte ne tombe jamais dans la pauvreté et aucun maléfice ne peut nuire aux personnes, hommes et femmes, au milieu desquelles elle se trouve. » Nous arrêterons ici de parler de sa nature et du froid qui caractérise celle-ci, car personne ne m'en a dit plus sur les vertus de cette pierre. Une chaîne d'or fixée à la pierre servait à accrocher le filet à la hauteur voulue. Tous ces objets et l'épée montraient clairement que les messagers auraient aimé faire la connaissance de celui qui avait vaincu Iweret de son bras valeureux ; cependant ils ne savaient pas où il s'en était allé. Récemment toutefois ils avaient appris qu'il séjournait à Kardigan avec leur dame bien-aimée, qu'ils désiraient revoir ; c'est pour cette raison que, parmi les présents qu'ils avaient apportés, rien ne manquait de ce dont un visiteur ait jamais pu se munir. L'heure du retour approchait pour le roi Arthur. Un très heureux concours de circonstances voulut qu'au soir de son retour, alors que, le repas

132. Vers 8525 : *Chalazia* dans le lapidaire (*Liber der lapidibus seu de gemmis*) de Marbode de Rennes (fin XIe siècle), *Gelaces* dans la première traduction française (= *Première version en vers*, anglo-normande, peut-être antérieure à 1150) citée par L. Pannier, *Les Lapidaires français du Moyen Âge des XIIe, XIIIe et XIVe siècles*, Paris, 1882, p. 60.

133. Vers 8531. Selon Marbode de Rennes, qui relaie une tradition antique : roi arabe qui aurait dédié un lapidaire à l'empereur Néron. Voir : U. Engelen, *Die Edelsteine in der deutschen Dichtung des 12. und 13. Jahrhunderts*, Munich, Fink, 1978, p. 42 ; *Lexikon des Mittelalters*, V, col. 1714 et suiv., art. « Lapidarien » (G. Jüttner) ; *Dictionnaire encyclopédique du Moyen Âge*, 1997, art. « Lapidaires » (F. Féry-Hue), p. 870 et suiv.

daȝ in nihtes enbrast
des ie dehein vremder gast
durch cleinôt ûȝ brâhte.
der zît eȝ dô nâhte,
8565 daȝ Artûs hin heim reit.
daȝ fuocte ein michel sælikheit :
des tages, dô er wider kam
und er ze naht daȝ waȝȝer nam
und sîn eȝȝen was bereit,
8570 dâ wart dem künige geseit
ein mære, des er loste,
dâ wærn mit rîcher koste
komen rîter wol getân.
sich enkunde nieman des enstân,
8575 daȝ er ie mê gesæhe
gereite alsô spæhe
und ros geziert sô schône,
als dâ von Dôdône
fuort diu kumpânîe.
8580 von der massenîe
wurden si wol gegrüeȝet.
ir zwîvel wart gebüeȝet,
dem ie die liute fluochten,
wan si funden daȝ si suochten.
8585 unkünde sint unminne.
do bekant diu küniginne
vrowe Iblis die helde,
wan si heten selde
und heimuot in Behforet.
8590 dô gruoȝte si und Lanzelet
die boten wirdeclîche.
vil bescheidenlîche
erbiten si der mære.
waȝ nu daȝ næhste wære,
8595 des enwil ich niht lâȝen
ungesaget : si âȝen,
der wirt mit den gesten,
trahte die aller besten,
der man in den zîten pflac.
8600 swar an ir wille gelac,
dar nâch mohten sie leben.
der künic Artûs hieȝ in geben
lûtertranc met unde wîn,
wan er kund wol ein wirt sîn.
8605 Dô die herren gâȝen,
die boten niht lenger sâȝen :
si heten schiere ir übercleit
hübschlîche hin geleit.
diz was ir êrste werc sider,

étant prêt, il se faisait donner l'eau[134], on apprit au roi, attentif, que des chevaliers de belle prestance étaient arrivés en somptueux équipages. Personne ne pouvait se souvenir d'avoir déjà vu des harnachements aussi superbes et des chevaux aussi richement parés que ceux qui appartenaient à la troupe arrivant de Dodone. La cour fit un bel accueil aux arrivants, dont l'incertitude – ce sentiment que les gens ont toujours maudit – fut dissipée, car ils venaient de trouver ce qu'ils cherchaient. L'étranger n'est pas aimé. La reine, dame Iblis, reconnut les visiteurs, car ils avaient leur séjour et leur demeure à Behforet. Elle salua les messagers avec déférence, tout comme Lanzelet, et tous deux attendirent avec beaucoup de retenue le moment où ils apprendraient davantage. Que fit-on d'abord ? Je ne le tairai pas : on mangea ; on servit à l'hôte et à ses visiteurs les meilleurs plats que l'on savait accommoder à l'époque. Les visiteurs purent voir tous leurs souhaits comblés. Le roi Arthur, qui s'entendait à remplir ses tâches d'hôte, leur fit servir du claret[135], de l'hydromel et du vin.

134. Vers 8568 : pour se rincer les mains.
135. Vers 8603 : *lûtertranc* (littéralement : boisson claire), appelée également *klaret* ; médio-latin *vinum claratum*, ancien français *claré*, *claret* : vin miellé, épicé et aromatisé.

8610 si knieten allesament nider
für ir vrowen dâ siu saȝ
und sagten ir ditz unde daȝ,
ir geverte und ir spehen,
daȝ si si solten gesehen
8615 von den lantherren allen,
den ir vater was enpfallen,
der si wol berihte.
si sprâchen ‚der geschihte
der wir von iu vernomen hân,
8620 daȝ eȝ iu ist sô wol ergân,
des sîn wir inneclîche vrô.
weder durch vlêhen noch durch drô
enwolten von Dôdône
die fürsten die krône
8625 niemanne geben ze rehte
wan dem guoten knehte,
der iuch mit manheit gewan.
herren unde dienstman
mit den lantliuten allen,
8630 die sint dar an gevallen,
daȝ si in ze künege gerne hânt.
iwer lant ouch vridelîche stânt :
da enist nieman wider iu.
die rede sagen wir ze diu,
8635 daȝ ir gnædeclîche enpfât
unser rede, wan eȝ alsô stât,
daȝ ir niht tuont wan swaȝ er gert.
wir bringen Lanzelet ein swert
und ander cleinôt iu ze gebe.
8640 eȝ ist reht, daȝ mit vreuden lebe
der junge künec von Genewîs.
durch sînen vorderlîchen prîs
sol er heiȝen imer mêr
von Behforet der künic hêr,
8645 der fürste von Dôdône.‘
dar nâch zouctens schône
den prîsant, den si heten brâht.
si heten sich des wol bedâht,
daȝ er rehte was behalten.
8650 nu lâts die vrowen walten
und gebe siu swem siu welle
sô vil als ir gevelle.
Iblis diu wol getâne
wart ir krâmes âne
8655 mit lobelîcher wîsheit.
ich wil iu sagen ûf mînen eit,
eȝ enwart nie michel guot baȝ
geteilet, wan siu niht vergaȝ,

8605 Lorsque les seigneurs eurent mangé, les messagers ne restèrent pas attablés plus longtemps. Ils eurent tôt fait, en personnes courtoises, d'ôter leurs vêtements de route. Leur premier geste à tous fut alors de se mettre à genoux devant leur dame, encore assise, et de lui exposer différentes choses, la raison de leur voyage et leurs espérances, en expliquant que tous les seigneurs du pays, qui avaient perdu leur bon suzerain, son père, les avaient chargés de lui rendre visite. « Nous savons tout le bien qui vous est advenu », dirent-ils, « et nous nous en réjouissons du fond du cœur. Ni les prières ni les menaces n'ont pu décider les princes de Dodone à accorder de droit la couronne à un autre que le chevalier qui vous a conquise de haute lutte. Les barons, les ministériaux et tous les gens du pays sont tombés d'accord pour le vouloir comme roi. Nous ajoutons que la paix règne dans votre pays, vous n'y avez aucun adversaire. Nous vous disons ceci afin que vous accueilliez notre message avec bienveillance, puisqu'aussi bien vous n'entreprenez rien qui ne soit conforme à sa volonté. Nous apportons en don une épée à Lanzelet, et pour vous d'autres présents. Il est juste que le jeune roi de Genewis soit dans la joie ; son insigne renommée lui vaudra de s'appeler désormais l'auguste roi de Behforet, le prince de Dodone. » Ils montrèrent ensuite avec de belles façons les présents qu'ils avaient apportés. Ils avaient soigneusement veillé à les garder intacts. Mais laissons maintenant la dame faire ce qu'elle doit faire et offrir à qui elle veut autant qu'il lui plaît.

8653 La belle Iblis distribua les présents avec un discernement digne de louanges. Je suis prêt à en faire le serment : jamais on ne vit meilleur partage, car elle n'omit pas de donner à tous, aux pauvres comme aux riches, selon ce qui convenait. Le filet dont je vous ai déjà parlé revint, comme de juste, à Ginovere. Le hardi Lanzelet donna l'épée à son hôte, car celui-ci était digne de tous les honneurs. Arthur,

siun gæbe in algelîchen,
8660 den armen und den rîchen,
dar nâch eȝ möhte gezemen.
Ginovere muose deȝ netze nemen,
von dem ich vor hân gezalt.
Lanzelet der helt balt
8665 der gap dem wirte daȝ swert,
wan er was aller êren wert.
Artûs, der miltekeite stam,
Iblis ir krâmes niht ennam,
wan ir beleip ân valschen wanc
8670 gnâde lop unde danc
niht eingenôte von in,
die des guotes gewin
von der vrowen nâmen,
wan von allen, dieȝ vernâmen,
8675 die pruoften ir miltekeit.
swâ man noch guotiu mære seit
von deheim tugentlîchen site,
daȝ man sich beȝȝer dâ mite,
daȝ was ie der wîsen rât.
8680 der lop wert sô der lîp zergât.
durch die selben sache
lebet in ungemache
manec man durch sîn frümikheit
mit ringender arbeit.
8685 eȝ ist ouch maneger vrowen site,
daȝ siu imer gerne kumber lite
durch daȝ siu lobes wære gewis.
des gedâhte mîn vrouwe Iblis
und ranc nâch êren durch ir tugent,
8690 wan ir sinne rîchiu jugent
gebôt, daȝ siu daȝ beste tet.
als vil sô mîn her Lanzelet
gelobet was für manegen man,
da enwil ich iu niht liegen an,
8695 dar nâch brâht eȝ ouch sîn wîp,
daȝ ir niemannes lîp
niht wandelbæres ie gesprach.
dô diz alleȝ geschach
und die boten hâten
8700 erworben des si bâten
und alleȝ daȝ si wolden
als si von rehte solden,
do besprach sich mîn her Lanzelet,
mit sînen vriunden er daȝ tet,
8705 die im gerâten kunden :
die rieten im ze stunden,
daȝ er die boten mit êren

cette source jaillissante de largesse, n'accepta aucun des cadeaux d'Iblis, mais cette dernière n'en reçut pas moins, exprimées sans la moindre hypocrisie, des paroles de reconnaissance, d'estime et de remerciement, ceci non seulement de la part de ceux qui avaient bénéficié des présents de la dame, mais aussi de tous ceux qui en entendirent parler et eurent le loisir de se persuader de sa largesse. On se montre à son avantage en louant une belle action, les sages ont toujours parlé en ce sens. La vie s'en va, la gloire demeure. C'est ce qui pousse tant et tant d'hommes à supporter par souci de mérite les difficultés d'une existence tendue par l'effort. C'est aussi la coutume de plus d'une dame que de ne pas craindre la peine pour s'assurer une bonne réputation. Ceci, ma dame Iblis ne l'oublia pas ; sa noblesse l'incitait à rechercher l'honneur et son cœur jeune et fier lui dictait d'agir au mieux. Je ne vous mentirai pas en disant que, suivant en cela l'exemple de monseigneur Lanzelet, dont la gloire surpassait celle de bien des hommes, son épouse fit aussi en sorte que jamais personne n'eut le moindre reproche à lui faire. À la fin, les messagers ayant obtenu, comme il convenait, tout ce qu'ils avaient demandé et souhaité, monseigneur Lanzelet s'entretint avec ceux de ses amis qui pouvaient le conseiller. Ils lui recommandèrent alors de faire repartir les messagers pour Dodone en leur témoignant des honneurs et en leur offrant généreusement tous les présents qu'il pourrait réunir et qui seraient à la fois à la hauteur de sa réputation et à leur convenance. Arthur, le roi de Bretagne, cet homme entouré de considération, fit honneur à son parent et à toute sa maison. Il donna une preuve manifeste de sa largesse, comme il le faisait fréquemment dans sa courtoisie. Il fit de beaux présents aux nobles messagers de Dodone, des palefrois et des chevaux de Castille, des chiens et des oiseaux de chasse, leur offrant à profusion de quoi se livrer à des divertissements courtois, des arbalètes, des arcs, des flèches, des carquois richement

von im lieȝe kêren
wider ze Dôdône
8710 und er in gebete schône
swaȝ er gewinnen möhte
und zêren wol töhte
und daȝ in liep wære.
Artûs der êrbære,
8715 der künic von Britâne,
der êrte sîn parâne
und al die massenîe sîn.
dô wart sîn milte wol schîn,
daȝ er dicke hübslîche tet.
8720 den werden boten von Bêforet
den gab er gâbe wol getân,
pferit unde kastelân,
hunde unde vederspil,
hübscher tagalte vil,
8725 arnbrüste unde bogen,
strâle, kocher wol bezogen,
gefult mit matertellen.
den helden alsô snellen
gap man swaȝ si dûhte guot,
8730 als man den lieben dicke tuot.
ich sag iu daȝ die boten grôȝ
wâren und fürsten genôȝ
und ir sumelîche
als edel und als rîche,
8735 daȝ si an der êrsten vart,
dô Iweret erslagen wart
und ê er wurde begraben,
ze künege wæren erhaben,
obe sis gerten,
8740 wan daȝ sis entwerten
durch ir triuwe veste.
alsus wârn die geste
ûȝ komen durch ir êre.
man saget uns noch mêre,
8745 daȝ dise wîgande
in Iweretes lande
sô gewaltic wâren,
daȝ des endorfte vâren
nieman durch sîn vrevelheit,
8750 daȝ er in dehein leit
imer getörst erbieten.
swaȝ sie gerieten,
des heten si die meisten
volge mit volleisten
8755 von ir lantliuten gar.
nu wâren si worden gewar

recouverts et remplis de carreaux. On fit don à ces hommes au tempérament ardent de ce qui leur plaisait, comme on le fait souvent pour les gens que l'on aime. Je vous confierai que ces messagers étaient de grands seigneurs et pouvaient s'égaler à des princes ; certains d'entre eux étaient si nobles et si puissants qu'ils auraient pu, s'ils l'avaient désiré, monter sur le trône entre le jour de la mort d'Iweret et celui de ses funérailles. Mais leur fidélité inébranlable les avaient fait s'en abstenir. C'est donc leur souci de l'honneur qui les avait amenés. On nous conte de surcroît que ces hommes détenaient une telle puissance dans le royaume d'Iweret que personne n'aurait eu la témérité de leur causer le moindre tort. Leurs prises de position recevaient l'adhésion la plus large et le soutien actif de l'ensemble des gens du pays. Et voici qu'à Kardigan ils avaient vu par eux-mêmes et appris ce que Lanzelet avait obtenu à Genewis : il y avait connu le succès, la fortune ne lui avait pas fait défaut et il avait été illuminé par la réussite en se faisant couronner, comme il l'avait souhaité dans son cœur. Les choses avaient pris un tour heureux pour lui, ce qui n'était que justice. Les chevaliers de Dodone, qui en étaient extrêmement conscients, auraient voulu le faire venir avec eux lors de leur retour dans ce qui était son pays, celui où Iblis, la reine, devait légitimement résider, ainsi que lui-même, s'il le désirait.

und heten vernomen ze Kardigân,
wieʒ Lanzelete was ergân
ze Genewîs, dâ im wol gelanc
8760 und er ân ungelückes kranc
mit sælden was beschœnet,
sô daʒ er wart gekrœnet
ze wunsche nâch sîm muote.
im fuocte sich ze guote
8765 sîn dinc von allem rehte.
des wârn die guoten knehte
von Dôdône wol bedâht,
si heten in gerne mit in brâht
wider in daʒ lant sîn,
8770 dâ Iblis, diu künigîn,
von rehte wesen solte
und er, ob er wolte.
Uns hât daʒ mære unverswigen,
daʒ sich niht möhten verligen
8775 dise boten si wurben etswaʒ
des in geviel, ich sag iu waʒ :
si geschuofen daʒ mit ir bete,
daʒ mîn her Lanzelete
den fürsten einen hof sprach,
8780 an die er sich versach,
daʒs im undertân solten sîn
und Iblê der künigîn.
dirr hof gezôch sich alsô
in dem jâre, sô die liute vrô
8785 sint von der lieben sumerzît
und diu heide grüene lît,
ze ûʒ gândem aberellen.
nu lânt iu fürbaʒ zellen
ein lützel unde merkent daʒ.
8790 her Lanzelet niht vergaʒ,
daʒ er alle die gesellen sîn
und iegelîches vriundîn
mit im füeren solte
ze dem hove und daʒ er wolte
8795 dâ sîn mit schalle,
oder sîn vriunt alle
müesen im geswîchen.
diz saget er nemelîchen
den boten und bat in zouwen.
8800 er sprach ‚mit mîner vrouwen
wil mîn œheim künec Artûs
ze pfingsten sîn in mîme hûs.
dar nâch schafent irʒ diu baʒ.‘
dô lobeten die boten daʒ,
8805 swes er in zuo gedæhte,

8773 Le conte ne nous a pas caché que les messagers ne restèrent pas inactifs et qu'ils s'employèrent, avec succès, à parvenir à une chose. Je vais vous dire laquelle : à force de l'en prier, ils obtinrent de monseigneur Lanzelet qu'il convoque à une cour les princes dont il pouvait, lui et la reine Iblis, espérer recueillir l'hommage. Cette cour devait avoir lieu à l'époque où le bel été remplit les cœurs de joie et où la campagne est verdoyante, à la fin du mois d'avril. Mais laissez-moi avancer mon récit et écoutez bien ceci : le seigneur Lanzelet n'oublia pas que, sauf à se voir fuir par tous ses proches, il devait se faire accompagner à cette cour par tous ses compagnons et leurs amies respectives et y mener grand train. Il le dit en toute clarté aux messagers et les pria de faire diligence. « Avec ma dame, mon oncle, le roi Arthur », dit-il, « veut séjourner en ma demeure à la Pentecôte. Agissez en conséquence et faites au mieux. » Les messagers promirent qu'ils réaliseraient tous ses souhaits et que s'il se faisait accompagner de cent rois ils sauraient les recevoir dignement. Si tout allait bien, il trouverait une demeure qui lui ferait honneur et lui offrirait pleine satisfaction.

ob er hundert künege bræhte,
die wurden wol behalten.
solt es gelücke walten,
sô funder sîn hûs bereit
8810 mit êren und mit sælikheit.
Sus sprâchen die von Dôdône
und nâmen urloup schône,
alsô wol verwiȥȥen man.
si schieden alsô von dan,
8815 daȥ die jungen und die alten
von Britân si zalten
ze den tiuresten helden,
die ze künec Artûses selden
ie dâ vor wâren komen.
8820 sît si urloup hânt genomen,
sô wart dâ lenger niht gebiten,
si sint wider heim geriten.
nâch ir gelübde se tâten,
si gebuten unde bâten
8825 und santen boten in diu lant.
si brâhten manegen wîgant
zesamene unde fürsten grôȥ,
dar zuo alle ir hûsgenôȥ,
die ze Dôdôn rehtes warten.
8830 vil lützel sie sparten
weder guot noch lîp.
eȥ gevriesch nie man noch wîp
durch lobes gewin sô grôȥen vlîȥ.
manec helt von alter snêwîȥ
8835 der vleiȥ sich ûf die hôhgezît.
des heten aber die jungen nît
und schuofen, daȥ man in sneit
von hôher koste rîchiu cleit,
und frumten ir gereite
8840 mit spæher rîcheite
von golde kostbære,
als eȥ die schiltære
wol gemachen kunden,
die man ze den stunden
8845 ze Ackers vant in der habe.
waȥ sol ich zellen mê dar abe
wan daȥ ich iu wol sagen mac,
eȥ enwirt biȥ an den suonestac
nimer hof gesprochen mê,
8850 dâ wætlich grœȥer vreude ergê.

8811 Après avoir ainsi parlé, les gens de Dodone prirent congé avec l'urbanité de personnes au fait des bons usages. Ces adieux amenèrent tous les Bretons, jeunes et vieux, à les ranger parmi les hommes les plus valeureux qui fussent jamais venus en la demeure du roi Arthur. Sachez qu'après avoir pris congé les envoyés ne tardèrent pas. Les voici rentrés chez eux. Fidèles à leur promesse, ils distribuèrent convocations et invitations et envoyèrent des messagers par tout le pays. Ils réunirent bon nombre de guerriers et de princes puissants qui avaient pour charge de faire respecter le droit à Dodone et qui vinrent avec tous leurs gens. Les participants ne ménagèrent ni leur peine ni leurs biens. Jamais personne, homme ou femme, n'a entendu dire que l'on ait déjà déployé autant d'efforts pour gagner en réputation. Plus d'un homme au chef blanchi par les ans fit soigneusement ses préparatifs en vue de la fête. Quant aux jeunes, piqués au vif, ils se firent tailler de beaux vêtements de grande valeur et rehaussèrent leur équipement de parures d'or splendides, comme les décorateurs d'écus que l'on trouvait alors[136] dans le port de Saint-Jean-d'Acre s'entendaient à le faire. Que vais-je conter de plus à ce

136. Vers 8844 : *ze den stunden*. Cette indication temporelle intrigue. Faut-il comprendre : à l'époque où l'artisanat et le commerce florissaient à Saint-Jean-d'Acre, avant que les choses ne prennent une autre tournure ? On songe alors à la période comprise entre 1104, date de la conquête du port et de la ville par Baudouin Ier, et 1187, année de la reconquête musulmane, voir *Lexikon des Mittelalters*, I, art. « Akkon » (J. Riley-Smith), col. 252 et suiv., reconquête de courte durée puisque Richard Cœur de Lion reprit la ville en juillet 1191. James W. Thompson (« On the Date of the Lancelot », *Modern Language Notes* 52, 1937, p. 172 et suiv.) pense que c'est en raison de ce dernier événement, à coup sûr marquant, que le nom de Saint-Jean-d'Acre apparaît dans le récit – lequel reproduirait ici, selon le même critique, une indication de sa source. Cela fournirait une fourchette chronologique intéressante pour le « livre français de Lanzelet » : fin 1191-début 1194. L'argument est toutefois ténu. Notons en marge que le siège et la prise de Saint-Jean-d'Acre pouvaient faire partie d'un horizon commun à un public anglo-normand et à un public allemand. La présence allemande (Thuringiens et Autrichiens notamment) était forte lors de ce siège. Et c'est des opérations qui menèrent à la prise de la ville que date le ressentiment qui conduisit le duc Léopold V d'Autriche à jouer un rôle déterminant dans la capture de Richard Cœur de Lion près de Vienne. Voir H. Fichtenau, « Akkon, Zypern und das Lösegeld für Richard Löwenherz », *Beiträge zur Mediävistik* 1, 1975, p. 239 et suiv.

Lanzelet nâch êren ranc :
durch sînen wîsen fürgedanc
und durch sînen hôhen prîs
sô sant er boten ze Genewîs
8855 und kunte sînen mannen
sînen hof, des kom im dannen
von gezierde manic rîcheit
und tûsent ritter wol becleit.
als ich von in geschriben vant,
8860 algelîch was ir gewant,
der hübschen kumpânîe.
von Alexandrîe
was der samît den si truogen an.
hermîn wîȝer danne ein swan
8865 wâren diu inville.
von Cûmis, dâ Sibille
diu alte wîssage was,
was der zobel, als ich eȝ las.
armuot was in vremede.
8870 sîdîn wârn diu hemede
und daȝ cleit, daȝ dar zuo stât.
scharlât was ir beinwât.
si endorften sich niht zieren
baȝ mit banieren
8875 danne si hæten getân.
ir pferit und ir kastelân
diu wâren sô daȝ man niht vant
ze Pûlân noch ze Spangenlant,
diu sich in gelîchen mohten.
8880 gereite, diu dar zuo tohten,
der was sich wol gevliȝȝen.
die helde wârn verwiȝȝen.
ir harnasch der gie mit in,
brûn lûter als ein zin,
8885 und manic wâfenroc dâ mite.
geloubent mir des ich iuch bite
und wiȝȝent daȝ âne wân,
si kômen wol ze Kardigân,
als ich iuch nu bewîse,
8890 bereitet wol ze brîse.
si heten ûȝer mâȝe vil
swes ein ritter wünschen wil
und sînen lîp gelüstet.
sus wâren ûȝ gerüstet
8895 die helde von Genewîs
an ir gereite in alle wîs.
si brâhten ouch ir vrouwen
gâbe die si schouwen
wol mit êren mahte,

sujet ? Je peux vous donner en tout cas l'assurance que jusqu'au jour du Jugement dernier on ne réunira plus de cour dont l'on puisse attendre plus grande manifestation de liesse.

8851 Lanzelet travailla à sa gloire. Tant par sage précaution que pour maintenir sa haute renommée, il envoya des messagers à Genewis pour annoncer à ses vassaux la tenue de sa cour. Il lui revint de là-bas des parures splendides et mille chevaliers richement vêtus. Comme j'ai pu le lire, les habits de cette courtoise compagnie étaient tous identiques. Le samit qu'ils portaient venait d'Alexandrie ; l'hermine des doublures était plus blanche que cygne ; la zibeline venait, à ce que j'ai lu, de Kunis[137], la patrie de Sibylle, l'antique prophétesse. On ne remarquait nulle pauvreté en eux. Leur chemise et la tunique assortie étaient de soie, les chausses d'écarlate. Ils n'auraient pas pu se munir de plus belles bannières. Leurs palefrois et leurs destriers étaient si beaux que l'on n'aurait pas pu en trouver de pareils dans les Pouilles ou en Espagne. Ils avaient pris grand soin à choisir des harnachements dignes des montures ; ils avaient l'œil expert. Ils avaient dans leurs bagages leur armure, éclatante, aussi brillante que l'étain, et de

137. Vers 8866. Nous reproduisons la leçon des manuscrits, ici concordants, W et P : *kunis*. Ce passage a été longuement commenté par W. Richter (p. 117-119). Richter rejette l'émendation *kunis* > *Cumis* (la Sibylle, commente-t-il, p. 118, était de *Cumae*, non de *Cumis*) et identifie le *kunis* des manuscrits avec Ikonion (nom grec) / Iconium (nom latin), l'actuelle ville turque de Konya. Une telle Sibylle anatolienne n'est pas répertoriée. Cette localisation serait le produit de deux réminiscences. Ulrich von Zatzikhoven se serait souvenu d'une part d'un passage de l'*Erec* de Hartmann von Aue (v. 2000-2011) dans lequel il est dit que la zibeline qui ornait les habits des vieux rois invités au mariage d'Érec et d'Énide était la meilleure que l'on trouvait dans tout le « *Connelant* » ou « *Conne* », « pays soumis à l'autorité d'un sultan » et « situé entre le pays des Grecs et celui des païens ». Il s'agit bien du sultanat d'Ikonion, ou sultanat de Rum, tenu par la dynastie des Seldjoukides, dont la capitale était, au XIIe siècle, Ikonion et dont l'on pouvait dire effectivement qu'il était intermédiaire entre la Grèce et les pays musulmans puisqu'il résultait de l'occupation de territoires anciennement byzantins. Le lien entre « l'antique prophétesse » et Ikonion, d'autre part, aurait été suggéré à Ulrich par le passage de l'*Eneas* de Veldeke dans lequel Anchise commande à Énée de rendre visite à la Sibylle chez elle, à *Iconje*, donc à Ikonion (v. 82, 9 et suiv. : *Êneas, (sprach er) sun mîn / ... / var zû Sibillen / ze Icônjen is ir hûs [...]*. L'hypothèse proposée par W. Richter est ingénieuse ; l'hypothèse d'une

8900 cleinôt ûz der ahte
von golde und von gewande,
daz ir Clârîne sande,
ir swiger an tugenden ûz genomen.
dise rîter wâren ûz komen
8905 durch zuht und ûf den selben wân,
daz ir michel êre solte hân
Iblis und Lanzelet,
swenne si ze Behforet
mit in kæmen geriten.
8910 man pflac hie vor bî alten siten,
daz die herren gerne sâhen
die liut und daz si jâhen,
in wære under dingen zwein
imer lieber daz ein,
8915 holtschaft und guot wort,
danne haz unde hort.
ez wære ouch noch ein êre.
ze dem liede ich wider kêre :
dâ von lât iuch niht belangen.
8920 ez enwurden nie enpfangen
rîter baz danne die,
von den ich iu sagete hie.
daz gebôt Artûs der milte.
sîn muot an vreuden spilte,
8925 daz er den mâc ie gewan,
durch den sich man und dienstman
ze hove sô wol bereiten
mit sölhen rîcheiten.
er lobete wol ir getât,
8930 daz si rîchiu cleit und îsenwât
beidiu sament brâhten.
die helde wol gedâhten,
si solten sô ir selber pflegen,
daz si nieman roubete under wegen.

nombreuses cottes d'armes. Croyez-le, je vous en prie, et sachez sans erreur qu'ils arrivèrent à Kardigan pourvus, ainsi que je vous le dis maintenant, d'un équipement qui devait leur valoir des louanges. Ils possédaient en abondance tout ce qu'un chevalier peut souhaiter et désirer. Les hommes de Genewis étaient ainsi parfaitement équipés en tout point. Ils apportaient aussi à leur dame des présents qu'elle pouvait contempler avec fierté, des dons de grande valeur, bijoux en or ou vêtements, que lui adressait Clarine, sa belle-mère, cette femme admirable. Ces chevaliers étaient venus par souci de bienséance et dans l'espoir que, lorsqu'ils arriveraient à Behforet en leur compagnie, leur présence ferait grand honneur à Lanzelet et à Iblis. Au temps jadis les princes aimaient à voir leurs gens et ils avaient coutume de dire que, des deux choses, ils préféraient des marques d'amitié et des paroles bienveillantes à une hostilité cachée derrière le don de richesses. Aujourd'hui encore on pourrait s'en trouver honoré. Mais je reviens à mon conte, écoutez-le sans ennui. Jamais chevaliers ne furent mieux reçus que ceux dont je viens de parler. Le roi Arthur, dans sa largesse, y pourvut. Il se réjouissait en son cœur d'avoir pour parent un

---

association avec le *Conne* de l'Érec est confortée par le fait que pour le rédacteur du ms. P, au moins, la zibeline vient de Turquie (voir *supra* note 12, p. 61). Mais on pourrait songer à reprendre l'examen du passage, notamment pour sa valeur d'exemple. La question principale à élucider, selon nous, étant celle posée par la connexion qui s'établit de façon passablement inattendue entre la figure de la Sibylle et une fourrure luxueuse, quel est l'intertexte dont il faudrait d'abord retrouver la trame, celui qui se tisse entre des œuvres narratives allemandes, ou celui qui unit l'adaptation à sa source ? Si l'on adopte l'hypothèse d'une intertextualité purement allemande proposée par W. Richter, la réponse à la question posée sera simple, mais un peu frustrante : la mention de la Sibylle n'est due qu'au hasard d'un rebond dans la succession des associations. Si maintenant on accepte l'idée que les trois éléments : zibeline / Sibylle / patrie de la Sibylle pouvaient déjà figurer dans la source du *Lanzelet*, une autre solution se dessine : *kunis* résulterait d'une négociation entre un *Cumis* (l'émendation de l'édition Hahn) qui serait non pas du mauvais latin, mais une germanisation très plausible du français *Cumes* ou *Comes* (formes attestées dans le *Roman d'Éneas*), d'une part, et, d'autre part, le *Conne* de Hartmann, lieu d'où provient la zibeline. Resterait à trouver le lien entre « l'antique prophétesse » et la fourrure. Passons par le latin, puis par le français : *Quid Sibylla cum sabello / sebello ?* Et quel rapport entre la *Sebile* et des vêtements *sebelins* ? Une réponse s'esquisse, pour peu que l'on pose la question à voix assez haute pour en percevoir l'écho.

8935 Der hof erschal in diu lant,
daȥ Lanzelet der wîgant
an sîn erbe solte
und im dar füeren wolte
sîn herre der künic Artûs
8940 driu tûsent rîter ze hûs
und ir enkeiner wære,
der dehein êrbære
vrowen ze vriunde hæte,
daȥ er daȥ niht entæte,
8945 daȥ er si durch den willen sîn
mit Ginovere der künigîn
ze dem hove lieȥe rîten.
wer solt dâ wider strîten ?
si tâten daȥ der künec gebôt.
8950 er muoste sîn an fröiden tôt,
swer sich niht gaste dar gegen.
daȥ mære muoste bewegen
durch nôt manegen hübschen man.
swer ûf minne ie muot gewan
8955 und er dar mohte gevarn,
der enwolte lîp noch guot sparn.
von allen landen wîte
kam volc ze der hôchgezîte,
daȥ man dâ von ze redenne hât
8960 die wîle und disiu welt stât.
eȥ ist reht daȥ ich iu sage,
eȥ kâmen boten alle tage
von Dôdôn ze Kardigân.
hie bî moht Iblis entstân,
8965 wie liep ir kunft wære.
si sagten ir ze mære,
ir lant dingete dar zuo
und eȥ diuhte nieman ze fruo.
swie schiere sô siu kæme.
8970 daȥ was ir vil genæme
unde senete sieh ir muot,
als er noch den wîben tuot.
swar in daȥ herze in hüge lît,
dar wænents niemer komen enzît.
8975 swes der künec Artûs sich vermaȥ,
ungerne lieȥ er daȥ.
sîn dinc was alleȥ bereit
wîslîch und mit hübescheit.
im ist vil rîtr und frouwen komen,
8980 als ir ê hânt vernomen,
die wâren alle becleit,
nâch ir muote und nâch ir wirdekheit,
als hübesche liute gerten.

homme dont les vassaux et les ministériaux s'équipaient aussi richement pour assister à une cour. Il les loua d'avoir apporté à la fois des habits d'apparat et une armure. Ils n'avaient pas oublié de veiller sur eux-mêmes pour ne pas être en route la proie des pillards.

8935 La nouvelle de la tenue de cette cour se répandit à la ronde et on apprit que le valeureux Lanzelet allait à cette occasion recueillir son héritage et que son seigneur, le roi Arthur, viendrait chez lui à la tête de trois mille chevaliers dont aucun ne manquerait, pour répondre au vœu du roi, d'emmener, en compagnie de Ginovere, son amie à la cour pour peu qu'elle fût une dame digne d'estime. Qui aurait pu y faire objection ? Ils firent ce que commandait le roi. Il aurait fallu avoir enterré toute joie pour ne pas attendre ce moment avec impatience. La nouvelle ne pouvait qu'inciter bon nombre d'hommes courtois à se mettre en route. Tous ceux qui étaient sensibles à l'attrait de l'amour et se trouvaient en mesure d'entreprendre le voyage n'épargnèrent ni leurs forces ni leur fortune. De tous les pays alentour, les gens se rendirent à cette fête dont on parlera tant que ce monde existera. Il convient que je vous dise que des messagers de Dodone arrivaient tous les jours à Kardigan. Iblis pouvait ainsi se rendre compte de la satisfaction que provoquerait sa venue. Les messagers lui annonçaient que le royaume vivait dans cette attente et qu'elle n'arriverait trop tôt pour personne. Elle en était toute contente et son cœur se gonflait d'impatience – c'est encore la coutume des femmes : lorsqu'un désir joyeux appelle leur cœur en un lieu, elles pensent ne jamais pouvoir y arriver à temps. Le roi Arthur n'abandonnait qu'à contrecœur ce qu'il s'était proposé de faire. Il menait toujours à bien ses entreprises, avec sagesse et courtoisie. Il lui est venu, comme vous l'avez déjà appris, un grand nombre de chevaliers et de dames, tous vêtus, comme le souhaitaient les personnes courtoises,

den künec si ouch gewerten
8985 des er si bat ich sage iu wie :
deheinen rîter er erlie
wan demer enpfalch in sîne pflege
eine frowen ûf dem wege,
daȥs alden tac samen riten
8990 mit zühten und mit sölhen siten,
der guote liute sich niht schament.
er fuogte in allen sament
gesellen nâch ir wunsches wale.
noch was der helde ein michel zale,
8995 die âne frowen muosten rîten.
nu wolte niht lenger bîten
der milte künic Artûs,
er frumt nâch êrn uȥ sîme hûs
sînen mâc Lanzelet,
9000 deme er dicke liep tet.
Alsô diz ûf geleit was,
sîn gesinde er ûȥ las,
daȥ sîn hofliut hieȥ :
dem gebôt er, daȥ man ûf stieȥ
9005 manegen soum swære.
sîne kameræere
und die sîn eȥȥen solten machen,
die fuoren mit manegen sachen
hin für gegen den strâȥen.
9010 die frowen dô ûf sâȥen
[lacune]
und bi Ginovere rîten.
anderthalben bî ir sîten
9015 reit der hübsche Karjet ;
der *[lacune]* Ramuret
dâ vor lobelîchen sluoc :
da begienc er manheite gnuoc.
des ist zwîvel enkein,
9020 Iblis und Wâlwein
diu riten sament ûf den wec.
anderhalp der frowen reit Erec
als ein getühtic rîter sol.
si riten alle sament wol,
9025 wan si hâten rîcheit und den muot,
der dô die liute dûhte guot.
ouch wart der vil funden,
die wol mit valken kunden.
dâ was ouch tagalte vil
9030 *[lacune]*
buhurt ûf maneger plâne.
si riten von Britâne
frœlîchen mit sölhen siten,

selon leur goût et selon leur rang. Les arrivants accordèrent également au roi la demande qu'il leur fit, je vais vous dire laquelle. Il confia à tous les chevaliers, sans en excepter un seul, le soin de veiller sur une dame pendant le voyage, afin qu'ils fissent chemin ensemble toute la journée en toute civilité et en observant une conduite dont les gens de bonnes mœurs n'auraient pas à rougir. Il assortit les couples en respectant les vœux de chacun. Néanmoins bon nombre d'hommes durent faire le chemin sans la compagnie d'une dame. Arthur, ce roi généreux, ne voulut pas attendre plus longtemps. Il donna l'éclat qui convenait au départ de son parent Lanzelet, à qui il avait déjà prodigué maintes preuves d'affection.

9001 Une fois ces dispositions prises, Arthur prit à part ceux de ses gens qui avaient le rang d'officiers de cour. Il leur ordonna de faire charger beaucoup de lourdes malles. Ses chambriers et ceux qui devaient préparer ses repas partirent devant et prirent la route en emportant une multitude d'affaires. Les dames montèrent alors en selle [...][138] et chevauchaient auprès de Ginovere. Le courtois Karjet, qui [...][139] avait autrefois glorieusement abattu Ramuret, se tenait de l'autre côté. La prouesse qu'il avait accomplie à cette occasion n'était pas mince. Iblis et Walwein, cela ne souffre aucun doute, chevauchaient de compagnie sur la route. En chevalier bien éduqué, Erec avançait de l'autre côté de la dame. Ils chevauchaient gaiement de conserve, car ils goûtaient la plénitude de leur existence et leur humeur était celle que l'on appréciait en ce temps-là. Et on trouvait également dans leurs rangs bien des hommes rompus à l'art de la fauconnerie. Il y eut aussi de nombreux divertissements [...][140] quantité de behourds sur

138. Lacune dans P ; pas de pendant pour ce passage dans W.
139. *Id.*
140. *Id.*

daȝ nie liute ûȝ geriten,
9035 der noch diu welt möhte
baȝ gedenken obeȝ in töhte.
iedoch sol si helfen daȝ,
man sprichet in deste baȝ,
daȝ ir herze tugent erkande,
9040 wan got selbe haȝȝet schande.
Eȝ was ein wünneclîchiu vart,
wan der künic Artûs hete bewart
beidiu lant und sîne veste
[lacune]
9045 daȝ ime kein schade möhte sîn.
nu wart ir sælde wol schîn
dar an, eȝ wâren liehte tage,
harte wünneclich nâch sage,
weder ze heiȝ, noch ze kalt.
9050 diu heide und der grüene walt
und dar zuo guot gesellesch aft,
diu machten alle rîche kraft
engegen ir ougenweide.
vor urdruȝȝe und vor leide
9055 hâte si got behuot.
si lepten swie si dûhte guot,
beide naht unde tac.
des fröut sich Lanzelet du Lac.
in dirre wünne riten sie,
9060 daȝ si enkein tac vergie,
si enfrieschen etlich mære
daȝ si dûhte fröiden bære,
wan ir reise mêrte sich
von rîtern aller tegelich
9065 und wart ze jungest harte grôȝ :
wan künege und fürsten genôȝ,
der was sô vil daȝ man vermeit
die zale, van in zuo reit
manec schœniu schar über diu velt.
9070 swenne man diu gezelt
durch herbergen ûf sluoc,
sô was ir vil unde gnuoc,
die ir busûnen bliesen.
sô moht man êrste kiesen
9075 Lanzeletes pavilûn,
wîȝ, grüene, rôt, brûn,
sô hêrlich über die ander,
als ein brinnder zander
für ein erloschen kol.
9080 doch wârens alle harte wol
geworht und gezieret.
dô wart gebuhurdieret,

les découverts. Ils quittèrent la Bretagne joyeusement et en faisant si belle figure qu'on ne vit un cortège de personnes que le monde puisse conserver en plus grande estime – à supposer que notre estime leur soit de quelque utilité. Mais si, après tout, ils en tireront avantage si on loue la noblesse de leur cœur, car Dieu lui-même hait l'absence d'honneur.

9041 Le voyage se passa de magnifique façon, car le roi Arthur avait veillé à bien tenir en main ses terres et ses places fortes [...][141] de manière à n'encourir aucun danger. Ce furent des journées radieuses, enchanteresses, nous dit-on, ni trop chaudes ni trop froides, et on put reconnaître à cela la bonne fortune des voyageurs. La vue de la campagne, de la forêt verdoyante ainsi que de leurs agréables compagnons comblait leur regard. Dieu les avait préservés du désagrément et du tourment. Ils menaient la vie qu'ils entendaient, la nuit comme le jour. Lanzelet du Lac s'en félicitait. Ils chevauchèrent ainsi dans la joie et aucun jour ne se passa sans apporter de nouveautés réjouissantes pour eux, car des chevaliers venaient quotidiennement grossir leur troupe, qui finit par devenir très importante. Il y avait là tant de rois et tant de seigneurs de rang princier qu'on renonçait à les compter ; en effet, de nombreuses compagnies qui avaient fière allure traversaient la campagne pour se joindre à eux. Lorsqu'on plantait les tentes pour passer la nuit maints et maints faisaient retentir leurs buccines. Le regard découvrait alors d'abord la tente de Lanzelet, blanche, verte, rouge et brune, tranchant magnifiquement sur toutes les autres comme une braise ardente sur des charbons éteints. Et pourtant elles étaient toutes d'excellente facture et très bien décorées. Puis on tenait un behourd et les participants ne s'arrêtaient

141. *Id.*

si triben unz an die snüere.
ich wæne nie gefüere
9085 sô wol ze wunsche ein rîterschaft
als diu selbe heres kraft.
Nu was in allen niht ze gâch,
doch sint si komen alsô nâch,
daȝ si sanfte nâch sage
9090 wæren an dem vierden tage
geriten in daȝ Schœne lant,
des sich Iblis underwant,
daȝ ir erbe solte sîn.
nu wart ir rîcheit wol schîn
9095 und erschein ir sælikheit dar an,
ir bekâmen ir vater man,
mit zwein tûsent schilten,
die alle ûf orsen spilten,
mit sîdîn kovertiuren guot :
9100 an der gebærden schein der muot,
daȝs ir frowen gerne sâhen.
si îlten zuo ir gâhen
mit rîchen banieren.
si begundens salûieren
9105 und al die mit ir kâmen.
ich wæn wir nie vernâmen
sô minneclîchen anpfanc.
dar nâch was eȝ unlanc
ê si ze herbergen riten.
9110 dâ was daȝ niht vermiten
si enfunden allen weltrât.
als uns daȝ buoch gekündet hât,
sô ist reht, daȝ ich iu sage,
in was geschaffet zehen tage,
9115 ê si kœmen in daȝ lant,
daȝ man liuten unde rossen vant
swes in beiden gezam.
dô aber diu schœne reise kam
in daȝ lant dâ Dôdône lac,
9120 dô wart in naht unde tac
erboten sô michel êre,
daȝ Artûs der künic hêre
sprach, im wurde nie kunt
unz an die gegenwertigen stunt
9125 von rîcheit als michel kraft.
nu kam in manec gesellescaft
tegelich ûf der strâȝe,
die sich ze guoter mâȝe
gasten ûf den hoveschal.
9130 si dûhte, daȝ berc unde tal
vol rîterschefte wære.

qu'une fois arrivés au pied des cordes de tente. Je crois que jamais compagnie de chevaliers n'eut plus belle allure que cette troupe.

9087 Sans qu'ils se fussent précisément hâtés, ils avaient si bien avancé leur chemin que, tout en chevauchant à loisir, ils entrèrent le quatrième jour, au dire du conte, dans le Beau Pays dont Iblis devait hériter et prendre possession. On eut alors l'occasion de voir quelle puissance celle-ci détenait et de constater qu'elle était née sous une bonne étoile : les gens de son père vinrent en effet à sa rencontre, deux mille chevaliers portant écu et caracolant sur des chevaux couverts de belles housses de soie. Leur attitude laissait transparaître la joie qu'ils ressentaient à l'idée de voir leur dame. Ils s'empressèrent d'aller vers elle en déployant de magnifiques bannières et ils la saluèrent, elle et tous ceux qui l'avaient accompagnée. Je crois qu'on ne nous a jamais conté accueil si chaleureux. On ne tarda pas ensuite à gagner les lieux d'hébergement. Les arrivants y trouvèrent toutes les commodités imaginables sur cette terre. Il convient que je vous dise, en reprenant ce que nous enseigne le livre, que dix jours avant leur venue on s'était employé à procurer aux hommes et aux chevaux ce qui convenait aux uns et aux autres. Et lorsque la belle troupe arriva dans le pays où se trouvait Dodone, on prodigua à ses membres de telles marques de considération qu'Arthur, l'illustre roi, déclara qu'il n'avait jusque lors jamais vu pareil déploiement de richesses. Toutefois, de nombreux groupes que la perspective de participer aux festivités réjouissait fort venaient se joindre à eux chaque jour. Il semblait aux arrivants que monts et vallées regorgeaient de compagnies de chevaliers. C'est ainsi que cette noble troupe chevaucha jusqu'à la Belle Forêt, ce lieu dont je vous ai déjà parlé et où Lanzelet avait eu le bonheur de mettre à bas l'aventure aux dépens du hardi Iweret. Les

sus reit daʒ her mære
unz zuo dem Schœnen walde,
von dem ich ê zalde,
9135 dâ Lanzelet daʒ heil geschach
daʒ er die âventiure brach
an dem küenen Iwerete.
daʒ her es guote war tete
und jâhen daʒ nie berc noch walt
9140 ze vreude wurde baʒ gestalt.
In dem walde wârens über naht.
morgen fruo mit aller maht
ritens ze Dôdône.
dâ wurden si schône
9145 gegrüeʒet und enpfangen.
wil es iuch niht belangen,
sô sage ich iu vil drâte,
di gespilen, die Iblis hâte,
mit den siu gienc bluomen lesen,
9150 die sint imer sît gewesen
durch ir willen âne man.
ir keiniu vreude nie gewan,
ê si nu mugen schouwen
vrowen Iblis ir vrouwen.
9155 nu sint si gein ir geriten.
mit vrowelîchen siten
enpfiengen si die künigîn.
der ritter muos ouch vil sîn,
die der vrowen pflâgen,
9160 und der mê, die sich wâgen
ûf buhurt, des dâ was genuoc.
vernement eʒ niht für unfuoc,
die riter sô die tumben trugen
daʒ si wol swüeren, sie vlugen
9165 und daʒ si engel wæren.
ir envrieschent nie an mæren,
daʒ sô vil ritter spilten
ûf rossen und mit schilten.
ir prîses muoʒ ich vil verdagen,
9170 wan daʒ eine muoʒ ich sagen,
dâ reit sô manic wîgant
sô wol, daʒ nie ze Brâbant
ein ritter sich geschihte baʒ,
swenne er ûffem rosse gesaʒ
9175 und er sich ûf ein puneiʒ
mit rîchem muote gevleiʒ.
Uns zelt daʒ welsche buoch daʒ,
eʒ enwurde nie vrowe baʒ
enpfangen noch sô schône
9180 als Iblis ûf Dôdône

membres de la troupe s'attardèrent à contempler l'endroit et affirmèrent que jamais colline et forêt n'avaient été façonnées de façon plus propice à engendrer la joie.

9141 Ils passèrent la nuit dans la forêt. Le lendemain matin, ils partirent au grand complet pour Dodone, où ils furent salués et reçus de belle manière. Si je peux encore solliciter votre patience je vous dirai en toute brièveté que les compagnes d'Iblis, avec lesquelles elle allait cueillir des fleurs, étaient restés sans époux par égard pour elle. Aucune d'elles n'avait plus jamais connu la joie jusqu'à ce jour, ce même jour qui leur permet maintenant de voir Iblis, leur dame. Les voilà parties à sa rencontre. Elles accueillirent la reine comme les dames s'accueillent à l'accoutumée. On vit aussi beaucoup de chevaliers entourer ces dames et d'autres, plus nombreux encore, s'élancer pour prendre part à des behourds, dont on ne fut pas avare. Ne prenez pas ce que je vais vous dire pour une mauvaise plaisanterie : les chevaliers abusaient tant les esprits naïfs que ceux-ci auraient juré qu'ils volaient et étaient des anges. Jamais vous n'avez entendu dire que l'on ait vu autant de chevaliers caracoler sur des chevaux et jouer de l'écu. Je dois taire beaucoup des louanges qu'ils recueillirent, mais je dirai cependant que jamais un chevalier brabançon ne monta mieux à cheval lorsque, animé d'une belle ardeur, il mettait tout son soin à bien figurer dans un assaut.

9177 Le livre français nous dit que jamais dame ne fut reçue avec plus d'attentions et autant de magnificence que ne le fut Iblis à Dodone, où on déploya tout le cérémonial qui est de règle lorsqu'on accueille des dames. Et tous ceux qui l'avaient accompagnée furent l'objet de soins si attentifs qu'ils ne furent privés d'aucun des bons traitements qu'un hôte ou son invité peut imaginer. On leur donna de tout plus qu'il ne fallait. Le bruit se

wart mit aller der getât,
diu an vrowen anpfange stât.
und aldie mit ir kâmen dar,
der nam man als guote war,
9185 daȝ in nihtes enbrast
des weder wirt oder gast
erdenken kan ze wirtschaft.
alles guotes überkraft,
des gap man in den vollen.
9190 daȝ mære ist ûȝ erschollen
daȝ si ze wunsche lebeten.
die herren ouch dâ gebeten
varendem volke als eȝ zam.
der et durch êre guot nam,
9195 der wart mit rîcheit geladen
und erkovert sich alles schaden
des im armuot ie getete.
daȝ gebôt der milte Lanzelete.

Nu enpfienc ze Dôdône
9200 Lanzelet die krône
nâch küniclîchem site.
ich wæne ouch Iblis niht vermite
siu wurde gekrœnet mit ir man.
ir vremden mantel siu an
9205 truoc ze tische und ouch ze spil :
dem wart gewartet harte vil,
sâ daȝ gwürhte lebelîche tet.
ouch enpfienc her Lanzelet
sîne fürsten ze man,
9210 dar nâch er schiere gewan
den gewalt mit ganzer êre.
dô wart dâ vreuden mêre
danne vor, daȝ was reht,
wande im manic guot kneht
9215 was getriuwe unde holt.
er gap in silber unde golt,
des er dâ guote state vant.
swaȝ Iweret der wîgant
het verlân, daȝ was dâ gar,
9220 unde was gesamenet dar
vil getregdes ûȝ der mâȝe.
an die schaffenær ichȝ lâȝe,
den eȝ gebôt Lanzelet,
daȝ nie mê liut baȝ getet
9225 mit sô vil guotes danne sie.
dâ mite lâȝ ich die rede hie.

War umbe tæt ich aber daȝ ?
ich wil iu sagen fürbaȝ
mit kurzer rede die wârheit.

répandit qu'ils ne pouvaient rêver d'une existence plus agréable. Par ailleurs, les seigneurs donnèrent aux jongleurs ce qui était de mise. Celui qui recevait ces preuves de largesse se retrouvait riche et se voyait dédommagé de tous les torts que la pauvreté lui avait infligés. Ainsi en avait décidé le généreux Lanzelet.

9199 Lanzelet fut alors couronné à Dodone selon les rites royaux. Je crois qu'Iblis ne manqua pas de se faire couronner en même temps que son époux. Elle porta son manteau merveilleux pendant les repas et les divertissements. Il éveillait une grande curiosité chaque fois que les créatures qui y étaient représentées s'agitaient comme si elles étaient vivantes. Monseigneur Lanzelet reçut en outre l'hommage de ses princes et disposa en conséquence très vite du pouvoir et de tout l'honneur qui y était attaché. Ce fut alors un redoublement de liesse, et on le comprend bien, car nombre de chevaliers lui étaient fidèlement dévoués. Lanzelet leur donna de l'argent et de l'or, qu'il trouva là à profusion. Tout ce que le valeureux Iweret avait laissé se trouvait là, intact, et on avait fait venir une quantité impressionnante de marchandises. Je fais confiance ici aux intendants auxquels Lanzelet avait confié cette tâche, certain que jamais personne ne disposa de meilleure façon d'une telle quantité de biens, et je m'arrêterai là.

9227 Mais pourquoi le ferais-je, après tout ? Je vais continuer mon récit et vous conter brièvement ce qui se passa. Quels que soient les récits de splendeur et de liesse qu'on ait pu nous faire, ce que l'on vit à Dodone surpassa, sachez-le bien, toutes les relations véridiques qui nous sont parvenues avant ou depuis ce temps-là. Je prends à témoin tous ceux qui ont assisté à de grandes cours où ils ont pu assister à de joyeuses festivités et à des merveilles : si on n'en fit pas autant là-bas je vous permets de ne pas croire un mot de tout ce que je dis. Tout le

9230 swaȥ uns iender ist geseit
von hôhvart oder von schalle,
daȥ sult ir merken alle,
des was ze Dôdône mê,
danne man sît oder ê
9235 âne lüge habe vernomen.
swer ze grôȥem hove ist komen,
dâ man vreude und wunder sach,
ob des hie alles niht geschach,
so geloubent mir niht des ich sage.
9240 ze Dôdôn was alle tage,
die wîl der hof werte,
swes et iman gerte,
hübscheit und wünne.
dâ enwas dehein künne
9245 ze leides ungewinne,
eȥ enwære dan diu minne,
diu dâ tet daȥ siu dicke tuot :
siu twinget manigem den muot,
swie vrœlich sîn gebærde sîn,
9250 daȥ doch sîn herze duldet pin.
Nu was Artûs der künic hêr
drî mânôde unde mêr
mit aller der geselleschaft
und mit der grôȥen heres kraft
9255 ze Dôdône in Behforet.
dâ bôt in her Lanzelet
michel êre und alleȥ guot.
daȥ was sîn site und ouch sîn muot,
daȥ er nimer des vergaȥ,
9260 er enbüte den liuten etswaȥ,
dâ bî er in bescheinde
sîne tugent und daȥ er meinde
mit triuwen got und ouch die welt.
Ginoveren wart daȥ guot gezelt.
9265 dô wolt Iblis diu künigîn
hern Keiînes vriundîn
ir mantel gerne hân gegeben,
wan daȥ siu vorhte daȥ ûf streben
als ir ê hânt vernomen.
9270 iemitten ist eȥ dar zuo komen,
daȥ der künic Artûs
von sînes lieben neven hûs
mit urloub wolte rîten.
er enmoht niht langer bîten,
9275 wan im von heime ein bote kam,
der seit im des ich niht vernam.
Do begunden sich die vrowen wenen,
daȥ in trûren unde muotsenen

temps que dura la cour, on trouva chaque jour à Dodone tout ce que l'on pouvait souhaiter, une atmosphère courtoise et enchanteresse. Il n'y avait rien qui pût leur porter atteinte et leur causer du tourment en quelque façon, hormis l'amour, qui se comporta en cette occasion comme il le fait souvent: il assaille les pensées et plus d'un, même si tout dans son attitude respire la gaieté, en souffre dans son cœur.

9251 Mais Arthur, l'illustre roi, séjournait déjà depuis trois mois et plus au château de Dodone, à Behforet, avec toute cette compagnie et la grande troupe avec laquelle il était venu. Le seigneur Lanzelet lui avait prodigué de grands honneurs et l'hospitalité la plus généreuse. Il avait pour habitude et pour souci personnel de ne jamais négliger d'offrir quelque présent propre à montrer sa valeur et l'attachement sincère qu'il témoignait à la fois à Dieu et au monde. Ginovere reçut la belle tente et la reine Iblis aurait volontiers offert son manteau à l'amie de Keiin si elle n'avait pas craint de le voir prendre ce mouvement ascendant dont je vous ai déjà parlé. Voici donc le moment venu pour le roi Arthur de prendre congé de son neveu bien-aimé et de quitter sa demeure. Il ne pouvait y séjourner plus longtemps, car un messager était venu de son royaume lui porter des nouvelles dont je n'ai pas eu connaissance.

9277 Les dames se rendirent compte alors que leur cœur allait devenir la proie de la tristesse et du regret. Que pouvaient-ils faire de moins, Iblis et Lanzelet du Lac, que d'accompagner Arthur au départ de Dodone et de lui faire une belle escorte pendant des jours et des jours ? Les seigneurs qui étaient venus là prirent congé ; ils souhaitèrent à Lanzelet et à son épouse de connaître à tous égards un bonheur sans nuages. Le généreux Arthur se fit alors amener son cheval. Iblis, suivie de nombreux chevaliers, et Lanzelet, qui leur tenait dignement compagnie,

an daȝ herze muose gân.
9280 wie kunde Iblis nu gelân,
siu und Lanzelet du Lac
müesen etswie manegen tac
Artûsen harte schône
kundewieren von Dôdône?
9285 dô wart dâ urloup genomen
von herren die dar wâren komen.
si wunschtn an allem teile,
daȝ Lanzelet mit heile
und sîn wîp müesen leben.
9290 dâ mite hieȝ im sîn ros geben
Artûs der milte man.
Iblis fuor mit in dan
mit vil rittern, unde Lanzelet,
der in guote volleist tet,
9295 schône ichn weiȝ wie manegen tac :
wan sô sich ieze bewac
Iblis mit ir gesinden,
daȝ si wolt erwinden,
sô reit siu aber fürbaȝ :
9300 durch Ginoveren tet siu daȝ.
ze jungest muosens scheiden.
dô huop sich undr in beiden
küssen, weinen, dran ir liebe schein.
künec Artûs kom schiere hein
9305 und reit ouch Lanzelet her wider
und Iblis dâ si beidiu sider
mit vreuden lebten schône
ûf ir guoten burc Dôdône.
Nu hânt ir alle wol vernomen,
9310 daȝ ich schiere zende wære komen
des mæres von Lanzelete.
von diu bat ich einer bete
alle tugentrîche diet,
swer er sî der ditz liet
9315 von êrste habe gehœret her,
ob er stætelîcher vreuden ger
und vorderlîcher sælikheit,
daȝ er der werde bereit
ze wunsche an dirre welte,
9320 durch daȝ er niht beschelte
diz selbe getihte.
als ich iuch berihte,
so enist dâ von noch zuo geleit,
wan als ein welscheȝ buoch seit,
9325 daȝ uns von êrst wart erkant,
dô der künec von Engellant
wart gevangen, als got wolde,

leur firent une belle conduite pendant je ne sais combien de jours. En effet, chaque fois qu'Iblis décidait avec sa suite de s'arrêter elle continuait néanmoins son chemin, ceci en l'honneur de Ginovere. À la fin, cependant, elles durent se séparer. On les vit alors toutes deux s'embrasser, pleurer et montrer ainsi leur mutuelle affection. Le roi Arthur fut bientôt de retour en son pays et de son côté Lanzelet rentra avec Iblis dans leur bon château de Dodone, où ils vécurent ensuite tous deux dans la joie et la splendeur.

9309 Vous avez tous bien compris que je suis presque arrivé à la fin de l'histoire de Lanzelet. Aussi adresserai-je une requête aux gens de valeur : que tous ceux qui ont entendu ce récit depuis le début et qui aspirent à des joies durables et à un bonheur profitable voient ces espérances comblées en ce monde si, en échange, ils ne dénigrent pas mon poème. Je tiens à le dire : je n'ai rien enlevé ni ajouté à ce que dit un livre français dont nous avons pris connaissance pour la première fois lorsque, selon la volonté divine, le roi d'Angleterre fut fait prisonnier par le duc Léopold, qui lui imposa une lourde rançon[142]. Le roi captif donna en otages à ce dernier de nobles seigneurs de très haute naissance venus de lointaines contrées étrangères, des comtes, des barons et d'autres, de rang comparable. L'empereur Henri les répartit entre différents pays allemands, selon ce qui lui semblait opportun. L'un de ces otages s'appelait Hugues de Morville[143] ; c'est lui qui possédait le livre français de Lanzelet quand ce livre nous est apparu. Pressé de prières par des amis chers, Ulrich von Zatzikhoven[144] se chargea

142. Léopold V d'Autriche fit prisonnier Richard Cœur de Lion, rentrant de croisade par des chemins détournés, en décembre 1192, dans les environs de Vienne. Il remit son prisonnier à l'empereur Henri VI et reçut une part de la très forte rançon exigée par l'empereur. Quant à « la volonté divine », elle fut interprétée différemment par le pape Célestin III, qui excommunia Léopold pour son acte. Léopold était toujours au ban de l'Église quand il mourut à Graz le 31 décembre 1194 des suites d'un accident de cheval.
143. Vers 9338. P : *morille*. Voir Notice 3.2.
144. Vers 9344. W : *zatzichoven* ; P : *zezichouen*. Voir Notice 2.

von dem herzogen Liupolde,
und er in hôhe schatzte.
9330 der gevangen künec im satzte
ze gîseln edel herren,
von vremden landen verren,
an gebürte harte grôȝ,
grâven, vrîen und der gnôz :
9335 di bevalch ab keiser Heinrich
in tiutschiu lant umbe sich,
als im riet sîn wille.
Hûc von Morville
hieȝ der selben gîsel ein,
9340 in des gewalt uns vor erschein
daȝ welsche buoch von Lanzelete.
dô twanc in lieber vriunde bete,
daȝ dise nôt nam an sich
von Zatzikhoven Uolrich,
9345 daȝ er tihten begunde
in tiutsche, als er kunde,
diz lange vremde mære
durch niht wan daȝ er wære
in der frumen hulde dester baȝ.
9350 nu lât die rede âne haȝ :
sô sag ich iu des liedes mêr.
dô Lanzelet der künic hêr
sîn dinc gesatzte an selhe stat
als er selbe wolte unde bat,
9355 dô lieȝ er êrste sine man
von Genewîs rîten wider dan
mit êren als eȝ wol gezam.
er schuof, daȝ im sîn muoter kam :
di enpfienc er mit triuwen
9360 und ergatztes alder riuwen
der ir dâ vor was beschehen.
nu moht siu êrste wünne sehen
an ir lieben kinde.
al sîn ingesinde
9365 bôt ir grôȝe werdikheit.
sus überwant siu al ir leit.
Nu vrumt in sælde und ir gebet,
daȝ Iblis und Lanzelet
gewunnen lussamiu kint,
9370 als die liute algernde sint,
die mit dem guote
volziehent dem muote.
merkent wie der rede sî.
ein tohter unde süne drî,
9375 diu vier kint mit wârheit
diu arpten, sô man uns seit,

de la lourde tâche de transcrire de son mieux en allemand cette longue histoire venue d'ailleurs, sans autre dessein que de mieux mériter l'estime des gens de valeur. Soyez assez bons pour ne rien trouver à y redire, je pourrai ainsi continuer mon récit. Lorsqu'on eut pris les dispositions qu'il avait souhaitées et requises, Lanzelet, le noble roi, commença par faire rentrer chez eux ses vassaux de Genewis en leur prodiguant les honneurs qui leur étaient dus. Il fit venir sa mère, l'accueillit en fils fidèle et lui fit oublier toutes les peines qu'elle avait connues jusqu'alors. C'est à ce moment seulement qu'elle put s'enchanter à la vue de son fils bien-aimé. Tous les gens de Lanzelet lui témoignèrent une grande considération. Elle prit ainsi le dessus sur tous ses tourments.

9367 Grâce à leur bonne fortune et à leurs prières Iblis et Lanzelet eurent des enfants magnifiques, comme le souhaitent ardemment les personnes soucieuses de faire en sorte que leurs désirs deviennent réalité. Voici ce qu'il en fut : leurs quatre enfants, une fille et trois fils, héritèrent, à ce qu'on nous dit et qui est avéré, de leurs terres, de leurs biens, de leurs qualités et de leurs dispositions d'esprit. Les choses s'ajustaient de façon heureuse puisque Lanzelet du Lac possédait quatre royaumes, trois qui avaient appartenu à Iweret, le quatrième étant sa terre de Genewis, qui lui était venue du roi Pant, son seigneur et père. Iblis, la reine, ne conseilla jamais autrement Lanzelet que pour sa plus grande gloire. Sur toute la surface de la terre il n'est guère probable que l'on ait encore l'occasion de voir deux êtres qui s'aiment s'unir en étant soudés l'un à l'autre par une excellence plus également partagée que ce ne fut le cas pour Iblis et Lanzelet. Sur le chemin de l'honneur, je me dois de le dire, aucun des deux ne tolérait d'être en retard d'un seul pas par rapport à l'autre. Leur largesse laissait des traces si larges derrière elle que l'on peut dire qu'ils ne refusaient rien à personne. Aussi les

an ir habe und an ir guote,
an tugenden und an muote.
daȝ fuogt sich sælеclîche,
9380 wan vier künicrîche
hete Lanzelet du Lac,
driu der Iweret pflac,
daȝ vierde Genewîs sîn lant,
daȝ im lie der künic Pant,
9385 sîn herre und ouch der vater sîn.
Iblis diu künigîn,
diu riet im niht wan êre.
eȝ endurfent niemer mêre
zwei liep gesamenet werden
9390 ûf aller der erden,
diu glîcher tugent zesamene wete
dann Iblên und Lanzelete.
als ich iuch berihten muoȝ,
ir enwederȝ lieȝ niht einen fuoz
9395 daȝ ander an den êren für.
ir milte wart sô wîtspür,
daȝ si nieman niht verzigen.
des sint si lobes unverswigen
die wîle und diu welt stât.
9400 swelch herre daȝ begât,
daȝ er ze lobe wirt durch guot
und niht durch schalkheit, daȝ ist guot.
von übele genæme,
daȝ lob ist niht gezæme,
9405 wan eȝ den frumen niht behaget.
durch daȝ sî iu daȝ gesaget,
daȝ der herre Lanzelet
alleȝ an daȝ beste tet.
er was guot wirt in sîme hûs,
9410 als im der künic Artûs
riet durch sîner triuwen kraft,
und verlac kein ritterschaft,
die er gereichen mohte.
diz werte unz im tohte
9415 sîns lîbes kraft mit der jugent.
er gelepte mit ganzer tugent,
daȝ im sô liebe geschach,
daȝ er sîner kinde kint gesach
mit wahsender werdikheit.
9420 nu waȝ touc iu mêr geseit
wan daȝ in got sô wol tet,
daȝ Iblis und Lanzelet
mit grôȝen êren wurden alt
und sturben, als uns ist gezalt,
9425 beidiu sampt an eime tage.

louanges ne tariront-elles pas sur leur compte tant que le monde durera. Il fait bien, le seigneur qui acquiert le renom en agissant en bien et non comme un coquin. La réputation qu'apportent les mauvais comportements n'est pas celle qui convient, car elle ne plaît pas aux gens de mérite. C'est pourquoi il faut que vous sachiez que Lanzelet se conduisit toujours au mieux en toute occasion. Chez lui, suivant en cela le conseil loyal du roi Arthur, il avait l'hospitalité généreuse, et il ne manquait aucun tournoi dès lors qu'il pouvait s'y rendre. Cela dura tant qu'il put jouir de sa vigueur et de sa jeunesse. Ses forces restèrent assez longtemps intactes pour lui permettre d'avoir le bonheur de voir les enfants de ses enfants croître en excellence. Que convient-il que je vous dise encore, sinon que Dieu témoigna à Iblis et à Lanzelet une telle bienveillance qu'ils connurent une vieillesse auréolée de gloire et qu'ils moururent, nous dit-on, le même jour ? Si quelqu'un vous conte d'autres épisodes de leur histoire, sachez que je n'en ai pas eu connaissance. Qui pourrait du reste vous faire le récit complet des prouesses de Lanzelet ? Depuis le jour où il montra sa valeur pour la première fois sa renommée ne cessa de croître jusqu'à son trépas. Ici se termine le poème.

swaȝ iu anders ieman sage
von in, des hân ich niht vernomen.
wer möhtes alles zende komen,
waȝ wunders Lanzelet begienc ?
9430 sît er ze êrst ze tugenden vienc,
sô wuohs sîn lop unz er verschiet.
alsus endet sich daȝ liet.
Ditz mære ist ûȝ, daȝ ich kan.
durch den ichȝ tihten began,
9435 der lôn mirs, dêst sîn êre.
ich wil noch michels mêre
durch in tuon, sol ich leben.
er mac mir lîhte lôn gegeben,
sî er mir als ich im bin.
9440 des sult ir alle biten in,
die diz liet hœren oder lesen.
daȝ ir imer sælic müeȝent wesen
und iuch got berihte,
des gert Uolrich derȝ tihte.

9433 Cette histoire est finie, pour ce que je sais d'elle. Puisse celui pour qui j'ai entrepris de la conter m'en récompenser, cela lui fera honneur. Je souhaite en faire encore bien plus pour lui, pour peu que vie me soit prêtée. S'il me porte les sentiments que je lui porte, il aura toutes les raisons de me donner une récompense. Veuillez l'en prier, vous tous qui entendrez ou lirez ce poème. Que le bonheur vous accompagne toujours et que Dieu vous garde, tel est le vœu d'Ulrich, l'auteur de ce récit.

Éléments de bibliographie

I. Édition et traductions

Lanzelet. Eine Erzählung von Ulrich von Zatzikhoven, herausgegeben von K. A. Hahn, Francfort-sur-le-Main, 1845 ; réimpr. W. de Gruyter, Berlin (Deutsche Neudrucke), 1965.

Die Wiener Handschrift des Lantzelet Ulrichs von Zatzikhoven (Ulrich von Zatzikhoven, Lanzelet), herausgegeben von Georg Deutscher, Vienne, Fassbaender (*Philologica Germanica* 24), 2002.

TRADUCTIONS ANTÉRIEURES

Altdeutsche Gedichte aus den Zeiten der Tafelrunde aus Handschriften der k.k. Bibliothek in die heutige Sprache übertragen von Felix Franz Hofstaeter, *I. Theil. Lanzelet de Lac von Ulrich von Zatzikhoven*, s.l., bey Carl Schaumburg und Comp., 1811 (à partir du ms. W).

Ulrich von Zatzikhoven, *Lanzelet. A Romance of Lancelot*, traduit du moyen-haut-allemand par Kenneth G. T. Webster, revu et présenté avec un nouvel appareillage de notes par Roger Sherman Loomis (= traduction Webster/Loomis), New York, Columbia University Press, 1951.

Ulrich von Zatzikhoven, *Lanzelet*, traduction en français moderne accompagnée d'une introduction et de notes, par René Pérennec, thèse université de Paris, 2 vol., dactyl., 1970.

Ulrich von Zatzikhoven, *Lanzelet*, texte établi et présenté par Danielle Buschinger (= traduction Buschinger), Greifswald, Reineke-Verlag, 1996.

Ulrich von Zatzikhoven, *Lanzelet*, mittelhochdeutsch-neuhochdeutsch von Wolfgang Spiewok (= traduction Spiewok), Greifswald, Reineke-Verlag, 1997.

II. Sources et réception

Carmina Burana, textes et traductions, éd. B. K. Vollmann, Francfort-sur-le-Main, Deutscher Klassiker Verlag (Bibliothek deutscher Klassiker 16), 1987.

Chrétien de Troyes : Christian von Troyes, *Sämtliche erhaltene Werke nach allen bekannten Handschriften*, herausgegeben von Wendelin Foerster, III. *Erec und Enide*, Halle, 1890 ; IV. *Der Karrenritter (Lancelot)*, Halle, 1899. – Chrétien de Troyes, *Œuvres complètes*, s.l.d., D. Poirion, Paris, Gallimard (Bibliothèque de la Pléiade), 1994 : *Érec et Énide*, texte établi, traduit et annoté par P. F. Dembowski ; *Lancelot ou Le Chevalier de la Charrette*, texte établi, traduit et annoté par D. Poirion.

Eilhart von Oberg, *Tristrant*, édition diplomatique... par Danielle Buschinger, Göppingen, Kümmerle (GAG 202), 1976.

Floriant et Florete, éd. Harry W. Williams, Ann Arbor, 1947 (édition citée) ; autre édition, accompagnée d'une traduction en français moderne, par Annie Combes et Richard Trachsler, Paris, Champion, 2003.

Gervais de Tilbury, *Le Livre des Merveilles. Divertissement pour un Empereur*, traduit et commenté par Annie Duchesne, préface de Jacques Le Goff, Paris, Les Belles Lettres (*Otia Imperialia*), 1992.

Giraud de Barri (Giraud le Cambrien) : *Giraldi Cambrensis Opera*, Londres, 1861-1891, 8 vol. Vol. V : *Topographia Hibernica*, éd. J. F. Dimock, 1867 ; traduction française dans : Jeanne-Marie Boivin, *L'Irlande au Moyen Âge. Giraud de Barri et la* Topographia Hibernica *(1188)*, Paris, Champion, 1993. Vol. VI : *Itinerarium Kambriae et Descriptio Kambriae*, éd. J. F. Dimock, 1868 ; traduction anglaise dans : Gerald of Wales, *The Journey through Wales and The Description of Wales*, traduction et introduction par Lewis Thorpe, Harmondsworth, Penguin Books, 1978.

Hartmann von Aue, *Erec*, éd. A. Leitzmann et L. Wolff, 9e édition procurée par C. Cormeau et K. Gärtner, Tübingen, Niemeyer (Altdeutsche Bibliothek 39), 1985.

Heinrich von dem Türlin, *Die Krone (Verse 1-12281)*, éd. F. P. Knapp et M. Niesner, Tübingen, Niemeyer (Altdeutsche Bibliothek 112), 2000.

Heinrich von Veldeke, *Eneasroman*, Mittelhochdeutsch-Neuhochdeutsch, Stuttgart, Reclam (Universal-Bibliothek 8303), 1986.

Itineraria Romana. I : Itineraria Antonini Augusti et Burdigalense, éd. O. Cuntz, Leipzig, Teubner, 1929. *II : Ravennatis Anonymi Cosmographia et Guidonis Geographica*, éd. J. Schnetz, Leipzig, Teubner, 1940.

Lancelot (*Lancelot propre*) : *Lancelot, roman en prose du* XIIIe *siècle*, éd. A. Micha, 9 vol., Genève, Droz, 1978-1983. – *Lancelot du Lac*, ancien français-français moderne, 5 vol., Paris, Le Livre de poche (Lettres gothiques), 1991-1999.

Lanval : *Lais de Marie de France*, traduits, présentés et annotés par L. Harf-Lancner, texte édité par K. Warnke, Paris, Le Livre de poche (Lettres gothiques), 1990.

Map, Gautier, Walter (Édition Walter Map), *De Nugis Curialium / Courtiers' Trifles*, publié et traduit par M. R. James, révisé par C. N. L. Brooke et R. A. B. Mynors, Oxford, Clarendon Press, 1983 ; traduction française : Marylène Perez, *Contes de courtisans. Traduction du* De Nugis Curialium, s.d., Université de Lille III, Centre d'études médiévales et dialectales, 1986.

La Mort le roi Artu, roman du XIIIe siècle, éd. J. Frappier, Paris-Genève, Droz-Minard, 1964.

Les Merveilles de Rigomer von Jehan. Artusroman des XIII. *Jahrhunderts...*, t. I, éd. W. Foerster, Dresde, 1908 ; t. II, éd. W. Foerster et H. Breuer, Dresde, 1915.

Prosa-Lancelot : *Lancelot*, éd. Reinhold Kluge, Berlin, Akademie Verlag (Deutsche Texte des Mittelalters 42, 47, 63), 1948-1974 ; réédition en cours (avec prise en considération du ms. a, Bibliothèque de l'Arsenal, XVIe siècle), traduction allemande et commentaire, deux vol. parus : *Lancelot und Ginover*, éd. Hans-Hugo Steinhoff, Francfort-sur-le-Main, Deutscher Klassiker Verlag (Bibliothek des Mittelalters 14, 15), 1995.

La Queste del saint Graal, roman du XIIIe siècle, éd. A. Pauphilet, Paris, Champion (Les Classiques français du Moyen Âge 33), 1978.

Le Roman d'Éneas, édition critique d'après le manuscrit BN fr. 60, traduction, présentation et notes d'Aimé Petit, Paris, Le Livre de poche (Lettres gothiques), 1997.

Ulrich Füetrer, *Prosaroman von Lancelot*, d'après le manuscrit de Donaueschinger, éd. Arthur Peter, Tübingen, 1885 ; réimpr. Hildesheim-New York, Olms, 1972.

—, *Lannzilet (Aus dem* Buch der Abenteuer*) Str. 1-1122*, éd. Karl-Eckart Lenk, Tübingen, Niemeyer (Altdeutsche Bibliothek 102), 1989 ; *Str. 1123-6009*, éd. Rudolf Voss, Paderborn, etc., Schöningh, 1996.

WIRNT DE GRAFENBERG, *Wigalois, le chevalier à la roue*, roman allemand du XIIIe siècle, texte présenté, traduit et annoté par C. Lecouteux et V. Lévy, Grenoble, ELLUG, 2001.

WOLFRAM VON ESCHENBACH, *Parzival*, texte moyen-haut-allemand d'après la sixième édition de Karl Lachmann, traduction de Peter Knecht, introduction de Bernd Schirok, Berlin-New York, W. de Gruyter, 1998.

III. Études et littérature

(Voir aussi les annexes bibliographiques dans les monographies de U. Zellmann, 1996, et N. McLelland, 2000.)

The Arthurian Encyclopedia, éd. Norris J. Lacy, New York, Garland, 1986, notamment articles : « German Literature (Medieval) », p. 215-221 (K. G. Gürttler), et « Ulrich von Zatzikhoven. *Lanzelet* », p. 588-590 (J. A. Schultz).

BANSARD R. *et al.*, *Les Romans de la Table ronde, la Normandie et au-delà…*, Condé-sur-Noireau, C. Corlet, 1987.

BÄRMANN M., « Ulrich von Zatzikhoven und die Entstehung des mittelhochdeutschen *Lanzelet*-Romans. Überlegungen zur Herkunft des Dichters und zur Gönnerschaft », dans *Das Markgräflerland. Beiträge zu seiner Geschichte und Kultur*, 1989, p. 62-84.

Bayerisches Wörterbuch, par J. Andreas Schmeller, 2e édition, Munich, 1877 ; réimpr., 2 vol., Munich, Oldenburg, 1983.

BELTRAMI P. G., « Lancelot entre Lanzelet et Éneas : Remarques sur le sens du *Chevalier de la Charrette* », *Zeitschrift für französische Sprache und Literatur* 99, 1989, p. 234-260.

BERTAU K., *Über Literaturgeschichte. Literarischer Kunstcharakter und Geschichte in der höfischen Epik um 1200*, Munich, Beck, 1983 (chap. II : « *Lanzelet* : Historische Form und ästhetische Qualität », p. 30-41).

BORCK K. H., « Lanzelets *adel* », dans *Festschrift für Siegfried Grosse zum siebzigsten Geburtstag*, éd. W. Besch *et al.*, Göppingen (GAG 423), 1984.

BRÜGGEN E., *Kleidung und Mode in der höfischen Epik des XII. und XIII. Jahrhunderts*, Heidelberg, Winter, 1989.

BOUET P. et NEVEUX F., s.l.d., *Les Normands en Méditerranée dans le sillage de Tancrède*, Presses universitaires de Caen, 1994.

BOUTET D., « Lancelot : préhistoire d'un héros arthurien », *Annales ESC*, 1989, p. 1229-1244.

BROSSARD-DANDRÉ M. et BESSON G. (présenté par), *Richard Cœur de Lion. Histoire et légende*, Paris, C. Bourgois (10/18), 1989.

BULLOCK-DAVIES C., « Lanval and Avalon », *The Bulletin of the Board of Celtic Studies* XXIII, Part II, 1969, p. 128-142.

BUMKE J., *Mäzene im Mittelalter. Die Gönner und Auftraggeber der höfischen Literatur in Deutschland 1150-1300*, Munich, Beck, 1979, p. 53 et suiv.

—, *Höfische Kultur. Literatur und Gesellschaft im hohen Mittelalter*, 2 vol., Munich, Beck, 1986.

COMBRIDGE R. N., « Das Fragment B des *Lanzelet* Ulrichs von Zatzikhoven », *Euphorion* 57, 1963, p. 198-209.

—, « The Problem of a New Edition of Ulrich von Zatzikhoven's "Lanzelet" », dans *Probleme mittelalterlicher Überlieferung und Textkritik. Oxforder Colloquium 1966*, éd. P. F. Ganz et W. Schröder, Berlin, 1968, p. 67-80.

—, « Lanzelet and the Queens », dans *Essays in German and Dutch Literature*, éd. W. D. Robson-Scott, Londres, 1973, p. 42-64.

—, « Der "Lanzelet" Ulrichs von Zatzikhoven im Kreuzfeuer der Editionsprinzipien », dans *Methoden und Probleme der Edition mittelalterlicher deutscher Texte*, éd. R. Bergmann et K. Gärtner, Tübingen, Niemeyer, 1993, p. 40-49.

CZENDES P., *Heinrich VI.*, Darmstadt, Wissenschaftliche Gesellschaft, 1993.

DAHOOD R., « Hugh de Morville, William of Canterbury, and Anecdotal Evidence for English Language History », *Speculum* 69, 1994, p. 40-56.

DANNENBAUM S., « Anglo-Norman Romances of English Heroes : "Ancestral Romance" ? », *Romance Philology* 34, 1982, p. 601-608.

DE GLINKA-JANCZEWSKI T. M., *Ulrich von Zatzikhoven's Lanzelet. A Critical Study*, thesis M.A., Londres, 1963, dactyl.

DELCOURT-ANGÉLIQUE J., « Le motif du tournoi de trois jours avec changement de couleur destiné à préserver l'incognito », dans : Varty K., éd., *An Arthurian Tapestry. Essays in Memory of Lewis Thorpe*, Glasgow, British

Branch of the International Arthurian Society et French Department of the University of Glasgow, 1981, p. 160-186.
Dictionnaire du Moyen Âge, s.l.d., C. Gauvard, A. de Libera et M. Zink, Paris, PUF, 2002.
Dictionnaire encyclopédique du Moyen Âge, s.l.d., A. Vauchez, Cambridge-Paris-Rome, 1997.
DUBY G., « Dans la France du Nord-Ouest au XIIe siècle : les "jeunes" dans la société aristocratique », *Annales ESC* 19, 1964, p. 835-846.
FLORI J., *Richard Cœur de Lion. Le roi-chevalier*, Paris, Payot et Rivages, 1999.
FOURQUET J., « Le "Giot" du *Lanzelet* et les deux "Kyot" du *Parzival. Mélanges René Crozet* », Poitiers, 1966, p. 975-980, et *Recueil d'études*, I, p. 206-211.
—, *Recueil d'études*… réunies par D. Buschinger et J.-P. Vernon, I, *Études médiévales*, Université de Picardie, Centre d'études médiévales, 1979.
GILLINGHAM J., *Richard Cœur de Lion*, préface de Ivan Cloulas, traduit de l'anglais par Isabella Morel, Paris, Noêsis, 1996 ; traduction de la 2e édition anglaise, 1989.
GOTTZMANN C. L., *Deutsche Artusdichtung*. Band 1 : *Rittertum, Minne, Ehe und Herrschertum. Die Artusepik der hochhöfischen Zeit*, Berne - Francfort-sur-le-Main, Lang, 1986.
GRIMM, *Deutsches Wörterbuch* : *Deutsches Wörterbuch von Jakob und Wilhelm Grimm*, 1854-1971 ; réimpr., 33 vol., Munich, Deutscher Taschenbuch Verlag, 1984.
GRUBMÜLLER K., « Die Konzeption der Artusfigur bei Chrestien und in Ulrichs *Lanzelet* : Missverständnis, Kritik oder Selbständigkeit ? Ein Diskussionsbeitrag », dans *Chrétien de Troyes and the German Middle Ages. Papers from an International Symposium*, éd. M. H. Jones et R. Wisbey, Woodbridge-Rochester, Boydell & Brewer, 1993, p. 137-149.
GUERREAU-JALABERT A., *Index des motifs narratifs dans les romans arthuriens français en vers (XIIe et XIIIe siècles)*, Genève, Droz, 1992.
HANNINK O., *Vorstudien zu einer Neuausgabe des Lanzelet von Ulrich von Zatzikhoven*, Diss. Göttingen, 1914.
HAUG W., *« Das Land, von welchem niemand wiederkehrt ». Mythos, Fiktion und Wahrheit in Chrétiens* Chevalier de la Charrette, *im* Lanzelet *Ulrichs von Zatzikhoven und im* Lancelot – *Prosaroman*, Tübingen, 1978.

JACKSON W. H., « Ulrich von Zatzikoven's *Lanzelet* and the Theme of Resistance to Royal Power », *German Life and Letters* 28, 1975, p. 285-297.

JACKSON W. H. et Ranawake S. A., éd., *The Arthur of the Germans : The Arthurian Legend in Medieval German and Dutch Literature*, Cardiff, University of Wales Press, 2000.

JAMISON E. M., « The Sicilian Norman Kingdom in the Mind of Anglo-Norman Contemporaries » (1re publication : 1938) ; *id.*, *Studies on the History of Medieval Sicily and South Italy*, éd. D. Clementi et T. Kölzer, Aalen, Scientia Verlag Aalen, 1992, p. 159-207.

—, « Alliance of England and Sicily in the Second Half of the 12th Century » (1re publication : 1945) ; *ibid.*, p. 301-313.

KANTOLA M., « Zur Herkunft von Mhd. *perze* (*Lanzelet* 4803) », *Neuphilologische Mitteilungen* LXXXI, 1980, p. 66-68.

—, *Studien zur Reimsprache des* Lanzelet *Ulrichs von Zatzikhoven. Ein Beitrag zur Vorlagenfrage*, Turku, Turun Yliopisto, 1982.

KINNEAR T. et LOFMARK C., *A Word Index to Ulrich von Zatzikhoven's* Lanzelet, Lampeter, 1972.

KÜHNEL H., éd., *Bildwörterbuch der Kleidung und Rüstung. Vom alten Orient bis zum ausgehenden Mittelalter*, Stuttgart, Kröner, 1992.

Lancelot Colloque 1984 : *Actes du colloque des 14 et 15 janvier 1984. Lancelot*, éd. D. Buschinger, Göppingen, Kümmerle (GAG 415), 1984.

LANDON L., *The Itinerary of King Richard I*, Londres, The Pipe Roll Society, 1935.

LE PERSON M., « Les métamorphoses du cimetière : de la tombe prophétique au terrain d'aventures (comparaison entre *Le Chevalier de la Charrette* et le *Lancelot propre*) », Actes du colloque des 23 et 24 mai 1997, *L'Œuvre de Chrétien de Troyes dans la littérature française. Réminiscences, résurgences, réécritures*, textes rassemblés par C. Lachet, Lyon, CEDIC 13, s.d., p. 108-125.

LEWIS C. B., *Classical Mythology and Arthurian Romance. A Study of the Sources of Chrestien de Troyes' « Yvain » and Other Arthurian Romances*, Oxford, 1932.

LEXER M., *Mittelhochdeutsches Handwörterbuch*, 3 vol., Leipzig, 1872-1878.

Lexikon des Mittelalters, Munich-Zurich, 1977-1999.

McLelland N., *Ulrich von Zatzikhoven's Lanzelet : Narrative Style and Entertainment*, Woodbridge-Rochester, Boydell & Brewer, 2000.

Mediae Latinitatis Lexikon Minus, J. F. Niermeyer & C. Van de Kieft, édition remaniée par J. W. J. Burgers, 2 vol., Leiden, Brill et Darmstadt, Wissenschaftliche Gesellschaft, 2002.

Menhardt H., « Das neue Klagenfurter Lanzelet-Bruchstück Gk », *Zeitschrift für deutsches Altertum* 66, 1929, p. 257-267.

Mertens V., *Der deutsche Artusroman*, Stuttgart, Reclam (Universal-Bibliothek 17696), 1998.

Mittelhochdeutsches Wörterbuch BMZ. Mit Benutzung des Nachlasses von Georg Benecke ausgearbeitet von Wilhelm Müller und Friedrich Zarncke, Leipzig, 1854-1861 ; réimpr., 4 vol., Hildesheim-Zurich-New York, Olms, 1986.

Paris G., « Lancelot du Lac. I. Le *Lanzelet* d'Ulrich de Zatzikhoven », *Romania* 10, 1881, p. 470-496.

Pastré J.-M., « *L'Ornement difficile* et la datation du *Lanzelet* d'Ulrich von Zatzikhoven », dans *Lancelot Colloque 1984*, p. 149-162.

Pérennec R., *Recherches sur le roman arthurien en vers en Allemagne aux* XIIe *et* XIIIe *siècles*, 2 vol., Göppingen (GAG 393), 1984 ; chap. V, t. II : « Le *Lanzelet* dans l'adaptation d'Ulrich von Zatzikhoven. Le héros et la famille ».

—, « *Le Livre français de Lanzelet* dans l'adaptation d'Ulrich von Zatzikhoven. Recherche d'un mode d'emploi », dans *Lancelot Colloque 1984*, p. 179-189.

—, « De l'usage de la littérature de fiction. À propos d'un ouvrage récent sur le *Lanzelet* d'Ulrich von Zatzikhoven », *Cahiers de civilisation médiévale* 44, 2001, p. 369-377 ; article-compte rendu de U. Zellmann, *Lanzelet*.

Ranawake S. A., « The Emergence of German Arthurian Romance : Hartmann von Aue and Ulrich von Zatzikhoven », dans Jackson et Ranawake, *op. cit.*, 2000, p. 38-53.

Richter W., *Der Lanzelet des Ulrich von Zatzikhoven*, Francfort-sur-le-Main, 1934.

Ruh K., *Höfische Epik des deutschen Mittelalters. Zweiter Teil : « Reinhart Fuchs », « Lanzelet », Wolfram von Eschenbach, Gottfried von Strassburg*, Berlin, E. Schmidt, 1980.

SANDERS L. J., *English Baronies. A Study of their Origin and Descent 1086-1327*, Oxford, Clarendon Press, 1960.
SCHMID E., « Mutterrecht und Vaterliebe. Spekulationen über Eltern und Kinder im *Lanzelet* des Ulrich von Zatzikhoven », *Archiv für das Studium der neueren Sprachen und Literaturen* 144, 1992, p. 241-254.
Schwäbisches Wörterbuch, éd. H. Fischer, 2 vol., Tübingen, 1908.
SCHMIDT K. M., *Begriffsglossar und Index zu Ulrichs von Zatzikhoven* Lanzelet, Tübingen, Niemeyer, 1993.
SCHULTZ A., *Das höfische Leben zur Zeit der Minnesinger*, Leipzig, 2 vol., t. I, 1879 ; t. II, 1880.
STÜRNER W., *Friedrich II., Teil I : Die Königsherrschaft in Sizilien und Deutschland 1194-1220*, Darmstadt, Wissenschaftliche Buchgesellschaft, 1992.
TILVIS P., « Über die unmittelbaren Vorlagen von Hartmanns *Erec* und *Iwein*, Ulrichs *Lanzelet* und Wolframs *Parzival* », *Neuphilologische Mitteilungen* 60, 1959, p. 29-65, 129-144 ; repris dans : Wais K., éd., *Der arthurische Roman*, Darmstadt, Wissenschaftliche Buchgesellschaft (Wege der Forschung CLVII), 1970, p. 165-214.
VERBEKE W., JANSSENS J. et SMEYERS M., *Arturus Rex. Volumen I : Catalogus. Koning Artur en de Nederlanden. La Matière de Bretagne et les anciens Pays-Bas*, Leuven University Press, 1987.
Verfasserlexikon : *Die deutsche Literatur des Mittelalters. Verfasserlexikon*, 2e édition, Berlin-New York, W. de Gruyter, t. 10, éd. B. Wachinger, 1999, col. 61-68 : « Ulrich von Zatzikhoven » (I. Neugart).
Vocabulaire historique du Moyen Âge (Occident, Byzance, Islam), s.l.d., F.-O. Touati, Paris, La Boutique de l'Histoire, 3e édition, 2000.
WEBSTER K. G. T., « Ulrich von Zatzikhoven's welschez buoch », *Harvard Studies and Notes in Philology and Literature* 16, 1934, p. 218-228.
Weston J. L., *The Three Day's Tournament. A Study in Romance and Folklore*, Londres, 1902.
—, *The Legend of Sir Lancelot du Lac*, Londres, 1901.
WOLFZETTEL F., « Zur Stellung und Bedeutung der *Enfances* in der altfranzösischen Epik », *Zeitschrift für deutsche Sprache und Literatur* ; 1re partie, 83, 1973, p. 317-348 ; 2e partie, 84, 1974, p. 1-32.

—, « Le rôle du père dans le procès d'arthurisation du sujet d'*Érec/Gereint* », *Marche romane* 25, 1975, p. 95-104.

Zach C., *Die Erzählmotive der* Crône *Heinrichs von dem Türlin und ihre altfranzösischen Quellen. Ein kommentiertes Register*, Passau, Wissenschaftsverlag Richard Rothe, 1990.

Zellmann U., *Der biographische Artusroman als Auslegungsschema dynastischer Wissensbildung*, Düsseldorf, Droste, 1996.

Table des matières

louisjean
IMPRIMEUR
59, Av. Émile Didier
05003 Gap Cedex
Tél. 04 92 53 17 00
Dépôt légal :
232 – Avril 2007
Imprimé en France